Sabine Richebächer

Uns fehlt nur eine Kleinigkeit

Deutsche proletarische Frauenbewegung 1890–1914

Fischer
Taschenbuch
Verlag

Für Pepe

Originalausgabe
Fischer Taschenbuch Verlag
März 1982

Lektorat: Ingeborg Mues
Umschlagentwurf: Jan Buchholz/Reni Hinsch

Fischer Taschenbuch Verlag GmbH, Frankfurt am Main

Gesamtherstellung: Hanseatische Druckanstalt GmbH, Hamburg
Printed in Germany
1480-ISBN-3-596-23724-6

Inhalt

Einleitung

Im Zentrum dieses Buches steht das historische und historisch ungelöste Verhältnis von besonderer zu allgemeiner Unterdrückung: Ich bin der Frage nachgegangen, wie es den Frauen in einer bedeutsamen Phase der deutschen Arbeiterbewegung gelang, den Kampf um gleichberechtigte Aufnahme in die Arbeiterorganisationen mit dem Kampf in diesen Organisationen selber zu verbinden.

Für die Geschichte der deutschen Arbeiterbewegung begann ich mich während meines Studiums in Frankfurt/M. (1970–1975) zu interessieren. Zwei Umstände haben sich dabei in den Vordergrund gedrängt, deren Kritik später zu wesentlichen Ausgangspunkten meiner Arbeit wurde: die Konzentration der meist parteipolitisch verpflichteten Forschung auf bestimmte Wendepunkte (Revisionismusdebatte, Massenstreikdebatte, Imperialismusdiskussion) als Teil einer ideologischen Auseinandersetzung um das sozialistische ›Erbe‹ einerseits und die Beschränkung auf formale Organisationsgeschichte und exponierte Führungspersönlichkeiten andererseits. Eine Reihe von Fragestellungen, die diesem Interesse nicht unmittelbar einzuordnen sind, finden dagegen – an ihrer organisationspraktischen Bedeutung gemessen – nur geringe Beachtung. Dazu gehören die Funktion der Linken in der Sozialdemokratie, lokale und regionale Parteigeschichte und eben die Entwicklung der proletarischen Frauenbewegung. Zudem ist zu spüren, daß der Kalte Krieg in Sachen Gleichberechtigung ebenfalls seine Wirkung tat: Politische und soziale Gleichberechtigung der Frauen, die Berufsarbeit und die Bereitstellung von Kindergärten und -krippen selbstverständlich umschließt, war ein primäres Ziel des ›anderen‹ Deutschland, demgegenüber noch das Godesberger Programm der SPD von 1959 fordert: »Gleichberechtigung soll die Beachtung der psychologischen und biologischen Eigenarten der Frau nicht aufheben« und »Mütter von vorschulpflichtigen und schulpflichtigen Kindern dürfen nicht genötigt sein, aus wirtschaftlichen Gründen einem Erwerb nachzugehen.«

Folgerichtig konzentriert sich die Aufarbeitung der Geschichte der proletarischen Frauenbewegung auf folgende Bereiche: DDR-Publikationen (und einer entsprechenden Linie verpflichteten Autoren), die um den Nachweis einer konsistenten Entwicklung von der frühen proletarischen Frauenbewegung zur »Lösung« der Frauenfrage in den heutigen sozialistischen Staaten bemüht sind; Arbeiten im Kontext der »neuen Frauenbewegung«, die – oft in Exkursform – sehr unterschiedliche Einschätzungen der frühen sozialistischen Frauenorganisation als historischen Bezug für aktuelle Problemstellungen anbieten. Und schließlich muß eine dritte Gruppe von Forschern bekannt werden, die, wie der Pionier Werner Thönnessen (1969), die Gewerkschaftskennerin Gisela Losseff-Tillmanns (1975) und Richard Evans (1979), aus Organisationsdistanz und Sympathie für die Betroffenen heraus, breite Aspekte der proletarischen Frauenbewegung herausgearbeitet haben, so daß deren Chronologie und insbesondere die Entwicklung der Frauenemanzipationstheorie in zentralen Bereichen als abgedeckt gelten können.

Dabei bleibt jedoch der traditionelle Rahmen der Historiographie der Arbeiterbewegung, die Zentrierung auf Ideologie, Führungspersönlichkeiten und formale Organisationsgeschichte, weitgehend unangetastet. Die Forderung nach Veränderung der Forschungsperspektiven in Richtung einer Arbeiterbewegung als Praxis, d. h. als das Produkt der Interessen, Erfahrungen und Kämpfe wirklicher Menschen, und ihrer Rekonstruktion aus den Lebenszusammenhängen und Alltagserfahrungen der Arbeiterklasse, wie sie in den letzten Jahren von einigen Historikern und Soziologen erhoben (vgl. die Diskussion zwischen Negt, Seifert, Pinkus u. a. in *Fischer Jahrbuch der Arbeiterbewegung*, 1974) und in einigen jüngeren Publikationen verwirklicht worden ist (vgl. Lucas 1976), wird weder aufgegriffen noch eingelöst.

Gerade im Bereich der Aufarbeitung der Geschichte der

proletarischen Frauenbewegung halte ich eine solche Erweiterung der Forschung für unabdingbar und habe sie daher zu einem Schwerpunkt meiner Arbeit gemacht. Neben einem Berg von Problemen hinsichtlich Material, Methoden usw. ergaben sich folgende Vorteile. Es wurden zumindest Ansätze zu einer empirischen Basis geschaffen, an der sowohl Theorie und Praxis der Frauenbewegung selber wie auch die unterschiedlichen Einschätzungen ihrer politischen Positionen und Ziele, Struktur und Erfolge in der gegenwärtigen Forschung überprüft werden können. Dabei ergaben sich sowohl Modifikationen bisheriger Fragestellungen (z. B. nach der Bedeutung des Reformismus für die Frauenfeindlichkeit in der Arbeiterbewegung oder nach der ›Radikalität‹ oder Linksorientierung der proletarischen Frauenbewegung), wie auch einige neue oder bislang wenig beachtete Gesichtspunkte (z. B. das Verhältnis zur bürgerlichen Frauenbewegung).

Meine Fragestellung habe ich in drei Phasen erarbeitet. Zunächst werden die objektiven und subjektiven Bedingungen skizziert, auf die sich die Organisationsarbeit der proletarischen Frauenbewegung richtete und die ihr zugleich ihre historische Form gaben. Es folgt eine Darstellung der ideologischen Bezugspunkte, die zur Herausbildung zweier konkurrierender Emanzipationsvorstellungen von unterschiedlicher Praxisrelevanz in der proletarischen Frauenbewegung führten. Und schließlich werden beide Ebenen zu ihrer konkreten Organisations- und Kampfgeschichte verdichtet, die vom Konflikt zwischen allgemeinen (Partei-) Interessen und besonderen (Frauen-) Interessen geprägt ist. Einige Fragestellungen und Probleme, die sich dabei ergeben haben, möchte ich kurz umreißen.

Im Zentrum des ersten Hauptteils steht der Begriff ›Lebenszusammenhang‹, der sich an Oskar Negt (1973) und Agnes Hellers Alltagskonzeption (1970/1978) anlehnt und auf alle Lebensmomente im betrieblichen wie im außerbetrieblichen Bereich gerichtet ist. Dabei wird die in einigen Bereichen der Sozialwissenschaften vertretene Prioritätensetzung zugunsten des betrieblichen Bereichs als Vorbedingung und Ausgangspunkt organisationsrelevanter Lernprozesse zugunsten einer differenzierten Betrachtungsweise aufgegeben: Ich nehme an, daß sich gerade in dem Wechsel- und Spannungsverhältnis der verschiedenen Lebensbereiche der proletarischen Frau eine Reihe charakteristischer Muster und Potentialitäten herausbilden, die den Zugang zu politischen Lernprozessen und zur Organisation erschweren oder erleichtern.

Als methodologischer Zugang zu diesen Grunderfahrungen diente mir trotz einiger Vorbehalte (z. B. Begrenztheit des bürgerlichen Sozialisationsmodells) die Rekonstruktion eines exemplarischen Lebenslaufes, da in ihm ein Großteil der subjektiven und objektiven Erfahrungsmomente virulent und zudem eine erste inhaltliche Strukturierung vorgegeben ist: Die verschiedenen Aspekte, wie Berufserfahrung, Arbeitsteilung in der Familie, Erziehung, Sexualität, Ehe usw., werden in einer quasi naturwüchisgen Abfolge thematisiert. Dabei mußte ich immer wieder feststellen, wie sehr die allgemeinen Probleme bei historischen Arbeiten und im Umgang mit historischem Material durch die besonderen bei der Erforschung der Lage der Frauen vermehrt werden. Dabei spielen vor allem der unterentwickelte Stand der empirischen Sozialforschung in Deutschland, die Aufhebung der Situation der Frau in allgemeinen Aussagen ›zur Lage‹ und die starke Präjudizierung, mit der bürgerliche Forscher proletarische Wirklichkeit zu erfassen suchen, eine Rolle. Ich habe daher auf Lebenserinnerungen, Alltagsberichte und andere persönliche Zeugnisse von Arbeiterinnen, Arbeiterfrauen und Sozialdemokratinnen zurückgegriffen, Quellen, die bislang wenig verwendet worden sind, jedoch im Gegensatz zum bürgerlichen Bildungsroman als typische Individualentwicklung und damit m. E. als repräsentativ gelten können.

Die Übereinstimmung der Erfahrungen in bestimmten Situationen und zu gewissen Problemen ist bemerkenswert und reicht vielfach bis zu wörtlich identischen Aussagen. Dazu gehört beispielsweise die besondere Art der Zeiterfahrung: die schleichende, nicht enden wollende Arbeitszeit und die immer zu kurze, fehlende Zeit, in der die Hausarbeit zu leisten ist; die Fragmentierung der Zeit, die im Blut kreist und jeden Wecker überflüssig macht: also schließlich – keine Zeit. Keine Zeit für Arbeiterinnen und wenig Zeit für ›Nur‹-Hausfrauen.

Dabei zeigt sich: Eine gemeinsame Bewältigung von Problemen entsteht am ehesten dort, wo die Isolation der Frauen auf einer oder mehreren Ebenen durchbrochen ist, auf nachbarschaftlicher und z. T. verwandtschaftlicher Ebene, in den Fabriken, in Bergarbeiterkolonien und ganz allgemein in urbanem Milieu. Sowohl bei den Ansätzen zur Selbsthilfe im vororganisatorischen Bereich (Kinderbetreuung, Anstellung einer gemeinsamen Haushaltshilfe, illegales Abtreibungswesen etc.), wie auch in den Forderungen und Kämpfen der proletarischen Frauenbewegung, spielen gerade solche Interessen, die mit der gerne einseitig als Organisationshindernis dargestellten Familienorientierung der Frauen zusammenhängen, eine hervorragende Rolle. Familienorientierung der Proletarierinnen war jedoch zugleich Familienverpflichtung. Ulrike Prokop (1976) betont die kulturrevolutionäre Tendenz der Frauenbewegung, die in der Problematisierung der Arbeitsteilung in der Ehe liegt. Bereitschaft zur Veränderung altgedienter Beziehungsmuster gab es jedoch auch bei den Sozialdemokraten kaum: Die Genossinnen suchten nach individuellen Lösungsmustern, selbstbewußt wie z. B. Käte Duncker in einem Brief an Hermann Duncker (1916), oder indem sie sich durch eine gewissenhafte Ausübung ihrer Familienarbeit einen gewissen Handlungsraum schufen.

Es bleibt zu fragen, in welcher Form die besonderen Probleme der Frauen in Theorie und Praxis der proletarischen Frauenbewegung Eingang fanden. Dabei ist zunächst auf die nachhaltige Bedeutung hinzuweisen, die der strukturelle Konflikt zwischen radikalem theoretischem Anspruch und reformistischer Praxis besaß, der das Profil der SPD im untersuchten Zeitraum prägte und als dessen programmatischer Niederschlag im allgemeinen der ›dualistische Charakter‹ des Erfurter Programms gilt. Während die politische Selbstdarstellung der Partei vom ›offiziellen Radikalismus‹ geprägt wurde, als dessen Merkmale eine evolutionistisch umgedeutete Marxrezeption, die Beschränkung auf die parlamentarische Taktik und damit eine legalistische Kampfführung gelten (Groh 1973, Steinberg 1969), behaupteten sich im Bereich der alltäglichen organisatorischen Kleinarbeit vielschichtige reformistische Praktiken, gefördert durch einige sinnlich wahrnehmbare Verbesserungen in der Lage der Arbeiterschaft in den 90er Jahren und gestützt auf den steigenden Einfluß von Gewerkschaft und Reichstagsfraktion und die Politik der süddeutschen Landesverbände. Auf den so institutionalisierten Widerspruch von Theorie und Praxis konnten weder die linke Revolutionstheorie noch der Revisionismus – beide als praxisrelevante Theorieansätze zu begreifen – einen nennenswerten Einfluß erringen.

Dieses differenzierte politische Spektrum reproduzierte sich in der Frauenbewegung, wenn auch mit einer anderen politischen Gewichtung; das führte dazu, daß eine ganze Reihe von Autoren (Joos 1912, Lion 1926, Schorske 1955) angenommen haben, die Frauenbewegung besitze ein einheitliches, und zwar linkes Gefüge. Dem ist entgegenzuhalten, daß die Vertreterinnen der offiziellen Frauenemanzipationstheorie (vor allem Clara Zetkin) den Reformistinnen jahrelang den Zugang zu den öffentlichen Parteiforen (Parteitagen, Frauenkonferenzen, der Zeitschrift »Die Gleichheit«) sperrten, eine Praxis, der die Parteiführung vor allem nach 1908 im Rahmen der Integrationsstrategien gegenüber der politisch unbequemen Frauenbewegung verstärkt entgegensteuerte.

Die politischen Differenzen unter den Sozialdemokratinnen werden in den Auseinandersetzungen um Stellenwert und Bündnisfähigkeit der bürgerlichen Frauenbewegung besonders deutlich. Die Vertreterinnen der offiziellen Frauenemanzipationstheorie definierten die proletarische Frauenbewegung als Klassenorganisation mit der revolutionären Veränderung der Gesellschaft als Ziel und verzichteten praktisch darauf, die besondere, als »Nebenwiderspruch« begriffene geschlechtsspezifische Unterdrückung in den Arbeiterorganisationen zu problematisieren. Eine Zusammenarbeit mit den Frauen der gegnerischen Klasse lehnten sie folgerichtig ab. In den Vorstellungen der Reformistinnen spielte die geschlechtliche Unterdrückung dagegen eine der sozialen Frage gleichgestellte Rolle (Frauen als eigene ›Klasse‹), die Zusammenarbeit mit den bürgerlichen Frauen wurde damit zur Notwendigkeit. Die wechselseitige Annäherung der Reformistinnen an eine progressive Minderheit in der bürgerlichen Frauenbewegung (Lida-Gustava Heymann, Anita Augspurg, Minna Cauer) drohte das konstituierende Selbstverständnis der proletarischen Frauenbewegung als Klassenorganisation zu verwischen: Clara Zetkins Politik der ›reinlichen Scheidung‹ ist daher nicht nur Abgrenzung nach außen, gegen die bürgerlichen Frauen (die bezeichnenderweise nur geringen Einfluß auf die Zielgruppen der sozialistischen Frauenorganisationen hatten), sondern ebensosehr Positionsbestimmung nach innen, Auseinandersetzung mit einer innerparteilichen Richtung, die ihrer Ansicht nach nicht mehr auf dem Boden der Sozialdemokratie stand.

Für die politische Einschätzung der Basis der proletarischen Frauenbewegung, zu der man auch ihre Sympathisantinnen rechnen sollte, besitzen diese Richtungskämpfe in der Partei keinen Aussagewert. Praxisbezogenheit, hohe Kampfbereitschaft bei Interessenverletzung und eine primär am Erfolg ausgerichtete Wahl der Kampfmittel kamen jedoch der auf Massenbeteiligung gerichteten Politik der sozialistischen Führerinnen entgegen. Die Dynamik der proletarischen Frauenbewegung, die hier ihre wesentlichen Ursachen hat, war eine Vorbedingung für ihre Organisationserfolge unter den repressiven Bedingungen politischer Arbeit im deutschen Kaiserreich. Da sie jedoch zugleich die bürokratisch-leitungszentrierte Parteistruktur problematisierte und einflußreiche Teile der proletarischen Frauenbewegung sich im Zuge der Richtungskämpfe in der Partei zur Opposition bekannten, wurde die Frauenbewegung zunehmend zum Gegenstand einer umfassenden Integrationsstrategie der Parteiführung. Diese liest sich in der Parteigeschichte als Kampf um die Sonderbestrebungen der Frauen.

Diese Auseinandersetzungen fanden vor dem Hintergrund der (vereinsgesetzlich erzwungenen) organisatiorischen Selbständigkeit der proletarischen Frauenbewegung statt, die sich an politischem und praktischem Entscheidungs- und Handlungsraum, Verfügung über ein eigenes Publikationsorgan (*Die Gleichheit*) und weitgehender finanzieller Unabhängigkeit festmachen läßt. Der Grundsatz der Parteieinheit verlor dabei für die Frauen nichts von seiner Verbindlichkeit. Wo immer es möglich war (Wirtschaftskämpfe, Wahlarbeit, Spenden), nahmen die Genossinnen (Sympathisantinnen) an den allgemeinen Kämpfen der Arbeiterbewegung teil, so daß auf ihre Mitarbeit in vielen Bereichen bald nicht mehr verzichtet werden konnte. Der Erfolg der Bewegung beruhte dabei wesentlich auf der Eigeninitiative der Frauen und der Entwicklung von besonderen eigenständigen Agitations-, Organisations- und Kampfformen, die die Interessen der Basis sensibel und flexibel aufzugreifen und politisch einzubeziehen verstanden. Die zentrale Bedeutung einer gewissen, historisch jeweils neu zu definierenden Selbständigkeit von Frauenorganisationen in herkömmlichen politischen und wirtschaftlichen Verbänden wurde nach dem organisatorischen Zusammenschluß mit der Partei (1908) deutlich: Nur in solchen Ortsvereinen, wo bereits eine starke Frauenbewegung existierte, gelang eine produktive Zusammenarbeit mit den Genossen. Sonst wurden die Frauen zunächst einmal isoliert und zurückgedrängt, ein Prozeß, der im untersuchten Zeitraum mit einer sichtbaren Verstärkung der reformistischen Position in der Partei zusammenfiel und praktisch in die Zerschlagung der proletarischen Frauenbewegung mündete.

Die Verwandtschaft von Antifeminismus und Reformismus, die Werner Thönnessen als Bilanz zieht, kann jedoch in dieser Allgemeinheit nicht bestätigt werden. Während mir Richard Evans' Rehabilitierung der Reformisten als Befürworter einer Frauenbefreiung im liberal zeitgenössischen Sinne wenig zur Klärung dieses Verhältnisses beizutragen scheint, verweisen Lokalstudien (vgl. Nolan 1977) auf eine mehrdimensionale Betrachtungsweise, die – neben ideologischen Momenten – vor allem soziale und erwerbsstrukturelle Umstände zu berücksichtigen hätte.

Im Bereich lokaler und regionaler Studien liegt meiner Ansicht nach auch der Schwerpunkt zukünftiger Untersuchungen, sowohl was die Geschichte der Arbeiterbewegung, insbesondere der proletarischen Frauenbewegung angeht, wie bezüglich all der vielen offenen Fragen und Probleme, die mit dem Leben und der Arbeit der proletarischen Frau zusammenhängen. Heute bedeutet Forschungsarbeit in diesen Bereichen immer noch zugleich Soziologin, Psychologin, Historikerin, Ökonomin, Pädagogin usw. zu sein, wie Jutta Menschick es einmal so schön formulierte – also ein(e) allseitig entwickelte(r) Forscher(in), wie wir sie/ihn heute noch nicht/nicht mehr haben.

I

Der Lebenszusammenhang der proletarischen Frau

Im ersten Hauptteil werden die sozio-ökonomischen Bedingungen und die subjektiven Voraussetzungen für die Entstehung der proletarischen Frauenbewegung in Deutschland dargestellt und diskutiert. Den Begriff ›proletarisch‹ leite ich von seinem ursprünglichen Gebrauch in der Marxschen Theorie her, auf dem auch das Selbstverständnis der proletarischen Frauenbewegung beruhte. Eine Bestimmung wird dadurch erschwert, daß das Proletariat zugleich eine empirische (real vorfindbare) und eine analytisch-programmatische Kategorie (als Klasse) ist. Dies verweist auf den Prozeßcharakter seiner Entstehung.

»Die Entstehung des Proletariats ist ein langwieriger und komplizierter Prozeß, und das in Deutschland mehr als anderswo. Er ist zu begreifen einmal als sozialer und ökonomischer Prozeß: als die Entstehung einer allmählich einheitlicher werdenden Klasse der Lohnarbeiter, die die Freiheit besitzt, ihre Arbeitskraft zu verkaufen, wo und wem sie wollen, zugleich jedoch dem Zwang unterliegen, dies zu tun, um ihr Leben fristen zu können. Die kapitalistischen Produktionsverhältnisse ebnen die Arbeits- und Lebensbedingungen der Betroffenen fortschreitend ein und sind damit der entscheidende Motor einer Entwicklung, die zur weitgehenden sozialen und kulturellen Homogenität des Proletariats führt. Zum anderen geht es bei der Entstehung des Proletariats um einen politischen Lernprozeß im Kontext dieser realen Lebens- und Arbeitsbedingungen: um die Entstehung von Klassenbewußtsein, wodurch erst das Proletariat vom geschichtlichen Objekt zum geschichtlichen Subjekt sich wandelt.«[1]

Das Proletariat tritt uns somit als Getragenes und Träger der geschichtlichen Entwicklung entgegen. Im Rahmen unserer Fragestellung ergibt sich zwangsläufig die Forderung nach Erweiterung des einseitig ideologie- und führerzentrierten, auf formale Organisationsgeschichte beschränkten traditionellen

Forschungsansatzes um seine verlorene Dimension: die ihr zugrunde liegenden Erfahrungen.

Das Verständnis von Proletariat als Prozeß verweist im Bereich des Lebenszusammenhanges auf grundverschiedene Existenzmöglichkeiten des Arbeiters, die sich in seinem Verlauf entfalten und wieder auflösen. Diese verschiedenen Existenzformen sind in die Ungleichzeitigkeit der industriellen Entwicklung in Deutschland eingebettet. Sie lassen sich an den Übergangs- und Mischformen in den Produktionsformen und der inneren Differenziertheit des Proletariats festmachen. Diese stellt sich her über Erziehung, Geschlecht, Herkunft, Bürgerstatus, Erfahrung, Qualifikation und Stellung im Produktionsprozeß – und damit der Betriebshierarchie – und der Rück- und Wechselwirkung aller dieser Bereiche. In diesem differenzierten Kontext entfaltet sich Geschichte als Praxis, als Produktion von Lebensgeschichte und Bewußtsein.

In ihrem Begriff des Alltagslebens versucht Agnes Heller im theoretischen Rahmen des historischen Materialismus die Dichotomien der geläufigen Begrifflichkeiten (Konsumtion versus Produktion; Reproduktion versus Produktion; Privatheit versus Öffentlichkeit) zur Erfassung dieses wechselseitigen Prozesses zu überwinden.

»Um die Gesellschaft reproduzieren zu können, ist es notwendig, daß die einzelnen Menschen sich selbst als einzelne Menschen reproduzieren. Das Alltagsleben ist die Gesamtheit der Tätigkeiten der Individuen zu ihrer Reproduktion, welche jeweils die Möglichkeit zur gesellschaftlichen Reproduktion schaffen... Jedoch kommt die Reproduktion der Gesellschaft nicht spontan durch die Selbstreproduktion des Einzelnen zustande. Der Mensch vermag sich nur zu reproduzieren, indem er seine gesellschaftliche Funktion erfüllt: die Selbstreproduktion wird zu einem Moment der gesellschaftlichen Reproduktion.«[2]

Die qualitative Bestimmung dieses reintegrierten Alltagsbegriffs als ›Hefe‹ oder ›Basis‹ der Geschichte in dem Sinne, daß »die großen, die gesamtgesellschaftlichen Konflikte aus den Konflikten des Alltags hervorgehen... und wieder ins Alltagsleben zurückkehren, das sie umformen und strukturieren«[3] gibt uns Hinweise auf ein Widerstandspotential im Alltagsleben, das mit der Kategorie Entfremdung nicht abgedeckt ist, selbst wenn Agnes Heller uns die organisatorische Vermittlung dieses Widerstandes schuldig bleibt. Der Alltag wird nicht zur Grauzone, zur reinen Verlängerung gesellschaftlicher

Herrschaftstechniken reduziert, wie uns Thesen von der ›Pauperisierung des Alltags‹ und Riesmann mit Kategorien wie der ›außengeleitete Mensch‹ (1950) weismachen wollen. Er ist zugleich ›Vermittler des Nicht-Alltäglichen und seine Vorschule‹. Die Entfremdung des Alltags hat objektive Grenzen. Diese liegen im antagonistischen Charakter der gesellschaftlichen Verhältnisse, die das individuelle Schicksal des Arbeiters als kollektives Klassenschicksal erfahrbar machen, und in der psychischen Struktur der Individuen, die auf ein ›emanzipatives Minimum‹[4] angewiesen sind.

Dieses umfassende Verständnis von Alltag und sein dialektischer Impetus in Richtung einer gesellschaftlichen Veränderung liegen dem Begriff des Lebenszusammenhanges zugrunde, wie er hier verwendet wird. Dies geschieht in Abgrenzung gegenüber solchen Forschungsansätzen, die allein aus der betrieblichen Situation heraus die Entstehung von Bewußtsein – als organisationsrelevantem Lernprozeß – theoretisch und empirisch zu erfassen suchen und den außerbetrieblichen Lebensbereich auf ein bloßes Anhängsel reduzieren. Zugleich wird damit eine empirische Basis geschaffen, an der das theoretische Selbstverständnis der Frauenbewegung überprüft und worauf ihre praktischen Organisationsformen und Kämpfe bezogen werden können. Milieuschilderungen erweisen sich dabei als einseitig und untauglich, da sie den Betroffenen auf einen Behandelten, einem unabänderlichen Schicksal Unterworfenen reduzieren.[5]

Im Begriff ›Proletariat‹ hebt Marx gerade dieses Schicksalhafte auf. Als Nicht-Eigentümer an Produktionsmitteln, als ›freie‹ Lohnarbeiter/innen, befinden sich die Frauen und Männer der Arbeiterklasse immer auch in einem mehr oder weniger direkten Gegensatz zum Kapital. Während unter der Kategorie Lohnarbeit jedoch alle produktiven Arbeiter subsumiert sind, wendet Marx den Begriff Proletariat vor allem dann an, wenn er sich explizit auf diesen Gegensatz bezieht, und er gebraucht ihn primär für den an der Maschine tätigen Fabrikarbeiter. Marx sah in dem Industriearbeiter (wie wir ihn im folgenden nennen wollen) den Gegensatz von Lohnarbeit und Kapital am reinsten verkörpert und erblickte in ihm den konstituierenden Träger des Proletariats als Klasse.

Tatsächlich mußte die ökonomische Entwicklung die neuen Produktionsformen und ihre materialen Träger ins Zentrum der politischen Arbeit stellen, da von hier eine Dynamisierung der gesamten gesellschaftlichen Strukturen ausging (›industrielle Revolution‹). Auch quantitativ wurden immer größere Bevölkerungsanteile in die Industriearbeit geworfen. Dieser Prozeß ging an der Frauenarbeit nicht vorbei; im Gegenteil sind außerhäusliche Lohnarbeit von Frauen und Kindern integrierte Momente seiner Entwicklung.

Entsprechend der allgemeinen Zielbestimmung der Arbeiterbewegung – als Organisation des Proletariats zum Zwecke der Aufhebung der Klassengegensätze und damit seiner selbst – waren auch die weiblichen Mitglieder der SPD stark an der Aufklärung und Organisation der Industriearbeiterinnen interessiert. Sie beriefen sich dabei auf einen Emanzipationsbegriff, der in marxistischer Tradition auf der industriellen Frauenarbeit als Vehikel der Befreiung fußte. An dieses Selbstverständnis knüpfe ich an, wenn ich – entsprechend der Bedeutung der Arbeit in der Emanzipationskonzeption der proletarischen Frauenbewegung – zunächst die besonderen Merkmale der Frauenarbeit darstelle. Obwohl diese Merkmale, ›unqualifizierte Tätigkeit‹, ›niedriger Verdienst‹ und ›lange Arbeitszeit‹, auch bei anderen Gruppen von Lohnarbeitern (bei jungen, unqualifizierten Arbeitern, in der Kinderarbeit, bei Alten und Emigranten) zu finden sind, bleiben sie als Komplex und von ihrer Breitenwirkung her geschlechtsspezifisch dimensioniert.

Diese allgemeine Bestimmung der Frauenarbeit wird anhand der Wuppertaler Textilindustrie konkretisiert. Die Bedeutung der lokalen und regionalen Differenzen in den Produktionsformen für die Lage der jeweiligen Arbeiterschaft kann an diesem Beispiel gezeigt werden. Zugleich erweisen sich die Grenzen der Kategorie Frauenarbeit als Zugang zu den weiblichen Erfahrungen. Diese erhalten ihre klassen- und geschlechtsspezifische Bedeutung erst im Rahmen eines als umfassend verstandenen Lebenszusammenhanges, in welchem die Frauenarbeit nur ein, wenn auch wesentlich strukturierendes Moment ist.

In einem nächsten Schritt versuche ich daher, anhand der idealtypischen Rekonstruktion des Lebenslaufes der proletarischen Frau die Verflechtungen und Wechselbeziehungen zwischen betrieblichen und außerbetrieblichen Lebensmomenten herauszuarbeiten und Möglichkeiten wie Hindernisse für organisationsrelevante Lernprozesse in diesem Spannungsfeld zu bestimmen. Die Qualität der verschiedenen Lebensumstände ist notwendig widersprüchlich und wird von den einzelnen Frauen auch so wahrgenommen. Bestimmte Grunderfahrungen lassen sich jedoch erkennen, und einige konkrete Vorformen und Ansätze zu kollektivem Handeln im Bereich des Alltagslebens werden sichtbar.

Ein weiteres Augenmerk richtet sich auf solche Aspekte, die in den Kampf- und Organisationsformen der proletarischen Frauenbewegung unmittelbar relevant wurden, wie z. B. in der Formulierung von Forderungen (Kinder- und Arbeiterinnenschutz, freie politische Betätigung, usw.), den Formen und Inhalten der agitatorischen Kleinarbeit und der besonderen Ausformung der Kampfmittel und Organisationsstruktur.

Die deutsche Arbeiterbewegung und damit auch die proletarische Frauenbewegung haben sich in der Auseinandersetzung mit der Herrschaftsstruktur des Deutschen Reiches entwickelt und blieben an seine inneren und äußeren Widersprüche gebunden. Seine wirtschaftlichen und politischen Grundzüge werden daher vorab skizziert.

1 *Das Wilhelminische Kaiserreich*

Kennzeichnend für das Deutsche Reich in der Zeit von 1890 bis 1914 war die industrielle Expansion unter Beibehaltung einer feudal dominierten Herrschaftsstruktur.

Die wirtschaftliche Entwicklung

Die ›industrielle Revolution‹ hatte in Deutschland verhältnismäßig spät eingesetzt, verlief jedoch derart dynamisch, daß Deutschland in der Zeit von 1870 bis 1910 zur vorherrschenden Wirtschaftsmacht in Europa heranwuchs. Die ›Große Depression‹ (Weltwirtschaftskrise 1873–1896) wirkte sich unter diesen Bedingungen als eine Verlangsamung der wirtschaftlichen Entwicklung aus, ohne sie eigentlich zum Erliegen zu bringen.

Mitte der 90er Jahre setzte ein neuer Aufschwung ein, der bis 1913 anhielt und nur von wenigen kurzfristigen Stockungen (1901/2 und 1908/9) unterbrochen wurde.

Träger dieser Entwicklung, die die jährliche Industrieproduktion im untersuchten Zeitraum verdoppelte, waren die Schwerindustrie, die Kohlenförderung und vor allem die neuen Bereiche der elektrotechnischen und chemischen Industrie. Sie wurde durch die Trust- und Monopolbildung, die in Deutschland von keinem Gesetz behindert war, begünstigt und durch den finanzpolitischen Einfluß der Großbanken gefördert, die finanziell und personell mit den Industrieunternehmen verschmolzen.

Der wichtigste Faktor bei diesem Prozeß war die Erhöhung der Arbeitsproduktivität durch Technisierung, Rationalisierung und vor allem die Intensivierung der Arbeitsleistung. Die Vermehrung der geleisteten Arbeitsstunden spielte dagegen eine untergeordnete Rolle, obwohl die Zahl der Industriearbeiter sich verdoppelte (1887–1914) und die durchschnittliche Arbeitszeit in der Industrie auf ca. 57 Stunden pro Woche (1825 existierte durchschnittlich die 82-Stunden Woche) gesunken war.

Zwischen 1881 und 1896 erhöhte sich das Realeinkommen der Arbeiter um 35%. Danach konnte der nominale Lohnanstieg den Lebensstandard für einige Jahre knapp halten, um dann – im Zuge der allgemeinen Steuer- und Zollpolitik der Regierung – in einen Reallohnrückgang umzuschlagen.

Für den Lebensstandard der deutschen Industriearbeiterschaft bedeutete dies – bei einem jährlichen Durchschnittseinkommen von 800 bis 900 Mark – ein Leben hart an der Grenze des Existenzminimums. Dennoch hatte sich die Lage der Arbeiterschaft objektiv gebessert, insbesondere was Arbeiterschutz, medizinische Versorgung und Arbeitszeit anging.[1] Diese Verbesserungen standen allerdings in keiner Relation zu den industriellen Errungenschaften Deutschlands. Sie waren jedoch der Ausgangspunkt für die reformistischen Illusionen in breiten Teilen der SPD, die an die Durchsetzung ihrer Forderungen innerhalb des bestehenden Systems und an dessen qualitative Veränderung im Verlauf dieses Prozesses glaubten. Die Politik, die auf dieser Auffassung beruhte, ging allerdings an der politischen Realität des Wilhelminischen Kaiserreiches vorbei, da ihre Realisierungschancen ganz grundsätzlich an gesellschaftliche Beteiligung gebunden waren. Diese Teilnahme an politischen und wirtschaftlichen Entscheidungsprozessen blieb der Sozialdemokratie jedoch verwehrt.

Die politische Lage

Die Politik des Deutschen Reiches war nach Otto von Bismarcks Entlassung (1890) durch den Schritt zur weltpolitischen Machtstellung und die Einfrierung des systemtypischen Konflikts zwischen der halbabsolutistischen Militärmonarchie und tendenziell angelegter Volkssouveränität gekennzeichnet. Dieser machtpolitische Status quo wurde jahrzehntelang durch das Bündnis von bürgerlich-industrieller Grundstoff- und Schwerindustrie mit dem feudal-ostelbischen Großgrundbesitz (Roggen-Stahl-Bündnis) gesichert. Sein politischer Rückhalt war die Führungsschicht in Armee, Staat und Verwaltung. Diese Posten wurden vorwiegend mit Angehörigen des Adels besetzt, bei deren Rekrutierung die politische Gesinnung vor Leistungskriterien die ausschlaggebende Rolle spielte. Seine wirtschaftliche Basis war eine Finanz- und Steuerpolitik, die via wechselseitiger Zollbewilligung im Reichstag den Junkern ihre ökonomische Grundlage erhielt und die deutsche Eisen- und Stahlindustrie zur konkurrenzfähigsten auf dem Weltmarkt machte.

Gesamtwirtschaftlich gesehen führte der Agrarprotektionismus zu einer strukturellen Benachteiligung vieler zukunftsträchtiger mittel- und kleinindustrieller Bereiche (vor allem der Fertigprodukte) und Agrarbetriebe. Er hatte zudem am chronischen Defizit der Reichsfinanzen, die 1909 zum Sturz des Kanzlers von Bülow führten, wesentlichen Anteil. Finanziert wurde diese Politik mit den Zöllen auf Getreide und Lebensmittel, die direkt an die Konsumenten weitergegeben wurden, und den indirekten Steuern, die seit Ende der 70er Jahre beständig stiegen. Sie wurde somit zum größten Teil von den Bevölkerungsgruppen bezahlt, die ihren Bedarf an Lebensmitteln nicht selber decken konnten: dem städtischen Kleinbürgertum, dem Handwerk und dem Proletariat. Diese Praxis veranlaßte den Steuerexperten der SPD im Reichstag, Emmanuel Wurm, zu der Bemerkung, daß die ›Finanzpolitik des Reiches zugleich die Leidensgeschichte seiner Arbeiterklasse‹ sei.

Die Verknüpfung von Wirtschafts- und Staatsinteresse bewirkte, daß die Organisationen der Arbeiterklasse gleichermaßen gegen wirtschaftliche Ausbeutung wie politische Unterdrückung kämpfen mußten. Die Zoll- und Steuerpolitik der Regierung und ihre Folge, die Teuerung, standen im Zentrum der sozialdemokratischen Agitation – neben der Forderung nach einem demokratischen Wahlrecht. In der Frage des Wahlrechts war die Regierung jedoch zu keinen Kompromissen bereit. Das allgemeine Reichstagswahlrecht (1867) hatte die von Otto von Bismarck konzipierten promonarchistischen Grenzen zwar gesprengt, seine Kompetenzen blieben jedoch auf Budgetbewilligung beschränkt. Der Reichstag konnte das Herrschaftsgefüge des Deutschen Reiches nicht antasten, geschweige denn demokratisieren.

Die Ausdehnung des allgemeinen Wahlrechts auf Länder und Kommunen wurde zudem durch eine teils manifeste, teils latente Staatsstreichdrohung von oben behindert, die die SPD auf eine nicht-provokative Politik festlegte.

Indessen bestärkten die (praktisch folgenlosen) Wahlsiege der SPD, ihre faktische Beteiligung an der Landes- und Kommunalarbeit in den süddeutschen Ländern sowie die bereits erwähnte materielle Besserstellung breiter Arbeiterkreise (Reallohnsteigerung und Ausbau der Sozialgesetzgebung durch Bismarcks Nachfolger) gleichermaßen die reformistischen Hoffnungen in großen Teilen der sozialdemokratischen Arbeiterschaft. Reale Verbesserungen hatten an dieser Entwicklung also ebensosehr Anteil wie die Ausrichtung der SPD-Politik an Organisationsausbau und wahltaktischen Gesichtspunkten durch ihre Führer.

Sie fand ihre Entsprechung in Theobald von Bethmann Hollwegs ›Politik der Diagonale‹ (1909), der im Sinne eines aufgeklärten Selbstinteresses (an der Vormachtstellung der Konservativen) zu einer partiellen Zusammenarbeit mit allen gesellschaftlichen Gruppen bereit war. Bezeichnend für seine Haltung zur Sozialdemokratie ist die Stellungnahme im Kronrat (1908), mit der er eine Gesetzesvorlage abwehrte, die sich gegen die sozialdemokratische Agitation wandte: Eine solche Initiative störe nur den Verbürgerlichungsprozeß der Sozialdemokratie.

Diese Aufweichungstendenzen wurden jedoch von der Politik der maßgeblichen Interessenverbände im Deutschen Reich eingeholt. Diese waren zu keinem noch so begrenzten Zugeständnis bereit. Ihr nationalistischer und imperialistischer Impetus fand in der Rüstungspolitik der Regierung, die spätestens seit 1898 (Großadmiral Alfred von Tirpitz lanciert die Annahme der Flottenvorlage im Reichstag) dem 1. Weltkrieg zusteuerte, seinen praktischen Ausdruck. Es gelang ihnen zudem, ihren Einfluß über die mittelständischen Schichten hinaus auf die Sozialdemokraten auszudehnen, die in Schule und Armee unbewußt nationalisiert wurden. Diese Einbindung von in ihrem ökonomischen Interesse divergierenden Gesellschaftsgruppen in die ›höhere Einheit‹ des Vaterlandes – als ein letzter Versuch zur inneren Reichsgründung – wurde jedoch über die Feindmarkierung der Sozialdemokratie als ›vaterlandslos‹ hergestellt, und diese blieb damit ›nicht gesellschaftsfähig‹.

Das politische Machtgefüge im Deutschen Reich vermochte so die Sozialdemokratie – unterstützt von den reformistischen Illusionen in ihren eigenen Reihen – auf eine ›negative Integration‹ festzulegen[1], und die nationalistische Verformung der psychischen Strukturen vieler Individuen verhinderte beim Ausbruch des 1. Weltkrieges den geschlossenen Widerstand der ihrem theoretischen Selbstverständnis nach international orientierten sozialistischen ›Bruderparteien‹.

2 *Die allgemeinen Kennzeichen der weiblichen Erwerbstätigkeit*

Hinter dem relativ konstanten Anteil der Frauenarbeit (35–38%) an der Erwerbsquote seit Mitte des 19. Jahrhunderts verbargen sich eine Reihe von strukturellen Veränderungen. Analog zur allgemeinen Entwicklung der Lohnarbeit lassen sich Trends zugunsten des Angestelltenbereiches und der Industriearbeit nachweisen. Der auffallend dynamische Anstieg der Frauenarbeit in den neuen Produktions- und Arbeitsbereichen korrespondierte mit einem leichten Rückgang in den Erwerbszweigen mit alten Produktionsformen: der Land- und Forstwirtschaft, der Heimarbeit, dem Dienstbotenwesen und im Bereich der persönlichen Dienstleistungen.[1]

Obwohl die Frauen tendenziell in alle Berufszweige eindrangen, bildeten sich typische ›Frauengewerbe‹ heraus, von denen behauptet wurde, daß sie für Frauen besonders geeignet seien. Das Bekleidungs- und Reinigungsgewerbe, die Textilindustrie und die Nahrungs- und Genußmittelindustrie standen hier mit 40–60% Frauenanteil an der Spitze.[2]

In der Industrie waren zwei Drittel der erwerbstätigen Ehefrauen beschäftigt. Sie arbeiteten in Berufsgruppen, die an hauswirtschaftliche Tätigkeiten anknüpften bzw. auf Geschick und Schnelligkeit – vor der reinen Körperkraft – angewiesen waren.

Ungelernte Tätigkeit

Die gesellschaftliche Tendenz zur Dequalifizierung der Arbeitskraft auf das Niveau der einfachen Durchschnittsarbeit ging zu Lasten der Frauen. Die Zahl der ungelernten Arbeiterinnen stieg rasch und war 1907 fast doppelt so hoch wie bei den männlichen Arbeitern.[1] Wo Frauen in männlich dominierte Erwerbszweige eindrangen, geschah es vornehmlich bei den ungelernten Tätigkeiten. Bei gleichzeitig expandierender Beschäftigungsstruktur ist anzunehmen, daß es sich bei diesem Prozeß nicht um eine reine Verdrängung der Männerarbeit durch Frauenarbeit handelte, sondern ebensosehr um ein Ausfüllen der anspruchslosen und damit bei guter Wirtschaftslage für die Männer uninteressanten Arbeitsplätze. Qualifizierte Frauen gab es lediglich in den sogenannten Frauenindustrien.

Die Unternehmer griffen auch im Ernstfall einer Krise nicht automatisch auf die billige weibliche Arbeitskraft zurück. Neben der niedrigen Qualifikation der Frauen und den gesetzlichen Beschränkungen der Frauenarbeit spielten auch sozialpsychologische Überlegungen eine Rolle. Eine hohe Arbeitslosigkeit unter den Männern besaß sozialpolitische Brisanz. Die Unternehmer gingen das damit verbundene Risiko ungern ein, und in diesem Interesse waren sie bereit, auf kurzfristige Extraprofite zu verzichten. Die feindliche Haltung gegenüber der Frauenarbeit in der frühen deutschen Arbeiterbewegung muß nicht zuletzt von daher problematisiert werden.

Das Anschwellen der industriellen Reservearmee kann mit Marx als ein notwendiges Produkt der fortschreitenden Akkumulation des Kapitals bezeichnet werden. Die Entwicklung der Frauenarbeit war nur ein Moment dieses Prozesses. Ein anderer Faktor, der in den Auseinandersetzungen um die Frauenarbeit jedoch gewöhnlich ausgespart wurde, war die große Zahl von Einwanderern, die im Deutschen Reich Arbeit suchten. Diese vereinigten in sich die ganze Problematik von Unwissenheit, Bedürfnislosigkeit und individualistischem Bewußtsein, die in den Vorstellungen des Gros der deutschen Arbeiterschaft jedoch rein frauenspezifisch dimensioniert blieb. In Wirklichkeit war die Situation im Deutschen Kaiserreich zu differenziert, um mit geschlechtsspezifischen Vorwürfen erfaßt oder gar verändert zu werden. Neben den realen Anteilen, an welche diese antifeministische Haltung anknüpfen konnte (z. B. die sinnliche Erfahrung der negativen Folgen der Frauenarbeit für das Familienleben), treten hier ausgesprochen misogyne Elemente in Erscheinung. Diese hielten sich auch nach der offiziellen Anerkennung der Frauenarbeit in der Partei mit äußerster Hartnäckigkeit.

Niedriger Lohn

Die niedrige Qualifikation der Frauenarbeit und ihr Vordringen in die ungelernten Tätigkeitsbereiche beeinflußten ihre Lohnhöhe.

Mit Marx nehme ich an, daß der Wert der Arbeitskraft – wie der jeder anderen Ware – von ihren Reproduktionskosten bestimmt ist und historisch variiert. Der eigentliche Lohn, den der Arbeiter erhält, ist das Ergebnis zweier widerstreitender Tendenzen: dem Bestreben des Kapitals, die Arbeitskraft unter ihrem Wert zu kaufen und der Kampfkraft der Arbeiterklasse, die die innerhalb der historischen Möglichkeiten vorhandene Lohnhöhe ausschöpfen möchte.

Mit der Einführung der Maschine wurde es historisch möglich und notwendig, die Zahl der Lohnarbeiter zu vermehren: die ganze Familie wurde dem Produktionsprozeß zugeführt. Da der Wert der Arbeitskraft durch die Reproduktionskosten der ganzen Familie bestimmt wird, verteilte er sich nun über sämtliche in die Produktion eingereihten Familienmitglieder, lief also auf eine Entwertung der Arbeitskraft des Mannes hinaus.

Im untersuchten Zeitraum ist dieser Prozeß soweit fortgeschritten, daß die Erwerbsarbeit der Frau zum festen Bestandteil der Familienreproduktion geworden ist.

»Typisch für die Einnahmeseite der Arbeiterhaushalte blieb bis vor 1914, daß der Lohn des Familienvaters z. T. auch bei geringsten Maßstäben nicht zum Unterhalt einer Familie mit mehreren Kindern ausreichte. Im allgemeinen wurde zwar der Lohn eines Facharbeiters zunehmend als Familienlohn gewertet und Erwerbsarbeit der Frau als ansehensmindernd betrachtet. Doch für die Ungelernten konnten solche Maßstäbe nicht gelten. Während (1909) der Haushaltsvorstand bei gelernten Arbeitern im Hauptverdienst 82% der Einnahmen (Schriftsetzer sogar 90% und Former 94%) beibrachte, lag dieser Anteil für Ungelernte bei 75% und sank z. B. bei Straßenarbeitern auf 70%.«[1]

Die Bedeutung der Frauenarbeit erhöht sich weiter, wenn man die Unsicherheit der Arbeitsplätze der Männer bedenkt. Es gab zudem viele Familien, die den Vater, den offiziellen Ernährer, nie gekannt oder verloren hatten. Die Zahl dieser Familien betrug – bei starken lokalen Differenzen – bis zu 38,6%.[2] Diese Tatsachen setzten sich im gesellschaftlichen Bewußtsein jedoch nicht durch. Getreu der herrschenden Vorstellung von Arbeitsteilung in der Familie wurden die Männer auch weiterhin nach Maßgabe eines sogenannten ›Familienlohnes‹ bezahlt, während die Frauenarbeit als bloßer Zusatzverdienst bzw. reine Individualreproduktion entlohnt wurde. Unter diesen Voraussetzungen betrugen die Frauenlöhne von der Mitte des 19. Jahrhunderts bis zum 1. Weltkrieg durchschnittlich die Hälfte bis zwei Drittel des Männerlohnes. Bei einem Existenzminimum von 9 bis 10 Mark in der Woche blieb der größte Teil der Arbeiterinnen (54,05%)[3] mit bis zu 8 Mark Wochenverdienst noch unter dieser Hungergrenze.

War es für eine einzelne Frau schon schwer genug, sich unter diesen Bedingungen durchzuschlagen, um wieviel entbehrungsreicher und verschleißender wurde ihr Leben, wenn sie ein oder mehrere Kinder zu versorgen hatte!

Langer Arbeitstag

Die geringe Entlohnung der Frauen korrespondierte mit einem langen Arbeitstag. Zwar war die Arbeitszeit prinzipiell unabhängig vom Geschlecht geregelt, in einigen Erwerbszweigen wurde jedoch länger gearbeitet: in der Landwirtschaft, in der Heimindustrie und im Dienstbotenwesen – also in drei Bereichen, wo die Frauenarbeit dominierte.

In der Industrie läßt sich ein Gefälle in der Arbeitszeit von vorwiegend weiblichen Branchen über solche mit gemischtem Personal zu reinen (oder vorwiegend) Männerbetrieben feststellen.[1] Der Maximalarbeitstag für Fabrikarbeiterinnen war in der Gewerbenovelle von 1891 auf 11 Stunden (mit einstündiger obligatorischer Mittagspause) festgelegt und die Nachtarbeit verboten worden. Dies war jedoch nur eine Anpassung an die Arbeitsbedingungen, die sich die organisierte männliche Arbeiterschaft in anderen Bereichen bereits erkämpft hatte. Zudem garantierte die weitherzige Anwendung der Ausnahmevorschriften, daß die Produktion von diesen Maßnahmen kaum tangiert wurde.

Während die Arbeiter in den gut organisierten Berufen (Baugewerbe, Druckerei, Holzgewerbe) mit Hilfe der Tarifverträge ihre Arbeitszeit bis 1908 auf bis zu 8 Stunden herunterdrücken konnten, mußten die meist schlecht organisierten ungelernten und weiblichen Arbeiter selbst nach der offiziellen Einführung des 10-Stunden-Tages (1908) z. T. Arbeitszeiten von 11 und mehr Stunden in Kauf nehmen. Dies galt insbesondere für die Textilbranche, was Robert Wilbrandt zu der lapidaren Bemerkung veranlaßte: »Wo die meisten Mütter in der Fabrik, da die längste Arbeitszeit.«[2]

3 Die Wuppertaler Textilindustrie: Eine typische Frauenindustrie

Der Übergang vom Handwerksbetrieb (über das Verlagswesen) zur Fabrikarbeit vollzog sich in der Textilindustrie sehr früh und rasch. In dem Maße, wie die Produktion in Fabriken verlagert wurde und sich neben Klein- und Mittelbetrieben auch Großunternehmen entwickelten, wuchs der Anteil der Frauenarbeit in strukturellen Dimensionen weiter, die den Großbetrieb zu ihrer eigentlichen Domäne machten. Die Männerarbeit war im Textilbereich dagegen stärker im Bereich handwerksmäßiger, kleinkapitalistischer und hausindustrieller Klein- und Kleinstbetriebe verankert. Diese Entwicklung erzeugte die gewerbliche Besonderheit qualifizierter Frauenarbeit, die für die sogenannten ›Frauenindustrien‹ typisch ist.

Der hochentwickelte Stand der Textilindustrie und ihr Charakter als ›Frauenindustrie‹, beides zukunftsweisende Momente, machen ihre exemplarische Bedeutung für weibliche Erwerbstätigkeit aus. Dies spiegelt sich auch in der Arbeitsplatzsituation. Sie ist in der Textilindustrie nicht durch extreme Bedingungen (wie hohe Unfallhäufigkeit, Gifteinwirkung und große Anforderungen an die Körperkraft) gekennzeichnet, sondern verlangt einen ›durchschnittlichen‹ Aufwand. Diese Faktoren und die tendenzielle Zusammenballung der Arbeiterinnen in Großbetrieben machten die Textilindustrie zu einem ›idealen‹ Organisationsfeld im Selbstverständnis der proletarischen Frauenbewegung.

Die allgemein eher problematische Materiallage verweist ebenfalls auf die Textilindustrie: Diese ist eine der wenigen von der zeitgenössischen und der aktuellen Forschung relativ gut untersuchten Bereiche weiblicher Erwerbstätigkeit.

Sowenig wie die Frauenerwerbsarbeit oder auch nur die industrielle Frauenarbeit ein einheitliches Bild bieten, so sehr unterschieden sich die einzelnen Textilbezirke. Dabei hatten der Stand der Produktivkräfte (Verbindung mit der Landwirtschaft, Mischung von Heim- und Fabrikarbeit oder reine Fabrikarbeit) und lokale Traditionen einen großen Einfluß.

Die Wuppertaler Textilindustrie bietet sich aus einer Reihe von Gründen als Beispiel an. Sie weist weitgehend die oben entwickelten Merkmale auf. Ihre regionalen Besonderheiten können in der Gegenüberstellung zu anderen Bezirken (Chemnitz, Crimmitschau) bzw. im Vergleich mit einigen generellen Kennzeichen der Textilbranche herausgearbeitet werden.

Textilfabrik in Crimmitschau

Als Untersuchungsgrundlage diente mir vor allem die ausführliche Studie von Elisabeth Gottheiner, die einen sehr ausführlichen Teil über die Lage der Arbeiter im Wuppertal enthält und ausführlich auf die Situation der Frauen eingeht.[1] Die »Gleichheit«, das Publikationsorgan der proletarischen Frauenbewegung, enthält ebenfalls eine Reihe von Artikeln über die Lebensbedingungen der Arbeiterschaft in den einzelnen Textilregionen, den Stand ihrer Organisation und Berichte über verschiedene Arbeitskämpfe. Schließlich finden wir in den eher allgemein gehaltenen Untersuchungen ›zur Lage‹, in gesundheitspolitischen Schriften und gewerkschaftlichen Studien weitere Daten und Hinweise.

Die Struktur der Unternehmen

Die Wuppertaler Textilindustrie konzentrierte sich auf die Städte Elberfeld und Barmen. Die ›industrielle Revolution‹ hatte hier früh und von keinen Zunftstrukturen behindert eingesetzt. In den 80er Jahren war der Handwebstuhl bereits weitgehend ersetzt worden: z. T. durch ein Zwischenmeistersystem, z. T. direkt durch moderne industrielle Produktionsanlagen.

Während Elberfeld eine eher großbetriebliche Struktur entwickelte, herrschten in Barmen Klein- und Mittelbetriebe vor. Dieses Grundmuster scheint sich auch durch die wiederholten Umstellungen in der Produktion hindurch gehalten zu haben. Die großbetriebliche Struktur von Elberfeld beruhte auf ihrer Produktionsweise, der Erzeugung von Stapelware. An ihrer Spitze standen die Webereien von baumwollenen, seidenen und halbseidenen Stoffen sowie die Färbereien. In Barmen herrschte hingegen die sogenannte Riemendreherei vor, die Herstellung von Schnürriemen, Kordeln, Litzen und Bändern aller Art, Spitzen und überhaupt allen modischen Besatzartikeln. Die stark am Export orientierte Wuppertaler Textilindustrie wandelte sich in den folgenden Jahren zugunsten spezialisierter Fabrikationen und neuer Produktionszweige, während die Stapelartikel – vor allem in Barmen – in den Hintergrund traten.

Die lokalen Unternehmer zeichneten sich durch hohe Flexibilität und Innovationsfreudigkeit aus. Neue Produktionsverfahren wie das Nitrierverfahren und das Mercerisieren von Baumwolle wurden eingeführt und neue Produktionszweige auf- und ausgebaut. Ein Ausdruck dieser rührigen Unternehmerpolitik war der ›Bergische Verein zur Förderung der Textilindustrie‹ (1897). Dieser sammelte die Erzeugnisse der Textilindustrie und setzte sie zu Demonstrationszwecken und als Bildungsmittel ein, wie z.B. in der ›Preußischen höheren Fachschule für Textilindustrie‹, die 1900 mit Abteilungen für Musterzeichnen, Konfektion, Kunststickerei u.a.m. in Barmen eröffnet wurde.

Die ökonomische Potenz des Unternehmertums kommt auch in der starken Position seiner Verbände zum Ausdruck. 1893 entstand – ausgelöst durch einen Streik der Riemendrehereigesellen – der ›Verein der Riemendrehereibesitzer und Fabrikanten von Flechtartikeln in Barmen-Elberfeld und Umgegend‹. Ein weit wirkungsvollerer Zusammenschluß war jedoch der ›Verband von Arbeitgebern im bergischen Industriebezirk‹ (1900). Dieser steigerte seine Mitgliederzahl innerhalb eines Jahres von 150 auf 416 Unternehmen (mit 47942 Arbeitern) und konnte über ein ausgeklügeltes Unterstützungssystem und schwarze Listen alle Arbeitskämpfe im Keim ersticken bzw. zu seinen Gunsten beenden.

Der Entwicklungsstand der Wuppertaler Textilindustrie, ihre innere Differenziertheit und die unternehmerischen Zusammenschlüsse bestimmten die besondere regionale Lage der Arbeiter in Barmen und Elberfeld.

Die Situation der Frauenarbeit

Die Städte Barmen und Elberfeld gehörten dem Regierungsbezirk Düsseldorf an. Dank der raschen Entwicklung der lokalen Textilindustrie waren hier bereits 1876 49% der Beschäftigten Frauen. Zahl und Anteil der Arbeiterinnen vermehrten sich in den folgenden Jahrzehnten rasch.[1] Die Jugendarbeit nahm ebenfalls zu, während die Kinderarbeit stetig zurückging.

Diese Entwicklung ist typisch für die Textilindustrie, in der vorwiegend junge Arbeiterinnen beschäftigt wurden. Es strömten jedoch auch immer mehr verheiratete Frauen in die Fabriken, und ihr Anteil erreichte im Textilgewerbe ebenfalls

Höhepunkte.[2] In dieser Beziehung wich allerdings Barmen (für Elberfeld liegen keine detaillierte Angaben vor) erheblich vom Gesamtbild ab: von den 13559 Arbeiterinnen, die von der Gewerbeinspektion im Oktober 1899 ermittelt werden konnten, waren nur 15% verheiratet, verwitwet oder geschieden. Der steigende Anteil alleinstehender Frauen, den Elisabeth Gottheiner im Regierungsbezirk Düsseldorf beobachtete, entsprach dagegen einem allgemeinen Trend. Zusammenfassend kann man sagen, daß die Textilarbeiterinnen – von einigen lokalen Besonderheiten abgesehen – durchschnittlich jünger waren und sich zugleich unter ihnen mehr Ehefrauen befanden als in anderen Bereichen der Fabrikarbeit.

Die Arbeit der Frauen und Mädchen reichte von unregelmäßiger Hilfsarbeit bis zu gelernter Vorarbeit. Der Begriff ›gelernte Arbeit‹ ist jedoch nur mit Vorbehalt anzuwenden. Vielfach war damit nichts anderes gemeint als die Fähigkeit, eine bestimmte Maschine zu bedienen.

In der Weberei und ihren Nebenbetrieben, die für die Elberfelder Stapelindustrie typisch waren, verrichteten Männer und Frauen oft die gleiche Arbeit. Geübte Weber/innen konnten gleichzeitig zwei Webstühle bedienen, weniger flinke mußten sich mit einem (und damit dem halben Verdienst) begnügen. Spezialisierte Webarten – wie am Jacquardstuhl – erforderten die ungeteilte Aufmerksamkeit einer ganzen Arbeitskraft. Die folgende Schilderung einer schwangeren Weberin zeigt die Anforderungen, die die Arbeit in einem hochmechanisierten Textilbetrieb an die Arbeiterinnen stellte.

»Die Maschinen der Textilindustrie laufen sehr schnell. Ein schwerer Tuchwebstuhl macht 90 Touren in der Minute, ein Baumwollstuhl 200 Touren und mehr. Eine Spindel macht bis zu 10000 Umdrehungen in der Minute. Jede einzelne Person bedient viele Spindeln und viele Webstühle. Entsprechend dem schnellen Gang der Maschine müssen die Bewegungen der schwangeren Arbeiterin schnell erfolgen. Sie muß sich also schnell bücken, schnell drehen, schnell langen, strecken, drücken, ziehen, heben usw. Die schwangere Arbeiterin hat sich demnach viele hundert Male am Tage ... bis zum hochschwangeren Zustand zu strecken, zu dehnen, zu stoßen, zu legen, zu bücken usw. und alle möglichen Bewegungen und Arbeitsmanipulationen auszuüben. Der schwangere Leib wird dabei ständig gestoßen, gepreßt und gedrückt. Dabei sind Lasten bis zu 50 Pfund zu heben, zu ziehen, zu schieben.«[3]

In den Riemendrehereien, wie sie für Barmen charakteristisch sind, waren hauptsächlich Frauen – unter der Aufsicht von Meistern – beschäftigt. Wie in allen Industrien, die dem Modewechsel unterworfen sind, gab es auch hier vorwiegend ungelernte Arbeit. Dagegen arbeiteten in den Färbereien und Zeugdruckereien vor allem Männer. Die wenigen Frauen in diesen Betrieben verrichteten ausschließlich Hilfsarbeiten. Die

Eine schwangere Arbeiterin bedient einen breiten Jutewebstuhl

Stellung der verheirateten Frauen im Produktionsprozeß war höchst unterschiedlich. Einerseits wurden sie gerne als Vorarbeiterinnen beschäftigt, da sie als erfahren, fleißig und gutes Vorbild für die jüngeren Arbeiterinnen galten. Anderseits übernahmen Ehefrauen, die auf jeden noch so bescheidenen Verdienst angewiesen waren, gerade auch die unregelmäßigen und unbeliebten Arbeiten, die von den ledigen Arbeiterinnen abgelehnt wurden.

Entlohnt wurde – wie fast überall in der Textilindustrie – nach dem Akkordsystem. In Riemendrehereien und anderen Arbeitsprozessen, auf die das Akkordsystem nicht anzuwenden war, galt der Stundenlohn. Dieser wurde mit Prämien bzw. Strafabzügen kombiniert und ließ sich der Geschäftslage reibungslos anpassen. Während die Wochenlöhne in der Weberei für erwachsene Arbeiterinnen 12–16 Mark (Männer 18–21 Mark) betrugen, finden wir in den Barmener Riemendrehereien Verdienste zwischen 9 und 14 Mark für erwachsene und 5–10 Mark für jugendliche Arbeiterinnen. Hierbei handelt es sich allerdings um Spitzenlöhne, die nur von eingearbeiteten und flinken Arbeiterinnen erreicht wurden.[4]

Im Vergleich zu anderen Erwerbsmöglichkeiten galt die Textilindustrie als Gewerbe mit überdurchschnittlich guten Verdienstchancen für Frauen. Die Löhne in Barmen/Elberfeld gehörten überdies zu den höchsten der deutschen Textilindustrie. Dies hing vermutlich mit der Investitionsbereitschaft der lokalen Industriellen und ihrer unternehmerischen Flexibilität zusammen. Diese garantierten eine stabile, wenn auch intern mobile Beschäftigungsstruktur. Dafür spricht auch die ungewöhnlich lange Anstellungsdauer der Arbeiter in den Wuppertaler Fabriken. Diese Faktoren geben außerdem einen Hinweis auf die ungewöhnlich niedrige Zahl der erwerbstätigen Ehefrauen. Da die Frauen gewöhnlich von materiellen Zwängen in die Fabriken getrieben wurden, konnten bei den höheren Textilarbeiterlöhnen in Barmen/Elberfeld überdurchschnittlich viele Frauen zu Hause bleiben.

Die Differenz zwischen Männer- und Frauenlöhnen war in Barmen/Elberfeld – wie überhaupt in der Textilindustrie – weniger stark ausgeprägt als in anderen Gewerbebereichen. Gleichen Verdienst bei gleicher Arbeit, wie sie sowohl Marie Bernays wie Robert Wilbrandt in anderen Textilbezirken festgestellt haben, gab es hier hingegen nicht. Trotz der vergleichsweise günstigen Bedingungen konnten die Arbeiterinnen im Wuppertal von ihrem Lohn kaum leben. Elisabeth Gottheiner schreibt dazu:

»Die wenigsten Arbeiterinnen werden imstande sein, mit ihrem geringen Verdienst ihren vollständigen Lebensunterhalt zu bestreiten. Der Preis für volle Pension beträgt den Angaben der Barmener Stadtverwaltung zufolge heute im Wuppertal 520–546 Mark jährlich. Die ›Gleichheit‹ gibt für das Jahr 1894 den durchschnittlichen Preis für Kost und Logis pro Woche für eine 14–16jährige Arbeiterin auf 6–7 Mark, für eine über 16jährige auf 7,50–9 Mark an. Der alleinstehenden Arbeiterin, die weder an den Eltern noch an sonstigen Verwandten einen wirtschaftlichen Rückhalt hat, wird es so fast unmöglich gemacht, noch ihre übrigen Bedürfnisse – Kleidung, Heizung, Beleuchtung, Vergnügen und Erholung – zu befriedigen.«[5]

Bereits Ende der 90er Jahre war die Arbeitszeit in den meisten Betrieben von Barmen und Elberfeld auf 10 Stunden herabgesetzt worden, also 10 Jahre vor der gesetzlichen Einführung des Zehnstundentages (1908). Für den Textilbereich bestand damit im Wuppertal eine fortschrittliche Regelung. In Gera, einem anderen Textilschwerpunkt, wurde der 10-Stunden-Tag erst 1903 erkämpft, während ein ähnlicher Versuch in Crimmitschau, ebenfalls 1903, mit einer katastrophalen Niederlage der ›Zehnstundenkämpfer‹ endete. Von den Ausnahmebestimmungen zur Arbeitszeit wurde jedoch auch in Barmen und Elberfeld reichlich Gebrauch gemacht. Sonntags- und Nachtarbeit von Frauen fanden nach der Gewerbenovelle von 1891 nur noch ausnahmsweise statt.

Der Druck der organisierten Arbeiterschaft hatte bei dieser Entwicklung ebenfalls eine Rolle gespielt. Barmen und Elberfeld wiesen (mit 10%) im Vergleich zu anderen Textilbezirken – 1899 waren in Deutschland 6,97% der Textilarbeiter organisiert – einen hohen Organisationsgrad auf. Obwohl der Regierungsbezirk Düsseldorf eine Hochburg des Textilarbeiterverbandes war, waren die Frauen deutlich unterrepräsentiert. Dies hängt vermutlich zu einem Teil mit der politischen Repression in Preußen zusammen, die die Organisation von Frauen im Vergleich zu anderen Ländern des Deutschen Reiches sehr erschwerte. Die erfolgreiche Konkurrenz christlicher Gewerkschaften am Niederrhein und Besonderheiten im Aufbau der weiblichen Arbeiterschaft in Wuppertal (z. B. weniger Verheiratete) haben diese Tendenz verstärkt.

Am Beispiel der Wuppertaler Textilindustrie sind die allgemeinen Bestimmungen zur Frauenarbeit konkretisiert worden. Es hat sich gezeigt, wie sehr die Einführung und vor allem die praktische Einlösung von Reformen im allgemeinen und Arbeiterschutzbestimmungen im besonderen von der lokalen Gewerbestruktur und der Durchsetzungskraft der Arbeiterbewegung abhängen. Die Bedeutung der Reformpolitik der deutschen Regierung relativiert sich vor diesem Hintergrund erheblich. Zumindest im Bereich der Frauenarbeit hat sie keine eigentlichen Neuerungen oder qualitative Veränderungen gebracht. Sie hat lediglich die rückständigsten Gruppen von Arbeitern dem Niveau angenähert, das sich die Arbeiterschaft in anderen Bereichen oft schon längst errungen hatte, und war somit wenig mehr als die offizielle Institutionalisierung bereits erkämpfter oder zugestandener Forderungen. Diese These konnte hier nur für den Bereich der Frauenarbeit ausgearbeitet werden. Ich vermute, daß sie sich auch anderweitig belegen läßt, doch auch so problematisiert sie die Vorstellungen der Reformisten in der Sozialdemokratie: ihre Hoffnungen auf den Staat als einer Macht, die im Interesse der Arbeiter in das gesellschaftliche Geschehen eingreift.

4 *Exemplarischer Lebenslauf und biographische Erfahrung*

Unter Lebenslauf verstehe ich die ontogenetische Erfahrung und Einlösung des proletarischen Lebenszusammenhanges. Der Lebenslauf als Ausdruck der prozessualen Momente durchschnittlicher Sozialisationserfahrung wird seit einiger Zeit auch in der bürgerlichen Sozialwissenschaft verwendet.[1] In dieser Vorstellung von Durchschnittlichkeit wird jedoch Erfahrung ihres qualitativen Inhalts weitgehend entkleidet und auf quantifizierbare Muster festgelegt. Dagegen möchte ich die Einmaligkeit und Unwiederholbarkeit persönlicher Lebensgeschichte und Erfahrung ins Zentrum stellen, die sich vor dem Horizont der Einheit des proletarischen Lebenszusammenhanges zu bestimmten Grundmustern und Erlebnisformen zusammenfügen.

Die Rekonstruktion eines Lebenslaufes bietet sich methodologisch an, da in ihm ein Großteil subjektiver und objektiver

Erfahrungsmomente wirksam werden. Zugleich enthält ein solcher Ansatz bereits eine erste inhaltliche Strukturierung: die verschiedenen Aspekte Erziehung, Freizeit, Berufserfahrung, Ehe, Arbeitsteilung in der Familie usw. werden in einer quasi naturwüchsigen Abfolge thematisiert.

Dabei muß allerdings berücksichtigt werden, daß ein solcher Lebenslauf allenfalls einen idealtypischen Demonstrationswert besitzt. Die einzelnen Phasen im Lebenszyklus laufen nicht nach dem Modell entwicklungstheoretischer Konzeptionen ab. Sie gehen vielmehr fließend ineinander über, und in proletarischer Kindheit und Adoleszenz werden Funktionen (z. B. Arbeit und Betreuung jüngerer Geschwister) übernommen, die im Rahmen bürgerlicher Entwicklungsmodelle erst in viel späteren Phasen relevant werden. Unter diesen Vorbehalten wird im folgenden den spezifischen Erfahrungen der proletarischen Mädchen und Frauen nachgegangen. Das besondere Augenmerk ist dabei auf die konkreten Ansätze zu kollektivem Handeln gerichtet, die im proletarischen Lebenszusammenhang bereits enthalten sind.

Einige allgemeine theoretische Voraussetzungen müssen jedoch vorher noch geklärt werden. Die beiden wesentlichen gesellschaftlichen Bezugssysteme für die Frauen waren die Familie und die Lohnarbeit. Die Merkmale und Hintergründe der Frauenerwerbsarbeit sind weitgehend bekannt, der Begriff Familie noch unscharf. Da fast kein anderes gesellschaftliches Phänomen soviel an Mythologisierung, Idealisierung und Enthistorisierung im Verlauf seiner Erforschung ertragen mußte wie gerade die Familie, soll näher spezifiziert werden, was ich unter ›proletarischer Familie‹ verstehe. In der traditionellen Familienforschung herrschte lange Zeit die Vorstellung, daß die typische vorindustrielle Familienform die des ›ganzen Hauses‹ war. Die Klein- oder Kernfamilie (Eltern/Kinder) wurde entsprechend als ein Produkt der industriellen Entwicklung betrachtet: als ein Derivat oder eine Kümmerform des ursprünglichen, ›vollwertigen‹ Familientyps. Diese Annahme mußte in dem Maße korrigiert werden, wie sich die Forschung empirisch und über die engen Grenzen der großbäuerlichen und patrizischen Wohn- und Lebensform ausdehnte. Bald erwies sich, daß die Kernfamilie bis weit zurück ins Mittelalter im westlichen Europa der empirisch dominierende Familientypus war.[2]

Ich möchte daher ausdrücklich festhalten: was (auch von Marx und Forschern in marxistischer Tradition) als ›Zerstörung‹ der Familie bezeichnet wird, bezieht sich allenfalls auf einen ganz bestimmten Familientypus, dessen Verbreitung weitgehend auf die Oberschichten beschränkt geblieben war. Der Familientypus der breiten unteren Schichten dagegen war schon lange die Kernfamilie. Sie wurde von der industriellen Entwicklung nicht ›erfunden‹, sondern sie erhielt unter den besonderen Bedingungen kapitalistischer Entwicklung, die sich durch Eigentumslosigkeit und Unterordnung aller Familienmitglieder unter die Herrschaft des Kapitals auszeichneten, ihre besondere historische Form:

»... mit dem Fabrikleben ist nicht notwendigerweise ein Verfall des Familienlebens verbunden, wie dies die meisten Beobachter der frühindustriellen Fabrikverhältnisse befürchten. Allerdings kann das herkömmliche christliche Familienbild, von dem aus diese Beobachter urteilen und werten, kein Maßstab für die Welt der Fabrikarbeiter sein. Die Vorstellung von der Mutter am häuslichen Herd, ausschließlich damit beschäftigt, die Kinder zu erziehen, die Töchter auf Ehe und Haushaltsführung vorzubereiten usf. – dieses Genrebild war für diese Menschen auch vor dem Maschinen- und Fabrikwesen nie Realität.«[3]

Die Verabsolutierung der bürgerlichen Familie hat nachhaltig fortgewirkt. Sie präformierte nicht nur die bürgerliche Forschung, die sich ihrem Untersuchungsgegenstand nur noch aus der Negativperspektive nähern konnte. Sie schlug sich auch in den Familienvorstellungen der Arbeiterbewegung nieder, die – an der herrschenden Kultur orientiert – die 3 K's (Kinder, Küche, vielleicht weniger Kirche) gerne auch zum Maßstab für ihre eigenen Frauen machten.

Hier bewährte sich die Erkenntnis der marxistischen Theorie, daß die Gedanken der Herrschenden die herrschenden Gedanken sind, an ihren Schöpfern insofern, als die ungenügend differenzierte Verwendung des Familienbegriffs (*Kommunistisches Manifest*, 1847) und die Elendsschilderungen der Arbeiterklasse in England (*Die Lage der arbeitenden Klasse in England*, 1845) kein ausreichendes Gegengewicht zu der ›herrschenden Vorstellung‹ über die Familie schaffen konnten. Die proletarische Familie als Teil einer eigenständigen Arbeiterkultur verblieb im Halbschatten. Um ihr näherzukommen, müssen wir die Pauperismusliteratur gegen den Strich lesen, d. h. unter der Ansammlung von Elend und Hiobsbotschaften die andere Seite des Januskopfes entdecken, den Erfahrungsqualitäten nachspüren, die von einem bürgerlich verkürzten Ansatz nicht erfaßt werden können.

In den Standardmaterialien der historischen Forschung, Artikeln und Büchern zur sozialen Lage, Statistiken und einigen wenigen empirischen Untersuchungen, ist vom Lebenszusammenhang der Betroffenen wenig die Rede. Ich mußte daher andere und neue Quellen erschließen. Dazu boten sich vor allem Lebenserinnerungen, Alltagsberichte und andere Aufzeichnungen von Sozialdemokratinnen, Arbeiterinnen und proletarischen Hausfrauen an. Diese werden bereits seit einigen Jahren wärmstens als Forschungsgrundlage empfohlen, praktisch sind sie bislang kaum verwertet worden. Das hat seine guten Gründe, die mit dem Aussagewert dieses Materials zusammenhängen. So problematisiert etwa Wolfgang Abendroth, daß die Mehrzahl der Autobiographien aus der Arbeiterbewegung von Spitzenpositionen aus und damit als Apologie für die Politik eben dieser Spitze geschrieben worden sind. Dazu kommt die Verspätung der Arbeiterlebenserinnerungen: sie wurden meist erst geschrieben, als der Arbeitsplatz schon lange mit dem Funktionärsschreibtisch vertauscht worden war.[4]

Diese Legitimationsproblematik tritt in unserem Rahmen allerdings in den Hintergrund. Einmal werden primär solche Abschnitte einbezogen, die sich auf die Geschichte der Autorinnen vor ihrer Parteizugehörigkeit beziehen, also im Vorfeld politischer Entscheidungen bewegen und keinen direkt legitimatorischen Kontext haben. Zum anderen gab es nur ganz wenige hauptamtliche Funktionärinnen, da die Frauen von diesen Stellen weitgehend ausgeschlossen blieben.

Die Frage nach dem allgemeinen Repräsentativcharakter biographischer Aussagen ist damit noch nicht beantwortet, überstieg diese Ausdrucksmöglichkeit doch die Belange und Artikulationsmöglichkeiten der Klassengenossen. Einen ersten Hinweis gibt uns Adelheid Popp, selber eine der differenziertesten Autobiographinnen:

»Ich schrieb die Jugendgeschichte nicht, weil ich sie als etwas individuell Bedeutsames einschätze, im Gegenteil, weil ich in meinem Schicksal das von hunderttausenden Frauen und Mädchen des Proletariats erkannte, weil ich in dem, was mich umgab, was mich in schwere Lagen brachte, große gesellschaftliche Erscheinungen wirken sah. Ich habe mich nicht getäuscht, wie die zahlreichen Zuschriften beweisen, die ich von Arbeiterinnen erhielt und die in meinem Schicksal ein Spiegelbild des ihrigen erblickten.«[5]

Die Entkleidung des proletarischen Werdegangs vom Charakter der Individualgeschichte und seine Bezogenheit auf gesellschaftliche Verhältnisse unterscheiden ihn wesentlich vom bürgerlichen Bildungsroman. Seine politischen Intentionen in bezug auf Aufdeckung gesellschaftlicher Verhältnisse und die Initiierung von Lernprozessen machen seine politische Berechtigung und Durchschlagskraft aus.

»Die Arbeiterlebenserinnerungen dokumentieren die Notwendigkeit des Emanzipationskampfes als einzigem – sieht man von dem untypischen Aufstieg aus der Arbeiterklasse ab – Ausweg aus dem proletarischen Elend. Der Eintritt in die Arbeiterbewegung und die Aktivitäten in ihr werden deshalb als befreiend und persönlichkeitsfördernd empfunden. Die Arbeiterlebenserinnerungen dokumentieren aber auch die Schwierigkeiten der Entfaltung des Selbstbewußtseins und des proletarischen Emanzipationskampfes. Die Sorge um die einfachsten Lebensmittel und der monotone Alltag werden deshalb als hemmend und aufreibend empfunden.«[6]

In diesen Eigenschaften – als repräsentativ und eindeutig intentional – werden biographische Momente im folgenden aufgegriffen, quasi als *spotlight* in das Durchschnittsgrau der traditionellen Sozialforschung gesetzt.

Hier stellt sich jedoch wieder das alte Problem von Organisationsgeschichte als Geschichte ihrer Führer. Als Gegengewicht dazu dienen Erlebnisberichte, Situationsschilderungen und Eigendarstellungen von Arbeiterinnen, die als Quellentexte in frühen sozialpolitischen Studien (erschienen zwischen 1900 und 1932) enthalten sind oder im Rahmen der Selbstdarstellung von Arbeiterverbänden gesammelt worden sind.

Die unterschiedlichen (und z. T. gar nicht ausgewiesenen) methodischen Ansätze dieser Studien gestatten nur wenige verallgemeinernde Anmerkungen. Bei dem Bemühen, persönlich mit ihrem ›Untersuchungsgegenstand‹, den Arbeiterinnen, in Kontakt zu kommen, zeichnet sich eine Tendenz der Autoren ab, an sog. ›auffällige‹, d.h. von der Fürsorge oder vom Jugendamt erfaßte ›Fälle‹ zu geraten. Dies bringt spezifische, die Arbeiterinnen auf ihr Elend und den Objektstatus reduzierende Verzerrungen mit sich. In vielen dieser Studien versuchen die Autoren zudem, die proletarischen Lebensverhältnisse mit Normen und Kategorien zu erfassen, die im Rahmen des unmittelbar Anschaulichen steckenbleiben, oder sie nehmen Etikettierungen vor, die die Erkenntnis einer vorfabrizierten szientistischen Gußform opfern.

Dennoch bieten diese Studien nicht nur eine ganze Reihe der raren Eigendarstellungen von Arbeiterinnen, sondern darüber hinaus eine Fülle wertvoller Beobachtungen und Bemerkungen über den Alltag und das persönliche Schicksal von Frauen. Diesen seltenen Blickwinkel verdanken wir nicht zuletzt dem Umstand, daß die meisten Autoren Frauen sind, die ihrem (oft nur impliziten) politischen Interesse nach der bürgerlichen Frauenbewegung nahestanden.[7]

Eine wichtige Textsammlung zur Basis ist unter dem Titel *Mein Arbeitstag – mein Wochenende* publiziert worden.[8] Sie enthält 150 Berichte von Textilarbeiterinnen, die – zunächst für ein Preisausschreiben und als Mittel zur Selbstverständigung gedacht – ihre Erfahrungen schildern. Diese geben Aufschluß über all die Sorgen, Freuden und Zwänge, mit denen die proletarischen Frauen Tag für Tag und Woche für Woche konfrontiert waren. Ein Vergleich dieser Berichte macht Konflikt- und Repressionszonen als kollektives Schicksal transparent, die bei einer noch so verfeinerten Einzelbiographie niemals in Erscheinung treten könnten.

Autobiographische Mitteilungen, Erfahrungsberichte und Briefe gewinnen so über die Ergänzung oder Untermalung sogenannter wissenschaftlich abgesicherter Erkenntnis hinaus den Stellenwert eines originären Zugangs zu gesellschaftlicher Realität.

»Gewiß können diese ›Ausschnitte‹ keinen Anspruch auf wissenschaftlich gesicherte Repräsentanz erheben. Dennoch besteht ihre Bedeutung auch für die wissenschaftliche Untersuchung der Lebensverhältnisse und des Bewußtseins von Arbeitern gerade darin, daß sie Elemente der gesellschaftlichen Wirklichkeit festhalten, die offensichtlich durch die feingliedrigen Maschen des Netzes der positivistischen, empirischen Sozialforschung hindurchschlüpften: alle jene Zwänge nämlich, die am Arbeitsplatz, in der Familie, bei der Verausgabung des Lohnes in der Konsumtion, auf die Entwicklung der Fähigkeiten und der Bedürfnisse, schließlich auch auf die politische Artikulation von Interessen und Forderungen wirken.«[9]

Die Kontinuität des gesellschaftlichen Bezugs der so gewonnenen Erfahrungen soll verhindern, daß sie unterderhand relativistisch zu Wahrheiten gerinnen.

In den Studien über das Proletariat und seine Lebensbedingungen sind Säuglingssterblichkeit, Beaufsichtigung der Kleinkinder, mangelnde Ernährung und ihre gesundheitlichen Spätfolgen gängige Themen. In den Biographien gibt es dagegen nur spärliche Erinnerungen an die frühe Kindheit.

Diese beziehen sich zumeist auf den engeren Familienrahmen: die Eltern (Pflegeeltern) und Geschwister. Bei der näheren Beschreibung der Familienverhältnisse treffen wir auffallend häufig auf eine bestimmte Konstellation im Gruppengefüge der Familie: auf die Spaltung in den Vater einerseits und in Mutter und Tochter (bzw. kleine Geschwister) andererseits.[1] Diese Spaltung taucht typischerweise da auf, wo der Vater sich seiner Unterhaltspflichten entzogen und diese – neben der ganzen Last der Hausarbeit – auf die Frau abgewälzt hat.

Da ein Rückzug des Vaters meist von Alkoholismus und manifester oder latenter Gewalttätigkeit begleitet war, entsteht in diesen Berichten das Bild eines familialen ›Terrorzusammenhanges‹, der die gesamten gesellschaftlichen Irrationalitäten im Individuum reproduziert und es zu zerstören droht.

»Ich erinnere mich an kein zärtliches Wort, an keine Liebkosung, sondern nur an die Angst, die ich, in einer Ecke oder unter dem Bett verkrochen, ausstand, wenn es eine häusliche Szene gab, wenn mein Vater zu wenig Geld nach Hause brachte und die Mutter ihm Vorwürfe machte. Mein Vater war jähzornig, er schlug dann die Mutter, die oft nur halb angekleidet fliehen mußte, um sich bei Nachbarn zu verbergen. Dann waren wir einige Tage allein mit dem grollenden Vater, dem man sich nicht nähern durfte ... Solche Szenen kehrten fast jeden Monat und auch früher wieder.«[2]

In den Aufsätzen von Schülerinnen an Fortbildungsschulen fand Lisbeth Franzen-Hellersberg ebenfalls Anhaltspunkte für eine solche Spaltung. Die Mädchen wuchsen ihr zufolge stark auf die Mutter bezogen auf, während der Vater entweder als Randfigur oder als ein vorwiegend negativ besetztes Feindbild figurierte.

Trotz einiger Bedenken methodischer und repräsentativer Art – bei allen Bemühungen, mit ›durchschnittlichen‹ Arbeiterinnen in Kontakt zu kommen, stützt sich Lisbeth Franzen-Hellersberg doch vor allem auf Daten und Beobachtungen von ›auffällig‹ gewordenen Mädchen – scheint somit einiges dafür zu sprechen, daß die Vater-Tochter-Beziehung stark entfremdet und z. T. angstbesetzt war. Adelheid Popp bestätigt und problematisiert dieses Verhaltensmuster als einen hilflosen Versuch der Frauen, angesichts einer erdrückenden Umwelt zumindest einen, den familialen Konflikt zu ihren Gunsten zu lösen[3]. Das häufige Auftreten des familialen ›Terrorzusammenhanges‹ und das Vorherrschen einer brutalen und gewalttätigen Vaterfigur in den sparsamen Früherinnerungen lassen allerdings keine Verallgemeinerungen für proletarische Familienbeziehung zu. Vielmehr deutet einiges darauf hin, daß es sich hierbei um Erfahrungen handelt, die wegen ihres traumatisierenden Inhalts im Gedächtnis verhaftet geblieben sind, während die ›normalen‹, weniger einprägsamen Erfahrungen entweder nicht erinnert oder als unwesentlich ausgespart worden sind.

Die Überbetonung mütterlicher Sympathie, die die negative Vaterwahrnehmung in vielen Berichten so auffällig kontrastiert, hat schon Lisbeth Franzen-Hellersberg problematisiert. Sie ist nicht unbedingt der Beweis für eine starke positive Mutter-Tochter-Beziehung, sondern wurzelt vielmehr in der gemeinsamen Unterdrückungssituation gegenüber dem Vater (respektive den Brüdern). Es handelt sich also um eine gemeinsame Betroffenheit und Identifizierung, die von den Mädchen gewöhnlich abgelehnt und aufgegeben wurde, sobald sie eigene Liebesbeziehungen eingingen. Sieht man die verschiedenen Biographien und Berichte auf Anhaltspunkte für eine Mutter-Tochter-Problematik durch, so ergeben sich zwei Beobachtungen. Es waren zunächst einmal die Mütter, die die Kinder unmittelbar unterdrückten und insbesondere die Mädchen früh in die Hausarbeit und die Geschwisterbetreuung einspannten und nicht selten auch zum Geldverdienen schicken mußten. Zum anderen bekamen die Mädchen in ihren Müttern ihre eigene elende Zukunft vorgeführt, eine Zukunft, die sie nur abwehren konnten. Vor diesem Hintergrund verliert die ›gute‹ Mutter-Tochter-Beziehung notwendig ihre Ungebrochenheit. Hinter der Anerkennung und Bewunderung, die die Töchter ihren sich aufopfernden Müttern entgegenbrachten, finden sich denn auch gelegentlich Andeutungen eines unterschwelligen Konflikts.

»Meine arme gute Mutter spielt oft behutsam darauf an, daß sie mich lebhaft und heiter sehen möchte, und dergleichen. Grausam ist diese ihre Eitelkeit, denn ich bin ihr nicht gewachsen, mag ich auch wissen, daß die Mutter im Recht ist. Man kann ja kaum etwas von uns verlangen, was nicht unsere Schuldigkeit ist für alles, was wir von anderen so freigebig empfangen haben. Wie unsäglich bedrückend und verzweiflungsvoll ist es immer nur zu nehmen und nie, nie zu geben.«[4]

Diese Konflikte konnten jedoch vor der überwältigenden Notwendigkeit der materiellen Reproduktion kaum zur Austragung gelangen. Der ständig präsente Druck, der die Familienmitglieder so elementar aufeinander anwies, besaß einen ausgesprochen ambivalenten Charakter. So wird gerade in proletarischen Familien auch von bürgerlichen Beobachtern immer wieder eine ›rührende‹ gegenseitige Hilfe von Mann, Frau und Kindern bemerkt, die sich auch auf Personen außerhalb des engen Familienrahmens (alte Nachbarn, Ziehkinder) erstreckte.[5] Dort, wo sich gemeinsame Bewältigungsmuster herausbildeten und bewährten, war die Grundlage für einen funktionierenden Familienzusammenhang und -halt gegeben. Dort, wo er trotz aller individuellen und gemeinsamen Anstrengungen scheiterte, konnte die gegenseitige Angewiesenheit in Haß und Gewalt umschlagen – eine Entwicklung, die immer zu Lasten der Schwächeren geht, der Frauen und Kinder.

Was unter den skizzierten Bedingungen als ›normale‹ Kindheit zu gelten hatte, wird in den Studien über die Frauenarbeit und ihre Folgen für die Kinderbetreuung sichtbar. Die Aufgabe der Kinderbetreuung, die auch vom bundesdeutschen Staat nicht näherungsweise gelöst worden ist, war Gegenstand privater Wohltätigkeit. Neben kirchlichen und gemeinnützigen Organisationen spielte auch die bürgerliche Frauenbewegung eine gewisse Rolle. Diese Initiativen konnten jedoch schon rein umfangmäßig den vorhandenen Bedarf nicht abdekken: so wurden 1910 nur 455 Kinderhorte in 108 Städten mit 26713 Kindern gezählt, denen Hunderttausende unversorgter Kinder in Stadt und Land gegenüberstanden. Zudem wird gerade aus Gegenden mit einem hohen Anteil von Frauenarbeit berichtet, daß diese Unterbringungsmöglichkeiten mit einem Unkostenbeitrag von 15 Pfennig pro Tag für viele Arbeiterinnen zu teuer waren.

Eine verschwindende Minderheit von Arbeiterkindern, deren Eltern in ›sozial eingestellten‹ werkseigenen Kolonien wohnten, konnte dort Kinderspielplätze besuchen. Die Urteile darüber sind sehr verschieden. Während z. B. in Remscheid eine schematische und phantasielose Anlage existierte, mit eingezäunten Plätzen und einem Aufseher, der koloniefremde Kinder verjagte, gab es in Hamborn einen differenzierten und geräumigen Kinderspielplatz:

»So weist sie neben anderen kleineren Spielplätzen eine besonders große Anlage von rund 50 ar auf, die mit verschiedenen Spiel- und Turngeräten und Sandhaufen zum Spielen ausgestattet, sowie mit Rasen, Baum- und Strauchanlagen bepflanzt ist. Ein Milchhäuschen, worin den Kindern gegen billiges Entgelt eine gute und einwandfreie Milch verabreicht wird, und das ihnen gleichzeitig als Unterschlupf bei Regenwetter dient, sowie eine Bedürfnisanlage vervollständigen den Platz. Infolge seiner Lage in dem Mittelpunkt der größten Arbeiterkolonie und in unmittelbarer Nähe der katholischen Kirche wird der Spielplatz täglich von mehreren Hundert Kindern besucht.«[6]

Eine solche, den Bedürfnissen entsprechende Anlage dürfte jedoch zu den seltenen Ausnahmen gehört haben. In den meisten Fällen ergab sich die Versorgung der Kinder eher zufällig aus den jeweiligen familialen und arbeitsstrukturellen Verhältnissen. Die Unterbringung bei Nachbarn oder Verwandten tagsüber oder für die ersten Lebensjahre, oft gegen eine geringe Bezahlung oder andere Entschädigung, und die Aufsicht durch ältere Geschwister waren die weitverbreitetsten Lösungsversuche; viele Kinder blieben auch ganz ohne Aufsicht:

»Da weder Vater noch Mutter uns Kinder – wir waren indessen vier geworden – tagsüber beaufsichtigen konnten, wurden wir oft ganze Tage lang in die Stube geschlossen, damit wir draußen keine Dummheiten anstellten. Machten wir aber im Hause Streiche, so gab es ganz besonders schmerzhafte Hiebe.«[7]

Unter diesen Umständen waren die Kinder und insbesondere die älteren Geschwister oft genug gezwungen, Funktionen der abwesenden Eltern, vor allem der Mutter zu übernehmen.

»Über Tag mußte ich meinen Bruder und meine Schwester pflegen, so gut ich konnte; meine Mutter machte jeden Morgen alles bereit, denn der Bruder war damals erst ein halbes Jahr alt, meine Schwester drei Jahre alt. Meine Mutter sagte und zeigte es mir, wie ich machen müßte, bis sie wieder heimkomme. Ich mußte immer auf einer Bank oben stehen, mochte lange nicht in das Wägelein hineinlangen, wo mein Bruder lag, es war manchmal keine schöne Ordnung ...«[8]

Diese Bedingungen produzierten u. U. eine Realitätstüchtigkeit, die auf bürgerliche Beobachter erschreckend ›unkindlich‹ wirkt. Das ›Jahrhundert des Kindes‹ hatte die Proletarierkinder vergessen.

Über Spiele und Unterhaltung geben unsere Quellen nur fragmentarisch Auskunft. Seltene und geschätzte Vergnügungen waren ein Besuch im Marionettentheater oder Panoptikum, vor allem jedoch die wandernden Künstlertruppen und die jährliche Kirmes. Traditionelle bürgerliche Feste wie das Weihnachtsfest gewinnen dagegen einen eher zweischneidigen Charakter: die Diskrepanz zwischen der Glorifizierung der ›Heiligen Familie‹ und dem eigenen elenden Leben war zu groß – »die von wohltätigen Damenhänden erzeugten Pulswärmer und Wollsachen können zwar vor Kälte schützen, aber sie erzeugen keine innere Wärme«[9] –, so daß Familienfeste darüber leicht zu Familienauseinandersetzungen geraten konnten.

Im Alltag waren die Spielmöglichkeiten gerade in den Industriestädten durch die räumlichen Bedingungen stark eingeschränkt. Die kleinen und engen Wohnungen trieben die Kinder in die Hinterhöfe und auf die Straßen, bestenfalls auf ein unbenutztes Baugelände.

In den wenigen direkten Beobachtungen von spielenden

Arbeiterkindern werden Szenen dargestellt, die man als Reproduktionen von Konfliktsituationen aus dem proletarischen Lebenszusammenhang bezeichnen kann: ›der betrunkene Vater kommt heim; ein Polizist macht Haussuchung; der Gerichtsvollzieher kommt; die Dame vom Jugendamt inspiziert . . .‹[10]

Im Bereich von Spiel und Bewegung werden die ersten geschlechtsspezifischen Unterschiede deutlich. Während für den Knaben – sofern er nicht in die Schule ging oder arbeitete – die Freizügigkeit der Straße bestand, die soziale Einbeziehung in die Spielgruppe erfolgte und körperliche Ertüchtigung und Entwicklung möglich waren, wuchs das kleine Mädchen stärker isoliert und restriktiver heran.

»Schon die kleinen Mädchen beklagen sich bitter, mit welcher Selbstverständlichkeit sie jede freie Stunde für ihre Geschwister oder für den Haushalt hergeben müssen. Vom Bruder im gleichen Alter verlangt man viel weniger, läßt ihm bedeutend mehr Freiheit, erlaubt ihm ohne weiteres, den Sonntag mit Kameraden oder in Klubs zu verbringen. Einem Vereinsleben der Mädchen stellt man dagegen jedes Hindernis in den Weg.«[11]

Neben den häuslichen Verpflichtungen waren es auch moralische Normen – ›ein Mädchen gehört nicht auf die Straße, sondern ins Haus‹ –, die schon dem kleinen Mädchen die Freizeit raubten und ihre Bewegungsfreiheit einengten.

Kinderarbeit und Schule

Kontinuierliche Erinnerungen setzen in den meisten Autobiographien erst im Alter von fünf oder sechs Jahren ein. Die Notwendigkeit, Geld zu verdienen und Erfahrungen in und mit der Schule stehen dabei im Vordergrund.

Der Ausbau der Schulgesetze[1] und die technologische Entwicklung hatten zu einem stetigen Rückgang der Kinderarbeit in den Fabriken geführt. Die Kinderausbeutung als solche blieb jedoch bestehen.

»Dadurch, daß die Kinderarbeit nur für die Fabriken verboten war, fand eine Abwanderung der Kinder in andere Erwerbszweige statt, vor allem in die Hausindustrie, wo sie weit schlimmerer Ausbeutung preisgegeben sind. Die Kinderarbeit in Fabriken war man losgeworden, die Kinderausbeutung selbst war geblieben.«[2]

Im Jahrhundert des Kindes: 10 bis 12 Arbeitsstunden ab dem 6. Lebensjahr (Belgische Kinderarbeiter/innen um 1911)

Was Käte Duncker, eine der führenden Sozialistinnen, hier für die allgemeine Entwicklung der Kinderarbeit konstatierte, kann anhand lokaler Untersuchungen im einzelnen nachgewiesen werden. Eine Ermittlung in Chemnitz (1901) ergab, daß im Alter von 6 bis 9 Jahren 9%, von 9 bis 12 Jahren 27% und von 12 bis 14 Jahren sogar 64% der Schulkinder erwerbstätig waren und die Kinderarbeit an Sonn- und Feiertagen ganz allgemein verbreitet war.[3] Auch im Regierungsbezirk Düsseldorf gab es ausgedehnte Kinderarbeit, vor allem in der Heimindustrie. Gerade bei den eigenen Kindern lag »die Versuchung so nahe, daß die Fälle, in denen es nicht geschah, als Merkwürdigkeiten bezeichnet werden müssen«.

Die Haupterwerbszweige für Kinder außerhalb der Fabrik waren die Landwirtschaft (Kartoffel- und Rübenernte, Hütekinder), Ziegeleien, Steinbrüche, Handel, Gastwirtschaften (Kegelaufsetzen), Hausieren, Zeitungs- und Brötchenaustragen, Aufwartdienste und die Hausindustrie. Die Zahl der erwerbstätigen Kinder im Deutschen Reich wurde noch 1903 auf 2 Mio. geschätzt. Darunter befanden sich 1908 immerhin noch 12 000 Fabrikkinder (12–14 J.), die überwiegend in der

Textilindustrie und den Bekleidungs- und Reinigungsbranchen arbeiteten. Die familiale Notsituation selbst, die die Kinder zur Arbeit zwang, hatte sich durch die Verbesserung der Sozialgesetze ja keineswegs verändert, und so wurde von der Gewerbeaufsicht zunehmend beobachtet, wie die Kinderarbeit von Fabrikanten, Eltern und Kindern gemeinsam vertuscht wurde:

»Ich traf häufig in kleinen Webereien und Riemendrehereien Kinder von 4–12 Jahren, welche angeblich nicht beschäftigt, sondern nur von Eltern und Geschwistern beaufsichtigt wurden; nur in wenigen Fällen gelang es mir, trotz der offenbar durch die von Arbeitsstoffen beschmutzten Hände bewiesene Unwahrheit der Angaben, die Beschäftigung festzustellen.«[4]

Immerhin hatten die Schul- und Schutzgesetze – neben der Auslagerung aus den Fabriken – eine Herabsetzung der Arbeitszeit für die Kinder bewirkt. Diese waren nun nicht mehr den ganzen Tag über, sondern überwiegend vor und nach der Schule bzw. in der Mittagspause beschäftigt.

»Der Weber rechnete, daß zwei Kinder die nötigen Spulen für drei Stühle herstellen könnten. Dabei arbeiteten sie in der Regel vier Stunden, und zwar eine Stunde vor Beginn der Schule, eine Stunde in der Mittagspause und zwei Stunden am Abend.«[5]

Der Wochenverdienst eines ›Spulkindes‹ betrug 2 Mark. In Chemnitz lagen die durchschnittlichen Löhne bei 1,55 M für Knaben und 1,22 M für Mädchen. Neben der Lohndifferenz gab es auch in der Art der Beschäftigung geschlechtsspezifische Unterschiede. Zeitungsaustragen, Botengänge und Kegelaufstellen wurde häufig von Jungen gemacht, während zur Heimarbeit lieber Mädchen herangezogen wurden, wegen ihrer größeren Fingerfertigkeit und ›größeren Willigkeit‹.

Schließlich darf man nicht übergehen, daß die Hausarbeit, die den Kindern übertragen wurde, zum großen Teil auf den Schultern der Mädchen lastete. Als Nicht-Lohnarbeit ist sie zwar traditionell ihres Arbeitscharakters entkleidet, als reale Beanspruchung muß sie jedoch bei der Frage der Kinderarbeit mit berücksichtigt werden.

Unter diesen Gesichtspunkten müssen Angaben modifiziert werden, die einen signifikant höheren Beschäftigungsgrad von Knaben dokumentieren.[6] Daß es vor allem Mädchen waren, die zur Hausarbeit herangezogen wurden, wird nicht nur im

Rahmen einiger lokaler und allgemeiner Untersuchungen bestätigt. Scham und Schmerz eines Knaben, der von seiner Pflegemutter zu solch ›weibischen‹ Verrichtungen gezwungen wurde, bestätigen diese Vermutung.

»Am schwersten fielen mir die rein häuslichen Arbeiten, zu denen mich die Kostmutter heranzog: das Geschirr reinigen und das Reiben des Fußbodens mißfielen mir aber viel weniger wegen der körperlichen Arbeit, als wegen des Spottes, den ich wegen dieser Tätigkeit von anderen Kindern zu ertragen hatte. Was lachten nur die Mädchen über den Buben, wenn sie ihn, mit einer Frauenschürze bewehrt, hinter dem Abwaschschaff stehend oder auf dem Fußboden liegend und mit der Abreibbürste hantierend fanden. Diese Arbeiten tat ich immer mit verstohlener Scham und großem Verdruß.«[7]

Wir lernen einen Tagesablauf kennen, der von Arbeits- und Schulanforderungen im Wechsel und der Erfahrung von Mangel an Spielgelegenheiten und nicht verplanter Zeit geprägt war.

»Mutter begann mich schon um 6 Uhr zu wecken, zunächst ohne Erfolg. Ich war schläfrig von der Müdigkeit in allen Gliedern. Zuletzt hob sie mich aus dem Bett, während meine Augen noch geschlossen waren. Die arme Teure entschuldigte sich dabei fortwährend. Sie tue es nicht aus bösem Willen, ihretwegen könnte ich bis 9 Uhr schlafen, doch ich müsse es begreifen, so sei die Sache. Ich möge mich zusammennehmen, daran sei nichts zu ändern. Die Kleider mußte sie mir auf den Leib ziehen. Ich nahm die Zeitungen zur Hand und begab mich im Halbschlaf auf den Weg ... Um 11 Uhr kam ich aus der Schule, da wartete auf mich schon eine neue Beschäftigung. Ich mußte Veilchen suchen, die meine Schwester zu Sträußen band, und diese verkaufte ich. Oft stand ich stundenlang, ohne einen Strauß zu verkaufen ...«

Auch das Vergnügen, als Wächterin im Obstbaum zu sitzen, bleibt nicht ungetrübt:

»Es war so gut, hier auf einem bequemen Ast zu sitzen, leider mußte ich inzwischen einen endlosen und langweiligen Spitzenstreifen häkeln, wovon mich die Schwester täglich einen Viertelmeter machen ließ. Mich langweilten diese Spitzen unendlich, die mir jede freie Zeit raubten.«[8]

Die Erfahrungen der Arbeiterkinder in den Schulen waren von zwei Momenten geprägt: dem Widerspruch zwischen Arbeits- und Schulanforderungen und den Widersprüchen im Schulsystem selber. Die Volksschule war in den zwei Jahrzehnten bis 1890 auf Reichsebene zunehmend vereinheitlicht worden. Es bestand allgemeine Schulpflicht für Kinder von 6–14 Jahren.

Die einklassige Elementarschule war – vor allem in den Städten – von der mehrklassigen Volksschule ersetzt worden, und 1906 wurden bereits 29% (1886: 4%) der Kinder in vollausgebauten siebenklassigen Schulen unterrichtet.

Der konfessionelle Charakter der Schule blieb jedoch nicht nur erhalten, sondern war wesentlicher Träger der Erziehungsaufgaben, die die Führungsspitze des Deutschen Reiches der Volksschule stellte,

»daß unter den deutschen Arbeitern wieder die vier Grundpfeiler aufgerichtet werden, die ihre glückliche Zukunft sichern: Fleiß, Gottesfurcht, Nüchternheit und Zufriedenheit.«[9]

Die deutsche Volksschule verwirklichte diese Lernziele, indem sie den inhaltlichen Schwerpunkt des Unterrichts auf christliche Glaubenslehre und selektive Natur- und Heimatkunde (vaterländische Geschichte) setzte, in die die Realbildung nur langsam eindrang. Es gab jedoch gerade unter den Volksschullehrern viele, die sich – in der Tradition der liberal-demokratisch geprägten Lehrerschaft der 1848er Revolution – um ein Gegengewicht bemühten. In industriellen Ballungsgebieten und größeren Städten kam es auch zu Kontakten zwischen Lehrern und der Sozialdemokratie. Diese wurden – Vorläufer der in der BRD nun unter der SPD selber eingebürgerten Praxis – mit Berufsverbot geahndet. Die äußeren Bedingungen des Unterrichts blieben von überfüllten Klassen und mangelhafter baulicher und unterrichtstechnischer Ausstattung gekennzeichnet.

Die Biographien dokumentieren die äußere Misere und die inneren Konflikte im Wilhelminischen Schulsystem. Es dominieren eindeutig Erfahrungen mit der repressiven Seite der Schule. Ein Beispiel dafür ist das gültige wilhelminische didaktische Mittel, die Prügel:

»Auch während des Religionsunterrichtes, wenn Adam und Eva im Paradies und das ewige Himmelreich das Thema war, ging er, fanatisch lächelnd in Erwartung der falschen Antwort, wie ein Tierbändiger hin und her, in der Hand den Rohrstock, als hätte er nicht vierzig Kinder für den Weg ins Leben vorzubereiten, sondern vierzig Bestien zu dressieren. Er benutzte seine überwältigende Autorität dazu, die Persönlichkeit des Schülers auszurotten, und beging den Seelenmord gründlich. Nach kurzer Zeit bestand die Mehrzahl aus Kreaturen mit allen Eigenschaften des Untertanen, fertiges Material für die nächste Autorität, ... und die Empfindsameren trugen den Stempel des Irrenhauskandidaten auf der Stirn.«[10]

Eine häufige Schulerfahrung war die innere Bezugslosigkeit zwischen den Lerninhalten und dem Lebenszusammenhang der Kinder. Diese scheint vor allem dafür verantwortlich gewesen zu sein, daß den Schülern auch das Erlernen von Grundfertigkeiten wie Schreiben und Rechnen nur unter großen Schwierigkeiten gelang. Subjektiv konnte diese Zusammenhangslosigkeit oft nur als eigene Unfähigkeit interpretiert werden.

»Im großen und ganzen vergißt man die vielen Angstgefühle, denen man in der Schule ausgesetzt ist, ich jedoch hatte von ihnen so viel abbekommen, daß ich mich lebhaft genug erinnere. Lernen konnte ich überhaupt nicht, und in den Gegenständen, die man sich einfach merken und nicht verstehen mußte, machte ich überhaupt keine Fortschritte. Das waren Geographie und Geschichte. Wenn ich sie noch so fest eingebüffelt hatte, waren sie verdampft, ehe ich zur Schule kam, denn ich mußte an hundert andere Dinge zugleich denken ...

Zuweilen ergriff mich der Ehrgeiz ... und einige Tage hindurch erlernte ich auch meine Lektionen Wort für Wort. Sobald man mich aber aus dem Lehrstoff der früheren Stunden prüfte, hatte ich alles restlos vergessen. Daraus ersah ich, daß alle meine Anstrengungen vergeblich waren und ich gab mir keine Mühe mehr.

Oft dachte ich darüber nach, wozu mir dies alles tauge, und ich konnte nicht herausbekommen, was mir die Streitereien der Arpadenkönige nützen sollten. Ich fühlte nur eines, daß es mich nicht glücklicher machte und meine Lage nicht verbesserte, dies aber blieb meine einzige Sorge. Wie habe ich diese Arpadenfürsten gehaßt, die mir soviel Ungemach brachten; ich verwechselte stets Andreas, Geza, Ladislaus, an denen mir nichts gelegen war. Mich ekelten die vielen Ränke und Verschwörungen der Adeligen, wovon dort die Rede war, denn ich hatte genug an mir selbst zu tragen.«[11]

Die offizielle Schulpolitik konnte sich jedoch nicht überall ungehindert durchsetzen. Wie bereits erwähnt, gab es sowohl seitens der Lehrer wie auch der Kinder und Eltern Widerstand. Fortschrittliche Lehrer bemühten sich informell – im Rahmen des Unterrichts selber – und z. T. auch offiziell im Bereich lokaler Schulbehörden um die inhaltliche Abstimmung des Unterrichts auf die Bedürfnisse und Interessen der Kinder. Der Widerstand der Eltern und Kinder äußerte sich meist indirekt, z. B. in einer großen Zahl von Schulabsenzen. Gelegentlich kam es auch zu offenem Protest, wie im Posener Schulstreik gegen die Germanisierung polnischer Kinder.[12]

Im letzten Jahrzehnt vor dem 1. Weltkrieg, als sich die SPD

verstärkt im kommunalen Bereich engagierte, kam es unter ihrem Einfluß zu einigen wenigen und lokal beschränkten Verbesserungen.[13]

Ausbildung und Berufswahl

Der Übergang zur vollen Erwerbstätigkeit war für die Arbeiterkinder kein plötzlicher Einbruch (Realitätsschock!), sondern ein Prozeß, der oft schon in früher Jugend eingesetzt und die Kinder bereits an Anforderungen aller Art gewöhnt hatte.

Die erste Entscheidung, die nach Beendigung der Schulzeit getroffen werden mußte, war die Frage nach einer beruflichen Ausbildung. Die Volksschule war weder ihrem Selbstverständnis noch ihrer Funktion nach eine berufsvorbereitende Institution und die Schulentlassenen somit in keiner Weise beruflich qualifiziert, sieht man von eventuellen während der Arbeit als Kind erworbenen Fertigkeiten ab.

Obwohl viele Mädchen nachweislich ein Bedürfnis nach Aus- und Weiterbildung hatten, konnten sie meist keine Lehre machen. Wo die materiellen Verhältnisse eine solche Überlegung gestatteten, mußten die Schwestern angesichts der auch in der Arbeiterklasse verbreiteten Prioritätensetzung hinter der Berufsbildung der Knaben zurücktreten. Die Mädchen hatten dann allenfalls noch die Wahl zwischen einer Kurz- und Anlernzeit und der Tätigkeit als Hilfsarbeiterin.

Lediglich Adelheid Popp und Ottilie Baader, die später beide zu den Führungspersönlichkeiten der proletarischen Frauenbewegung gehörten, berichten in ihren Lebenserinnerungen von einer Lehrzeit. Ihre Erfahrungen bestätigen die Vermutung, daß Lehrlinge zu den bevorzugten Ausbeutungsobjekten (Lehrlingszüchterei!) gehörten und von einer sachgerechten Ausbildung – gerade in kleineren Betrieben – selten die Rede war. Die jungen Mädchen wurden statt dessen als Hilfsarbeiterinnen beschäftigt bzw. in völlig berufsfremde Arbeiten wie Kinderhüten und Haushaltsarbeiten eingespannt.

»Nun war ich wieder daheim und sollte jetzt das Weißnähen erlernen. Es wurde eine einmonatige Lehrzeit vereinbart, und gestützt auf die Hoffnung, mir damit eine bessere Zukunft zu ermöglichen, zahlte meine Mutter gerne das geforderte Lehrgeld. Ich kam wieder zu einer Zwischenmeisterin, die eine Anzahl Mädchen beschäftigte. Der Herr

Gemahl arbeitete nichts, er brachte die meiste Zeit im Kaffeehaus zu und ließ sich von seiner Frau den Unterhalt verdienen. Die Frau nützte die Mädchen unglaublich aus. Ich sollte in vier Wochen das Weißnähen erlernen, was tat ich aber statt dessen? Meine Mutter hatte, um mich für den besseren Beruf auszustatten, Opfer gebracht, die für ihre Verhältnisse ganz ungeheure waren. Sie hatte dafür gesorgt, daß ich mich gefällig anziehen konnte, hatte das Lehrgeld im voraus erlegt und ernährte mich durch vier Wochen. Und ich? Ich wurde als Kindermädchen verwendet, ich spürte meine Arme nicht mehr, soviel mußte ich das kleine Kind der Lehrfrau herumtragen. Ich mußte stundenlang spazierengehen, damit die anderen durch das Kindergeschrei nicht behelligt wurden. Ich mußte einkaufen gehen, Geschirr waschen und noch sonst allerlei machen, was mit dem Beruf, den ich erlernen sollte, nichts zu tun hatte. Erst zu Beginn der vierten Woche fing ich an, Knopflöcher auszunähen, Säumchen zu legen, Volants zu ziehen und endlich durfte ich mich an die Maschine setzen, um auf Papier die ersten Nähte zu versuchen.«[1]

In den Fabriken war die Lage nicht viel besser. Die Kenntnisse und Fertigkeiten, die hier vermittelt wurden, hingen unmittelbar vom Bedarf des jeweiligen Industriezweiges ab. In der Textilindustrie beispielsweise wurden die Jugendlichen zunächst als Hilfsarbeiterinnen beschäftigt und mußten beim Spulen, Scheren, Haspeln usw. ihre ›Anstelligkeit und Geschicklichkeit‹ beweisen. Nach einer Probezeit kamen sie an eine Maschine, deren Handhabung sie von Verwandten oder von der Fabrik eigens angestellten ausgebildeten Arbeitern lernten. Diese (unbezahlte!) Lehrzeit betrug in der Baumwollweberei zwei bis acht Wochen, am Kraftwebstuhl etwa vier bis sechs Wochen; von einer geübten Weberin sprach man allerdings erst nach circa zwei Jahren Berufspraxis.

Die mangelhafte berufliche Ausbildung der jungen Arbeiterinnen wurde vom öffentlichen Schulsystem nicht ausgeglichen. Die Fortbildungs- (früher: Sonntags-) schule hatte zwar ihre Zielsetzung, »das während der eigentlichen Schulzeit Versäumte nachzuholen, und zweitens das in der Volksschule Erlernte vor dem Vergessen zu bewahren«[2], unter dem Druck der Industrie auf berufsbezogene Qualifikationen ausgedehnt, der obligatorische Besuch wurde jedoch zugleich – mit Ausnahme von Baden – durch die Novelle der Reichsgewerbeordnung vom 30. Juni 1891 auf männliche Arbeiter beschränkt. Die Mädchen und auch ein Teil der ungelernten Jungarbeiter hatten dadurch praktisch kaum Gelegenheit, am Fortbildungsunterricht teilzunehmen. Ein Passus, der die Lehrherren und Arbeitgeber zur Beurlaubung der Mädchen für den freiwilligen Fortbildungsschulbesuch verpflichtete, hatte nur geringe praktische Bedeutung, zumal den Mädchen die ausgefallenen Stunden meist noch vom Lohn abgezogen wurden.

Die ungenügende gesetzliche Verankerung der Fortbildungspflicht für Mädchen behinderte die Ausbreitung und inhaltliche Ausgestaltung der Fortbildungsschulen.

»Die langsame Entwicklung, sowie der Mangel an Einheitlichkeit in Organisation, Unterrichtsmethode und Lehrziel, der fast das ganze Mädchenfortbildungs- und Fachschulwesen beherrscht und von allen Seiten immer wieder beklagt wird, ist einmal historisch begründet in der früher beinahe ausschließlich – und auch heute noch zahlreich – vorhandenen Existenz der freien Vereins- und Privatschulen, als den Vorläuferinnen der anerkannten und öffentlichen Schulen, zweitens in der ungeheuren Schwierigkeit, den beiden Lebenssphären der Frauen – dem Familien- und Erwerbsberuf – zu gleicher Zeit im Unterricht gerecht zu werden, drittens in dem Kampf der männlichen Berufskollegen gegen das Vordringen der weiblichen Konkurrenz und viertens in dem – abgesehen von der kaufmännischen Fortbildungsschule – fehlenden Obligatorium.«[3]

Die Einführung der allgemeinen Handelsschulpflicht (1900) hatte die Situation der Mädchen im kaufmännischen Bereich nicht verbessert. Die überwiegend privat betriebenen Handelsschulen waren oft lediglich ein Gebiet weiterer Ausbeutung. Diese Institute vermittelten den Schülerinnen meist eine oberflächliche und praktisch wenig relevante ›Ausbildung‹, für die sie zudem 30 bis zu 50 Mark Lehrgeld zahlen mußten. Der Arbeitsnachweis vieler Handelsschulen zwang die Mädchen zudem, die erste Zeit nach der ›Lehre‹ für ganz geringen Lohn zu arbeiten.

Eine Wende brachte erst die Änderung der Gewerbeordnung zum 27. 12. 1911, die die Rechtsgleichheit für jugendliche Arbeiter beiderlei Geschlechts wiederherstellte. In Berlin, Leipzig und anderen Städten wurden jetzt nach und nach Pflichtberufsschulen für Mädchen eingerichtet. Die Arbeitsplatzwahl der Mädchen ergab sich unter diesen Voraussetzungen quasi naturwüchsig:

»Die Fabrik, in der gerade ein Hilfsarbeiterinnenposten frei ist, die Lehrstelle bei der Schneidermeisterin in derselben Gasse, das Gerücht von den hohen Löhnen, die in der einen oder anderen Industrie verdient werden.«[4]

Die momentane Familiensituation, Geschick oder Begabung in einem Schulfach (Rechnen) oder eine bestimmte Fertigkeit (Nähen), Beziehungen zu Arbeitern in einem Betrieb, vor allem aber die Notwendigkeit und der Wunsch, so bald wie möglich gut zu verdienen, gaben den Ausschlag. Dieses Muster durchzieht die Lebenserinnerungen der Arbeiterinnen[5] und wird auch von sozialwissenschaftlichen Untersuchungen bestätigt[6]. Es gab einen starken Trend zur Fabrikarbeit, der in vielen Fällen mit einer Ablehnung des Dienstbotenwesens korrespondierte. Innerhalb der Fabrikarbeit zeichnete sich nach Angaben lokaler Studien eine Vorliebe für Großbetriebe ab. Diese beruhte auf den hygienisch günstigen Bedingungen, den u. U. nach Geschlecht getrennten Arbeitssälen (worauf die Eltern besonders Wert legten) und der Erwartung, daß die Beschäftigung hier größere Sicherheiten bot als Klein- und Mittelbetriebe. Das entscheidende Kriterium blieb jedoch die Aussicht auf raschen und guten Verdienst.

Da die Großbetriebe eine Beschäftigung jugendlicher Arbeiterinnen aus Gründen des Gewerbeschutzes ablehnten, mußten die Mädchen zwischen 14 und 17 J. zunächst anderweitig Arbeit suchen. Daraus ergibt sich eine etwas verzögerte Darstellung des Trends zum Großbetrieb im Bild der jugendlichen Erwerbstätigkeit. Auch das weitere berufliche Schicksal der Arbeiterinnen verlief unabhängig von den konkreten Arbeitsinhalten. Ein Umzug der Eltern, die Aussicht auf etwas mehr Verdienst, vor allem aber die Unzufriedenheit mit dem bestehenden Arbeitsverhältnis führten zu häufigem Arbeitsplatzwechsel, zu ganzen Odysseen durch Fabrik- und Heimarbeit.[7] Diese innere Bezugslosigkeit wird in den Arbeitsplatzbeschreibungen deutlich: diese werden über Arbeitszeit und -anforderungen, Verdienst und Verhältnis zu Kollegen und Vorgesetzten charakterisiert. Nur ausnahmsweise wird der Arbeitsprozeß selber dargestellt. Dies deutet meist auf eine gewisse Zufriedenheit der Schreiberin mit ihrer Tätigkeit:

»Meine erste Maschine war die Stanzerei. Ich bediente sie allein. Es wurde Blech gestanzt. In dem Blech ging die Stanze und es wurden lauter Löcher. Da durch die schwere Stanze das dünne Blech verbeult wurde, so kam es noch an einen Balance und durch den Balance wurde es wieder in gerade Linien balanciert. Dann war diese Arbeit soweit fertig, daß sie dann die Handarbeiter bekamen ... Als ich die Maschine gelernt hatte, so bat ich den Meister, ich möchte auch an andere

Maschinen kommen. Dies wurde auch gestattet. So kam ich an die Fräsmaschine. Da wurden Schrauben gefräst. Der Fräser besteht aus kleinen Zacken. Diese sind ganz scharf geschliffen und die Schrauben, die zu dick oder zu lang sind, werden abgefräst...«[8]

Solche Beispiele bildeten allerdings seltene Ausnahmen. Für die Masse der Mädchen war die Arbeit eine ihrer Inhalte beraubte durchschnittsgraue Hetze und Plackerei, »so geht es im grauen Einerlei Tag um Tag, kein Unterschied, nur daß immer mehr von einem verlangt wird«. In stickigen und dumpfen Arbeitsräumen nahmen die Mädchen z. T. ganz bewußt Gesundheitsschädigungen in Kauf, um genug zum Überleben zu verdienen.

Abgesetzt gegen die Fabrikarbeit verschiebt sich so in vielen Lebensschilderungen das ›eigentliche‹ Leben auf die nichterwerbstätige Zeit: »Am Feierabend ist mir gerade, als ob die Käfigtür geöffnet wird. Wie ein Vogel, dem der Weg zur Freiheit offensteht«, »Sonntag... wo man Mensch sein und seine Zeit einteilen kann, wie man will.«[9]

Die Stellung der Mädchen in der Familie

Die Mädchen blieben auch nach dem Eintritt ins Erwerbsleben zur Mitarbeit im Haushalt verpflichtet. Art und Umfang ihrer Tätigkeit wichen jedoch stark voneinander ab. Die Skala reicht von einigen Handreichungen bis zur vollen Last eines Vielpersonenhaushaltes.

»Von Beruf bin ich Fleyerin und will hier wahrheitsgetreu meinen Arbeitstag als solchen und als Haustochter schildern. Mein Tag beginnt in der Frühe um ½6 Uhr und ist am späten Abend beendet. Ich mache in aller Eile Toilette, mache die vier Betten meiner Angehörigen und staube die Möbel flüchtig ab. Hiernach wische ich meine Drei-Zimmer-Wohnung mit zwei Treppen und Gängen hurtig durch und es ist schon ¾7 Uhr. Schleunigst richte ich mein erstes und zweites Frühstück für mich und meine drei Brüder und oft komme ich gar nicht mehr dazu, mein erstes einzunehmen, denn Punkt 7 Uhr ruft die Sirene zum Beginn der Arbeit... Von ¾12 bis 1 Uhr ist Mittagspause. Auch während dieser Zeit habe ich keine Ruhe, denn ich muß zu Hause das Mittagbrot warm machen und den Tisch für meine drei Brüder und mich decken. Diese haben es schöner als ich. Sie setzen sich an den vollen Tisch und wenn sie satt sind, verlassen sie ihn und lassen alles stehen und liegen. Ich dagegen muß Tisch und Bänke abputzen und das

Geschirr zusammenstellen. Jetzt muß ich mich schon wieder hetzend zur Arbeit begeben, denn gleich wird die Sirene wieder heulen. Um 5½ ist Feierabend in der Fabrik; aber für eine Haustochter oder Mutter noch lange nicht. Es muß noch das Eßgeschirr vom Morgen und Mittag reingemacht, die Strümpfe und sonstige Kleinigkeiten ausgebessert werden. Größere Sachen tragen wir zur Näherin. Alle 14 Tage habe ich und meine Mutter Wäsche. Wir brauchen dazu zwei Tage und vier Abende zum Bügeln. Da wird es die ganze ½10 oder noch später bis wir fertig sind...«[1]

Wenn – wie bei dieser jungen Arbeiterin – ein Elternteil fehlte, so mußten die Kinder dessen Aufgaben mit übernehmen. Dies war bei einem großen Teil der Familien zumindest zeitweise der Fall. Tod und Krankheit spielten bei den Wechselfällen der proletarischen Existenz eine ebenso große Rolle wie Arbeitssuche außerhalb des Wohnortes oder das Verlassenwerden durch den Vater.

Neben dem Leben in der Familie (mit einem oder beiden Eltern) gab es andere Existenzformen. Das Zusammenleben mit einer verheirateten Schwester, mit dem alten Vater oder der verwitweten Mutter, Logis und Aftermiete waren keine Seltenheiten. Die Mädchen ersetzten bei ihren Verwandten oft fehlende soziale Einrichtungen und sorgten z. T. auch für den materiellen Unterhalt. Eigene Wohnungen besaßen die wenigsten: in Logis ging nur, wer durch unhaltbare familiale Verhältnisse dazu gezwungen wurde bzw. wessen Arbeitsverhältnis keine anderen Lösungsmöglichkeiten zuließ.

Die Berichte der jugendlichen Arbeiterinnen über die Beziehungen der Familienmitglieder untereinander haben nicht den traumatischen Charakter wie viele der frühen Kindheitserinnerungen. Vom Vater ist jedoch auch hier wenig die Rede. Die zentrale Bezugsperson oder auch Partnerin war die Mutter. Diese beeinflußte ja nicht nur Zeit und Art des Arbeitsantrittes, mit ihr mußte sich das Mädchen auch auf die Aufgabenteilung innerhalb der Familie einigen. Obwohl die Hausarbeit nichts von ihrem belastenden Charakter verlor, hatten sich die Mädchen inzwischen einigermaßen arrangiert und versuchten, nicht ohne ein Gefühl des Bedauerns, die Zeit so ökonomisch wie möglich einzuteilen. Eine andere Erfahrung, mit der sich die jugendlichen Arbeiterinnen jedoch nicht ohne weiteres abfanden, war der Versorgungsanspruch der Brüder. Während dieses Privileg dem Vater implizit zugebilligt wurde, stieß es im Rahmen der Geschwister untereinander auf Widerspruch.

Gelegentlich klagen die Mädchen, daß die Brüder zum Unterhalt der Familie nichts beitragen mußten, während sie selber z. T. alles Geld direkt abzuliefern hatten. Es liegen jedoch zu wenige Angaben vor, um diesen Komplex – die geschlechtsspezifische Aufgabenteilung unter den Jugendlichen einer Arbeiterfamilie und ihre Folgen – befriedigend beantworten zu können.

Es gibt jedoch eine Reihe von Belegen dafür, daß Selbstbestimmung und Aktivitäten der Mädchen nach außen in den proletarischen Familien nicht gern gesehen waren.

»In welchem Abhängigkeitsverhältnis die Frauen, auch die arbeitenden Frauen, damals noch zu ihren männlichen Familienangehörigen standen, habe ich am eigenen Leibe erfahren. Trotzdem ich nun schon lange die alleinige Erhalterin unseres kleinen Haushalts war, blieb ich für meinen Vater die Tochter, die keine eigene Meinung zu haben brauchte, die sich in allem unbedingt nach ihm zu richten hatte. Ich war von Natur nachgiebig und fügte mich, konnte aber schließlich, als die Zeiten auch für uns immer ernster wurden, meine Gedanken nicht ganz unterdrücken.«[2]

Man kann auf Grund der verfügbaren Quellen annehmen, daß die jugendlichen Arbeiterinnen generell unter stärkerer Arbeitsbelastung und zugleich auch unter größeren persönlichen Restriktionen standen als ihre männlichen Kollegen und Geschwister.

Freizeit

Freizeit, Vergnügen, Feste und Freuden der Arbeiter und ihre Kommunikationsformen, mit anderen Worten die ganze Volkskultur, gehören in Deutschland zu den kaum untersuchten Bereichen sozialer Wirklichkeit. Dabei macht die Historiographie der Arbeiterbewegung keine Ausnahme.[1]

Die Struktur der Freizeit erhält ihre erste und unmittelbare Prägung durch das Zeitmaß der Fabrik. Während es in der frühindustriellen Zeit noch Möglichkeiten gab, während der arbeitsgebundenen Zeit einige der dringendsten Lebensbedürfnisse (Essen, Trinken, begrenztes Überlisten der Anwesenheitskontrollen) zu befriedigen, wurden solche Freiräume mit der technischen Entwicklung, der Einbürgerung der Akkordarbeit und der Einführung der Stempeluhr immer mehr eingeschränkt.

Auch die Mädchen, die mittags keine Hausarbeit zu verrichten hatten, konnten in den Arbeitspausen nicht ausruhen. Sie mußten einkaufen und Kleidung ausbessern, es wurde gestrickt, gestickt und gehäkelt:

»Das Essen selbst nahm in der Regel den geringsten Teil der Mittagspause in Anspruch. Entweder brachte man sich das Essen von zu Hause mit, oder man holte es sich aus einem der umliegenden Lebensmittelgeschäfte. Dann begann die Erholung. Bei uns bestand sie darin, daß die eine den Strickstrumpf hervorzog und dazu das neueste Heft eines Kolportageromans las, in einer andern Gruppe wurde die Fortsetzung des Romans aus dem ›Abendblatt‹ vorgelesen. Eine Kollegin hatte ich, die nach sogenannter höherer Bildung strebte. Trotz ihrer vierundzwanzig Jahre war sie noch nie in einem Theater gewesen. Dennoch kannte sie die Namen und die Geschichte aller berühmten Schauspieler und Schauspielerinnen ... Eine andere Kollegin, die verheiratet war, war wieder auf dem Gebiet der kirchlichen Einrichtungen sehr sachkundig ... Während unserer einstündigen Mittagspause unterhielten wir uns von allem, was unser Leben ausmachte. Theater, Kirche, Romane, die sonntäglichen Vergnügungen und persönlichen Erlebnisse boten den Stoff. Art fand sich zu Art. Wenn es nach dem bisher Gesagten fast aussehen mag, als spiele sich das Leben in den Fabriken nur ›bürgerlich gesittet‹ ab, so ist nicht zu übersehen, daß es unter dreihundert Frauen und Mädchen verschiedene Neigungen gibt. Außer jenen unter uns, die über das Los der Arbeiterin hinausstrebten und gern etwas ›Besseres‹ sein wollten, gab es auch solche, die sich mit Stolz als Arbeiterinnen bekannten und nicht geneigt waren, etwas anderes scheinen zu wollen. Auch sie beschäftigten sich mit Handarbeiten, lasen Romane und gingen ins Theater, aber ihre Note war doch eine andere.«[2]

Wie wir sehen, verbrachten die Arbeitskolleginnen ihre Pause gerne gemeinsam. Bemerkenswert ist das breite Spektrum von Diskussionsgegenständen, die differenzierten Bedürfnisse und Interessen der Arbeiterinnen, auf die hier hingewiesen wird: Religion, Theater, Liebschaften, Kleidung. Gerade im letzten Bereich bildeten sich bei den Arbeiterinnen spezifische Normen heraus, die – von bürgerlicher Seite gern als der berühmte Luxus oder Putzsüchtigkeit der Arbeiterinnen verschrien – nach innen und außen z. T. positive gruppenkonstituierende Funktionen übernahmen.[3]

Hier, auf der ›banalen‹ Alltagsebene, konstituierten sich Bewußtsein und Selbstbewußtsein der Arbeiterinnen.

»Da war die Tina. Sie war ein zierliches Geschöpf von außerordentlicher Lieblichkeit; ihre Wangen wie Milch und Blut, das aschblonde Haar kunstvoll gewellt, die weißen Hände sorgsam gepflegt. In der

Kleidung aber zeigte sie die Arbeiterin. Während die Hochhinausstrebenden zierliche schwarze Schürzen trugen, trug die Tini mit Vorliebe breite blaue Leinenschürzen, die damals von Fabrikmädchen gerne getragen wurden. Ein hübsches Tuch hatte sie kokett um die Schultern geschlungen, Rock und Bluse waren nach dem Schnitt gearbeitet, wie er für Arbeiterinnen Brauch war. Durch ihre Schönheit fiel sie trotz ihrer Kleidung auf.«[4]

Tina ist ein neuer Typus der Fabrikarbeiterin. Sie hat sich nicht nur mit der Arbeit arrangiert und träumt heimlich von der Wende zum Besseren, sondern definiert sich explizit über ihren Status. Zugleich werden die Diskrepanzen unter den Arbeiterinnen deutlich, deren Trennlinien genau hier verlaufen: für viele Frauen und Mädchen, die neu in die Fabrik kamen bzw. für die, welche die Fabrikarbeit nur als notwendiges, aber vorübergehendes Übel begreifen konnten, waren die ›passionierten Fabrikarbeiterinnen‹ eine Gruppe, von der sie sich ausgeschlossen fühlten und gegen die sie sich zugleich explizit abgrenzten.[5]

Außerhalb der Familienfeiern und Zusammenkünfte – wie Hochzeiten, Taufen usw. – verbrachten die Mädchen ihre freien Stunden üblicherweise mit Kolleginnen und Freunden. Gemeinsame Unternehmungen zu mehreren Paaren waren besonders beliebt. Sportliche Betätigungen aller Art, vorab Schwimmen, Ball spielen und – wo sich die Gelegenheit bot – auch Rudern werden in den Berichten häufig erwähnt. Eine Landpartie oder ein Ausflug in ein benachbartes Städtchen gehörten dagegen bereits zu den seltenen (da teuren) Vergnügen. Auch der Tanzboden war eine beliebte Plattform. Dort konnte man sich sehen und bewundern lassen und Bekanntschaften schließen.

Jahrmarktkinos oder Wanderkinos wurden als billiges und allen zugängliches Vergnügen ebenfalls gern besucht. Die Vorstellungen bestanden in den Kindertagen des Films gewöhnlich aus mehreren Kurzfilmen, die hintereinander gezeigt wurden. Inhaltlich knüpften die Filme an die sensationelle Schundliteratur, die berüchtigten Groschenhefte, an. Die Attraktionen eines deutschen Kinos sahen 1900 etwa so aus: Musik, Aktualität, Humoristisches, Drama, Komisches. – Pause – Naturaufnahme, Komisches, Die große Attraktion, Wissenschaftliches, Derbkomisches. Der Mittelpunkt der Vorstellung war jeweils ›Die große Attraktion‹, oft ein Drama in mehreren Akten, das die großen Konflikte im menschlichen Leben, Liebe und Verrat, Verbrechen und Sühne, Armut und Reichtum behandelte. Die realistische Darstellungsweise des Films, die vor seiner endgültigen Vermarktung oft soziale Akzente setzte und soziale Kritik enthielt, haben seine Anziehungskraft auf die Proletarier sicher ebenfalls verstärkt. Das bürgerliche Theater fand diesen Zugang dagegen nur selten; allenfalls als Vorstadttheater hat es eine gewisse Rolle als Unterhaltungsmittel für breite Schichten spielen können.

Daneben gab es die alljährlich oder saisonal wiederkehrenden Einrichtungen wie Puppentheater, Artistengruppen, Schützenfeste und Kirmessen mit ihren Flohzirkussen, Buden, Karussells, der Riesenjungfrau Eulalia, den Muskelkraftmessern u. a. m.

Die jüngeren Arbeiterinnen nahmen auch am Vereinsleben der deutschen Arbeiterschaft teil. Dieses war bereits vor dem Ersten Weltkrieg stark entwickelt, und seine Gesang- und Musikvereine, die z. T. ausgesprochen lokale Tradition hatten, und gelegentliche Laientheater erfreuten sich großer Beliebtheit.

Vermittelt über die Aufklärungsarbeit der Gewerkschaften und der SPD bildeten sich deutlich unterscheidbare Freizeitmuster bei den Arbeiterinnen heraus. Die Organisierten lehnten Tanzböden, Cafés und Bierhallen ganz entschieden ab (war

Volksvergnügen um 1900: Bänkelsänger am Nikolaiturm in Görlitz

der Kampf gegen den Alkohol ja ein wichtiger Teil der Nahziele!) und plädierten statt dessen für Bildung und körperliche Erholung. Das Bedürfnis nach körperlicher Bewegung und Betätigung in frischer Luft findet sich ganz allgemein in den Berichten und wurde nach dem Krieg im Rahmen der Jugendbewegung, der Arbeitersportvereine und der Naturfreundebewegung verstärkt gefördert und unterstützt, um den im Arbeitsprozeß einseitig belasteten Jugendlichen Ausgleichsmöglichkeiten zu schaffen.

Sexualität

Über die Freundschaften der jungen Arbeiterinnen untereinander und die Beziehungen zu ihren Freunden wird in den Biographien und Berichten wenig ausgesagt. Dies beruht einmal auf dem Interesse vieler Biographieschreiberinnen, ihr Schicksal als politischen Lernprozeß darzustellen und zum anderen auf den Fragestellungen nach den allgemeinen Familienverhältnissen und den Arbeitsbedingungen, unter denen die meisten Berichte verfaßt worden sind.

Wir müssen uns daher mit wenigen autobiographischen Bemerkungen, knappen Hinweisen in den Berichten und einigen Ergebnissen lokaler Untersuchungen zu diesem Thema begnügen.

Die Beziehungen der Mädchen untereinander spielten sich primär in Gruppen ab, sei es am Arbeitsplatz, sei es in der Freizeit, die man gerne gemeinsam und außerhalb der Familie verbrachte. Nach engen Zweierbeziehungen der Mädchen untereinander, nach den typischen Mädchenlieben des bürgerlichen Bildungsromans, gab es unter diesen Umständen und angesichts der meist frühen Kontaktaufnahme zu Männern kein großes Bedürfnis.

Über das sexuelle Verhalten der jugendlichen Arbeiterinnen – wie überhaupt des Proletariats – lassen sich kaum verallgemeinernde Aussagen treffen. Es bestanden ganz erhebliche Differenzen je nach Herkunft, Tradition, Religion, Stadt und lokaler Erwerbsstruktur. Allgemein, d. h. bei 90% der Arbeiterinnen, fanden die ersten sexuellen Kontakte zwischen 14 und 18 Jahren statt.[1] Abgesehen von einigen lokalen Besonderheiten waren die Arbeiterinnen an einer frühen Eheschließung weniger interessiert als gleichaltrige Bürgerstöchter. Nach einer Zeit der Partnersuche fanden die Mädchen meist einen festen Freund. Dieses formal nicht legitimierte Beisammensein setzte das Paar oft auch dann noch fort, wenn sie schon viele Jahre zusammengelebt hatten und bereits ein oder mehrere Kinder geboren waren.

Die Verbreitung der ›wilden‹ oder ›polnischen‹ Ehe und die informelle Partnersuche und -wahl sind die beiden Hauptursachen für Klagen über die ›sexuelle Zügellosigkeit‹ der Arbeiterinnen, auf die wir in vielen Untersuchungen von (nicht nur) bürgerlicher Seite stoßen. Der Tenor solcher Klagen erinnert an die Verdammung der ›Putzsüchtigkeit‹ junger Frauen und Mädchen, der wir schon früher begegnet sind.

Die Annäherung der geschlechtsspezifisch ausgeprägten sexuellen Verhaltensmuster im Proletariat, wie wir mit Hans Medick die relativ frühe und selbständige Partnerwahl der Arbeiterinnen bezeichnen wollen, wird durch diese Optik auf ›Kulturverlust‹ reduziert. Hier verzerrt eine moralische Perspektive die Wahrnehmung, die zudem Methoden, Fragestellungen und Perspektiven großer Teile der Forschung bis auf den heutigen Tag determiniert. Die Verlagerung proletarischer Sexualität aus dem Haus in die Öffentlichkeit (auf den Heimweg von der Fabrik, auf Straßen, Plätze und Parks) haben diese Wahrnehmungsverzerrung zugleich bestätigt und verstärkt.

Durchgängiges Merkmal solcher Darstellungen sind die Aneinanderreihung von Elendsschilderungen über die Lebenslage der Arbeiter (Frauen, Kinder etc.) und die Reduzierung der Forschungsobjekte auf Hiobsbotschaften. Bezeichnenderweise fällt einer solchen Reduktion gerade die selbstbewußte Arbeiterin zum Opfer, die sich in Kleidung und (u. a. sexuellem) Verhalten als Arbeiterin definiert und weder mit Elendsschilderungen noch mit moralischen Urteilen zu erfassen ist.

So wird deutlich, daß viele Erscheinungskomponenten des proletarischen Lebenszusammenhanges erst im Kontext klassen- und gruppenspezifisch ausgerichteter Erkenntnisansätze in ihrer ganzen historischen Eingebundenheit ihren vollen, d. h. eben oft auch widersprüchlichen Bedeutungsgehalt zurückgewinnen.

Kennzeichnend für den Verdrängungsprozeß im bürgerlichen Bewußtsein und bürgerlichen Geschichtsverständnis ist gerade diese Neuinterpretation und damit z. T. ›Neuschaffung‹ der Vergangenheit, wie wir es z. B. in der Frage außerehelicher Sexualbeziehungen und außerehelichen Zusammenlebens antreffen. Es handelt sich dabei keineswegs um eine mit der Fabrikarbeiterschaft entstandene neue Form der ›Verrohung‹ der Sitten, sondern um die Fortsetzung einer Tradition, in der sich der große Teil der Bevölkerung – gegen Kriminalisierungsversuche der Kirchen und Behörden – bis weit ins 19. Jahrhundert hinein bewegte und deren Vorläufer ein fester Bestandteil auch des bäuerischen Brauchtums gewesen waren.

Während der formale Vollzug der Eheschließung im Proletariat keine durchgängige Norm war, wurde bei Schwangerschaft eines Mädchens darauf geachtet, daß der Vater seiner Unterhaltspflicht nachkam. Dabei gab es eine Reihe von Sanktionen, mit denen dieser sozialen Forderung Nachdruck verliehen werden konnte.

»Allerdings ist es auch heute noch die Regel, daß Ehen zwischen Arbeitern und Arbeiterinnen erst geschlossen werden, wenn ein Zwang dazu vorliegt. Die Sitte ist so allgemein, daß die Wuppertaler Textilarbeiterin in dem außerehelichen Geschlechtsverkehr nichts Schändendes erblickt, sobald er sich nur auf einen einzigen erstreckt. Auch spielt sicherlich bei vielen der Wunsch mit, an dem besser gelohnten Mann Rückhalt und Miternährer zu finden. Das sittliche Gefühl ist darum in der Arbeiterbevölkerung keineswegs erstorben. Dies zeigt namentlich auch der Umstand, daß die Arbeiter selber scharfe Kontrolle über einander ausüben. Wehe dem Manne, der es versuchen wollte, sich seiner Pflicht einem Mädchen gegenüber zu entziehen! Er dürfte sich nicht mehr auf der Straße blicken lassen, ohne Gefahr zu laufen, von seinen Kameraden verprügelt zu werden. Ist er dadurch nicht weich geworden, so bringen sie ihm in corpore eine Katzenmusik ...«[2]

Es finden sich also auch bei den Industriearbeitern noch Formen sozialer Kontrolle, wie sie für dörfliche Umgebungen unter den Bezeichnungen ›Haberfeldtreiben‹, ›Katzenmusiken‹ und ›Schnurren‹ typisch waren. Ein Beispiel dafür ist der Brauch, die ›Katzenmusik‹ mit einem Lied zu begleiten, in welchem der kritisierte Tatbestand und die soziale Mißbilligung darüber öffentlich kundgetan wurden.[3] Solche kollektiven Maßregelungen konnten allerdings nur praktiziert werden, wenn sich die Arbeiterschaft noch in einer bestimmten lokalen Tradition befand bzw. sich kollektive Verhaltens- und

Sozialmuster ausgebildet hatten, wie es z. B. in dichtbesiedelten Arbeitervierteln oder Kolonien der Fall war.

Viele Mädchen lebten jedoch in isolierten Arbeits- und Lebensverhältnissen (Dienstboten, Kellnerinnen, Heimarbeiterinnen), wo die lebensgeschichtlichen Folgen von Schwangerschaften sich denn auch weitaus stärker und negativer niederschlugen, wie die häufigen Artikel und Berichte über Prostitution, Selbstmord und Kindesmord von Frauen und Mädchen aus diesen Erwerbszweigen bestätigen.

Die Hoffnungen und Erwartungen, die die Mädchen in die Ehe selber setzten, waren widersprüchlich. Diese Ambivalenz bringt das folgende Lied zum Ausdruck, das von Spitzenklöpplerinnen im Erzgebirge gesunden wurde:

Ach, wenn nur wer käm'
Ach, wenn nur wer käm'
Und tät mich fei weg von mei Klöppelsack nehm'.
....
Nu is er gekomm'
Und hat mich genomm'
Nu bin ich noch sehrner (schlimmer) auf'n Klöppelsack komm'.[4]

Die kapitalistische Ausgestaltung des Arbeitsverhältnisses verhinderte eine positive Identifikation mit Arbeit und Beruf und war die eigentliche Ursache für die Wünsche und Phantasien vieler Mädchen und Frauen, sich durch die Ehe vom Zwang zur Erwerbstätigkeit zu befreien.[5] Wesentlich für die starke Familienorientierung des überwiegenden Teils der Arbeiterinnen war, daß Berufstätigkeit immer von voller Haustätigkeit begleitet war. Das bis heute ungelöste Problem der ›zwei Schichten‹ mußte sich zwangsläufig gegen etwaig vorhandene Interessen an den Arbeitsinhalten und der Berufstätigkeit auswirken.

Zwischen dem Wunsch nach Aufgabe der Erwerbstätigkeit und den konkreten Zukunftsplänen und -erwartungen der Mädchen bestand jedoch eine breite Kluft. Während die jugendlichen Arbeiterinnen zwischen 16 und 20 Jahren die Erwerbstätigkeit zu gleichen Teilen für dauerhaft bzw. vorübergehend hielten, nahm bei den Frauen über 30 die Erkenntnis rapide zu, daß ihr Verbleib im Betrieb von Bestand sein würde. Auch die Erwartungen in die Ehe wurden in diesem Rahmen rasch bescheiden: »... würde mir zuletzt nur noch wünschen, daß ich in einen glücklichen Ehestand eintreten könnte«, »... vielleicht geht es mir einmal verheiratet besser als jetzt«.[6]

Der Phantasieraum nahm in dem Maße ab, wie die Ehe zur konkreten Perspektive wurde. Das Schicksal der Ehefrauen und Mütter, das Leben der eigenen Mutter, an deren Aufgaben die Mädchen ja bereits einigen Anteil hatten, gaben wenig Anlaß für ein rosarotes Zukunftsbild:

»Noch bin ich zwar ledig und rechne mich noch nicht ganz zu den Ärmsten der Armen, wofür ich meine verheirateten Kolleginnen halte, doch auch mir wird in nächster Zukunft dasselbe traurige Los beschieden sein.«[7]

In dieser Konfrontation wurde den Mädchen deutlich, daß sie bei aller Arbeit und Verpflichtungen im Haushalt noch über Freiräume verfügten, die ihnen später genommen wurden. Um so bestürzender ist die Bemerkung, mit der eine junge Textilarbeiterin ihr Leben charakterisiert: »Was habe ich manchmal für Sehnsucht, mich einmal richtig auszuruhen!« In diesem Ausspruch ist bereits die wesentliche Dimension enthalten, die das ganze Leben der proletarischen Frau und Mutter prägte: der Zeitmangel.

Eheschließung und Familiengründung

Arbeiterinnen heirateten zwar weitgehend unabhängig von ihren Eltern und frei von bürgerlichen Zwängen, bei der Wahl ihres Partners mußten sie jedoch nichtsdestoweniger eine Reihe sehr realer Kriterien berücksichtigen.

Das proletarische Leben war ein tagtäglicher Kampf, bei dem es oft ums nackte Überleben ging. Der Grenzwert konnte in einer etwas besseren Qualifikation, einer etwas sichereren Arbeitsstelle liegen; die praktischen, handwerklichen und hauswirtschaftlichen Fähigkeiten und Improvisationsvermögen der Eheleute, insbesondere der Frau, konnten eine magere Existenz sichern oder vernichten. Der als ›Zusatzverdienst‹ herabgedrückte Lohn der Frauen verwies sie zudem immer wieder ganz konkret auf eine gemeinsame Wirtschaft. Ledige Frauen und die zahlreichen Witwen, denen der Staat nur eine minimale Rente zugestand[1], waren so gezwungen, sich um einen Miternährer für sich und ihre Kinder zu kümmern.

Den bürgerlichen Kriterien wie Mitgift, Stand, Vermögen usw. standen bei den Arbeitern also ebenso handfeste Überlegungen gegenüber, die mit der Beziehung selber wenig zu tun hatten, sich jedoch unabweislich aus den elementarsten Lebensbedürfnissen ergaben. Als besondere, der Klassenlage entstammende Auswahlmuster sind sie jedoch keinesfalls mit der ›freien‹ Liebe zu verwechseln, die konservative und kirchliche Kreise an den Arbeitern fürchteten und dem Proletariat von ›progressiven‹ Sozialutopisten und z. T. auch von Sozialisten angedichtet wurde.

Da die Eheschließung meist Konsequenz oder Vorbote einer Schwangerschaft war, mußten junge Eheleute meist unverzüglich einen eigenen Hausstand gründen. Da die Mädchen keine Mitgift besaßen und üblicherweise auch keine Ersparnisse vorhanden waren, mußten sich die meisten Paare über das weit verbreitete Ratensystem die nötigsten Möbel und Gerätschaften anschaffen. Da die Löhne der Männer nur knapp für den Familienunterhalt, geschweige denn für zusätzliche Ratenzahlungen ausreichten, konnten die Frauen ihre Arbeit meist nicht aufgeben. Eine rasch ansteigende Kinderzahl verstärkte nicht nur direkt den Druck auf das belastete Budget, sondern führte, durch Schwangerschaftskomplikationen, Wochenbett und Krankheiten, zudem zu zeitweiligem Lohnausfall der Frau: ein Zirkel also, der immer neues Elend erzeugte. Eine kontinuierliche Haushaltsplanung wurde durch die übliche Lohnzahlungsmethode weiter erschwert. Die Arbeiter mußten ihre Familien oft wochenlang mit Abschlagszahlungen durchbringen, ehe sie ihren ganzen Lohn ausgezahlt bekamen. Allfällige Lohnschwankungen taten ihr übriges, und ›Sonderausgaben‹ (wie Schuhe besohlen oder mal ein neues Kleidungsstück) warfen jede Einteilung des Haushaltsgeldes über den Haufen.

So entstanden für die kinderreichen proletarischen Familien alsbald die niederdrückenden Wohnverhältnisse, als deren typischer Ausdruck die Mietskaserne gilt.

»Die Arche Noah, ein Zellenhaus in der Form eines weit in den Hinterhof sich erstreckenden Rechtecks mit zwei quadratischen Höfen von je vier Schritt, während zu allen Seiten die in der Straße üblichen vier Stockwerke emporstarren, verziert durch die zum Trocknen herausgehängten zerlumpten Hemden, Hosen und anderen nicht verpfändbaren Kleidungsstücken ... Im Innern des Hauses bildet jede Zelle eine Arbeiterwohnung; sobald die Familie etwas zahlreich ist, erscheint die Stube überfüllt ... Ja, vielfach wurden in einem Zimmer zwei Familien angetroffen, welche ihren Anteil an der Stube durch Kreidestriche abgetrennt haben. In solchen Räumen wohnen, kochen und schlafen die Armen ...«[2]

Mit den Wohnverhältnissen verschlechterten sich auch die übrigen Bedingungen wie Ernährung, Kleidung, Reinlichkeit und Ordnung. Angesichts der materiellen Unzulänglichkeiten konnten auch die Ansätze zu einer Selbstkritik und Kontrolle über die Lebensverhältnisse, die die Arbeiter in manchen Betrieben gegenseitig ausübten (»In der Fabrik müssen die Leute das Brot gestrichen essen, weil die Arbeiter ihre Lebenshaltung kritisierten«[3]), nur wenig ausrichten.

Die Bedeutung der Kinderzahl für die Reproduktionsbedingungen der Familie

Li Fischer-Eckert nimmt den Zusammenhang zwischen Haushaltsniveau und Kinderzahl zum methodischen Ausgangspunkt für die Zuordnung der von ihr untersuchten Arbeiterfamilien zu 4 Lebensstandardgruppen.[1]

Folgende Einblicke in einen gutsituierten (Kategorie I mit durchschnittlich 2,5 Kindern) und einen Grenzwerthaushalt (ab Kategorie II: durchschnittlich mehr als 4 Kinder), sollen die nur knappe Spanne verdeutlichen, die auch die bessergestellten Familien vom Elend trennte.

»Es ist um die Mittagszeit. In der freundlichen, sauberen Küche steht ein blank gescheuerter Küchenherd, auf dem in einer Pfanne 5 Setzeier gebacken werden. Zwei für den Vater, eins für die Mutter und zwei für die drei Kinder von 5, 6 und 8 Jahren. Dazu gibt es Spinat, der im Garten selbst gezogen wird. Den Eßtisch bedeckt ein helles Wachstuch, auf dem die Teller und Gabeln ordentlich aufgedeckt liegen. Die Fenster sind geöffnet; gute Luft und Reinlichkeit, das ist das erste, was einem sich hier aufdrängt. Der große Küchenschrank läßt durch die bunten Scheiben noch einen Vorrat von Geschirr hervorblinken. An der Wand tickt eine helle Küchenuhr und alles atmet wohlige Behaglichkeit. Die beiden daneben liegenden Zimmer bieten dasselbe Bild. Der Vater und die Mutter schlafen in zwei Betten in dem einen Zimmer und das kleinste Mädchen schläft bei den Eltern und in der kleineren Stube schlafen die beiden anderen Kinder, ein Knabe von 6 und das Mädchen von 8 Jahren. Die Möbel sind einfach, aber gediegen, man merkt sofort, daß sie bei einem soliden Schreiner gekauft sind und nicht in einem jener Abzahlungsgeschäfte, die für teures Geld schlechteste Fabrikware liefern. Der Vater der Frau war Lehrer an der Mosel und von zu Hause bekam sie die Küche und das Schlafzimmer zur Ausstattung. Als dann die Kinder kamen, mußten sie sich nach und nach das dritte Zimmer noch hinzu anschaffen. ›Wir hätten es nicht so glatt hintereinander bezahlen können, wenn ich nicht alles für mich und die Kinder selber nähen könnte, und so gut zu sparen wußte. Hier ist alles so teuer, daß man mit jedem Pfennig rechnen muß.‹«[2]

Im Vergleichshaushalt sind die Verhältnisse bereits in jeder Beziehung viel beengter:

»Mehr als einmal zum Wechseln reicht es nicht bei der Anschaffung der Leibwäsche, die Folge davon ist, daß das Waschfaß fast die ganze Woche in der Küche im Gebrauch steht, weil jedes Mal, wenn ein schmutziges Leibstück abgelegt wird dieses gleich wieder gewaschen werden muß. Die Wohnküche hat, trotz aller Bemühungen der Hausfrau, alles ordentlich und sauber zu halten, doch mehr den Charakter eines Lagerraumes für die Gebrauchsgegenstände ... Die leeren Wände ... dienen ... als Ersatz eines Schrankes; an den Nägeln hängen die Kleidungsstücke der Kinder, die Arbeitskleider des Vaters. Auch in den Stuben kann man deutlich an der Zusammensetzung der Möbel den Zusammenhang mit dem Familienzuwachs erkennen. Zuerst war es ein großes Bett mit gutem Holzgestell, nachher kommen dann die kleinen schmalen, feldbettähnlichen Gestelle oder alte gestrichene Tannenbetten, denen man die Herkunft vom Althändler sofort ansieht.«[3]

Zwei Betten für 5 Personen

Die Beispiele zeigen, wie durch ein Nachlassen in der Spannkraft eines Elternteils, Arbeitslosigkeit oder Krankheit die Familie von dem typisch proletarischen Elend bedroht war, wie es uns von Otto Rühle und anderen immer wieder beschrieben worden ist.

Die Frauen waren zudem noch von der ganzen Last der Schwangerschaft und Geburt betroffen, während der sie meist ihre volle Arbeitsleistung in Haus und Fabrik zu erbringen hatten. Die häufigen Geburten stellten nicht nur ein Risiko für die Mütter dar, sondern trugen erheblich zur Erhöhung der Säuglingssterblichkeit bei, die »einen direkten Schluß auf den Gesundheitszustand der Mütter einerseits, auf die hygienischen Verhältnisse andererseit zuläßt, und generell eine Schlüsselzahl für die menschlichen Auswirkungen der Industrialisierung«[4] ist. Max Hirsch greift diesen Zusammenhang auf und führt den Nachweis einer signifikanten Erhöhung der Gesundheitsschädigung bei Frauen und der Totgeburten und Säuglingssterblichkeit durch die Arbeitsbedingungen im Textilbereich. Während die Säuglingssterblichkeit im Reichsdurchschnitt 17% betrug, stieg sie in Bezirken mit Frauenerwerbsarbeit und besonders in Textilregionen auf 32,72%, 44% und mehr an.[5]

Biographien und Berichte bestätigen diese Angaben, und in kaum einer Familiengeschichte fehlen Hinweise auf Siechtum und Tod von einem oder meist sogar mehreren Geschwistern oder Kindern. Mit diesem Kreislauf von Geburt und Tod war fast jede proletarische Frau in ihrem Leben konfrontiert. Die jederzeit latente Drohung weiteren Nachwuchses, der die Lage der Familie verschlechterte, gab dem Sterbefall eines Kindes so zwangsläufig eine andere Bedeutung, als sie es für uns gewöhnlich hat. Trauer und Erleichterung mischen sich in dem Kommentar der Mutter Holek, als ihr 7 Wochen alter Knabe, ihr drittes Kind stirbt:

»›Es ist besser, daß ihn der liebe Gott wieder zu sich nahm. Was hätte er hier auf der Welt? Dort ist er gut aufgehoben‹ tröstete uns die Mutter. Und uns – das Herz tat weh bei solchen Gedanken –, uns war das in unserer Notlage schließlich gar recht.«[6]

Viele Arbeiterfrauen versuchten daher Schwangerschaften zu vermeiden. Der *coitus interruptus* und die chemische Ausspülung waren verbreitete Präventivmittel.[7] Kondome, Pessare und andere chemische oder mechanische Mittel wurden dagegen seltener verwendet. Dafür werden finanzielle und teilweise auch ethische Gründe angegeben. »Für uns sind sogar die Mittel zu teuer. Aber wir machen's eben auf unsere Art«, bemerkte ein thüringischer Fabrikarbeiter. Neben Präventivmaßnahmen waren die Abtreibungen ein wichtiges Regulativ für die Kinderzahl – und zwar in allen gesellschaftlichen Schichten. Hohe Dunkelziffern erlauben keine genauen Angaben, die Vermutungen schwanken zwischen 100 000 und 800 000 jährlichen Abtreibungen im Deutschen Reich. Lediglich in einer Untersuchung an hundert Berliner Arbeiterfrauen (1913) werden genaue Zahlen genannt: 41 der Befragten hatten einen oder mehrere (insgesamt 76) Aborte durchgemacht. »Die am häufigsten angewandten Abtreibungsmittel waren heiße Ausspülungen und Fußbäder.« Der Interviewer betont »die Ungeniertheit, mit der fast alle Frauen den kriminellen Eingriff zugaben, ohne dabei ein Unrechtsgefühl zu verspüren; ihrer Meinung nach konnte, was ›alle‹ machen ... nichts Schlechtes sein.«[8]

Im allgemeinen waren es die Frauen, die – als die hauptsächliche Betroffenen – auf aktive Regulierung der Empfängnis drängten. Erhard Lucas, einer der wenigen, die sich mit diesem Problem auseinandergesetzt haben, betont die Gleichgültigkeit der Männer, die Schwangerschaften als reine Frauenangelegenheiten betrachteten:

»Die Folge war ein ungeheures Abtreibungselend. Dabei galt seitens der Männer ... das Abtreiben meist als Sache der Frauen. Diese halfen sich gegenseitig (meist wurden lebensgefährliche Einspritzungen vorgenommen), eine Hebamme bot ihre Dienste an (wie häufig dies der Fall war, läßt sich nicht abschätzen), und gelegentlich stand auch ein Arzt zur Verfügung. Die außerordentlich niedrige Aufklärungsquote – von 1900–1908 konnten ganze 27 Fälle der Staatsanwaltschaft vorgelegt werden – beweist, daß die Frauen vor den Nachforschungen von Polizei und Justiz ›dichthielten‹.«[9]

Erhard Lucas hebt die Bedeutung dieser Frauensolidarität für die Aktivitäten während der deutschen Revolution hervor.[10] Bei Demonstrationen und Plünderungen von Lebensmittelgeschäften konnten die Frauen auf eine kollektive Vorgeschichte außerhalb der Legalität zurückgreifen, die ganz elementar zugleich mit ihrem Frausein und ihren proletarischen Lebensverhältnissen zusammenhing. In einem überschaubaren Bereich wird so augenfällig, wie die allgemeine Unterdrückung des Proletariats sich von der besonderen als Frau zugleich unterscheidet und mit ihr zusammenfällt.

Zeiterfahrung und Arbeitsorganisation in der proletarischen Familie

Von dieser besonderen Unterdrückung ist die Frau nicht nur als Arbeiterin betroffen (niedriger Lohn, keine Qualifikation, langer Arbeitstag), sondern auch als Hausfrau. Wie wir gesehen haben, war die Erwerbstätigkeit der Frauen nach der Eheschließung üblich und drückte dem Rhythmus und der Form des Familienlebens ihren Stempel auf.

Die festgelegten Arbeitszeiten, die Trennung von Wohnung und Arbeitsstätte, die Wegstrecke zum Arbeitsplatz und die Länge des Arbeitstages zerteilten schon damals den Tag in unterschiedliche Sequenzen, innerhalb derer produktive Tätigkeit im Betrieb und Reproduktion der Familie sich klar unterschieden vollziehen.

Symbolisiert ist diese Fragmentierung des Tages im Wecker und in der Fabriksirene, die vielerorts ganzen Gegenden ihren Zeitstempel aufdrückte. Diese besondere Form des Zeiterlebens macht einen wesentlichen Bereich des proletarischen Lebenszusammenhangs aus. Die Berichte der Arbeiterinnen zum Thema ›Mein Arbeitstag – mein Wochenende‹ dokumentieren die Zerlegung des Tages in Abschnitte mit unterschiedlichem qualitativem Gehalt. So wurden die meisten Beiträge mit dem Zeitpunkt des Arbeitsbeginns oder direkt mit dem rasselnden Wecker ›eingeläutet‹. Diese erste, sich tagtäglich wiederholende Erfahrung bleibt zeitlebens Inbegriff der brutalen äußeren Gewalt, die ohne Rücksicht auf persönliche Bedürfnisse zuschlägt. Nach Jahren im Betrieb brauchen viele Arbeiterinnen den äußeren Eingriff allerdings nicht mehr:

»Die Arbeit kreist ununterbrochen im Blut. Jeden Morgen gegen 5 Uhr weckt sie mit einer Pünktlichkeit, die jede Weckuhr überflüssig macht. Ich bilde mir nicht ein, daß es nur mir alleine so geht, sondern weiß durch Austausch mit Kolleginnen, daß ihrer gar viele sind, die das verspüren und meinen.«[1]

Auch die weitere Einteilung des Tages, in Pausen, Arbeitsstunden und – endlich – Arbeitsschluß ist in allen Berichten enthalten. Dagegen fehlen auch hier wieder außer der Berufsbezeichnung (Weberin, Fleyerin, Näherin, Zwirnerin usw.) inhaltliche Angaben zum Arbeitsprozeß. Allenfalls werden einzelne Sequenzen dargestellt, die die Arbeitshetze und ungeheure Anspannung beschreiben, unter denen die Textilarbeiterin an der Maschine stand.

»So sitze ich nun täglich 8½ Stunden ... und drehe Faden für Faden zusammen, 800 in der Stunde. Bis 600 Mal jeden Tag müssen Arme und Hände dieselbe Bewegung machen ... Warum hat man für diese eintönige Arbeit noch keine Maschine erfunden?«[2]

Die Fragmentierung des Tages ergibt unterderhand seine qualitative Aufteilung in die arbeitsgebundenen Stunden im Betrieb und den – wie wir bereits bei den jugendlichen Arbeiterinnen gesehen haben – nicht minder von Arbeit ausgefüllten Rest des Tages. Die subjektive Zeitempfindung in diesen Bereichen unterscheidet sich ganz erheblich. Im Betrieb selber schleicht die Zeit nur so dahin, sie ›findet kein Ende‹. Dieses Gefühl hängt wesentlich mit der konkreten Arbeitserfahrung zusammen. Monotone Tätigkeiten, die gleichwohl die beständige Aufmerksamkeit der Arbeiterin erfordern, setzen ein mechanisches und quantitatives Zeitgefühl durch, die Arbeiterin fühlt sich »wie eine Maschine«.

»Meine Arbeit, Doublieren von Kammgarn, ist eine erbärmlich geisttötende mechanische Tätigkeit, stündlich habe ich ungefähr 180 bis 200 Webeknoten, die ich selbst gezählt habe, zu knüppeln und immer wieder zu knüppeln. Alle anderen Handgriffe auch immer und immer wieder dasselbe.«[3]

Die Arbeitshetze überträgt sich auch auf den übrigen Teil des Tages, wo die Bedürfnisse der Familie befriedigt werden müssen und wo die Zeit ›nur so verfliegt‹ und ›niemals ausreicht‹.

Dies hängt eng mit der Arbeitsorganisation in der proletarischen Familie zusammen. Die Frau bleibt – auch bei voller Berufstätigkeit – in der weitaus größten Zahl der Fälle allein für die Führung des Haushalts[4] und größtenteils für die Sorge um die Kinder verantwortlich.

Die Haushaltsführung wurde nicht nur durch die engen materiellen und räumlichen Verhältnisse erschwert, sondern die meisten Arbeiterwohnungen entbehrten zudem aller technischen Erleichterungen, über die die bürgerlichen Frauen bereits verfügen konnten. Statt elektrischem Licht gab es Kerzen und Petroleumlampen, die geputzt und nachgefüllt werden mußten. Wasser gab es oft nur im Stiegenhaus oder Hof. Für warmes Wasser mußte der Ofen eingeheizt werden, was den Waschtag – das damalige Hausfrauentrauma – noch mehr erschwerte. Erhitzte Eisen dienten zum Bügeln, und selbst Gas zum Kochen war keine Selbstverständlichkeit. Unter diesen Bedingungen dehnte sich der Arbeitstag um eine – wörtlich zu nehmende – weitere Schicht aus.

»Mein Arbeitstag beginnt 4.30 Uhr und endet 9.30 Uhr. Das sind täglich 17 Stunden, wovon ich allein 9 Stunden in der Fabrik zubringe .. ›Mein Arbeitstag beginnt‹. Es ist ½5, und es bleiben mir knapp zwei Stunden Zeit, in welcher ich Kaffee und Mittagessen koche, und zwar für fünf Personen. Zeit zum Kaffeetrinken bleibt mir nicht, denn ich habe vielerlei Arbeiten zu erledigen. z. B. Treppen kehren und Küche aufräumen, Kohlen aus dem Keller holen, für die Kinder Schuhe putzen, Frühstück zurechtmachen, dann werden die Kinder geweckt, der Kleine angezogen ... Nachdem ich den Kindern zu essen gegeben, nehme ich mein Frühstück und gehe zur Arbeit ... Endlich verkündet die Fabriksirene ›Mittag‹. Es ist eine Stunde Pause, aber nicht für mich. Ich mache mich schnell sauber und eile nach meinem Heim. Dort wärme ich das Essen, bringe vier Betten in Ordnung, teile das Essen aus und, nachdem ich meinen Teller Gemüse ausgelöffelt habe, wird es schon wieder Zeit aufzubrechen. Nun geht das Hasten und Schwitzen von vorne an, bis endlich ½5 ... Feierabend ist. Heute war Lohntag und da lauern mir die Kinder ... schon an der Fabrik ab, wissen sie doch, daß es heute abend Wurst zum Abendbrot gibt ... Müde und abgespannt komme ich heim, um auch gleich wieder fortzugehen, und zwar in den Konsumverein, um einzukaufen. Da muß man immer sehr lange warten ...«[5]

An Abenden und Wochenenden kamen endlose Flick- und Stopfarbeiten hinzu, z. T. wurden die Unterwäsche und die Kleidung für die Kinder noch mit der Hand hergestellt. An den Wochenenden fanden das Großreinemachen und die ›große Wäsche‹ statt, die die Arbeiterin bis spät in die Nacht auf den Beinen hielten.

Dort, wo der Mann die Frau unterstützte, handelte es sich nicht um die spontane Übernahme unterschiedlicher Aufgaben, sondern um relativ klar abgegrenzte Bereiche, »einige kleine Erleichterungen wie Wasserholen, Holzhauen usw. nimmt mir mein Mann ab«.

In einigen Ehen, insbesondere wenn mehrere Kinder vorhanden waren, übernahm der Mann auch ›engere‹ haushälterische Aufgaben wie Spülen, Aufwischen, Einheizen, das Vesperbrot streichen, die Kinder anziehen und sie zur Aufsichtsperson oder in die Schule zu begleiten. Die reglementierte Form der Arbeitsteilung ist ein Indiz für die These von den ›parallelen‹ Beziehungsstrukturen der Unterschicht. Es gibt keinen Hinweis dafür, daß diese partielle Entlastung irgendwo zu einer gleichmäßigen Verteilung der Hausarbeit auf beide Eheleute geführt hätte.

Unter diesen Umständen waren die Frauen auf gegenseitige Hilfe angewiesen. Die weiblichen Familienmitglieder verteilten die Hausarbeit untereinander, und einzelne Aufgaben wie Kinderbetreuen und Nähen wurden auf Verwandte und Bekannte, z. T. gegen Entgelt, ausgelagert. So entwickelten sich auf familialer und nachbarschaftlicher Ebene, anknüpfend an betriebliche Verhältnisse, die unterschiedlichsten Formen wechselseitiger Unterstützung.

»Es sind bekanntlich gerade unter den Textilarbeitern nicht immer und überall die Arbeiterinnen, welche die niedrigsten Löhne erhalten; sondern bei bestimmten Arbeiten stellt sich das Verhältnis so, daß der Mann 8 bis 12, die Frau dagegen 12 bis 18 Mark verdient. Hieraus ergibt sich von selber die Erklärung dafür, daß die Frau, die besser Entlohnte, ihre Arbeit auch nach der Verheiratung beibehält. Eine Anzahl dieser Verheirateten tut sich zusammen, für die dann ein älteres Ehepaar das Essen bereitet und wohl auch die nötigen Aufräumearbeiten im Heim der jungen Leute besorgt. Und ebenso werden dann älteren Frauen, die ihren Erwerb in der Fabrik nicht mehr finden können, die Kinder zur Pflege übergeben. Alle Teile stehen sich leidlich gut bei dieser, allerdings sehr unvollkommenen Form eines genossenschaftlichen Haushaltes ...«[6]

Über die Verbreitung solcher Ansätze zu kollektiver Daseinsbewältigung liegen leider keine Angaben vor. Es ist jedoch bezeichnend, daß das hier zitierte Beispiel aus einer Textilgegend, also einem typisch weiblichen Erwerbsbereich stammt und in städtischem Milieu (Gera, Lausitz) beobachtet wurde, d. h. unter Bedingungen, wo die Isolation der Frauen auf mehreren Ebenen durchbrochen war.

Ob es sich dabei lediglich um eine Umverteilung des Elends handelte oder tatsächlich eine gewisse Freisetzung der beteiligten Personen, z. B. der Mütter für ihre Kinder erfolgte, bleibt offen.

Durch den Zwang zur Doppelarbeit gerieten die Frauen gegenüber ihren Kindern in eine widersprüchliche Situation. Das Verlangen, mit dem Kind zusammen zu sein und auf seine Bedürfnisse einzugehen, kollidierte empfindlich mit den Anforderungen des Tagesablaufs. Das Elend, das ein weiteres Kind in eine Familie hineintrug, konnte von den Frauen, die jeden Tag erneut vor der Aufgabe standen, ihre Familie mit unzulänglichen Kräften und unzulänglichen Mitteln zu versorgen, oft nur noch mit Ablehnung quittiert werden, wie viele Quellen belegen.[7] In den uns vorliegenden Berichten schwingt ein anderer Tenor: die Sorge um die Kinder, die schlecht versorgt und oft unbeaufsichtigt zurückgelassen werden mußten, und die Trauer um die so vergeudete Kindheit:

»So geht das Jagen und Hasten fort von Woche zu Woche und Monat zu Monat, und mein Verdienst ist doch so nötig, weil es sonst zum Leben nicht reicht. Somit müssen die Kinder die Mutterliebe so sehr entbehren. Die Zeit ist mir so bemessen, daß ich ihnen keine frohe Stunde schenken kann. Oft sind meine Gedanken neben den täglichen Sorgen: wo sind die frohen Kinderjahre, wo ist die schöne Jugendzeit, wenn die Kinder das Schönste, die Mutterliebe, entbehren müssen?«[8]

Zu den schlimmen Erfahrungen, von denen die Frauen in ähnlichen Worten immer wieder erzählen, gehörte der Zwang, sich selber immer wieder gegen die Liebesangebote der Kinder abschotten zu müssen: ›Den Bub muß ich erstmal abdrücken, anders tut ers nicht. Das Mädel versteht das schon, daß die Mutti dazu eigentlich keine Zeit hat.‹

Hierher gehört auch das Herausreißen der Kinder aus den Betten, das sich jeden Morgen wiederholt.

»Rasch in die Küche, den Morgentrunk aufgestellt und mich fertiggemacht, zurück ins Schlafzimmer, den Mann und die Kinder aus der Ruhe gestört (ach, wie weh das tut). ›Mutter, muß es denn sein, daß ich so zeitig aufstehe?‹ So beginnt bei uns Proleten der Tag. Halb im Schlaf kleiden sich die Kinder an. Die Zurufe von Vater und Mutter: ihr müßt euch beeilen, werden im Dusel von den Kindern ganz überhört. Kinder, trinkt rasch euren Kaffee, gleich ist die Zeit um und die Mutter muß zur Arbeit. So wird das Kind schon am frühen Morgen gequält.«[9]

Lediglich abends oder an Wochenenden, nach der Hausarbeit, konnten die Mütter manchmal ein Stündchen mit ihren Kindern zusammen sein: ›Die verheirateten Arbeiterinnen, die ins Freie gehen, gehen häufig in den Park, wo sie nähen, die Kinder beaufsichtigen...‹ Meist hatten sie jedoch selbst dazu keine Zeit:

»In Friedrichshain (Berlin) kann man nach Feierabend massenweise Väter und Großväter mit Kinderwagen spazieren gehen sehen. Die Mütter haben tagsüber keine Zeit und müssen abends die Hauswirtschaft besorgen. Ich stellte eines Abends fest, daß zwei Drittel der kleinen Kinder in männlicher Begleitung waren, ein Drittel in weiblicher, und diese wurden meist von älteren Schwestern oder anderen Personen ausgeführt. Es war immerhin ein Symptom dafür, daß auch die Abendstunden für die Frau nicht die Freude bringen, mit dem Kind persönlich Umgang haben zu können.«[10]

Freizeit und eheliche Gemeinsamkeiten

Ehefrauen nahmen am differenzierten Vereinsleben der deutschen Arbeiterschaft und den informellen Vergnügungen wie Wandern, Musikmachen und Kneipenbesuchen nur noch selten teil. Den einzigen ›Luxus‹, den jede Frau sich leistete, war, am Sonntag eine Stunde länger zu schlafen. Wenn die Hausarbeit nicht das ganze Wochenende verschlang, blieben an manchen Sonntagnachmittagen noch einige Stündchen für einen Spaziergang, einen Besuch im Kino oder bei Verwandten und Freunden.

»Die Ausgänge sonntags sind sehr selten, ebensosehr wegen Geld- als wegen Zeitmangel infolge vieler häuslicher Geschäfte. Die Frau meint, sie müsse sonntags erst recht arbeiten. ›Ein Sonntag flick' ich, einen Sonntag wasch' ich. Vormittags reeneviert (renoviert) man, da macht man ein bischen Wirtschaft.‹ Sie wohnten zur Zeit der Untersuchung in Eutritzsch und sind während dieser Zeit einmal ausgegangen, nämlich zu Pfingsten nach Gohlis. In diesem Vergnügungsort haben sie 2 Glas Bier getrunken und sind im übrigen ›bloß durchgegangen‹. Ehe die Untersuchung zu Ende geführt war (Mitte August), gingen sie noch einmal, nämlich wegen eines Geschäfts, zu einem Verwandten.«[1]

Eine beliebte Freizeitaktivität war der Ausflug ins Grüne:

»Dann kommt mein Wochenende. Ich lege mich (mittags, S. R.) zwei Stunden aufs Ohr, dann wird noch ein Spaziergang durch die heimatlichen Wälder gemacht mit dem Endziel ›Waldheim‹. Dies ist der Sportplatz der ›Freien Turnerschaft‹ mit einer schönen geräumigen Wirtschaft; dort verkehrt die Arbeiterschaft allgemein. Ein Vesper und ein Glas Bier, daneben eine gemütliche Unterhaltung mit Gleichgesinnten bildet den Abschluß des Sonntags.«[2]

Solche gemeinsamen Ausflüge konnten sich längst nicht alle Frauen leisten. Sie kamen bezeichnenderweise vor allem in Familien vor, wo die Männer den Frauen einen Teil der Hausarbeit abnahmen. Auch im Haushalt gab es Gemeinsamkeiten, sei es, daß die Eheleute zusammen die Treppe putzten oder den Garten (Schrebergarten) bestellten, sei es, daß der Mann der Frau beim Spülen, Nähen oder Flicken vorlas bzw. sie über Tagesereignisse und allgemeine Probleme informierte.

Einige Arbeiterinnen erwähnen, daß sie mit ihren Männern die Erlebnisse des vergangenen Arbeitstages austauschten und die Probleme besprachen, die sich in seinem Verlauf ergaben. Bei den organisierten Frauen kam es vor, daß die Eheleute in Fragen der Organisation und Bewältigung von Betriebskonflikten gemeinsam nach Lösungsmöglichkeiten suchten. In der praktischen Gewerkschafts- und Parteiarbeit gingen die Wege der Eheleute gewöhnlich auseinander: selbst in einer Zeit, wo die gemeinsame Organisation schon längst möglich war!

Ich habe in meinem Material leider nicht mehr als diese knappen, teils sehr allgemeinen, teils wenig repräsentativen Hinweise gefunden. Gerade die zweite Frage nach den Formen von Gemeinsamkeit von Mann und Frau in der proletarischen Familie sollte empirisch weiterverfolgt werden. Sie spielt u. U. bei der Diskussion um die ›Organisationsunfähigkeit‹ der Frau eine Rolle und könnte zu einem wichtigen Argument gegen die undifferenzierte Übertragung der Patriarchatsthese auf die Familien- und Beziehungsformen in der Arbeiterklasse beitragen.

Die Stellung der Ehefrau in der Familie

Das vorliegende Material und die bisherigen Aussagen erlauben keine verbindlichen Angaben über die Stellung der verheirateten Frauen in den Arbeiterfamilien. Da die Familienform der breiten Masse der Bevölkerung ihre eigene Geschichte besitzt – deren wesentliche Merkmale wir mit Ute Gerhard als andere Form der Eheschließung, Kleinfamilie mit geringer materieller Ausstattung und Mitarbeit und Ernährerrolle der Frauen bezeichnen können –, ist es jedoch fraglich, ob das Patriarchat als Ausdruck bürgerlicher Herrschafts- und Familienformen ein hinreichendes Kriterium für Beziehungsstrukturen in proletarischen Familien darstellen kann.

Strenggenommen kann man von einer patriarchalischen Struktur nur dort sprechen, wo sich sowohl in der juristischen Dimension und dem Rahmen der faktischen Entscheidungsgewalt wie auch auf der Ebene der via sozialer Kontrolle durchgesetzten Normen geschlechtsspezifischen Verhaltens die Herrschaft des Mannes in allen wesentlichen Handlungsbereichen durchsetzen kann[1]. Das war jedoch in den Unterschichtsfamilien historisch weder möglich noch nötig. In den vorindustriellen Familien finden wir differenzierte Muster von Arbeits- und Rollenteilung, die sich nach dem Stand der Produktivkräfte und der bei den Familienmitgliedern vorhandenen Qualifikation richteten, ohne Rücksicht auf geschlechtsspezifische Rollenvorstellungen.[2]

Die Frauenerwerbsarbeit beschränkte sich auch damals keinesfalls nur auf Tätigkeiten, die im Hause ausführbar waren. Fabrikarbeit der Frau (und der Kinder) und Haushaltsführung des Mannes, eine Rollenteilung, die in den Anfängen der Industrialisierung und vor allem in der Textilindustrie häufig vorkamen, waren also keine Erfindung des Kapitalismus, sondern besaßen Vorläufer in der vorindustriellen Gesellschaft. Grundsätzlich waren existentielle Notwendigkeiten und nicht Geschlechtsrollen die Grundlage der Familienorganisation.

An diese These knüpft Ulrike Prokop an, wenn sie von der ›Parallelität‹ der Beziehungsstrukturen in der Unterschicht spricht und dazu vermerkt, daß ›das Patriarchat‹ angesichts der allgemeinen Unterprivilegierung kein ›Thema‹ für die proletarischen Frauen darstellt. Das ›parallel pattern‹[3] ist organisiert nach dem

»Muster relativer Isolation der Ehepartner, eine Tendenz zu strenger Rollentrennung. Die alltägliche Routine wird im Rahmen definitiv getrennter Rollenbeziehungen bewältigt ... Die Ehepartner behalten relativ getrennte Lebenssphären; der Austausch von Ideen oder Meinungen durch Konversation etc. wird nicht als zentral angesehen.«[4]

Obwohl auch in die proletarische Familie mit der Übernahme der bürgerlichen Familienvorstellung typisch patriarchalische Muster eindrangen, decken sich die empirischen Befunde über Entscheidungs- und Handlungskompetenzen innerhalb der Arbeiterfamilie in wesentlichen Bereichen mit der Parallelitätskonzeption. Beispiele dafür haben wir in der Haushaltsor-

Londoner Hinterhofmilieu

ganisation gefunden, wo der Mann festgelegte Aufgaben (Garten, Wasser holen, Holz hacken) hatte, auch wenn sich seine Mithilfe auf ›weibliche‹ Bereiche erstreckte (Vesperbrot streichen, Kinder zur Schule bringen, Treppe putzen).

Kindererziehung und Haushaltsführung scheinen beides Bereiche gewesen zu sein, in denen den Frauen Durchführung und Entscheidungen ganz überlassen waren. Für die Bedeutung der Mutter in der Kindererziehung könnte die ›Mutterzentrierung‹ der Kinder und jungen Mädchen geltend gemacht werden, die wir bei der Erforschung der betreffenden Lebensabschnitte im Rahmen unserer biographischen Rekonstruktion entdeckt haben. Wir haben auch die Zeugnisse von Vätern, die Einfluß auf den Erziehungsstil ihrer Frauen nehmen wollten, der ihnen zu autoritär dünkte: sie hatten keinen Erfolg. Die häufige (arbeitsbedingte) Abwesenheit der Väter mag diese Struktur noch begünstigt haben.

Für das Primat der Frauen in der Haushaltsführung spricht vor allem die Tatsache, daß sie gewöhnlich über das gesamte Familieneinkommen verfügten. Dabei gab es unterschiedliche Modi der Lohnübergabe. Zum Teil bekamen die Frauen den ganzen Lohn ausgehändigt und gaben dem Mann ein kleines

Taschengeld. In anderen Fällen behielt der Mann einen bestimmten Betrag oder das mit Überstunden zusätzlich Verdiente zurück. Die Öffentlichkeit des Zahltages und die öffentliche Übergabe des Lohnes an die Frau (in der Eingangstür) – ein Brauch, der vor allem bei den Bergarbeitern und allgemein in Arbeiterkolonien verbreitet war – sicherte die Frauen zusätzlich davor, um ihr ›Recht‹ betrogen zu werden.

Mit der Budgetkontrolle lag zugleich der Lebensnerv der proletarischen Familie in den Händen der Frauen. Von ihren Fähigkeiten und ihrer Umsicht hingen Gedeih und Verderb des Familienzusammenhanges ab. Angesichts der Unsicherheit der proletarischen Lebensumstände und der Erwartung des Mannes, als Gegenleistung für seine Plackerei ein ›anständiges‹ Familienleben zu erhalten, war diese Verantwortung sicher zweischneidig. Sie ist jedoch ein wichtiges Argument für die Parallelitätsthese.

Abschließend bleibt noch festzuhalten, daß die Kompetenzen der Arbeiterfrauen in ›ihren‹ Bereichen unabhängig davon bestanden, ob sie selber einer Erwerbsarbeit nachgingen oder nicht. So hatten gerade die Frauen von Bergarbeitern, die meist gar keine Gelegenheit zur Berufsarbeit besaßen, eine anerkannte Stellung in der Familie und nahmen aktiv am Leben ihrer Männer teil. Sie regelten den Verkehr mit den Behörden, steuerten den nachbarschaftlichen Umgang und die verwandtschaftlichen Beziehungen und ergriffen in Familienangelegenheiten gewöhnlich die Initiative. Unter der immer latenten Drohung des Bergschicksals entwickelten sie untereinander und mit den Bergleuten eine enge Gemeinschaftsbindung, die sich auch in Arbeitskonflikten als aktive, kampfbereite und opferfreudige Beteiligung der Frauen zeigte.

Dieser Umstand soll deshalb besonders betont werden, weil er die These von der Priorität der Frauenarbeit als Vehikel der Befreiung in Richtung auf eine differenziertere Vorstellung von organisationsrelevanten Momenten modifiziert.

5 Die Konsequenzen des Lebenszusammenhanges für die Organisation

Wir haben ein Bett, wir haben ein Kind,
mein Weib!
Wir haben auch Arbeit, und gar zu zweit,
und haben die Sonne und Regen und Wind,
und uns fehlt nur eine Kleinigkeit
um so frei zu sein, wie die Vögel sind:
nur Zeit!
Wenn wir Sonntags durch die Felder gehn,
mein Kind,
und über den Ähren weit und breit
das blaue Schwalbenvolk blitzen sehn,
oh, dann fehlt uns nicht das bißchen Kleid,
um so schön zu sein, wie die Vögel sind:
nur Zeit!
Nur Zeit! wir wittern Gewitterwind,
wir Volk.
Nur eine kleine Ewigkeit;
uns fehlt ja nichts, mein Weib, mein Kind,
als all das, was durch uns gedeiht
um so froh zu sein, wie die Vögel sind.
Nur Zeit![1]

Was in diesem Gedicht von Richard Dehmel als ein zentrales Defizit des Produzenten gesellschaftlichen Reichtums bestimmt wird, der Mangel an Zeit, gilt für die proletarische Frau in besonderem Maße.

In der frühen Diskussion um die Probleme und Möglichkeiten der Arbeiterinnenorganisation stand die Frage der Doppelbelastung der Frauen – verdichtet zu ihrem ›Weibtum‹ – immer wieder im Mittelpunkt. Im Rahmen dieses ›Weibtums‹ werden Aspekte thematisiert, die wir als Momente im Lebenszusammenhang der Frauen wiedererkennen.

Zur Bedeutung der Erwerbstätigkeit und ihrer Interpretation durch die Frauen

Die weiblichen Mitglieder der SPD und der Gewerkschaften bemühten sich darum, die Vorurteile von der ›Organisationsunlust‹ und ›Organisationsunfähigkeit‹ der Frauen, die in weiten Kreisen der Arbeiterbewegung bestanden, abzubauen, ihre Hintergründe aufzuschlüsseln und so die Grundlage für eine effektive Agitations- und Organisationsarbeit zu schaffen.

Gemäß der theoretischen Prioritätensetzung der sozialistischen Theorie für die Frauenarbeit als Voraussetzung und Mittel der Befreiung und dem praktischen Organisationsinteresse der Gewerkschaften wurden zuerst die objektiven und subjektiven Zwänge und Folgen der Berufsarbeit näher untersucht.

Der Zusammenhang zwischen Erwerbstätigkeit und Organisation ist zu komplex, um allgemeine Aussagen zu erlauben. Daher sollen zunächst die Hauptmerkmale der Frauenarbeit – geringe Qualifikation, niedriger Verdienst und lange Arbeitszeit – auf ihre Organisationsrelevanz hin überprüft werden.

Unqualifizierte Arbeiter galten im untersuchten Zeitraum allgemein als schwer organisierbar. Dies hatte eine Reihe von Gründen, die teils mit der Struktur der deutschen Gewerkschaftsbewegung zusammenhingen und teils auf Inhalt und Geschichte der ungelernten Arbeit beruhten.

Die deutschen Gewerkschaften waren in zentralisierten Fachverbänden mit einem Dachverband, der ›Generalkommission‹, organisiert. Das Prinzip ›ein Beruf, eine Organisation‹ erfaßte jedoch im allgemeinen nur die Facharbeiter. Das Berufsschicksal der ungelernten Arbeiter war dagegen mit häufigem Stellenwechsel, der meist zugleich einen ›Berufs‹-wechsel bedeutete, verbunden. Dadurch war die kontinuierliche Mitgliedschaft in einem Verband von vornherein unmöglich.

Ein organisationsinternes Hindernis, das allein die Frauen betraf, war die diskriminierende Art der Beitragszahlungen bei den Berufsverbänden. Es war allgemein Brauch, den Beitrag nach dem Geschlecht und nicht nach dem Lohn festzusetzen, wodurch die Frauen von vornherein auf den Status eines minderwertigen Mitgliedes herabgesetzt wurden. Bezeichnenderweise führte als erster der ›Verband der Buch- und Steindruckerei-Hilfsarbeiter und Arbeiterinnen‹, der einzige Verband unter der Leitung einer Frau, gestaffelte Beiträge nach der Höhe des Einkommens und unabhängig vom Geschlecht ein. Diesem Beispiel folgten nach und nach andere Gewerkschaften wie der Tabakarbeiter- und der Textilarbeiterverband. Zudem waren die Arbeiterinnen in bezug auf die Unterstützungsleistungen der Kassen schlechtergestellt. Als Begründung dafür wurde angegeben, daß weibliche Mitglieder die Kassen häufiger in Anspruch nehmen, ein Argument, das sich empirisch jedoch nicht belegen läßt.

Die Verbandspolitik war weit davon entfernt, diese Defizite in der Organisationsform aktiv auszugleichen. Dabei hätte gerade die Organisation der Arbeiterinnen vermehrter Anstrengungen bedurft, da die allgemeine Rechtlosigkeit der deutschen Frauen ihnen nicht nur jeden politischen Zusammenschluß verwehrte, sondern auch wirtschaftliche Vereinsbildungen behinderte. Doch das Interesse der Gewerkschaften an der Organisation weiblicher Kolleginnen erwachte erst sehr spät (auf überregionaler Ebene eigentlich erst mit der Annahme der Resolution von Frau Steinbach auf dem Halberstadter Kongreß 1892) und wurde nur sukzessive in die Praxis umgesetzt. Im ersten Jahrzehnt nach den Halberstadter Beschlüssen nahmen die einzelnen Gewerkschaftsverbände Frauen meist nur zögernd und widerwillig auf; einige scheuten selbst vor ihrem mehr oder weniger offenen Ausschluß nicht zurück. Generell kann man sagen, daß die Gewerkschaften selbst angesichts drängender ökonomischer Notwendigkeiten nicht in der Lage waren, die notwendigen Anreize für und Anknüpfungspunkte an die Interessen der Frauen zu entwickeln.

Die sozialdemokratischen Frauen hatten zunächst keine vergleichbaren Schwierigkeiten mit den männlichen Parteimitgliedern, da sie bis 1908 eigene Organisationen hatten. Nach dem Zusammenschluß kam es jedoch auch hier zu heftigen Konflikten. Aber auch für die Zeit davor gilt, daß die Genossen den Frauen während der Aufbauphase ihrer Organisationen wenig direkte oder indirckte Unterstützung zukommen ließen.

Ein anderes Manko der ungelernten Arbeiter/innen war – und dies gilt noch viel mehr für die ›Nur‹Hausfrauen –, daß sie keine organisatorische Vorgeschichte hatten, wie etwa die Facharbeiter in den zünftigen Gesellenverbänden. Dieser Mangel an kollektiven Traditionen und ihre Unvertrautheit mit den Möglichkeiten und der Funktionsweise von Verbandsarbeit erweckte bei den Frauen um so größere Widerstände, als sie auch von anderen wichtigen informellen Gruppenbildungen in der Arbeiterschaft (Stammtisch, Kartenrunden, Musikgruppen) weitgehend ausgeschlossen waren.

Der unzulängliche Lohn der Arbeiterinnen und die magere Börse der Hausfrauen erschwerten die Organisation ebenfalls in verschiedener Hinsicht. Selbst Mitgliederbeiträge von 15 oder 20 Pfennig (die von den meisten Berufsverbänden gefordert wurden) oder die Klebemarken von 5 Pfennig, die anfänglich der Minimalsatz für die sozialdemokratischen Frauenorganisationen waren, stellten innerhalb des Hungerbudgets einen Posten dar, der jeden Monat erneut vom Munde abgespart werden mußte. Doppelmitgliedschaft in Partei und Gewerkschaften, was für die Genossen typisch war, kam bei Frauen daher nur selten vor.

Die proletarische Lebensweise, die auf dem Prinzip ›Von der Hand in den Mund‹ beruhte und keine langfristige Planung gestattete, machte es den Frauen zusätzlich schwer, Zahlungen zu leisten, die keinen unmittelbaren Vorteil eintrugen. Dies hat den Frauen vor allem aus Gewerkschaftskreisen immer wieder den Vorwurf des ›opportunistischen‹ Organisationsverhaltens eingebracht. Tatsächlich war die hohe und meist zyklische Fluktuation der Mitgliederzahlen in den Verbänden kein frauenspezifisches Problem, sondern eine allgemeine Schwierigkeit der ungelernten Arbeiter.[1]

Erhard Lucas hat darauf hingewiesen, daß der Mitgliederzustrom in die Verbände in Kampfsituationen eine Spekulation auf die Streikkasse als Motiv zwar aufdrängt, angesichts der Lebensgeschichte und Zukunftsperspektive ungelernter Arbeiter (deren Verhalten er in Hamborn unter diesem Aspekt untersucht) aber einiges an Bedeutung verliert.[2] Dieser Hinweis deckt sich mit dem, was wir bislang allgemein als Organisationshindernisse oder -distanzen im Lebenszusammenhang der proletarischen Frauen herausgearbeitet haben. Angesichts einer konkreten Interessenverletzung oder der wirklichen Aussicht auf eine Verbesserung konnte diese Kluft durchaus überwunden werden. Daß solche Erfolge vielfach nur kurzfristig waren, lag nur zu einem Teil an der diskontinuierlichen Lebensgeschichte und der unsicheren Zukunftsperspektive der Frauen und ihrem Anspruch an unmittelbare Effektivität: die speziellen Organisationsformen und die traditionelle Arbeitsweise der Gewerkschaften, die auf ungelernte und weibliche Arbeitskräfte nicht genügend eingingen, spielte, wie wir gesehen haben, ebenfalls eine große Rolle. Dazu kam, daß aktive Mitgliedschaft in Partei und Gewerkschaft einen kontinuierlichen zeitlichen Aufwand erforderte. Clara Zetkin schreibt dazu:

»Das Streben, die proletarische Frauenwelt zur Erfüllung ihrer Bürgerpflicht im Emanzipationskampfe ihrer Klasse zu rufen, hat keinen gefährlicheren Feind als den Mangel an Zeit. Er hat mehr Frauen der werktätigen Masse in geistiger Enge und sittlicher Niedrigkeit verkümmern lassen, in beschränktem Aschenputteltum erhalten, zu gedankenlosen Hausfrauen und Müttern herabgedrückt, zu stumpfsinnigen Kreuzesträgerinnen, die nicht einmal ihr Recht auf gestaltendes Eingreifen in die Gesellschaftsordnung zu denken wagen: als alles Vorurteil, alle Rückständigkeit der Auffassung von dem, was dem Weibe geziemt und nicht geziemt.«[3]

Die sozialdemokratischen Führerinnen hatten erkannt, daß eine Verbesserung der materiellen Bedingungen die Voraussetzung für eine Organisation breiter Teile der Frauen war. Der Kampf um den Arbeiterinnenschutz durchzieht wie ein roter Faden Reden und Artikel, Versammlungen und Kämpfe in der Geschichte der proletarischen Frauenbewegung. Aus den vereinzelten Forderungen, die Genossinnen anfänglich auf den Parteitagen erhoben, entwickelte sich im Laufe der Zeit ein differenzierter Katalog, in dem die unerläßlichen Reformen systematisch formuliert und mit Nachdruck vertreten wurden. Er umfaßt gesundheitspolitische Maßnahmen (Verbot der Nachtarbeit und gesundheitsschädlicher Produktionsformen, Schwangeren- und Mutterschutz), Arbeitszeitbeschränkungen (längere Mittagspause für Frauen, freier Samstagnachmittag, achtstündiger Maximalarbeitstag), Fragen der Entlohnung (Mindestlöhne, tarifliche Regelung, gleicher Lohn für gleiche Leistung) und der staatlichen Kontrolle der Schutzbestimmungen (Fabrikinspektorinnen) etc..

Die Sozialdemokratinnen wußten jedoch, daß der Kampf um diese Reformen nur eine, wenn auch wesentliche Voraussetzung für die Organisation sein konnte. Zugleich galt es, den bewußtseinsmäßigen Niederschlag der Arbeitssituation und der Situation als Frau aufzuarbeiten und die Hoffnungen, Bedürfnisse und Wünsche in eine organisationsrelevante Richtung umzulenken.

Ein wichtiger Faktor bei diesen Überlegungen war die Frage der Isolation der Frauen am Arbeitsplatz und im Haushalt. Die Entwicklung der Frauenarbeit wies – wie wir gesehen haben – einen starken Trend in Richtung auf neue Arbeitsformen

(Industrie, Angestellte) auf. In den Produktionszweigen mit überholten Produktionsformen bzw. in Übergangsphasen, wo sich Altes mit Neuem mischte (Landwirtschaft, Heimindustrie), waren jedoch ebenfalls viele Frauen beschäftigt. In diesen Produktionsbereichen war die politische und persönliche Isolation der Arbeiterinnen – untereinander und von ihren männlichen Kollegen – ohnehin am größten.

Dort, wo diese Isolation vom Arbeitsprozeß – am deutlichsten in Werkstätten und Fabriken – überwunden wurde, bildeten sich spontan Formen gegenseitiger Unterstützung heraus, und auch der Organisationsgedanke fiel auf fruchtbaren Boden.

In den Autobiographien von engagierten Arbeiterinnen wird dieser Lernprozeß beschrieben: Parteinahmen für eine gemaßregelte Kollegin oder gegen eine Verschlechterung der Arbeitsbedingungen waren in vielen Fällen der erste Schritt zur Erkenntnis der gemeinsamen Betroffenheit und zu kollektiven Bewußtseinsprozessen.[4]

Ein anderer organisationsrelevanter Faktor war die Einstellung der Frauen zu ihrer Berufsarbeit. Wie wir gesehen haben, trieb die ökonomische Zwangssituation die proletarischen Frauen in die Fabrik, während ihr eigentliches Interesse zu Hause, bei der Familie lag. Diese Orientierung auf die Familie war einer der Gründe, warum der Berufsarbeit oftmals etwas vom Charakter eines vorübergehenden Notbehelfs anhaftete und sie als ›gelegentlich‹, ›nebenbei‹ und ›zwischendurch‹ erschien, auch wenn sie faktisch für immer breitere Schichten von Frauen zum Lebensschicksal wurde.

Bei den Hoffnungen der Mädchen auf die Ehe sind wir ähnlichem begegnet. Dabei hatte sich allerdings bei näherer Untersuchung eine Diskrepanz zwischen Wünschen (durch eine Ehe von der Berufsarbeit befreit zu werden) und konkreter Zukunftserwartung (der mit steigendem Alter zunehmenden Einsicht in die Berufsarbeit als Lebensperspektive) ergeben.

Es ist zu erwarten, daß die Haltung gegenüber der Berufsarbeit ähnlich widersprüchlich war. Die Interpretation der Berufsarbeit als Zwischenphase hängt auch mit der geringen Bewertung der Frauenarbeit im gesellschaftlichen Bewußtsein und ihrer Rezeption als ›Zusatzverdienst‹ zusammen. Diese Faktoren wirkten einer Identifikation mit der Arbeit und damit auch der beruflichen Organisation entgegen. Die Entleerung und Austauschbarkeit der Berufsinhalte, eine unmittelbare Folge des Arbeitszwangs und der geringen Wahlmöglichkeiten der Arbeiterinnen, sind nur ein Ausdruck davon.

Diese Rezeption der Frauenarbeit läßt sich nur zu einem Teil aus ihrer traditionellen Ansiedlung außerhalb des Bereichs der Lohnarbeit ableiten. Auch die Entkleidung ihres Arbeitscharakters im Zuge der bürgerlichen Idealisierung der weiblichen Tätigkeiten[5] bringt nur assistierende Argumentationshilfe. Entscheidend ist letztendlich der ökonomische Prozeß, den Marx als die Subsumierung aller Familienmitglieder unter das Kapital beschrieben hat. Seine Folgen (Entwertung der Arbeitskraft des Mannes und Herabdrückung des Frauenlohnes unter das Existenzminimum) setzen sich im Bewußtsein fort, und zusammen mit der ›verdammten Bedürfnislosigkeit‹ (Clara Zetkin) der Frauen und der ideologischen Ausrichtung auf eine bürgerliche Familienstruktur (mit dem Mann als Ernährer und Erhalter und Kinder, Küche und Kirche für die Frauen) verstärken sie die obengenannten Tendenzen weiter.

Familiale Verpflichtungen und Familienorientierung

Bisher haben wir lediglich die Bedeutung der Berufsarbeit für die Organisation diskutiert. Ebenso komplex und bedeutsam für die Organisationsarbeit waren jedoch auch die Familienorientierung und die konkreten familialen Verpflichtungen der Frauen.

Wir können noch einmal zusammenfassen, daß die proletarische Frau stärker als ihr Mann mit den konkreten Auswirkungen des proletarischen Lebenszusammenhanges konfrontiert war. Sie hatte die Aufgabe, Berufsarbeit und Kinder, Haushalt und Ehemann zu koordinieren und für die Reproduktionsbedingungen der Familie zu sorgen. Die Verantwortung für die Familie lag hauptsächlich auf den Schultern der Frau, und sie mußte immer wieder spüren, wie unzulänglich ihre Fähigkeiten auch bei höchstem persönlichen Einsatz blieben.

»Und hier setzt auch der Punkt ein, wo das Leben der Frau als Gattin und Mutter in seinen tiefsten Wurzeln getroffen wird. Es öffnet sich die breite Kluft zwischen dem Lohne, den der Mann heimbringt, und ihrer Kraft, mit diesem ihm und den Kindern gute Nahrung und ein sauberes Heim zu schaffen. Ihre Muttersorge sagt ihr, daß gute Milch für die Kinder unbedingt erforderlich sei, wenn sie groß und stark werden sollen. Und ihre Kaufkraft zwingt sie, statt dessen gezuckertes Zichorienwasser zu geben; sie ist überzeugt, daß der Mann, der so schwer arbeiten muß, auf seinem Brot einen Belag mit Fleisch braucht, aber mehr als wie zu einem bis zwei Heringen reicht es nicht. Je ernster sie ihre Pflicht nimmt, desto mehr quält sie ihre Ohnmacht, desto mehr zieht sie an sich selber ab...«[1]

Die Arbeitsteilung innerhalb der Familie, also faktisch die Doppelarbeit der Frau, begünstigte das Interpretationsmuster, ein Scheitern dieser Anstrengungen auf persönliches Versagen zurückzuführen. Die weitgehend isolierte Position der Frauen im Bereich ihrer hauswirtschaftlichen Kompetenzen, wie überhaupt in der Familie und Gesellschaft, verstärkten diese Tendenz. Ihren subjektiven Ausdruck fand diese Haltung in der Resignation, mit der viele junge Frauen bereits ihr Leben betrachten und der Trauer und unendlichen Müdigkeit, mit der viele Arbeiterinnen auf ihr Leben zurückblicken. Sie ist vor allem verantwortlich, wenn viele Frauen Organisationen für zwecklosen und unnützen Aufwand hielten, da sie doch an keine Verbesserung ihrer Lage mehr glauben konnten. Vielfach sperrten sich diese Frauen auch gegen die gewerkschaftliche und politische Arbeit ihrer Männer, da sie den zeitlichen und vor allem den materiellen Aufwand für die Organisation als unmittelbare Verletzung der Familieninteressen empfanden.

Diese organisationsfeindlichen Bewußtseinsmomente werden in der zeitgenössischen Diskussion und bis heute immer wieder kritisiert und angeprangert. Sie sind jedoch nur eine Seite der Familienorientierung der Frauen. Mit der Hausfrauentätigkeit und den familialen Verpflichtungen waren andererseits sehr konkrete Interessen verbunden (wie niedrige Preise, gute Qualität, haltbare Kleidung und trockene, große und billige Wohnungen), deren Verletzung die Empörung der Frauen leicht erwecken und zumindest zeitweise zu spontanem oder auch organisiertem Widerstand führte.

Da die Zoll- und Steuerpolitik der Regierung häufige und zum Teil beachtliche Preiserhöhungen brachte, gab es im Wilhelminischen Kaiserreich in diesem Bereich genügend Konfliktstoff. Der Kampf gegen die Finanzierungspolitik der Regierung und die Teuerung im besonderen gehörte denn auch zu den zentralen Themen der proletarischen Frauenbewegung.

In den Agitationsschriften wurden solche unmittelbar bedrohten Interessen der Hausfrauen und Arbeiterinnen (z. B. die Erhöhung des Milchpreises) aufgegriffen und ihre politische Bedeutung problematisiert. Auch in den Versammlungen gingen die Agitatorinnen gewöhnlich von einem aktuellen Konflikt aus.

In der praktischen Entwicklung der proletarischen Frauenbewegung spielten Forderungen und Kämpfe im Umkreis der Reproduktionsbedingungen der Familie also eine hervorragende Rolle. Eines der wichtigsten Kampfmittel der proletarischen Frauenbewegung, der Boykott, wurde in diesem Kontext entwickelt. Der Boykott wurde nicht nur im engen Rahmen des Kampfes gegen Teuerungen eingesetzt. Er entwickelte sich in vielen gewerkschaftlichen Kämpfen zu einer schlagkräftigen Waffe, mit der die Unternehmer und Meister gezwungen wurden, ihren Arbeitern und Angestellten bessere Arbeitsbedingungen und höhere Löhne zu gewähren, wenn sie nicht ihre Kunden, die Hausfrauen, verlieren wollten.

Auch in politischen Auseinandersetzungen wurde der Boykott gelegentlich als Kampfmittel eingesetzt: z. B. bei den preußischen Landtagswahlen (1908). Das rabiate Vorgehen der Frauen brachte sie hier allerdings in Konflikt mit der Parteileitung, die den Genossinnen in der sogenannten ›Terrorismusdiskussion‹ Unverhältnismäßigkeit der Mittel vorwarf.

Die Genossenschaftsbewegung wäre von ihren Zielen her ein Sammelbecken für die Interessen der Hausfrauen gewesen. Vor allem die Lebensmittelvereine erfreuten sich einer steigenden Beliebtheit. Aus einer Reihe von Gründen konnte sie sich jedoch nicht auf die breiten Schichten der Arbeiterschaft ausdehnen, und die Frauen blieben strukturell an den Rand gedrängt.

Wie wir gesehen haben, gab es auch im Reproduktionsbereich Ansätze zu einer kollektiven Bewältigung einiger Alltagsprobleme auf verwandtschaftlicher und nachbarschaftlicher Ebene. Es war – auch angesichts der theoretischen Prioritätssetzung für die Frauenarbeit – eine praktische Notwendigkeit für die Organisationsarbeit mit Frauen, solche Interessen und Anknüpfungspunkte wahrzunehmen und aufzugreifen. In der politischen und gewerkschaftlichen Bewegung wurde ihr mit unterschiedlicher Intensität Rechnung getragen.

Frauenorganisation: Ein ›privates‹ Konfliktfeld

Wir sind bislang den Bereichen im Lebenszusammenhang der proletarischen Frauen nachgegangen, die von den theoretischen Voraussetzungen der Frauenbewegung bzw. unter den praktischen Gesichtspunkten von Agitatorinnen und Führerinnen ihren Stellenwert in der Diskussion um Organisationsrelevanz erhielten. Im folgenden soll untersucht werden, welche anderen oder zusätzlichen Gesichtspunkte von den Betroffenen selber formuliert wurden: von den Frauen, die als Arbeiterinnen, Mütter und Hausfrauen die organisatorische Arbeit bewältigten.

»Was hindert die meisten Frauen, sich im Verbandsleben zu betätigen? Das kann verschiedene Gründe haben. Erstens haben viele noch die alte Auffassung, daß die Frau in Politik und Wirtschaft nichts hineinzureden hat. Zweitens ist die Frau oftmals als Hausfrau, Mutter und Textilarbeiterin derart abgespannt und überlastet, daß ihr die Zeit und die Lust zur Mitarbeit fehlt. Dazu kommt noch das Dritte, daß es leider noch Männer gibt, welche ihre Frau schon eher als Dienstmädchen betrachten anstatt als Lebensgefährtin. Sie setzen sich lieber ins Wirtshaus zum Biere oder lesen die Zeitung, anstatt ihrer Frau bei der häuslichen Arbeit zu helfen. Viele glauben, mit dem Verbandsbuche oder gar mit dem Parteibuche in der Tasche wäre es geschafft; der rechte Gewerkschaftler muß aber erst in seiner Familie für soziale Verhältnisse sorgen. Er muß seiner Frau ebenfalls Gleichberechtigung zugestehen. Durch die Entlastung im Haushalte kann die Frau mehr Freizeit haben, nur dadurch ist der Arbeitstag und das Wochenende für sie nicht vollständig ausgefüllt mit Pflichten der Hausfrau und Mutter, sondern sie kann auch ihre Pflichten als Arbeiterin innerhalb und außerhalb des Betriebes erfüllen...«[1]

In dieser Analyse wird der Hauptunterschied zwischen der Bedeutung der Organisationsarbeit von Mann und Frau deutlich, der in den offiziellen Analysen meist nur implizit mitschwingt: politische und gewerkschaftliche Betätigung von Frauen ist immer zugleich persönlicher, ›privater‹ Konfliktstoff.

Die politische Arbeit von Frauen findet nicht in einer von Erwerbsarbeit und anderen Verpflichtungen ›freien‹ Zeit statt, da sie darüber gar nicht verfügen. Politische Arbeit von Frauen entzieht Mann und Kindern einen bestimmten Teil der Versorgungsleistungen und Zuwendung der Gattin und Mutter oder erzeugt zumindest die Angst vor einem solchen Entzug. Sie stellt an die übrigen Familienmitglieder Anforderungen in bezug auf Flexibilität und die Bereitschaft, ›bewährte‹ geschlechtsspezifische Verhaltensmuster aufzubrechen.

In der Arbeiterschaft gab es nur geringe oder keine Bereitschaft zur Veränderung der altgedienten Beziehungsmuster. Die Sozialdemokraten, die die Gleichberechtigung der Frauen auf ihre Fahnen geschrieben hatten, machten keine Ausnahme. Diese Haltung drückt sich in den vielfältigen Formen von aktivem und passivem Widerstand gegen die Frauenorganisation – vor allem der eigenen Ehefrauen – aus. Sie beruhte auf dem und reproduzierte sich im Sozialisationsverlauf, der die Mädchen restriktiv ans Haus band:

»Dadurch geht ihnen natürlich viel Zeit verloren, die die jungen Männer zu anderen Dingen verwenden können. Diese sehen und hören mehr vom öffentlichen Leben und seinen Zusammenhängen. So kommt es, daß die jungen Leute meist schon in einem Alter über die Arbeiterbewegung und die Organisationsbestrebungen unterrichtet sind, in dem das Mädchen noch keine Ahnung von all dem hat. Hier wird erst eine Änderung eintreten, wenn die Eltern und vor allen Dingen die Arbeitermütter den Wert der Organisation auch für Frauen begriffen haben und die Töchter schon in der Familie darauf hinweisen. Heute lernt das Mädchen die Bedeutung der Organisation in 90% aller Fälle erst außerhalb des Hauses, durch die Berufskollegen verstehen, und hat es Interesse dafür und will es sich der Gewerkschaft anschließen, so werden ihm von den Eltern noch die größten Schwierigkeiten bereitet.«[2]

Der Widerstand der Eltern gegen politische Betätigung ihrer Töchter war weit verbreitet, und von ihm wissen auch viele spätere Führerinnen der Frauenbewegung zu erzählen. Dieselbe Ablehnung wurde in späteren Jahren oftmals mehr oder weniger offen von den Ehemännern ausgeübt.

Dabei hatte die Mitgliedschaft in der SPD im wilhelminischen Kaiserreich schon ohne familiale Repressionen große persönliche Tragweite, ja man kann sagen, daß sie den ganzen Lebenszusammenhang umfaßte.

Dies fing in der Schule an, wo die Kinder sozialdemokratischer Eltern z. T. ganz bewußt schikaniert und gequält wurden. Es setzte sich fort bei der Berufswahl, wo das Parteibuch oft von ausschlaggebender Bedeutung war. Kein Sozialdemokrat durfte in ein öffentliches Amt, und so waren neben der Beamtenlaufbahn auch die Arbeitsplätze in den großen staatlichen Betrieben, wie den Eisenbahnen, verschlossen.

Die Zugehörigkeit zur Sozialdemokratie war wegen der öffentlichen Stimmabgabe und des ausgebauten Spitzelsystems kaum zu verheimlichen. In nicht-staatlichen Betrieben waren die Verhältnisse nicht viel besser. Schwarze Listen und Spitzel sorgten auch hier dafür, daß die ›Roten‹ ausgesiebt wurden. Wenn so schon der Mann seine Stelle verloren hatte, waren die Frauen um so mehr zur Vorsicht und Zurückhaltung verpflichtet, sollte die Familie nicht plötzlich ganz ohne Ernährer dastehen.

Die polizeilichen Repressionen, die Geld- und Gefängnisstrafen, die sich im Verlauf eines sozialdemokratischen Lebenslaufes zu stattlichen Summen und Jahren addierten, waren mit schweren persönlichen Folgen für die Betroffenen verbunden. Die Partei übernahm zwar die Geldstrafen, mehrwöchige oder gar mehrmonatige Gefängnisstrafen bedeuteten jedoch nicht nur eine erhebliche physische und psychische Belastung für die Betroffenen, sondern brachten die ganze Familie in bittere Not. Wenn die Mutter ausfiel, hatten vor allem die Kinder sehr zu leiden, obwohl andere Genossinnen sich nach Kräften bemühten, in der Abwesenheit der Mutter für sie zu sorgen.

Durch die unzureichende technische und finanzielle Ausstattung der meisten Vereine und Verbände bestand zudem die tägliche Organisationsarbeit – besonders in den Anfangszeiten – aus zeitraubender und mühseliger Kleinarbeit:

»Alle Arbeit mußte umsonst geleistet werden. Und so saß denn auch Paula Fehlberg abends bis tief in die Nacht hinein zu Hause (nachdem sie am Tag für sich und ihr Kind den Unterhalt verdient hatte) in der engen Wohnung, die sie mit ihrer Mutter und der jungen Schwester teilen mußte, und verfertigte handschriftlich Versammlungseinladungen, Anschreiben an die Kolleginnen usw., die selbstverständlich auch von den Vorstandsmitgliedern selber verteilt werden mußten. Über die modernen Hilfsmittel für solche Dinge, Schreibmaschine und Vervielfältigungsapparat, verfügte man damals noch nicht. Selbst die Verwendung einer Hektographeplatte galt damals noch als Luxus, den sich eine so kleine und arme Organisation nicht erlauben konnte. Jahrelang hat Paula Fehlberg in dieser Weise für die Organisation gewirkt.«[3]

In einem Brief an ihren Mann im Feld beschreibt Käte Duncker, eine der aktivsten Führerinnen der proletarischen Frauenbewegung, wie sich diese einzelnen Anforderungen zu einem Leben, geprägt von physischer und psychischer Anspannung (»fortwährendes Umschalten des Gehirnkastens«), verdichten:

»Heute Vormittag Kreisgeneralversammlung von T(eltow)-B(eeskow), Reichskonferenz, polizeiliche Überwachung. Ein guter Freund bezeichnet mich als Vertreterin der ›Spartakusgruppe‹, was der Polizeileutnant eifrigst notierte. Morgen, (Montag) ist wieder eine Vorstandssitzung. Dienstag eine Sitzung einer wegen der Jugendangelegenheiten gewählten Kommission. Mittwoch Zahlabend, muß Bericht erstatten in Steglitz, Donnerstag nach Leipzig, Frauenkonferenz. Freitag Zentralvorstand. Und alles übrige, Haus, Kinder, Einkäufe geht mit und ich bin so furchtbar erschöpft. Und manchen Tag 4 bis 5 Besuche – ich hänge oft schon eine Tafel hinaus mit der Mitteilung, daß ich unbedingt für niemand zu sprechen bin. Am Sonnabend muß ich immer erst sitzen und flicken, was die Kinder Sonntag anziehen sollen.«[4]

Käte Dunckers Kinder waren schon älter, und Hermann Duncker, selber ein bekannter Sozialdemokrat, hat sie als gleichwertige Politikerin anerkannt. Als Ehemann verweist er sie jedoch wiederholt auf ihre Mutterpflichten und stellt persönliche Anforderungen, die ebenso verständlich wie unvereinbar mit den Interessen seiner Frau sind. Käte Duncker bemühte sich, zwischen Partei- und Privatinteressen zu vermitteln, formulierte aber auch klar ihre persönlichen und politischen Grenzen:

»Bitte, nimm für den nächsten Urlaub . . . erst den 30. Juli in Aussicht. Am 23. ist ebenfalls wieder Generalversammlung, wir haben nichts davon, ich bin kaputt schon vorher. Ich muß auch erst mal eine Woche völlig in Ruhe und ohne Störung meine aufgehäuften Sachen abarbeiten. Du möchtest immer als Besuch behandelt werden, für den man absolut frei ist und dem man alle Unannehmlichkeiten aus dem Weg räumt. Bei der Überbelastung, unter der ich augenblicklich leide und bei der Disharmonie im Haus ist das ein Ding absoluter Unmöglichkeit. Ich bin völlig am Rande meiner Leistungsfähigkeit, natürlich gereizt und verbittert, und es braucht nur eine Kleinigkeit, um das Faß zum Überlaufen zu bringen. Du hast viel zu wenig die Möglichkeit, Dich in meine Lage zu versetzen. An Sonntagstouren denke ich nicht, nur mal ausschlafen möchte ich – aber nie komme ich dazu.«[5]

Die offene und konfliktbereite Art, in der Käte Duncker ihre Probleme zu meistern versuchte, gehörte ganz sicher zu den Ausnahmen; die Schwierigkeiten, mit denen sie zu kämpfen hatte, waren jedoch alltäglich.

Andere Frauen versuchten sich dadurch einen gewissen

Handlungsraum zu schaffen, daß sie die traditionellen Verpflichtungen möglichst gewissenhaft erfüllten:

»Nun schnell nach Hause. Feuer in den Ofen und das Essen für meinen Mann für den nächsten Tag gekocht. Inzwischen wird das Abendbrot eingenommen. Mein Mann brummt, weil es so spät ist. Bleib doch bald drin. Wann kommst du morgen abend nach Hause? Morgen ist Kartellsitzung, da komme ich erst heim und fahre um 8 Uhr wieder rein. Da brummt er wieder, na ja, ich, ohne dich geht es ja nicht. Ich spreche: bitte, ich gehe arbeiten, da laß ich mir keine Vorschriften machen. Deine Ordnung hast du doch, also bitte, was noch? Er geht voller Grimm schlafen ...«[6]

Es ist anzunehmen, daß die meisten Frauen sich der einen oder anderen Strategie bedienen mußten, um sich einen Freiraum für ihre Tätigkeit in den Organisationen zu erkämpfen.

Die Genossinnen und Gewerkschafterinnen mußten sich nicht nur gegen gesellschaftliche und familiale Repressionen durchsetzen, jeder Versammlungsbesuch und jede Agitationstour bedeutete auch einen inneren Konflikt zwischen ihren persönlichen widerstreitenden Interessen:

»Als wir später Kinder hatten, meinte ich oft unter der doppelten Bürde zusammenbrechen zu müssen. Manchmal saß ich mit dem unruhigen Säugling im Arm beim Schreibtisch und schrieb Artikel, indes die ganze häusliche Arbeit noch zu tun war. Ich hatte außer meiner Mutter keine Hilfe im Hauswesen ... Da quälten mich die Gedanken, daß ich keine meiner Pflichten ganz erfüllen könne und ich hätte mich beim Anblick meines Kindes gern dafür entschieden, alles andere während der Zeit, wo es meiner am meisten bedurfte, ganz aufzugeben.«[7]

Die geschlechtsspezifische Dimension dieser Probleme hat sich in der praktischen Organisationsarbeit immer wieder massiv aufgedrängt und war ein fester Bestandteil der internen Diskussion der proletarischen Frauenbewegung. Mehr Toleranz und Kooperationsbereitschaft war ihre ständige Forderung an Genossen und Gewerkschafter. Eine wirkliche Änderung ihrer Lage und ihres Verhältnisses zu den männlichen Kollegen erwarteten die organisierten Frauen nur vom sozialistischen Zukunftsstaat, und sie setzten alle Kräfte ein, um diesen zu verwirklichen.

Einige konkrete Schritte dahin sind in den Erziehungsmodellen und der Schulpolitik der SPD enthalten. Clara Zetkin hat die Richtlinien dafür auf der Frauenkonferenz in Bremen

(1904) formuliert. Sie forderte die Loslösung der Schule vom kirchlichen Einfluß, die Verwissenschaftlichung des Unterrichts und seine Verbindung mit produktiver Arbeit. Wesentliche Bedingung für eine einheitliche und obligatorische Elementarschule war die allgemeine Fortbildungsschule ›ohne Unterschied des Geschlechts‹. Aufbau und Unterrichtsgestaltung dieser Institution sollten von Männern und Frauen gemeinsam entwickelt und durchgeführt werden.[8]

Schulreformen und eine veränderte Erziehungspraxis hatten nicht nur die Aufgabe, die Voraussetzungen für eine gleichberechtigte Aufnahme der Frauen in die Klassenkampforganisationen zu schaffen und den Zukunftsstaat näherzubringen. Das Interesse am Bildungsstand der Frauen beruhte gleichermaßen auf den Problemen, die die geringen Kenntnisse der Arbeiterinnen und Hausfrauen für die Diskussions- und Schulungseinrichtungen der Frauenbewegung brachten. Geringe Allgemeinbildung, mangelndes Abstraktionsvermögen, keine Systematik und wenig Ausdauer beim Lernen waren hier typische Erscheinungen. In der didaktischen Konzeption der Unterrichtsabende und Schulungskurse wurde auf diese Bedingungen große Rücksicht genommen. Der Zeit- und Arbeitsdruck der Frauen führte – ähnlich wie in den Arbeitspausen in der Fabrik – zu eigenen Formen kollektiven Lernens:

»Der geringe Verdienst des Mannes zwingt dazu, daß die Frauen den Tag über im Joche des Kapitalismus fronen, damit das Aller-Allernötigste für die Familie beschafft werden kann. Tagsüber bleibt ihnen keine Zeit, für die Kleidung und Wäsche ihrer Lieben zu sorgen, in den kurzen Abendstunden müssen sie das nachholen, so gut es geht. So brachten unsere Genossinnen in die Leseabende stets ihre Arbeiten mit, denn zu lernen, während die Hände ruhen, dazu haben sie keine Zeit. Während die fleißigen Finger unablässig die Näh-, Stopf- und Stricknadel führten, lauschten die Ohren aufmerksam auf das, was vorgelesen wurde.«[9]

Die führenden Sozialdemokratinnen hatten die geschlechtsspezifische Unterdrückung auf allen Ebenen selber erfahren, wie viele Aussagen und Beiträge auf Parteitagen und in Zeitschriften zeigen. Es bleibt zu fragen, inwieweit es ihnen gelang, diesen Konfliktbereich in der Frauenbewegung und auf Parteiebene zu thematisieren und praktisch-organisatorisch zu nutzen.

Wir haben gesehen, daß die Lebensituation der Frauen, ihre

betrieblichen wie ihre familialen Momente, Bruchstellen für politische Bewußtwerdungsprozesse enthielt und daß die proletarische Frauenbewegung diese auch paktisch zu nutzen und einzubeziehen verstand. Wie Richard Evans nachgewiesen hat, bestand auch die weibliche Mitgliedschaft in den von ihm untersuchten Ortsvereinen zu einem großen oder sogar überwiegenden Teil aus Hausfrauen,[10] und Hausfrauen brachten den Aktionen der Frauenbewegung (nicht nur) im Reproduktionsbereich immer wieder große Sympathie entgegen. Diesen Tatsachen wird die theoretische Prioritätensetzung der sozialdemokratischen Ideologie für die Frauenarbeit als Vehikel der Befreiung nicht gerecht. Wichtige Aufgabe einer radikalen, d. h. den gesamten Lebenszusammenhang thematisierenden Emanzipationstheorie wäre eine nachhaltige Klärung der Bedeutung der verschiedenen Lebensbereiche für die Befreiung der Frauen. Es bleibt zu fragen, ob und wieweit dies der Frauenbewegung im untersuchten Zeitraum gelang.

Eine Politik, die das ›Private‹ umfaßte, mußte jedoch – heute wie damals – auf den Widerstand der Männer stoßen, deren materielle Interessen dadurch empfindlich getroffen würden. Ebensoviel Ablehnung war und ist von den vielen Frauen zu erwarten, deren Familienbewußtsein und Frauenbild zwar notwendig gebrochen sind, aber erst durch einen entsprechend ausgerichteten Kampf und durch andere Erfahrungen wirklich verändert, also revolutioniert werden können. Ein solcher Kampf wurde aber weder von der Partei noch von der Frauenbewegung geführt. Vielmehr schlich sich in die Diskussionen innerhalb der Frauenbewegung und in das Verhältnis von Frauenbewegung und Partei die Tendenz ein, die auch in den Arbeiterorganisationen wirksame Geschlechterproblematik zugunsten der höheren Parteieinheit zurückzustellen. Diese Praxis hing eng mit der Geschichte der Frauenemanzipationstheorie zusammen.

II

Die politisch-ideologischen Bezugspunkte der proletarischen Frauenbewegung

Als das Sozialistengesetz 1890 fiel, mußten sich die sozialdemokratischen Frauen für ihre zukünftige Organisationsform entscheiden. Ein Zusammenschluß in den bestehenden Vereinen der Männer war ausgeschlossen, da Frauen sich nicht überall politisch betätigen durften.[1] Es blieben zwei Möglichkeiten. Die proletarischen Frauen konnten – analog zur bürgerlichen Frauenbewegung – unpolitische Vereine gründen und dort ihre speziellen Interessen als Frauen womöglich mit sozialem Impetus verfolgen. Oder sie konnten versuchen, weiterhin in der Illegalität, unter Ausnutzung aller gesetzlichen Lücken und Kniffe, auf dem Boden der Sozialdemokratie stehende, eigene Organisationen aufzubauen.

In der Praxis gab es diese Alternative nicht. Bereits im Jahr zuvor, auf dem Internaionalen Arbeiterkongreß zu Paris 1889, hatte Clara Zetkin die theoretischen Voraussetzungen der proletarischen Frauenbewegung formuliert und sie eindeutig auf eine klassenkämpferische Position im Kontext der sozialdemokratischen Arbeiterpartei gestellt.[2] Damit trat die proletarische Frauenbewegung in die Tradition der deutschen Arbeiterbewegung ein.

In der SPD gab es zu diesem Zeitpunkt bereits unterschiedliche ideologische Strömungen mit differierenden theoretischen Positionen und strategischen Lageeinschätzungen. Da diese auf die Entwicklung der proletarischen Frauenbewegung einen großen Einfluß gehabt haben, werden sie kurz skizziert. Eine solche Untersuchung kann im Rahmen unserer Fragestellung nur verkürzt erfolgen. Die politische Entwicklung der ausschlaggebenden Parteipersönlichkeiten wird genausowenig berücksichtigt wie die in vielen Einzelfragen abweichenden Stellungnahmen von der im folgenden verwendeten Einteilung des parteipolitischen Spektrums in einer Reihe von Grundrichtungen (›offizieller Radikalismus‹, Reformismus, Revisionismus, Linksradikalismus).

Anschließend werden ansatzweise Art und Umfang der Theorie- und insbesondere der Marxismusrezeption der Genossinnen untersucht. Hier ergeben sich erste Hinweise auf die theoretischen Voraussetzungen und Möglichkeiten, die der Struktur der Frauenbewegung und ihrem emanzipativen Selbstverständnis zugrunde lagen. Sie bilden die Voraussetzung für eine Einschätzung der proletarischen Frauenbewegung im Rahmen der politischen Grundrichtungen der Gesamtpartei.

Kristallisationspunkt des emanzipativen Selbstverständnisses der proletarischen Frauenbewegung ist die inhaltliche Füllung des Emanzipationsbegriffes, wie er vor allem in der Auseinandersetzung mit der bürgerlichen Frauenbewegung entwickelt wurde. Diese Methode, das Entwickeln der eigenen Vorstellungen in der Abarbeitung an der Position des Gegners, hier insbesondere an ›radikalen‹ oder ›linken‹ Teilen der bürgerlichen Frauenbewegung, war ein kennzeichnendes Merkmal theoretischer Auseinandersetzungen und praktischer Parteinahme innerhalb der proletarischen Frauenbewegung. Ein Versuch, die historische Bedeutung der bürgerlichen Frauenbewegung für die sozialdemokratischen Frauenorganisationen einzuschätzen, beschließt den 2. Hauptteil.

1 Exkurs: Die Entwicklung der politischen Grundrichtungen in der SPD

Die deutsche Arbeiterbewegung war als gut organisierte Massenbewegung aus der Illegalität hervorgegangen. Anderthalb Millionen Wählerstimmen bei den Reichstagswahlen 1890 bezeugten die Verankerung der SPD in der Bevölkerung und wurden als ein großer Sieg gefeiert. Vor dem Hintergrund dieser realen Erfolge, angesichts des Radikalisierungsprozesses der sozialdemokratischen Massen unter dem harten Regime des Sozialistengesetzes und als Abschluß der Phase der Rezeption der marxistischen Theorie in der Partei wurde das neue Programm formuliert, das auf dem SPD-Parteitag zu Erfurt

(14.–20. Okt. 1891) angenommen wurde. Es besteht aus einem ersten, von Karl Kautsky verfaßten theoretischen Teil und einem von Eduard Bernstein formulierten Ergänzungsteil, der die politischen und wirtschaftlichen Gegenwartsforderungen der Arbeiterklasse enthält.

Teil I versteht sich als ›Paraphrase des bekannten Absatzes über »Die geschichtlicheTendenz der kapitalistischen Akkumulation« im »Kapital«‹ und enthält im wesentlichen eine Kritik der kapitalistischen Wirtschafts- und Herrschaftsformen. Aus der Notwendigkeit der Umwälzung dieser Gesellschaftsform werden die Aufgaben der Partei abgeleitet, nämlich den Kampf der Arbeiterklasse bewußt und einheitlich zu gestalten und ihm sein naturnotwendiges Ziel (Zusammenbruch der kapitalistischen Gesellschaft) zu weisen. Wie dieses Ziel zu erreichen ist, darüber werden allerdings keine Hinweise gegeben.

Teil II füllt diesen Mangel nicht aus, sondern beschränkt sich auf eine Auflistung demokratischer Tagesforderungen, wie sie zum Teil bereits im Gothaer Programm enthalten sind. Ein Bezug zum ersten, grundsätzlichen Teil wird nicht hergestellt.

Der erste, theoretische Teil des Erfurter Programms repräsentiert im wesentlichen die Grundgedanken der Politik des Parteivorstandes, wie sie im untersuchten Zeitraum für das Profil der SPD verbindlich bleiben. Die politische Richtung, die sich hier darstellt, wird als ›offizieller Radikalismus‹ bezeichnet. Seine wesentlichen Merkmale waren eine evolutionistisch umgedeutete Marxismusrezeption, die Einsetzung der parlamentarischen Taktik als einzig handlungsrelevanter Organisationsanleitung und eine damit verbundene Beschränkung auf legalistische Kampfführung.

Neben dem ›offiziellen Radikalismus‹ konstituierten sich jedoch bald andere Strömungen, die sich um ein modifiziertes bzw. alternatives Theorie- und Praxisverständnis bemühten. Die Diskrepanz zwischen radikaler Parteitheorie und reformistischer Parteipraxis, die im gerne als dualistisch bezeichneten Charakter des Erfurter Programms bereits angelegt war, diente jeweils als Ausgangspunkt für solche Bestrebungen. Die Formulierung des Revisionsismus Ende der neunziger Jahre und die Herausbildung einer linksradikalen Richtung um 1910 waren ein Ergebnis dieser Entwicklung, die auch die Geschichte der proletarischen Frauenbewegung maßgeblich bestimmt hat.

Der ›offizielle Radikalismus‹ verband die marxistische Theorie mit darwinistischen Gedankenelementen, was ein evolutionistisches Verständnis gesellschaftlicher Entwicklungsprozesse zur Folge hatte. Die Uminterpretation gesellschaftlicher Entwicklungstendenzen in Naturprozesse wurde durch das Fehlen einer Hegelrezeption in der sozialdemokratischen Partei und Engels' Affinität gegenüber der naturwissenschaftlichen Argumentation begünstigt.

Die Gleichschaltung von Geschichts- und Naturprozessen führte zu der These von einer naturnotwendigen Entwicklung der Gesellschaft zum Sozialismus. Sie war ein wesentlicher Grund dafür, daß der ›offizielle Radikalismus‹ eine Strategiediskussion nicht nur versäumte, sondern energisch von sich wies. Die praktischen Erfolge der SPD bei den Wahlen und der Gewinnung neuer Mitglieder wurden in einer Weise interpretiert, die diese These noch zu bestätigen schien.

Der seit 1881 steigende Anteil von Wählerstimmen für die Sozialdemokratie hatte so zu einer Extrapolation dieser Erfolge verführt, die den Tag der Machtübernahme in greifbare Nähe rücken ließ. Diese ›revolutionäre‹ Naherwartung stellte die Wahlen, als Indikatoren für den Stand der Entwicklung, ins Zentrum der praktischen Parteiarbeit. Die Genossen konzentrierten sich auf den organisatorischen Aufbau nach Wahlkreisen und Wahlvereinen und richteten ihre Agitation entsprechend aus.

Diese Prioritätensetzung wurde beibehalten, auch als in der zweiten Hälfte der 90er Jahre die nicht näher ausgewiesene Naherwartung in der Partei angesichts der Konsolidierung der deutschen Wirtschaft zunehmend schwand. Die Revolutions- bzw. Zusammenbruchserwartung rückte in den Hintergrund und machte der Vorstellung Platz, daß die angestrebte Machtposition mit Hilfe einer parlamentarischen Mehrheit erobert werden könnte. Diese Akzentverschiebung konnte sich ohne Grundsatz- bzw. Programmdiskussion durchsetzen, da das Erfurter Programm keine verbindlichen Richtlinien für das Ziel und die Mittel zur Zielrealisierung enthielt. Die Marxismusvorstellung, die dem Erfurter Programm zugrunde lag, blieb daher unangetastet als offizielle Parteitheorie bestehen. In der Praxis änderte sich nur insofern etwas, als die bereits eingeleitete Konzentration auf die Wahlarbeit noch mehr forciert und andere politische Aspekte immer stärker zurückgedrängt wurden.

Das Sammeln von Wählerstimmen und selbst die sehr vage Möglichkeit der Erringung einer parlamentarischen Mehrheit als zentrale Strategie waren jedoch problematisch, da Erfolge in diesem Bereich nicht gleichbedeutend mit der Erringung entsprechender Machtanteile an der Regierung waren. Die Herrschaftsstruktur des Deutschen Reiches bot keinen Raum für Parteienpolitik. Der parlamentarische Spielraum beschränkte sich auf Unterstützung bzw. Opponierung der Regierungspolitik, und die SPD hatte sich prinzipiell auf das letzte Muster, die Budgetverweigerung, festgelegt.

Ein früher und bissiger Kritiker dieser parlamentarischen Strategie war Karl Marx.[1] Seine Vorbehalte wurden jedoch genausowenig beachtet wie Engels' Einschränkungen bezüglich der parlamentarischen Taktik.

Die erste interne Kritik kam von den sog. ›Jungen‹. Bereits auf dem Erfurter Parteitag artikulierten sie die Befürchtung, daß die SPD in eine kleinbürgerliche Reformpartei abgleiten könnte. Die ›Jungen‹ wurden daraufhin als ›naseweise Literaten‹ kurzerhand aus der Partei ausgeschlossen. Eine differenzierte Kritik wurde von Franz Mehring anläßlich der Reichstagswahlen 1893 formuliert.[2] Er interpretierte die parlamentarische Taktik als einen wichtigen Schulungs- und Sammlungsfaktor, als Bahnbrecher für eine qualitative Veränderung lehnte er sie jedoch ab. Diese Kritik wurde später von der linksradikalen Richtung wiederaufgenommen.

Auch in der sozialistischen Internationalen mehrten sich die kritischen Stimmen in dem Maße, wie sich die SPD einerseits als größte sozialdemokratische Partei im internationalen Maßstab konstituierte und dadurch andererseits am Herrschaftsgefüge des deutschen Kaiserreiches faktisch nichts geändert wurde. Der französische Sozialistenführer Jean Jaurès, der diese Diskrepanz genau erkannte,[3] kritisierte insbesondere die Handlungsunfähigkeit der deutschen Sozialdemokratie unter dem Deckmantel ihrer radikalen Phraseologie.

Diese und ähnliche Kritiken blieben jedoch ohne Einfluß auf die Politik der SPD und die praktische Einbindung ihrer Mitglieder in die Organisations- und Wahlarbeit. Der Prozeß der ›negativen Integration‹, d. h. die Verbesserung der Lage der

Arbeiterschaft bei gleichzeitiger Fortdauer des zugrunde liegenden gesellschaftlichen Gegensatzes, wurde so durch die Tendenz in der Arbeiterbewegung gefördert, Initiative und Handlungsbereitschaft der Mitglieder in die Wähler- und Mitgliedergewinnung einzuspannen. Diese Entwicklung, in deren Verlauf die SPD zum ›Staat im Staate‹ avancierte, verlief im Spannungsfeld von offizieller Theorie einerseits und reformistischer Praxis andererseits. Ihr Ergebnis, das Verhaltensmuster, das die offizielle Parteipolitik bis zum Ausbruch des Ersten Weltkrieges bestimmte, kann mit Dieter Groh als ›revolutionärer Attentismus‹ bezeichnet werden: Ein »Konglomerat von politischer Abwartehaltung, auf Umsturz der bestehenden Verhältnisse zielender Revolutionshoffnung und verbalem Radikalismus, auf die klassische Formel gebracht, daß die deutsche Sozialdemokratie zwar eine revolutionäre, aber keine Revolution machende Partei sei«.[4]

Die Zurückdrängung der Zusammenbruchserwartung zugunsten einer unspezifischen Hoffnung auf Machtübernahme mit Hilfe der parlamentarischen Strategie ging mit einer betont defensiven Haltung in bezug auf die Frage der Kampfformen im Rahmen von Klassenauseinandersetzungen einher. Durch die faktische Beschränkung auf Wahl- und Reformarbeit war dieser Problembereich weitgehend aus der Diskussion ausgeklammert worden. Erst im Rahmen der Massenstreikdebatte (1910) fand erneut eine inhaltliche Auseinandersetzung über das Ziel und die Mittel zur Zielrealisierung in der SPD statt, die an der Frage der Gewaltanwendung nicht vorbeikam.

Karl Kautsky entwarf in der Auseinandersetzung mit den Befürwortern des Massenstreiks (den er höchstens als ›letzte Waffe‹ billigen konnte) seine Konzeption von den zwei zentralen Strategien der Arbeiterbewegung, der Niederwerfungs- und der Ermattungsstrategie. Die Niederwerfungsstrategie bezeichnete er als die alte revolutionäre Kampfform, früheren historischen Zuständen angemessen, aber heute längst überholt. Unter Berufung auf Engels setzte er ihr die Ermattungsstrategie entgegen, die gesetzliche Eroberung der politischen Macht, als das Kampfmittel der neuen, durch ›das allgemeine Wahlrecht, das Koalitionsrecht, die Pressefreiheit und die Vereinsfreiheit‹ gereiften Zeiten.[5]

Die Durchsetzung dieser legalistischen Position in breiten Kreisen der Partei wurde durch eine stets latente Angst der

Organisationen vor einem neuerlichen Verbot gefördert, und die verschiedentlichen Vorstöße der Regierung gegen die SPD wie die Gewerkschaften erhärteten diese Befürchtungen. Ein Ergebnis dieses angstbesetzten Klimas war, daß die Parteiführer bewußt mäßigend in Kampfsituationen eingriffen[6] und selber alles vermieden, was zur Förderung von Konflikten hätte beitragen können. Gegenüber der ›Politik der Verzweiflung‹, wie Karl Kautsky den bewaffneten revolutionären Kampf einmal genannt hat, und angesichts der ›kolossalen Überlegenheit der Bewaffnung der heutigen staatlichen Armeen‹ gaben die Parteiführer dem Weg zu einer neuen Gesellschaft via Koalitionsfreiheit, Pressefreiheit und allgemeines Wahlrecht eindeutig den Vorrang.

Die Beschwichtigungsstrategien der Parteileitung gegenüber Aktivitäten aus der Mitgliedschaft wurden in dem Maße ausgedehnt, wie der organisatorische Aufbau der SPD voranschritt. Alle praktischen Äußerungsformen wurden dahingehend überprüft, ob sie eine Reaktion der Herrschenden gegen die SPD provozieren könnten.[7] Diese handlungshemmende und -beschränkende Entwicklung bekamen selbstredend vor allem die aktiven und radikalen Elemente in der deutschen Arbeiterbewegung zu spüren, wie sie von bedeutenden Teilen der Frauen- und der Jugendbewegung repräsentiert wurden.

Der Reformismus

Der Reformismus war eine praxisrelevante Grundströmung innerhalb der deutschen Sozialdemokratie. Seine Ursprünge lassen sich bis in die Zeit vor 1890 zurückverfolgen. Der Reformismus hatte keinen theoretischen Anspruch und konnte sich unterhalb der Ebene der radikalen Phraseologie ungestört entfalten. Er bewegte sich im Rahmen der vorgegebenen legalen Möglichkeiten und war darauf ausgerichtet, gesellschaftliche Veränderungen über Reformen herbeizuführen.

Mit dem Einsetzen der Hochkonjunktur (1893/94) gelang es dieser Politik, wahrnehmbare Verbesserungen für die Lage der Arbeiterschaft zu erreichen. Der Ausbau der Sozialgesetzgebung, sinkende Arbeitszeit und ein Reallohnanstieg waren bis 1900 unmittelbar spürbar und wurden von den Arbeitern als Fortschritt begrüßt.

Der Einfluß des Reformismus innerhalb der Arbeiterbewegung wurde von der Politik der Landesverbände in den süddeutschen Landtagen und Kommunen, der Reichstagsfraktion und den Gewerkschaften repräsentiert.

In Süddeutschland war die SPD schon früh in den Landtagen vertreten, und ihre Abgeordneten betrieben eine differenzierte Politik, der sie eine Reihe von sozial- und kulturpolitischen Erfolgen zu verdanken hatten. Sie gingen Bündnisse mit bürgerlichen Parteien ein und hatten der Taktik der reinen Negation, wie sie sich in der offiziellen sozialdemokratischen Doktrin von der grundsätzlichen Ablehnung des Budgets einer bürgerlichen Regierung widerspiegelt, wiederholt eine kompromißbereite und handlungsfähige Politik entgegengesetzt.

Solange die Reformisten die offizielle Theorie unangetastet ließen, konnte sie – begünstigt durch die vereinsgesetzlich bedingte Autonomie der Landesverbände – ihre Politik weitgehend ungestört betreiben. Anläßlich von Budgetzustimmungen im bayrischen (1894) und badischen Landtag (1901) kam es jedoch auf den beiden folgenden Parteitagen der SPD, Frankfurt 1894 und Lübeck 1901, zu Diskussionen über diese Politik. Der Versuch der Reformisten, eine offizielle Legitimation ihrer Politik zu erhalten, scheiterte. In Lübeck wurde allerdings ein Resolutionszusatz angenommen, der unter bestimmten Bedingungen eine Budgetbewilligung für zulässig erklärte.

Auf die faktisch eigenmächtige Handhabung der Frage der Budgetbewilligung durch die Landesverbände hatten diese Diskussionen und Resolutionen jedoch keinerlei praktischen Einfluß. Auf dem Nürnberger Parteitag (1908) kam es daraufhin zu einem Eklat zwischen den Gegnern und Praktikern der Budgetbewilligung. Auslösender Faktor war eine Kette von Budgetbewilligungen in den süddeutschen Staaten (Württemberg: 1907; Baden und Bayern: 1908). Ein Antrag des Parteivorstandes, der diese Praxis mißbilligte, wurde angenommen und löste eine offene Rebellion der süddeutschen Reformisten gegen diesen Beschluß aus. Der Abgeordnete Martin Segitz gab im Namen von 66 Parteitagsdelegierten (aus Bayern, Baden, Württemberg, Hessen) eine Erklärung ab, die dem Parteitag die Kompentenz über Belange der Landespolitik absprach und den Landesorganisationen auch für die Zukunft die Entscheidung über den Gang der Landespolitik und eine den jeweiligen Erfordernissen angepaßte Budgetpolitik vorbehielt. Diese offene Aufkündigung der Gefolgschaft wurde vom Parteitagsvorsitzenden lediglich zur Kenntnis genommen, ohne daß der Parteitag auch nur versucht hätte, den Gehorsam in irgendeiner Form zu erzwingen.

Der Ablauf dieses Konfliktes spiegelt die geringe Handlungsrelevanz des ›offiziellen Radikalismus‹ wie der Parteitagsbeschlüsse und macht die weitgehend unantastbare – weil praktisch erfolgreiche – Position des Reformismus deutlich.

Die reformistische Politik, die sich selber als radikaldemokratisch verstand, hatte ihren Einfluß und ihre Erfolge nicht nur einer flexiblen Bündnispolitik zu verdanken. Der Rückhalt unter den Parteimitgliedern und den Massen der sozialdemokratischen Wähler war eine andere wesentliche Voraussetzung. Der Erfolg der parlamentarischen Strategie war langfristig nur dann gesichert, wenn breite Schichten von Wählern nicht nur einmal erfaßt, sondern kontinuierlich an die SPD gebunden wurden. In der sozialdemokratischen Agitation und den Formulierungen der sozialdemokratischen Forderungen wurde daher ständig auf rückständige und nichtproletarische Wählerschichten Rücksicht genommen. Dieser Anpassungsprozeß kennzeichnet die Entwicklung der sozialdemokratischen Wahlarbeit und spiegelt sich in der Struktur der sozialdemokratischen Wählerschaft, die keineswegs rein proletarisch war.[1]

In dem Maße, wie die Konzentration auf die Wahlen voranschritt, gewann eine weitere Basis des Reformismus an Einfluß. Die Reichstagsfraktion der SPD, deren Mitgliederzahl sich zwischen 1890 und 1914 fast verdreifachte (von 35 auf 100), hatte die Vormachtstellung, die sie in der Zeit der Illegalität als einzige legale Vertretung der Arbeiterbewegung besessen hatte, beibehalten und zu festigen verstanden.

Die Reichstagsfraktion bildete keine politische Einheit. Die Reformisten waren jedoch in ihr stark vertreten, wenn nicht überrepräsentiert. Die reformistische Tendenz der Reichstagsfraktion und der große Einfluß, den sie auf den Parteivorstand hatte, haben sich insbesondere in der Abwehr außer- und antiparlamentarischer Initiativen von der Basis gezeigt.

Eine Vorstellung vom wirklichen Einflußbereich des Reformismus erhält man jedoch erst, wenn die Gewerkschaften als ein vorbereitender und verstärkender Faktor berücksichtigt werden. Hand in Hand mit der Förderung reformistischer

Tendenzen haben sie einer legalistischen und entdemokratisierenden Entwicklung der politischen Bewegung den Weg bereitet.

Die Gewerkschaften hatten sich nach dem Fall des Sozialistengesetzes als Defensivorganisation ›auf dem Boden der heutigen bürgerlichen Gesellschaft stehend‹ mit dem Ziel der Selbsthilfe konstitutiert. Sie grenzten sich als politisch neutrale ›Freie Gewerkschaften‹ gegen die Arbeiterpartei ab, um ihren Aufgaben im Rahmen der gesetzlichen Möglichkeiten ungehindert nachkommen zu können. Nach einigen mageren Jahren stieg, mit dem Einsetzen der Hochkonjunktur, die Anzahl der Gewerkschaftsmitglieder steil an – und füllten sich ihre Kassen.[2] Die Erfolge der Gewerkschaften in der Gewinnung von Mitgliedern und in der Reformarbeit im sozialen und wirtschaftlichen Bereich festigten ihre Position innerhalb der Arbeiterbewegung. In Umkehrung des historischen Verhältnisses von Parteipriorität zu Gewerkschaften entwickelten sie sich zu einem Faktor, den die Parteiführung bei wichtigen Entscheidungen berücksichtigen mußte. Die steigende Bedeutung der Gewerkschaften in der Arbeiterbewegung spiegelt sich auch in der Zusammensetzung der Reichstagsfraktion, die tendenziell zugunsten der Gewerkschafter umstrukturiert wurde.[3] Über ihre praktische Politik und ihre Machtposition innerhalb der Arbeiterbewegung gewannen die Gewerkschaften die Möglichkeit, ihre konstituierenden reformistischen Elemente und Vorstellungen in breite Teile der Arbeiterschaft hineinzutragen und einen Teil der Parteiführer dafür einzunehmen. Man kann zudem beobachten, wie eine Reihe von Veränderungen in Richtung auf Bürokratisierung, Organisationspatriotismus, Funktionärtum und Entdemokratisierung, wie sie in der Partei zunehmend zur Geltung kamen und sich auch auf die Entwicklung der proletarischen Frauenbewegung auswirkten, im zeitlichen Vorgriff in der Gewerkschaftsbewegung auftraten.

Die Entstehungsbedingungen des Reformismus sehe ich daher mit Georg Fülberth »an den Reibungsflächen zwischen den – zumeist gerade besonders vorgeschobenen – Positionen der Arbeiterbewegung und dem herrschenden gesellschaftlichen und politischen System«[3]. Soziale Gruppen, wie etwa die Entstehung einer Arbeiteraristokratie, und Faktoren wie die Herausbildung der Bürokratie – als gängige Erklärungsmodelle für die Herausbildung des Reformismus/Revisionismus – erhalten daneben den Charakter von Nebenerscheinungen oder Folgeproblemen. Die Basis für die Entwicklung zum Reformismus in der Partei lag eindeutig im Bereich der täglichen Kleinarbeit: Die These vom ›Verrat der Führer‹ muß aufgegeben werden zugunsten eines Entstehungsmodells, das die Praxis zum Ausgangspunkt nimmt.

Mit dieser Position ist folgerichtig eine Einschätzung des Revisionismus verknüpft, die diesen nicht als Entstehungsursache, sondern vielmehr als theoretischen Reflex auf eine vielfältige reformistische Praxis begreift.

Der Revisionismus

Die Formulierung des Revisionismus durch Eduard Bernstein fand in dem Zeitraum statt, in welchem die Gewerkschaften und die reformistische Politik in der Partei ihren Aufschwung nahmen (ab 1895).[1] Eduard Bernstein ging von dem Widerspruch zwischen sozialreformerischer Praxis (wie sie der Reformismus betrieb) einerseits und verbalradikaler Theorie (wie sie der ›offizielle Radikalismus‹ repräsentierte) andererseits aus. Sein Ziel war die Aufhebung dieser Diskrepanz, indem er eine der Praxis angemessene Theorie formulierte. Er erhob dabei keinen Anspruch auf eine selbständige wissenschaftliche Leistung, sondern wollte Vorhandenes und Bekanntes strukturieren und zusammenfassen.

Im Zentrum von Eduard Bernsteins Kritik stand die ›apodiktische Fassung‹ der aus der materialistischen Geschichtsauffassung abgeleiteten These von der ›historischen Notwendigkeit‹ und der ›bevorstehenden großen sozialen Katastrophe‹. Indem er die Mehrwerttheorie auf eine ›rein gedankliche Tatsache‹ reduzierte, konnte er die Verelendungstheorie aufgeben. Er setzte dem Konzentrationsprozeß des Kapitals eine widerläufige Tendenz entgegen: die ausgleichende Macht der ›Aktionärsbataillone‹.

Diese Modifikationen der Marxschen Theorie erlaubten es Eduard Bernstein, sich von der Vorstellung der gesellschaftlichen Veränderung als eines revolutionären Aktes zu lösen. Dem revolutionären ›Niederreißen‹, das er als ›konspiratorisch, demagogisch und terroristisch‹ bewertete, stellte er die

Strategie des reformistischen ›Aufbauens‹ entgegen.[2] Dieser Aufbauprozeß verläuft nach seiner Ansicht über die Ausnutzung der legalen Möglichkeiten zur Machtteilhabe in den öffentlichen Institutionen und Körperschaften und über das Hineintragen des ›demokratischen Elements‹ in Produktion und Verteilung über Gewerkschaften und Genossenschaften. Damit gab Eduard Bernstein die Vorstellung von der qualitativen Andersartigkeit des sozialistischen Zukunftsstaates auf und rückte diesen – vor dem Primat der praktischen Gegenwartsarbeit – in eine unbestimmte Ferne.

Das Prinzip der Machtteilhabe, das dieser Konzeption zugrunde liegt, stellte den Parlamentarismus und andere Formen demokratischer Beteiligung ins taktische und strategische Zentrum. Gewalt wurde als Kampfmittel strikt abgelehnt, da sie den Prozeß des Hineinwachsens nur stören kann und als ein ›letztes Mittel‹ (Kautsky) zur endgültigen Machtübernahme überflüssig geworden war.

Der Revisionismus fand bei den reformistischen Praktikern jedoch nur eine sehr reservierte Aufnahme. Nach ihren verschiedenen Niederlagen gegen die offizielle Parteitheorie hatten sie öffentliche Debatten und spektakuläre Auftritte tunlichst vermieden. Nun rückte Eduard Bernstein ihre Politik wieder ins Zentrum der Parteikontroversen. Obwohl die Reformisten Eduard Bernsteins Thesen nicht grundsätzlich ablehnten, waren sie primär daran interessiert, ihre Politik wieder aus dem Schußfeld der Parteikritik zu bringen. Sie distanzierten sich daher von den ›theoretischen Katzbalgereien‹ und versuchten, die Auseinandersetzungen um Bernsteins Revision möglichst herunterzuspielen. In der Parteiöffentlichkeit und auf Parteitagen tendierten sie dahin, sich der offiziellen Parteiposition anzuschließen. Diese Trennung in offizielles und inoffizielles Verhalten verweist noch einmal auf das Erfurter Programm, dessen dualistischer Charakter diese doppelzüngige Politik überhaupt erst ermöglichte.

Neben einer dogmatischen Kritik von Karl Kautsky vom offiziellen Parteistandpunkt[3] waren es vor allem die Vertreter der linksradikalen Richtung, die sich um eine Auseinandersetzung mit Eduard Bernsteins Position bemühten.

Vom Linksradikalismus oder den Linken in der SPD wird in der Historiographie zur Arbeiterbewegung ab 1906 bzw. ab 1910 gesprochen.[1] Die Linken waren eine kleine Gruppe, die überwiegend aus Theoretikern bestand. Ihr führender Kopf war Rosa Luxemburg. Ähnlich wie Eduard Bernstein stellte sie sich die Aufgabe, den Widerspruch zwischen reformistischer Praxis und verbal-radikaler Theorie in der deutschen Arbeiterbewegung zu lösen. Dabei knüpfte sie an die Lehren der russischen Revolution an.

Im Gegensatz zu Eduard Bernstein ging es Rosa Luxemburg jedoch nicht um eine Anpassung der Theorie an die Praxis. Sie knüpfte vielmehr an den revolutionären Anspruch und die revolutionäre Tradition der deutschen Arbeiterbewegung an, um eine Einlösung der damit verbundenen Verpflichtung einzuleiten: Die konsequente Verbindung von revolutionärer Theorie mit einer entsprechenden Praxis; das Ziel hieß Revolution. Der Revolutionsbegriff von Rosa Luxemburg trägt den Charakter des Prozeßhaften.[2] Träger dieses Prozesses ist der subjektive Faktor, das Proletariat. Rosa Luxemburg bringt die Revolution aus dem Bereich des quasi-naturhaften, des ›offiziellen Radikalismus‹ zurück auf ihre menschliche Dimension. Die Menschen machen ihre Geschichte selber, wenn auch nicht »unter selbstgewählten, sondern unter unmittelbar vorgefundenen, gegebenen und überlieferten Umständen«[3]. An diese Umstände gilt es anzuknüpfen, um dem Proletariat seine Aufgaben bewußt zu machen und es zu schulen.

In der Schulung der Massen sieht Rosa Luxemburg die vorrangige Aufgabe der Arbeiterbewegung. Neben die traditionellen Aufklärungsmethoden der Partei stellt sie die Gegenwartspolitik von Sozialreform, Gewerkschaften und Reichstagsfraktion. Über den Defensivkampf gegen die Übergriffe des Kapitals hinaus sollen sie als Erziehungsmittel in den Massen wirken. Die Trennung in politischen und gewerkschaftlichen Kampf wird von dieser Konzeption aufgehoben. Die Gewerkschaften sammeln und organisieren die proletarischen Massen im Sinne der Initiierung kollektiver Lernprozesse. Dazu tritt die politische Aufklärungsarbeit der Partei im Sinne einer Vermittlung und Vertiefung von Klassenbewußtsein. Die Partei hat die Aufgabe, den gewerkschaftlichen Kampf zu unterstützen und – auf Grund ihrer besseren Einsicht in die historischen und gesellschaftlichen Anläufe – zu strukturieren.

Die Kampfformen werden von Rosa Luxemburg weder prinzipiell eingeschränkt noch genau festgelegt, sondern an den jeweiligen Erfordernissen ausgerichtet. Das entscheidende Kriterium ist, ob sie dem Endziel, der Umwälzung der Gesellschaft, dienen. Gewalt wird also nicht grundsätzlich abgelehnt.

Die Linken besaßen in der Partei einigen intellektuellen Einfluß, der jedoch keine organisatorische Bedeutung für die Gesamtbewegung erlangte. Es ist auffallend, daß ihre bedeutenden Vertreter fast alle in organisatorischen Randbereichen tätig waren: Clara Zetkin in der Frauenbewegung, Karl Liebknecht in der Jugendbewegung, Franz Mehring und Rosa Luxemburg als Journalisten bzw. in der Parteischule. Die Aktivität der Linken blieb so weitgehend auf die Agitation beschränkt und auf den Versuch, ihre Position in den sozialistischen Zeitungen zu verbreiten und auf Parteitagen durchzusetzen. Auf den Parteitagen waren sie durchaus erfolgreich, die geringe praktische Bedeutung von radikalen Resolutionen erkannten sie erst mit der Zeit.

Innerhalb der Gesamtpartei gerieten die Linken zunehmend in die Isolation. Da sie die Strategie verfolgten, über den Aufbau einer effektiven innerparteilichen Opposition die Parteipolitik zu verändern, blieb ihr Handlungsspielraum auf die bestehenden Organisationen beschränkt. Gleichzeitig gelang es ihnen nicht, die breite sozialdemokratische Mitgliedschaft für sich zu gewinnen. Die Linksradikalen haben zwar eine rege agitatorische Tätigkeit entfaltet, um über die Mobilisierung der Massen Einfluß auf die Parteipolitik zu bekommen. Ihre agitatorischen Erfolge, der Zulauf und die Begeisterung, die sie insbesondere in den Massenversammlungen erreichten, waren jedoch nicht immer und nicht notwendig Ausdruck einer wirklich radikalen Grundhaltung und Aktionsbereitschaft der Anwesenden.

Der geringe Rückhalt der Linken in den Massen wurde durch zwei weitere Umstände verstärkt: Die Linken konstituierten sich als eine feste Gruppe mit einheitlicher politischer Position erst kurz vor dem Ersten Weltkrieg und hatten selbst zu den radikalen Wahlkreisen in der deutschen Industriearbeiterschaft, die sich im Laufe der Massenstreiks herausgebildet hatten, keinen regelmäßigen Kontakt. Clara Zetkins Verbindung zu den Stuttgarter Organisationen, die sich bei Kriegsausbruch kompromißlos von der Burgsfriedenspolitik lossagten, scheint also eine seltene Ausnahme gewesen zu sein.

Für die Frauenbewegung besaß der Linksradikalimus einen besonderen Stellenwert, da Clara Zetkin eine Exponentin dieser Grundrichtung war.

2 Das Leseverhalten der Arbeiterinnen und die Marxismusrezeption in der proletarischen Frauenbewegung

Die Marxismusrezeption in der deutschen Arbeiterbewegung begann unter dem Sozialistengesetz und führte 1890 zur Annahme eines Parteiprogrammes, das nach seinem Selbstverständnis auf dem Boden der materialistischen Gesellschaftstheorie stand. Die marxistische Theorie, bislang nur von einer Minderheit in der Partei rezipiert, fand jedoch auch nach dem Fall des Sozialistengesetzes keine Verbreitung unter der breiten Masse der sozialdemokratischen Mitglieder, und die Parteileitung unternahm nichts bzw. zu wenig, um diesem Zustand effektiv zu begegnen.

Obwohl sich gegen Ende des 19. Jahrhunderts ein steigendes Lesebedürfnis innerhalb der Arbeiterklasse nachweisen läßt[1], sind die Werke von Marx und Engels immer weniger gefragt. Der J. H. W. Dietz Verlag spricht in diesem Zusammenhang vom ›reißenden Niedergang‹ des Vertriebs altmarxistischer Parteiliteratur, und die Leselisten der Arbeiterbibliotheken zeigen einen deutlichen Rückgang der Entleihungen aus dem sozial- und naturwissenschaftlichen Bereich zugunsten der Belletristik.[2] Es gab jedoch eine Ausnahme von diesem Trend: August Bebels zentrales Werk *Die Frau und der Sozialismus*. Dieses Buch gab der Sozialismuskonzeption der deutschen Arbeiterbewegung entscheidend Form und Richtung und war die Grundlage für die Entwicklung der Frauenemanzipationstheorie in Deutschland.

Während detaillierte Daten über die Entleihungen aus Gewerkschafts- und Parteibibliotheken über das Leseverhalten und die Marxismusrezeption in der deutschen Arbeiterbewegung insgesamt Auskunft geben, hat eine diesbezügliche Untersuchung über die weibliche Mitgliedschaft der Arbeiterorganisationen beim gegenwärtigen Stand der Forschung nur vorläufigen Charakter. Erst wenn im Rahmen regionaler und lokaler Forschung die Entwicklungsgeschichte der einzelnen Frauenorganisationen, ihrer Bildungsvereine, ihrer Lese- und Diskussionsabende und ihre Beteiligung an den allgemeinen Einrichtungen der Arbeiterbewegung näher untersucht worden sind, wird eine verbindliche Einschätzung möglich sein.

Vorläufig müssen wir uns jedoch mit einer kärglichen und fragmentarischen Materiallage begnügen. Einige kritische Artikel in der *Gleichheit*, dem Organ der proletarischen Frauenbewegung, geben erste Hinweise über das Leseverhalten der Arbeiterinnen und zeigen die Richtung an, in die die Bildungs- und Aufklärungsarbeit der Sozialistinnen zielte. Neben Agitationsbroschüren und Flugblättern hat vor allem *Die Gleichheit* selber eine große Rolle bei der theoretischen Schulung der Mitglieder und ihrer Einsozialisierung auf sozialistisches Gedankengut gespielt. Eine weitere Quelle sind die Lebensberichte und Lebenserinnerungen von Sozialdemokratinnen und Arbeiterinnen, die bereits bei der Untersuchung des Lebenszusammenhangs der proletarischen Frau eine große Rolle gespielt haben.

Kolportageroman versus bürgerliches Bildungsgut

Mit der Konstituierung der sozialistischen Frauenbewegung als Massenbewegung (nach 1900) wurde das Leseverhalten der proletarischen Frauen allgemein und der weiblichen Mitgliedschaft im besonderen immer mehr zu einem Problem. Das geringe Bildungsniveau der meisten Frauen, die großen Belastungen, denen sie ausgesetzt waren, und ihr berechtigtes Bedürfnis nach Entspannung machten sie zu getreuen Abnehmerinnen der sog. ›Groschenromane‹, deren große Themen von Liebe und Leid dem Alltagsgrau willkommene Abwechslung brachten – und der sozialistischen Agitation den Zugang zu den Frauen erschwerte. Als die Hauptabnehmer der ›Schundliteratur‹ bezeichnet *Die Gleichheit* ledige Arbeiter und Arbeiterinnen, Dienstmädchen und Hausfrauen, ›aber auch deren Männer‹.

Zusammen mit der allgemeinen Parteipresse führte *Die*

Gleichheit eine systematische Aufklärungskampagne gegen den Kolportageroman, der zum ›Schaden der eigenen Gesundheit‹, ›zum Nachteil der Organisation‹ und – nicht zuletzt – des ›Kulturfortschritts überhaupt‹ gereiche.[1] Wenn die bestehenden Mißstände in dieser Weise hinlänglich angeprangert worden waren, mündete die sozialistische Kritik üblicherweise in ›alternativen‹ Leselisten, bei denen es sich – man kann sagen

Eine heile Welt für 15 Pfennig!

ausnahmslos – um eine Inhaltsangabe des bürgerlichen Bücherschrankes handelte. Hauff, Ludwig, Chamisso, Stifter und Rosegger, Ebner-Eschenbach und Kleist werden als deutschsprachige Autoren empfohlen, und als lesenswerte Ausländer gelten beispielsweise Cervantes, Daudet, Maupassant und Defoe. In einer Artikelfolge ›Was dürfen unsere Kinder lesen?‹ empfiehlt *Die Gleichheit* für den sozialistischen Nachwuchs die altgermanischen Dichtungen, das ›Nibelungen-‹ und das ›Gudrunlied‹ und nicht zuletzt die deutschen Klassiker: Goethe, Schiller, Lessing etc.[2] Es gab jedoch nicht nur Leselisten, sondern auch eigene Publikationen der Parteipresse, wie die sog. ›Alternativheftchen‹ unter dem Titel *In freien Stunden: Romane und Erzählungen für das arbeitende Volk.*[3] Es zeigt sich hier deutlich, daß die Konzeption von Kulturfortschritt in der deutschen Sozialdemokratie, und eben auch in der proletarischen Frauenbewegung, an die Vorstellungen des Bildungsbürgertums geknüpft blieb bzw. diese reproduzierte. Anstatt eine kritische Distanz zur herrschenden Kultur zu wahren, versuchten die Sozialdemokraten sie sich als Prunkstück umzuhängen, »wie die Bauern die vergangene Mode ihrer Herren«[4].

Die Leselisten in der *Gleichheit* wurden durch Literaturhinweise und Rezensionen ergänzt, die an spezielle Fragen oder agitatorische Erfordernisse aus dem theoretischen und sozialwissenschaftlichen Bereich anknüpften, wie beispielsweise das ›Verzeichnis von Schriften zur Frage der Heimarbeit‹ (hier wird das *Kapital*, Band 1 von Karl Marx, an erster Stelle empfohlen) oder die in der Partei verbreiteten Vorlagen für eine sozialistische Bibliothek.[5]

Die Erfolge der sozialdemokratischen Aufklärungskampagnen lassen sich kaum überprüfen. Hinweise darüber, ob und wieweit die Empfehlungen in der *Gleichheit* einen Einfluß auf das Leseverhalten der Basis der proletarischen Frauenbewegung gehabt haben, fehlen ganz. Der resignative Tenor, der in so manchen dieser Diskussionen mitschwingt, spricht eigentlich gegen allzu hochgesteckte Erfolgserwartungen der Verfasserinnen. Eines haben jedoch auch die wenigen Hinweise schon deutlich gemacht: Die Erziehung der breiten Mitgliedschaft zu einem differenzierten Leseverhalten sparte die Rezeption des wissenschaftlichen Sozialismus aus. Sie war vorab auf einen Abbau der ›Schundliteratur‹ zugunsten bürgerlicher Bildungsinhalte gerichtet. Sozialistische Werke wurden vor allem denjenigen Mitgliedern empfohlen, die bereits an speziellen Fragen (z. B. Heimarbeit) arbeiteten oder agitatorisch tätig und interessiert waren.

Die Ziele der Agitation

Wie wir gesehen haben, beschäftigte sich der Großteil der Sozialdemokratinnen nicht direkt mit den Theoretikern, als deren politische Erben sie sich verstanden. Ihr politisches Selbstverständnis wurde vielmehr von den sozialistischen Grundgedanken, Thesen und Zielen geprägt, die in der Agitation und der Parteipresse vermittelt wurden.

Die sozialdemokratische Agitation erhob keinen Anspruch auf direkte Vermittlung der marxistischen Theorie. Die Agitation unter den Frauen war an deren unmittelbaren Bedürfnissen und an Tagesproblemen orientiert und mündete in die Forderungen der SPD ein. Ihr Ziel war die Sensibilisierung der Frauen für den Klassengegensatz und ihre Einbindung in die sozialdemokratischen Organisationen. Lebensberichte und die Entwicklung der proletarischen Frauenbewegung selber haben dieses Vorgehen als erfolgreich ausgewiesen.[1]

Für den großen Teil der organisierten Frauen beschränkte sich die Bekanntschaft mit der sozialistischen Theorie daher auf eine Vertrautheit mit den sozialdemokratischen Forderungen, den Stellungnahmen zu politischen und wirtschaftlichen Fragen und allenfalls auf die allgemeinen sozialistischen Grundsätze, wie sie beispielweise der Arbeit in den sozialdemokratischen Frauenbildungsvereinen zugrunde lagen. Hier lernten die Proletarierinnen ihre Organisationen als einen Teil der Arbeiterbewegung zu begreifen und wurden auf eine klassenkämpferische Grundhaltung eingeschult, in deren Zentrum das Endziel, die Eroberung der politischen Macht, stand. In dem Maße wie die Frauenbewegung Erfolg hatte, d. h. sich in die hintersten und letzten Regionen Deutschlands ausbreitete und ihre Mitgliedschaft ständig vergrößerte, begann der Mangel an geschulten Kräften den Aufbau der Frauenbewegung empfindlich zu stören. Um dem abzuhelfen, wurden für die fortgeschrittenen Frauen nach 1900 Lese- und Diskussionsabende mit eigentlichen Schulungsfunktionen eingerichtet.

Konzeption und praktische Handhabung der Leseabende waren allerdings sehr unterschiedlich. Während beispielsweise Karl von Oppel auf der Frauenkonferenz in München (1902) in Anlehnung an ein kleinbürgerliches Frauenideal geographischen Unterricht, Gesang, weibliche Handfertigkeiten, Umgangsformen und Sprachen als Unterrichtsinhalte empfahl,[2] berichtet Frau Lehmann von den Leipziger Leseabenden unter Käte Dunckers Leitung folgendes:

»Wir haben das Programm durchgenommen, ebenso Engels' Broschüre ›Von der Utopie zur Wissenschaft‹ und Kautskys Broschüre über die Handelspolitik.«[3]

Die Theorierezeption an den Leseabenden erfolgte meist über popularisierte Marx-Darstellungen oder Broschüren anderer sozialistischer Schriftsteller wie Friedrich Engels, Ferdinand Lassalle und August Bebel. Daneben gab es regelmäßig Wandervorträge, wie etwa Clara Zetkins Rede »Karl Marx und sein Lebenswerk! Vortrag, gehalten anläßlich seines 30. Todestages«, der an 5 Orten des Niederrheins gehalten wurde.[4]

Obwohl die Zahl der Leseabende nach 1900 stark anstieg, erreichten sie nie mehr als eine Minderheit der Frauen:

»Mir scheint, daß die Leseabende nicht das sein können, was die Versammlungen im Allgemeinen sein sollen: große Aufklärungsmöglichkeiten, die breite Massen erfassen. Die Zusammenkünfte werden zu einer intellektuellen Auslese führen, nur eine Oberschicht von Frauen, deren geistige Regsamkeit und Charakterkraft über dem Durchschnitt steht, wird ihre ständigen Besucherinnen stellen.«[5]

Auch bei dieser Auslese von Frauen mußten ihre Lebensbedingungen, ihre meist völlig unzureichende schulische Vorbildung und ihre arbeitsmäßige Überlastung und Beanspruchung bei der Schulung einbezogen und berücksichtigt werden. Wenn sich die Leseabende trotz dieser Schwierigkeiten zu einer festen Einrichtung der proletarischen Frauenbewegung entwickelten und zumindest bei einer Elite von Agitatorinnen und Leiterinnen zu einer – wenn auch begrenzten – Rezeption der sozialistischen Theorie beitrugen, so ist das vor allem der Zähigkeit zu verdanken, mit der die Sozialdemokratinnen ihre Ziele in der täglichen Kleinarbeit verfolgten.

Die Bedeutung der Zeitschrift ›Die Gleichheit‹

Neben der mündlichen und schriftlichen Agitation war es vor allem *Die Gleichheit*, die ihre Leserinnen in das sozialistische Denken einführte, schulte und darüber hinaus allgemeine Aufklärungs- und Bildungsarbeit leistete. *Die Gleichheit* wurde 1891 gegründet. Sie war die Nachfolgerin der *Arbeiterin*, die seit Ende 1890 von Emma Ihrer herausgegeben wurde, aus finanziellen und personellen Gründen jedoch einging. *Die Gleichheit* erschien im Dietz-Verlag in Stuttgart unter der redaktionellen Leitung von Clara Zetkin. Die dynamische Entwicklung ihrer Abonnentenzahlen[1], die bis 1910 die Zahl der weiblichen Parteimitglieder z. T. ganz erheblich überstieg, wurde nur in dem Jahr des organisatorischen Zusammenschlusses der Frauenbewegung mit der Partei (1908) kurzfristig unterbrochen.

Clara Zetkin blieb bis zu ihrer Entlassung aus der Redaktion (1917) ihre strukturierende und inhaltlich gestaltende Kraft, so daß man *Die Gleichheit* im wesentlichen (und in den ersten Jahren auch im wörtlichen) Sinne als ihr Werk bezeichnen kann.

Der Einfluß der *Gleichheit* findet sich in allen Bereichen von Organisation und Schulung in der Frauenbewegung:

»*Die Gleichheit* ist Exponent der Bewegung, die sie weder bewußt hervorgerufen noch etwa wesentlich verstärkt haben will. In Selbstbescheidung wird dem gesprochenen Wort und der Organisation die überwiegend aufklärerische Massenwirkung zuerkannt. Und doch hat dieses Kampforgan, Dokument und Werkzeug des Klassenkampfes, selbständige praktische Politik getrieben. Einmal nach außen gegen die frauenrechtlerische Publizistik, besonders gegen die parteilos auftretende, und zweitens Politik nach innen.«[2]

Die Gleichheit übte nicht nur Kritik am Leseverhalten der Arbeiterinnen, sondern bemühte sich auch direkt um eine literarische Erziehung ihrer Leserinnen. Bis 1910 besaß sie ein regelmäßiges Feuilleton, in welchem Gedichte, Kurzgeschichten und Fortsetzungsromane publiziert wurden, zum großen Teil von den Autoren, die in den Leselisten bereits erwähnt worden sind. Es kamen jedoch auch einige dichtende Arbeiter/innen und Arbeiterdichter zu Wort, wie Robert Seidel, Klara Müller, Ada Negri, Emma Döltz u. a. m. Die feuilletonistischen Beiträge der *Gleichheit* wurden ab 1910 auf das ›Interesse der

Proletarierin als Hausfrau und Mutter und ihrer Bildung‹ und ›Für die Kinder‹ konzentriert, in Beilagen, die 1905 auf Wunsch von der Basis hin eingeführt worden waren und zugleich als agitatorische Aufhänger dienten. Die folgende Anekdote veranschaulicht den langwierigen, mühseligen und im Alltag verhafteten Charakter der Bemühungen der Genossinnen um neue Mitglieder.

»Ich ging eines Nachmittags in den städtischen Anlagen spazieren, als ein reizendes Lockenköpfchen von drei Jahren meine Aufmerksamkeit auf sich zog. Es wurde von einem neunjährigen Schwesterchen bewacht. Ich beschäftigte mich mit der Kleinen und merkte dabei, daß das größere Mädchen einen ganzen Stoß Hefte neben sich liegen hatte: einen Schauerroman. Auf meine Fragen erfuhr ich, daß die Eltern tagsüber nicht zu Hause waren, daß das kleine Mädel während der Schulzeit der älteren Schwester bei Nachbarn untergebracht ist, und daß diese es im übrigen bewachen muß. Die neunjährige ›Erzieherin‹ hatte bereits 24 Hefte der ›Bettelgräfin‹ verschlungen und erzählte mir den Inhalt. Ich mußte mich überzeugen, daß ein recht begabtes Kind, das auf die Erziehung durch die Eltern verzichten muß, Gefahr lief, an der Seele schwer geschädigt zu werden. Als ich mich andernwärts nach den Eltern erkundigte, hieß es: das sind recht ordentliche Leute, aber die ganze Familie liest Schundhefte. Ich nahm mir vor, das junge Menschenkind mit anderer Lektüre bekannt zu machen und gab der Kleinen nach und nach die gesammelten Kinderbeilagen der ›*Gleichheit*‹. Ab und zu auch ein Stück Schokolade oder ein Zuckerplätzchen. Damit hatte ich ihre Freundschaft gewonnen. Ich ließ mir die Beilagen stets wieder zurückbringen, da ich kontrollieren wollte, ob sie auch gelesen wurden. Eines Tages erzählte mir die Kleine, ihre Mutter lese die Blätter auch. Nun gab ich ihr die ganze ›*Gleichheit*‹, jede Nummer, aber mit der Bitte, sie mir wieder zurückzubringen. Heute, nach mehr wie einem Jahr, gehören Vater und Mutter als Parteigenossen zu uns ...«.[3]

Ein weiteres Ziel der *Gleichheit* war die systematische Einführung ihrer Leserinnen in die Geschichte der internationalen Arbeiterbewegung. Dazu bediente sie sich gerne der Nachrufe und Skizzen von historischen Persönlichkeiten, darunter viele Frauen wie Louise Michel, Olympe de Gouges, Jeanne-Marie Rola, russischen Freiheitskämpferinnen u. a. Ein anderer Schwerpunkt war die Geschichte der Französischen Revolution und der Kommune, Themen aus dem Bereich eines studienmäßigen Schwerpunkts von Clara Zetkin während ihrer Pariser Exilzeit. Einen breiten Raum nahm die Darstellung der Arbeits- und Lebensbedingungen von Arbeiterinnen ein:

»In schier endlosem Zug läßt *Die Gleichheit* sie an uns vorüberziehen: die Heimarbeiterinnen und die Fabrikarbeiterinnen, die Landarbeiterinnen und die Dienstmädchen, die Mütter, die mit Mann und Kindern als Hausweberinnen oder Spielzeugmacherinnen schufteten, die Kellnerinnen, die meist einzig für Trinkgelder arbeiteten und sich oft nur durch die Prostitution am Leben hielten; die Verkäuferinnen, die – so wollte es der Chef – für ihre 20 bis 40 Mark Monatslohn Florstrümpfe und elegante Fähnchen kaufen mußten; die proletarischen Hausfrauen, die mit dem schmalen Lohn ihres Mannes niemals die Familie satt bekamen.«[4]

Solche Schilderungen dienten gleichermaßen der Aufklärung wie der Agitation unter den Frauen. Die Arbeiterinnen und Hausfrauen gewannen über ihre eigene isolierte Position hinaus Einblick in das Elend breiter Bevölkerungsschichten und lernten ihr eigenes Leben und ihre eigenen Erfahrungen in einen größeren Zusammenhang zu stellen. Sie erhielten so Zugang zu den kollektiven Erfahrungsmöglichkeiten, die ein notwendiger erster Schritt zur Organisation sind, und identifizierten den Gegner nun nicht mehr als einzelnen Unternehmer, sondern als Teil einer feindlichen Klasse. Zusätzlich zu den Abschnitten in der *Gleichheit*, die direkt als Agitationsmittel eingesetzt wurden, gab es eigens für die Agitation geschriebene Serien, wie Käte Dunckers Artikelfolge »Für die Lese- und Diskussionsabende« (1912), die die Entwicklung der allgemeinen Wirtschaftsgeschichte zum Gegenstand hatte.

In all diesen Artikeln, in den Lageberichten, den Stellungnahmen zu aktuellen Ereignissen und Parteibelangen, den theoretischen Erörterungen und Polemiken war es das Hauptziel der *Gleichheit*, ein sozialistisches Bewußtsein zu wecken, zu vermitteln und zu schulen. Eine eigentliche Rezeption der Werke der ›geistigen Väter‹ der Bewegung fand dagegen nicht statt.

Einen unmittelbaren Bezug zu den sozialistischen Theoretikern bekamen die Leserinnen der *Gleichheit* durch Nachrufe auf Persönlichkeiten aus der Arbeiterbewegung und Würdigungen anläßlich von Geburts- und Jahrestagen. Der einzige Artikel über Karl Marx im ganzen untersuchten Zeitraum steht in einem solchen Kontext. Anläßlich seines 20. Todestages (1903) formulierte Clare Zetkin unter dem Titel »Was die Frauen Karl Marx verdanken« noch einmal die Vorstellungen und Ziele der proletarischen Frauenbewegung auf marxistischer Basis und verband sie mit Engels' Thesen aus dem

Ursprung der Familie, des Privateigentums und des Staates. Dabei bezeichnete sie Engels' Gedankengänge und Gesichtspunkte als ›Teile einer Marxschen Hinterlassenschaft (...), deren der Freund als ein unvergleichlich getreuer und genialer Testamentvollstrecker gewaltet hat‹.[5] In diesem Artikel werden ganze Passagen über die Entwicklungsgesetze der bürgerlichen Gesellschaft aus dem *Kommunistischen Manifest* zitiert und ihre Bedeutung für die gesellschaftliche Stellung der Frau herausgearbeitet.

Diese Form der Rezeption marxistischer Gedankenelemente, also die Verbindung von einzelnen ›Sätzen von lapidarer Wucht‹ (Clara Zetkin) mit der sozialistischen Frauenemanzipationstheorie, bildete für viele Mitglieder der proletarischen Frauenbewegung den einzigen Zugang zur marxistischen Theorie.

Der andere Schriftsteller und Agitator, dessen Verdienste von der *Gleichheit* ausführlich gewürdigt wurden, war August Bebel. An seinem Geburtstag im Jahr 1909 widmete sie ihm fast eine ganze Ausgabe, und an seinem Tod (1913) erschien eine Nullnummer, die sich ausschließlich mit diesem großen Mann und seinem Werk befaßte. Für die proletarische und die bürgerliche Frauenbewegung, wie auch für eine Unzahl einzelner Frauen hatte Bebels *Die Frau und der Sozialismus* eine kaum zu überschätzende Bedeutung. Luise Zietz gibt dazu ein anschauliches Beispiel aus ihrer eigenen Erfahrung:

»Als ich Ende der achtziger Jahre als blutjunge Frau Bebels Buch ›Die Frau und der Sozialismus‹ in die Hand bekam, da ging es mir, wie es so vielen, vielen Proletarierfrauen ebenso ergangen ist: wie Schuppen fiel es uns von den Augen, wir gewannen Verständnis für die Zusammenhänge der wirtschaftlichen und politischen Verhältnisse, für unsere Stellung in der heutigen Gesellschaft, für unsere Klassenzugehörigkeit, für die Notwendigkeit eines solidarischen Handelns der Gesamtarbeiterschaft, um ihren Aufstieg und ihre Befreiung durchzusetzen. Der Zusammenhang von Arbeiterbewegung, Frauenfrage und Sozialismus ward uns klar.«[6]

Hier wird nicht nur einem großen Parteiführer Reverenz erwiesen, sondern die bewegten Kommentare zeigen, daß August Bebel und seine »Frau ...« einen direkten Zugang zu dem Bewußtsein, den Problemen und den Zukunftshoffnungen der Arbeiterinnen gefunden hatten und ihnen zur Artikulation verhalfen.

Karl Marx und August Bebel sind die einzigen sozialistischen Schriftsteller, mit denen sich die *Gleichheit* im untersuchten Zeitraum ausführlich auseinandergesetzt hat. Dies konnte eine Marxismusrezeption nicht ersetzen, sondern allenfalls dazu anregen.

Autobiographische Berichte von Sozialdemokratinnen über ihre Theorierezeption

In den autobiographischen Quellen finden sich Aussagen über eine Beschäftigung mit der sozialistischen Theorie vor allem bei den Frauen, die auch anderweitig in der Partei, in Presse und Agitation hervorgetreten sind, also bei Führerinnen und Agitatorinnen.

Von Clara Zetkin und Lily Braun, den beiden bedeutendsten Sozialdemokratinnen, die nicht aus der Arbeiterklasse stammten, liegen umfangreiche Lebenserinnerungen bzw. Lebensberichte vor, die Auskunft über ihren Bildungsgang und die stufenweise und partielle Aneignung der sozialistischen Theorie geben.

Clara Zetkin stammte aus der Lehrerfamilie Eissner. Der Vater Gottfried hatte sich – als Sohn eines Tagelöhners – seine Verbundenheit mit dem Volk im Sinne eines ›Christen tolstoischer Prägung‹, eines ›Christen der Tat‹ bewahrt. Ihre Mutter Josephine war eine gebildete und emanzipierte Frau, die ganz im Sinne ihres Vaters, eines Anhängers der Französischen Revolution, aufgewachsen war und auch ihre eigenen Kinder in dieser Tradition erzog.

Clara Zetkin hatte durch ihre Mutter die Ideen der 48er Revolution und der Frauenemanzipation kennengelernt und erhielt darüber hinaus, erst zu Hause und später auf dem Lehrerinnenseminar von Auguste Schmidt, einen umfassenden Literaturunterricht. Ihr Bruder und sein Freundeskreis brachten sie – ähnlich wie bei vielen jungen Arbeiterinnen – mit sozialdemokratischen Ideen und sozialistischen Kreisen in Kontakt. In der Beziehung zu dem Russen Ossip Zetkin, dem sie in sein Pariser Exil folgte, bildete sie sich zur Sozialistin heran. Nach August Bebels Buch *Die Frau und der Sozialismus* las sie alle verfügbaren Werke von Marx und Engels: Neben dem *Anti-Dühring* und dem *Ursprung der Familie ...* hat sie vor allem den 1. Band des *Kapitals* und das *Kommunistische Manifest* während ihres langen Lebens in vielen Fragen immer wieder konsultiert.

Während des Pariser Exils (1882–1889) machte Clara Zetkin auch ihre grundlegenden Studien über die französische Geschichte und ihre Revolutionen, die sie später zu Artikeln in der *Gleichheit* verarbeiten sollte. Ihre vielen Publikationen kennzeichnen sie als politische Agitatorin und Aufklärerin. Lediglich in der Broschüre *Karl Marx und sein Lebenswerk* wird von einer wissenschaftlichen Fragestellung ausgegangen. Auch hier stand jedoch – vor Fragen der theoretischen Auseinandersetzung – letztendlich die Agitation im Zentrum von Clara Zetkins Interesse.

Lily Braun hatte einen ganz anderen persönlichen Hintergrund. Sie kam aus dem Hochadel und hatte die standesübliche geistlos vornehme Erziehung dieser Kreise ›genossen‹, d. h.: Sie wurde zu einer Weiblichkeit erzogen, deren höchstes Maß an Vollkommenheit im Nähen und leidlichen Malen, Klavierspiel und der Beherrschung der französischen Sprache bestand. Ihre Wandlung zur Sozialdemokratin vollzog sich als ein allmählicher Lernprozeß und gegen den erbitterten Widerstand ihrer Eltern. Einen positiven Anstoß aus ihrer Familie erhielt Lily Braun zweifellos von ihrer liberalen Großmutter Jenny von Gustedt, einer Persönlichkeit aus Goethes Weimarer Kreis, die sie sich zum Vorbild nahm. Unausgefüllt und mit ihrer Lebensperspektive unzufrieden, löste sich Lily Braun schließlich von ihrem Stand und aus ihrem Familienkreis und fing an zu schreiben, um ihren Lebensunterhalt zu verdienen. Durch ihren Lehrer und Ehemann Georg von Gizycki kam sie mit sozialethischen Ideen in Berührung, die auf sie ›wie eine Offenbarung‹ wirkten. Sie beschäftigte sich immer intensiver mit der sozialen Frage und der Situation der Frauen, von denen sie annahm, daß ›sie vor allem berufen seien, Trägerin der sozialen Bewegung zu sein, die notwendig zum Sozialismus führen müsse‹.[1]

Lily Braun vollzog den Schritt von der radikalen Frauenrechtlerin zur Sozialistin unter dem Eindruck, daß die Sozialdemokratie als einzige Partei wirklich für die Interessen der Frau eintrat. Sie las die Schriften von Karl Marx, Friedrich Engels und August Bebel, die sozialdemokratischen Zeitschriften und Materialien und beschäftigte sich intensiv mit den historischen und wirtschaftlichen Fragen und Problemen der Frauen und insbesondere der Frauenarbeit. Um die Jahrhundertwende publizierte sie die umfassende Studie *Die Frauenfrage, ihre geschichtliche Entwicklung und wirtschaftliche Seite*[2].

Clara Zetkins und Lily Brauns Bemühungen um eine Rezeption der sozialistischen Theorie waren mindestens ebenso an ihr persönliches Erkenntnisinterese und ihre individuellen Anstrengungen gebunden, wie sie durch äußere Umstände (Herkunft, Freundeskreis, Liebesbeziehungen etc.) gefördert wurden. Für beide Frauen besaß die Theorie ihre Bedeutung nicht im Kontext wissenschaftlicher Auseinandersetzungen, sondern als zielsetzende, handlungsrelevante Lehre.

Die Lebenserinnerungen von Sozialdemokratinnen und Gewerkschafterinnen, die ihren politischen Lernprozeß reflektieren, sagen nur wenig über eine Theorierezeption aus. Lesen wird zwar verschiedentlich als ein großes Bedürfnis erwähnt, es wird jedoch meist nicht näher spezifiziert, was eigentlich gelesen wurde. Die verstreuten und oft recht unpräzisen Angaben reichen von den *Liebesabenteuern der Isabella von Spanien* über die deutschen Klassiker bis zu August Bebels *Frau* .... Regelmäßige Erwähnung finden vor allem Broschüren, insbesondere von Friedrich Engels, Ferdinand Lassalle und Johann Jacobi.

Die vorliegenden Berichte veranschaulichen, wie stark die lebensgeschichtlichen Umstände den Umfang und selbst die Form der Rezeption des sozialistischen Gedankengutes prägten. Einen Hinweis auf die Effektivität der sozialdemokratischen Agitation geben verschiedene Schilderungen darüber, wie die Autorinnen in den Versammlungen der SPD die Initialzündung für ihr Engagement in der Arbeiterbewegung erhielten. Daneben spielten Lesungen und Diskussionen in der Familie, unter Bekannten und selbst im Arbeitskollektiv, mit einem bezahlten Vorleser[3], eine große Rolle. Ottilie Baader beschreibt eine solche Situation in ihren Lebenserinnerungen:

»Der Vater las vor, und wir sprachen darüber, während ich nähte. An Marx' ›Kapital‹ haben wir im ganzen ein Jahr gelesen. Bebels ›Frau‹ habe ich dann später aber alleine gelesen.«[4]

Und Sophie Jobst erzählt, wie sie im Kreise ihrer sozialdemokratischen Familie und Freunde zu einer aktiven Sozialistin heranwuchs:

»Unser Haus war die Zufluchtsstätte aller gemaßregelten und verfolgten Parteigenossen. Daher lernte ich frühzeitig den Sozialismus kennen ... Abends kamen immer Arbeiter, die Parteigenossen waren, zu uns, und ich mußte vorlesen. ›Freigeist‹, ›Volksfreund‹, ›Volkstribüne‹ und ›Arbeiterstimme‹ waren der Lesestoff ... Ich lernte viele sozialistische Gedichte auswendig und, wenn eine Versammlung aufgelöst wurde oder ... nicht abgehalten werden konnte, trug ich im Verein ... Gedichte vor ... Und sonntags sangen Genossin Engelkraut ... und ich Lieder, um Geld für Parteizwecke zu bekommen.«[5]

Die Theorierezeption fand also vielfach in der Gruppe, als kollektiver Lernprozeß statt. Das Prinzip der kollektiven Aneignung hat sich auch in den Schulungseinrichtungen der Frauenbewegung, den Lese- und Diskussionsabenden, bewährt, wo es als leitendes Lernprinzip eingesetzt wurde.

Zusammenfassend ist zu sagen, daß die Marxismusrezeption in der Partei nach dem Fall des Sozialistengesetzes zum Stillstand kam, bzw. sogar rückläufig wurde. Die proletarische Frauenbewegung war davon um so mehr betroffen, als sie sich nach 1890 konstituiert und erst nach 1900 zu einer Massenorganisation entwickelt hatte.

Die verfügbaren Lebenserinnerungen und Berichte legen den Schluß nahe, daß eine allgemeine Marxismusrezeption in der Frauenbewegung nicht stattgefunden hat und auch nicht Gegenstand der erzieherischen Initiativen der Führerinnen bildete. Die leitenden Genossinnen förderten vielmehr sehr allgemein eine bessere Bildung der Proletarierinnen, weg vom beliebten Kolportageroman in Richtung auf bürgerliche Kulturinhalte.

Wenn Elemente der marxistischen Theorie Eingang in die Masse der organisierten Frauen fanden, so geschah es im Kontext der sozialdemokratischen Agitation und Presse, also bereits in vermittelter Form. Lediglich August Bebels *Frau* hatte einen direkten und starken Einfluß auf die Sozialismusvorstellungen in der Partei, und zwar bei Frauen und Männern gleichermaßen.

Diese Aussagen müssen für die Führerinnen und Agitatorinnen der proletarischen Frauenbewegung modifiziert werden. In den Lese- und Diskussionsabenden wurde eine Auslese von Frauen mit den Grundzügen der Parteitheorie bekannt gemacht und in ihre agitatorische Umsetzung eingeschult. Die bekannten Führerinnen der Frauenbewegung wie Clara Zetkin,

Ottilie Baader, Luise Zietz und Lily Braun waren, wenn auch in unterschiedlichem Ausmaß und Intensität, sowohl mit den sozialistischen Publikationen im allgemeinen wie mit den zentralen Werken von Karl Marx, Friedrich Engels und Ferdinand Lassalle vertraut.

Sozialdemokratische Frauen-Bibliothek

I.

Die Frauen

und der politische Kampf

Von Luise Zietz

Berlin 1912

Verlag: Buchhandlung Vorwärts Paul Singer G. m. b. H.

(Hans Weber-Berlin)

Sozialdemokratische Agitationsschrift

3 *Die politische Struktur der proletarischen Frauenbewegung*

Die politische Struktur der proletarischen Frauenbewegung ist bislang nur oberflächlich untersucht worden. Sofern die einschlägigen Arbeiten sich überhaupt auf eine politische Einschätzung einlassen, wird sie gewöhnlich dem linken Flügel der Partei zugeordnet.[1] Diese Einschätzung hat sich von zeitgenössischen Urteilen bis in die heutige Zeit behaupten können. Dies ist erklärlich, wenn man bedenkt, daß über den ganzen Zeitraum von 1890 bis 1917 die sozialdemokratische Frauenbewegung nach außen (und in den uns erhaltenen Dokumenten) vornehmlich von Clara Zetkin repräsentiert wurde, die in der Partei wie in der Frauenbewegung eine Schlüsselfigur der Linken war. Clara Zetkin prägte weitgehend die offizielle Eigendarstellung der Frauenbewegung in der *Gleichheit,* auf Frauenkonferenzen und Parteitagen. Ihr war vor allem die ›prinzipielle Festigkeit‹ zu verdanken, die an der Frauenbewegung geschätzt wie auch gefürchtet wurde.

Der Geltungsbereich der offiziellen Selbstdarstellung muß jedoch hinterfragt werden. Eine detaillierte Analyse zeigt, daß sie keineswegs das ganze politische Spektrum der proletarischen Frauenbewegung umfaßt, sich vielmehr bewußt auf die Vertretung der offiziellen Frauenemanzipationstheorie beschränkt und die bestehenden reformistischen Ansätze ausklammert.

An ein paar Beispielen soll daher gezeigt werden, daß die geläufigen Argumente, die als Nachweis für einen linken oder überhaupt einheitlichen Charakter der Frauenbewegung herangezogen werden, zu wenig konsistent sind. Dies gilt zunächst und vor allem einmal für Clara Zetkin selber. Clara Zetkin war, neben ihrer Funktion als Führerin der Frauenbewegung und Redakteurin der *Gleichheit,* zugleich eine der aktivsten Frauen in der allgemeinen Parteipolitik. Sie war die einzige Frau, die ab 1892 an allen Parteitagen teilnahm und auch aktiv in die Diskussion eingriff. Hier bezog sie immer wieder in den verschiedensten Fragen gegen Reformisten und Revisionisten Stellung, um sich später in den Auseinandersetzungen um den Massenstreik von der offiziellen Parteitheorie zu lösen und seinen Befürwortern anzuschließen. Sie gab der offiziellen Frauenemanzipationstheorie inhaltliche Grundlagen und Zielsetzungen, erhielt ihr jedoch eine dynamische Dimension, die sie vor der praktischen Irrelevanz des ›offiziellen Radikalismus‹ bewahrte. In ihrer Praxisausrichtung und ihrer konsequent am Klassenkampf und am Endziel – der Revolution – orientierten Grundhaltung, die nach dem Vorbild der russischen Revolution an die Massen als zentralen Handlungsträger anknüpfte, integrierte Clara Zetkin zentrale Thesen und Forderungen, die später von der Parteilinken in Abgrenzung zum ›offiziellen Radikalismus‹ vertreten wurden. Ohne daß sie einen selbständigen Beitrag zur Formulierung des Linksradikalismus geleistet hätte, gehörte Clara Zetkin so zu den einflußreichsten Politikern der Parteilinken. Dies drückt sich u. a. in dem zeitweise stark vom Linksradikalismus geprägten Charakter der Kontrollkommission[2] aus, der Clara Zetkin ab 1895/6 angehörte und wo sie großen Einfluß hatte.

Clara Zetkin wirkte also nicht als Vertreterin einer wie auch immer gearteten Frauenbewegung in der Partei, sondern sie war eine linke Politikerin, die es sich – anders als ihre Freundin Rosa Luxemburg – zur besonderen Aufgabe gemacht hatte, mit Frauen zu arbeiten und die Frauenbewegung zu einem aktiven Instrument des Klassenkampfes zu entwickeln.

Die Gleichheit war ein weiterer Agent der ›prinzipiellen Festigkeit‹ der proletarischen Frauenbewegung und hat als Dokument und Nachweis ihrer politischen Einheit große Bedeutung. Es gibt jedoch einige Hinweise darauf, daß sich hier – wenn auch mit einem anderen politischen Akzent – die Praxis der Parteileitung reproduzierte, abweichenden Meinungen den Zugang zu den Parteiorganen zu erschweren oder ganz zu entziehen.[3]

In der *Gleichheit* wurden zwar auch solche Artikel publiziert, die sich nicht in Einklang mit der offiziellen Theorie der Frauenbewegung befanden, dies geschah jedoch nie ohne kritischen Kommentar: Die Leserinnen sollten auf Abweichungen vom offiziellen Standpunkt aufmerksam gemacht und auf die offizielle Politik eingeschworen werden. Von daher bietet *Die Gleichheit* ein einheitliches Bild, das den (damaligen wie heutigen) Lesern den Eindruck vermitteln konnte, es handle sich bei abweichenden Stellungnahmen lediglich um einzelne Fehltritte. Gegen diese Interpretation sprechen allerdings die verschiedentlichen Klagen gegen Clara Zetkins ›eigenmächtige‹ Publikationspolitik und Vorfälle, wie die Publikationssperre für Lily Braun.

Lily Braun war eine prominente Reformistin und Gegenspielerin Clara Zetkins. Nach einigen heftigen polemischen Kontroversen dieser beiden Frauen (z. B. über den zukünftigen organisatorischen Status der Frauenbewegung 1897 und die Frage der Wirtschaftsgenossenschaften 1901) durfte Lily Braun in der *Gleichheit* (ab 1902) nicht mehr publizieren. Ihre Artikel erschienen daraufhin in den *Sozialistischen Monatsheften* bzw. in der *Neuen Gesellschaft*, die zwischen 1905 und 1907 von ihr und ihrem 2. Mann, dem Sozialdemokraten Heimricht Braun, regelmäßig herausgegeben wurde.

Eine andere Plattform der offiziellen Selbstdarstellung der Frauenbewegung waren die Frauenkonferenzen, die ab 1900 regelmäßig tagten. Die Resolutionen, die hier angenommen wurden, befanden sich üblicherweise auf dem Boden der offiziellen Frauenemanzipationstheorie. Abstimmungsergebnisse und Beschlüsse der Frauenkonferenzen geben jedoch nicht unmittelbar Auskunft über ihre Praxisrelevanz oder die Stärke der Anhängerschaft der einzelnen Richtungen in den Organisationen selber. Eine wachsende interne Kritik an den Frauenkonferenzen und Ansätze zu einer verselbständigten Entscheidungspolitik der Führungsspitze der Frauenbewegung in einzelnen wichtigen Fragen (wie beispielsweise die Anstellung einer Vertrauensperson 1895) deuten darauf hin, daß der Repräsentationscharakter der Frauenkonferenzen auch innerhalb der proletarischen Frauenbewegung nicht unangefochten blieb.[4]

Die kurze Skizze der Probleme, die sich bei dem Versuch einer politischen Einschätzung der proletarischen Frauenbewegung ergeben, hat gezeigt, daß wir uns von der offiziellen Selbstdarstellung entfernen und den Kontroversen zuwenden müssen, die in ihr keinen Ausdruck finden. Das heißt, wir müssen die Auseinandersetzungen verfolgen, die sich in den Organisationen und vor der offiziellen Beschlußfassung auf Parteitagen und Frauenkonferenzen abspielten, und die Polemiken in der *Gleichheit* als Auseinandersetzung mit einer noch näher zu bestimmenden Opposition lesen lernen. So wird bald klar, daß die proletarische Frauenbewegung ein differenziertes politisches Spektrum aufweist: Von Beginn an standen sich in allen wichtigen Fragen kontroverse Meinungen gegenüber.

Diese manifestieren sich vornehmlich als Auseinandersetzung um die richtige Frauenemanzipationstheorie, insbesondere in der Frage nach der Bündnisfähigkeit der bürgerlichen Frauenbewegung.

Zugleich wird deutlich, daß die internen theoretischen Auseinandersetzungen lediglich für eine politische Einschätzung der an ihnen beteiligten Führerinnen Bedeutung haben. So wenig, wie eine Darstellung der politischen Grundrichtungen in der SPD Aufschluß über die Richtungsloyalität ihrer Mitglieder geben konnte, so gering sind die Aussichten, von der Qualität und Quantität der Aussagen der sozialdemokratischen Führerinnen auf die Verbreitung ihrer Ideen an der Basis der proletarischen Frauenbewegung zu schließen. Da die meisten Frauen sich ohnehin nicht mit Theorie befaßten, möchte ich auf den Versuch einer Einordnung der Frauenbewegung insgesamt in das politische Richtungsgefüge der Partei verzichten. Statt dessen wird versucht, mit der Einführung des Begriffs ›radikal‹ zu einer am praktischen Selbstverständnis und an der praktischen Politik der Frauenbewegung orientierten Einschätzung zu kommen.

Die politische Haltung der sozialdemokratischen Führerinnen

Sieht man von so exponierten Persönlichkeiten wie Clara Zetkin und Lily Braun ab, so bereitet schon eine politische Einschätzung der Führungsspitze der proletarischen Frauenbewegung einige Mühe. Dies hängt einmal damit zusammen, daß die Frauen relativ wenig Einfluß in der Partei hatten und an den dortigen Auseinandersetzungen selten aktiv oder gar strukturierend teilnahmen.[1] Zum anderen war die Arbeit in der Frauenbewegung selber zum großen Teil praktisch-organisatorischer Natur, die theoretische Auseinandersetzungen kaum auftreten ließ. Die tägliche Kleinarbeit, die Gewinnung neuer Mitglieder, die Schulung, die Vorbereitung und Durchführung von Wahlkämpfen, der Kampf um punktuelle wirtschaftliche und politische Verbesserungen: Über die Notwendigkeit dieser Schritte war man sich in der Frauenbewegung (wie in der Partei) einig.

Politische Differenzen unter den leitenden Sozialdemokratinnen traten vor allem da hervor, wo es um zentrale Fragen der Strategie und Taktik ging, so z. B. um die Bündnisfähigkeit der bürgerlichen Frauenbewegung, den Stellenwert der alltäglichen Organisations- und Reformarbeit für das Ziel, die sozialistische Gesellschaft, und andere grundsätzliche Probleme.

Der Versuch, die sozialistischen Führerinnen politisch einzuordnen, führt daher nicht zu einer festen Fraktionierung wie in der Gesamtpartei, sondern erfolgt als idealtypische Kennzeichnung. Kriterien sind die Stellungnahmen in Parteikonflikten, die Haltung in den Auseinandersetzungen um die Frauenemanzipationstheorie (Verhältnis zur bürgerlichen Frauenbewegung) und *Die Gleichheit*, und schließlich die Parteinahme in der Frage der Burgfriedenspolitik (Stillhaltepakt der SPD-Führung mit der Regierung) der SPD bei Kriegsausbruch.

In der proletarischen Frauenbewegung können nach einem groben Raster zwei politische Gruppierungen unterschieden werden: die Vertreterinnen der offiziellen Frauenemanzipationstheorie und die Reformistinnen. Die meisten Frauen, die im untersuchten Zeitraum in den organisatorischen Zentren der Frauenbewegung (wie Hamburg, Berlin, Dresden, Leipzig) und auf den Frauenkonferenzen strukturierend und leitend aktiv waren, standen auf dem Boden der offiziellen Frauenemanzipationstheorie. In Abgrenzung gegenüber der bürgerlichen Frauenbewegung propagierten sie eigenständige sozialistische Frauenorganisationen auf der Basis der ›reinlichen Scheidung‹.[2] Sie befanden sich ihrem Selbstverständnis nach im Einvernehmen mit der *Gleichheit* und verteidigten sie erfolgreich gegen alle Versuche der ›Popularisierung‹. Zugleich lehnten sie die Einführung einer besonderen Frauenzeitung – als spalterisch und entpolitisierend – ab.

Sie waren der Motor der Bewegung, und die aktive Kampfbereitschaft, die sie bei der Durchsetzung ihrer Forderungen und in Klassenkampfsituationen unter Beweis gestellt haben, richtete sich gelegentlich – und nach dem Zusammenschluß mit der Partei 1908 zunehmend – auch gegen den Parteivorstand selber.

Diese Sozialdemokratinnen bildeten einen wichtigen Rückhalt der oppositionellen Formierungen in der SPD gegen die Burgfriedenspolitik der Parteileitung. Sie gingen 1917 mehrzählig zur USPD über, die eine friedliche Opposition gegen die

Kriegskredite und den Krieg verfolgte. Eine Reihe von diesen Genossinnen treffen wir in der Spartakusgruppe wieder, der Keimzelle der späteren Kommunistischen Partei Deutschlands. Die Agitations- und Propagandaarbeit des Spartakusbundes wie überhaupt die illegale Arbeit unter dem Kriegszustand wurde zu einem großen Teil von Frauen und Mädchen getragen. Neben langjährigen Führerinnen der proletarischen Frauenbewegung wie Auguste Lewinsohn (eine nahe Freundin Clara Zetkins, die in der Novemberrevolution in den Dresdner Arbeiter- und Soldatenrat gewählt wurde) und Valeska Meinig (eine sehr beliebte Genossin, bei der sogar die Ortspolizisten ein Auge zudrückten, damit sie ungehindert die Spartakusflugblätter drucken konnte) waren auch viele junge Frauen, wie Herta Geffke und Olga Körner, und ganz junge Mädchen mit der gefährlichen Reise- und Transportarbeit betraut.[3]

Dieser Schritt zur Opposition war jedoch auch für viele Vertreterinnen der offiziellen Frauenemanzipationstheorie mit großen Loyalitätsproblemen verbunden. Beispiele dafür sind Luise Zietz und Ottilie Baader.

Luise Zietz war die einzige Frau im Parteivorstand, zunächst als Beisitzerin (ab 1909) und später als Schriftführerin. Ottilie Baader war ab 1904 die hauptamtlich angestellte Vertrauensperson der Frauenbewegung und ab 1908 die Leiterin des Zentralfrauenbüros, das 1911 dem Büro des Parteivorstandes eingegliedert wurde. Beide Frauen hatten im Rahmen der Gesamtpartei wie auch innerhalb der Frauenbewegung eine Reihe von Aufgaben zu wahren, die sich vor allem bei Konflikten zwischen der Frauenbewegung und der Parteileitung nicht immer vereinbaren ließen. Da sie dazu tendierten, bei solchen Differenzen (z. B. in der Frage der regelmäßigen Durchführung der Frauenkonferenzen) gegen die Interessen der Genossinnen im Sinne des Vorstandes zu entscheiden, gerieten sie nach 1910 zunehmend unter Beschuß der radikalen Teile der Frauenbewegung. Als Vertreterinnen der Vorstandspolitik nach innen wie nach außen werden Luise Zietz und Ottilie Baader im allgemeinen dem ›offiziellen Radikalismus‹ zugerechnet. Dieser Position blieben sie bis kurz nach Kriegsbeginn treu. Der Kriegsausbruch und die Burgfriedenspolitik der SPD-Führung haben jedoch auch Luise Zietz zu einer allmählichen Änderung ihrer Einstellung gezwungen. Zwar konnte sie sich selbst nach langem Zaudern nicht zur Teilnahme an der

Friedenskonferenz der sozialistischen Fraueninternationale in Bern (1915) entschließen, die unter dem Bannfluch des Parteivorstandes stand; doch schloß sie sich 1917 wie die meisten ihrer Kolleginnen der USPD an. Auch Ottilie Baader gab 1917 ihre Position als Mitarbeiterin des Sozialdemokratischen Frauenbüros auf und zog sich, nun schon eine alte Dame, auf einen weniger exponierten Wirkungsbereich zurück.

Der politische Lebenslauf dieser Genossinnen gibt ein typisches, aber keinesfalls vollständiges Bild von der Entwicklung der proletarischen Frauenbewegung. Neben der offiziellen Frauenemanzipationstheorie existierten verschiedene Ansätze, sich in Einzelfragen oder auch in tragenden Teilen von ihr zu lösen. Solche Bestrebungen traten zunächst nur vereinzelt auf. Nach dem Zusammenschluß mit der Partei (1908) gewannen sie jedoch merklich an Boden, wenn es ihnen auch nicht gelang, die offizielle Frauenemanzipationstheorie zu verdrängen. Diese Tendenz wurde durch die massiven Anschläge auf die Kampfformen der proletarischen Frauenbewegung im Rahmen der Integrationsstrategien der Parteileitung sehr gefördert.

Von einer zusammenhängenden Kritik an der offiziellen Frauenemanzipationstheorie kann man erst in den letzten Jahren vor dem Ersten Weltkrieg sprechen. Dies geschah allerdings nicht als Auseinandersetzung mit dem marxistischen Selbstverständnis der offiziellen Frauenemanzipationstheorie, sondern als eine schlichte Ersetzung ihrer Prinzipien durch reformistische Vorstellungen unter Berufung auf die allgemeine (nämlich reformistische) Parteipraxis. Daher möchte ich diese Opposition als reformistische Position bezeichnen.

Bereits in der Mitte der neunziger Jahre artikulierten sich die Reformistinnen zunehmend in den nicht parteioffiziellen sozialdemokratischen Zeitschriften (z. B. den *Sozialistischen Monatsheften*) und nahmen auch im Rahmen der Parteitage und Frauenkonferenzen wiederholt Stellung. Die Abweichung der reformistischen Position von der offiziellen Frauenemanzipationstheorie läßt sich zuerst und am deutlichsten in dem Verhältnis zur bürgerlichen Frauenbewegung nachweisen. Die Reformistinnen lehnten eine Zusammenarbeit mit den bürgerlichen Frauen keineswegs ab, sondern begrüßten sie als eine willkommene Verstärkung.

Diese Auffassung, die auf dem Gothaer Parteitag (1896)

zunächst nur von einer einzigen Teilnehmerin vorgebracht wurde, führte in den folgenden Monaten zu einer heftigen Kontroverse über das Verhältnis von proletarischer zu bürgerlicher Frauenbewegung in der *Gleichheit*. Clara Zetkins Postulat der ›reinlichen Scheidung‹ wurde von den Reformistinnen in den Publikationsorganen, die ihnen zur Verfügung standen, aufgegriffen und zusehends heftiger bekämpft.

Anhand einer ganzen Reihe von meist praktischen Einzelfragen bildete sich so allmählich ein Modell von gesellschaftlicher Veränderung im allgemeinen und Frauenemanzipation im besonderen heraus, das mit der offiziellen Frauenemanzipationstheorie nur noch wenig gemein hatte. Es fand seine ideologische Verdichtung in der Konzeption des ›neuen Frauentypus‹ von Wally Zepler.

Lily Braun, die politisch wohl exponierteste Reformistin, bemühte sich um eine differenziertere Politik. Dabei verstand sie sich zumindest zeitweise als eine radikale Reformerin, die den Boden der offiziellen Frauenemanzipationstheorie keineswegs verlassen hatte, sondern sie gerade im Interesse einer flexiblen und damit erfolgreicheren Politik modifizierte. In der Diskussion um das Verhältnis von proletarischer zu bürgerlicher Frauenbewegung setzte sie daher klare Prioritäten für die erstere, ohne die letztere als Propaganda-, Diskussions- und begrenztes Aktionsforum ganz auszuschließen.[4]

Es würde hier zu weit führen, Lily Brauns schillernde persönliche und politische Entwicklung im einzelnen nachzuzeichnen. Ihre prinzipielle Kooperationsbereitschaft mit bürgerlichen Gruppierungen, der bürgerlich-liberale Tenor ihrer Organisationsvorschläge und ihre weitgehend an den Bedürfnissen und Möglichkeiten des Bürger- bzw. Kleinbürgertums orientierten Genossenschaftsprojekte ziehen klare Trennlinien zur offiziellen Frauenemanzipationstheorie.

Die Distanz zur offiziellen Frauenemanzipationstheorie machte aus Lily Braun und den anderen Reformistinnen zugleich Kritikerinnen und Gegnerinnen der *Gleichheit*. Sie lancierten eine Reihe von ›Popularisierungskampagnen‹, die über einen angemessenen inhaltlichen Ausbau der Zeitschrift zum Massenorgan hinaus (z. B. die Einführung der Beilagen für Hausfrauen bzw. Kinder), auf eine Öffnung der *Gleichheit* für Beiträge aus ihren Reihen bzw. ihre politische Neukonzeption im Sinne des Reformismus abzielten. Die anhaltenden

Popularisierungsbemühungen gegenüber der *Gleichheit* sind also immer auch zugleich ein Spiegel der Auseinandersetzungen der beiden politischen Richtungen innerhalb der Frauenbewegung.

Bei Kriegsausbruch finden wir keine einzige Reformistin auf der Seite der radikalen Kriegsgegner. Ihre Position hatte sich jedoch indessen dadurch verstärkt, daß mit Meta Corssen, Marie Juchacz, Gertrud Hanna u. a. eine neue Generation von Sozialdemokratinnen in exponierte Positionen innerhalb der Frauenbewegung nachgerückt war, die ihrem Selbstverständnis und ihrer Praxis nach den Anspruch einer sozialistischen Kampfpartei längst aufgegeben hatte. Diese Frauen, die die eigentlichen Träger der sozialdemokratischen Frauenbewegung in der Weimarer Republik werden sollten, machten bei Kriegsausbruch die Entwicklung bedeutender Teile der SPD zu einer nationalistischen und kriegsbegeisterten Partei mit. Ihre Begeisterung für die Nation manifestiert sich in patriotischen Hymnen auf die ›höhere Einheit‹ des deutschen Vaterlandes (Wally Zepler) und schwülstigen Ergüssen über die ›Kulturbedeutung des Krieges‹, die der Frauenbewegung ›aus der natürlichen Quelle des Weibtums Ströme frischen Wassers‹ zufließen lasse (Lily Braun).

Wie diese kurze Skizze der beiden politischen Grundrichtungen zeigt, besaß die proletarische Frauenbewegung spätestens bei Kriegsausbruch keine gemeinsame Organisationsgrundlage mehr. Sie durchlief einen ähnlichen Prozeß von Auflösung und Reintegration wie die deutsche Arbeiterbewegung insgesamt. An ihrem Ende stehen die SPD, als eine ihres klassenkämpferischen Selbstverständnisses entkleidete bürgerliche Reformpartei, und eine neue proletarische Kampfpartei, die KPD nach leninschem Vorbild.

Die politische Einstellung der Basis

Der Riß in der deutschen Arbeiterbewegung, dessen organisatorische Besiegelung die Gründung der KPD war, kann nur für die Führungsspitze der Partei und der Frauenbewegung im einzelnen nachgewiesen werden. Der Geltungsbereich der politischen Einschätzungen auf der Ebene der sozialdemokratischen Führung erstreckt sich also nicht auf die Mitglieder im allgemeinen. Tatsächlich ist die SPD in ihrer Eigenschaft als Massenorganisation – von wenigen Ausnahmen abgesehen[1] – bislang kaum erforscht worden. Die proletarische Frauenbewegung macht hier keine Ausnahme. Auch ihre Geschichte erscheint in den uns erhaltenen Dokumenten und Zeugnissen vor allem als die Geschichte ihrer Führerinnen. Bereits die politische Einschätzung der leitenden Genossinnen mußte auf zusätzliche Hinweise außerhalb des Bereichs der engeren Theorierezeption und der Grundrichtungen in der SPD abgestützt werden (z. B. Stellung zur *Gleichheit*, Haltung bei Kriegsausbruch etc.). Für die breiten Teile der organisierten Frauen verliert die politische Richtungsdifferenzierung in der Partei vollends an Bedeutung, da die meisten Sozialdemokratinnen noch weniger als ihre männlichen Kollegen mit der Theorie vertraut waren.

Der Rekurs auf die Rezeption der marxistischen Theorie in der Partei hat gezeigt, daß die meisten Mitglieder an den Auseinandersetzungen um die ›richtige Theorie‹ – die sich ja im wesentlichen um Interpretation und Verständnis des marxistischen Erbes drehte – nicht beteiligt waren. Die Richtungskämpfe in der Partei spielten sich außerhalb des Verständnisses der breiten Mitgliedschaft ab und riefen entsprechendes Mißtrauen gegenüber jedem ›Kerl, der spekuliert‹ auf den Plan.[2] Eine Einschätzung der Basis der Frauenbewegung ist daher auf andere politisch konstituierende Momente angewiesen. Hier drängt sich die Haltung der Frauen in Klassenkampfsituationen, aber auch in Konflikten und Auseinandersetzungen mit dem Parteivorstand auf. Das Selbstverständnis der Frauen, das sich in diesen Bereichen bekundet hat, scheint – außerhalb der Theorierezeption auf praktisch-organisatorischer Ebene – am ehesten einer politischen Analyse zugänglich.

Es fällt auf, daß die Frauen, die einmal den langen und mit vielen persönlichen Opfern verbundenen Weg zur Arbeiterbewegung gefunden haben, zu den aktivsten, handlungsfähigsten und kampfbereitesten Gruppen in den Organisationen gehören. Dies zeigt sich nicht nur im Rahmen der täglichen Kleinarbeit, wo es einer Handvoll von Frauen innerhalb weniger Jahre gelang, die Frauenbewegung aus rudimentären Anfängen zu einer Massenorganisation zu entwickeln. Es wird auch in den Tageskämpfen bestätigt, wo die Frauen von gefürchteten Streikbrecherinnen zu aktiven Mitstreikerinnen und -streiterinnen wurden, die im vollen Bewußtsein ihrer Bedeutung als Produzentinnen und Konsumentinnen ihre kollektive Macht in Streiks und Boykotten, auf Demonstrationen, Aktionen und dem von ihnen geschaffenen Frauentag, zum Zweck sozialreformerischer Momentanerfolge und Weitertreibung des Klassenkampfes gleichermaßen eingesetzt haben. Nach der Jahrhundertwende, in Massenstreiks (z. B. bei den Moabiter Unruhen 1910[3]) und den großen wirtschaftlichen Konflikten standen daher Genossinnen genauso wie ihre unorganisierten Leidensgefährtinnen neben ihren Männern und Kollegen in vorderster Kampflinie gegen Streikbrecher und Polizei. Heinrich Teuber berichtet beispielsweise über die Bergmannsfrauen:

»Nicht selten greifen die Frauen aktiv in die Kämpfe der Männer ein, erreichen als Streikposten und bei ähnlichen Aufgaben oft mehr als Männer. Hierbei zeigt sich fast stets, daß die Frau, einmal von der Rechtlichkeit ihres Wollens durchdrungen, eine ungeheure Energie entwickelt und manchen Mann beschämt... Beim Ruhrstreik von 1912 wurden zahlreiche Frauen gerichtlich verurteilt – darunter zu Gefängnis –, weil sie Streikbrecher verprügelt, mit Steinen beworfen und beleidigt haben sollten.

Die Generalaussperrung der Ruhrbergleute im Mai 1924 sah ebenfalls ganze Kompagnien weiblicher Streikposten aufziehen, wobei sie mit Stöcken bewaffnet die Arbeitswilligen auf ihren Schleichwegen abfingen und nach Hause trieben. Zumal beim Wechsel der Nachtschicht sah es seltsam aus, wenn die Frauen mit brennenden Laternen aus ihren Dörfern angezogen kamen und die Zechen in weitem Umkreis umstellten.«[4]

Die aktive und kampfbereite Haltung, die die Geschichte der proletarischen Frauenbewegung durchzieht, beruhte zu einem gewissen Grad auf ihren (vom frauendiskriminierenden Vereinsgesetz aufgenötigten) lockeren und flexiblen Organisationsformen sowie auf dem weitgehenden Fehlen eines Funktionärsapparates. Dadurch verfügte die proletarische Frauenbewegung – zumindest bis zum organisatorischen Zusammenschluß mit der Partei (1908) – über einen Spielraum für selbständige und spontane Aktivitäten, den sie praktisch auszunutzen verstand und der sie immer wieder in Kollision mit den Interessen und Gepflogenheiten des offiziellen Parteikurses brachte.

Praxisgebundenheit, Kampfbereitschaft und am Erfolg ausgerichtete Wahl der Kampfmittel – diese tragenden Elemente der proletarischen Frauenbewegung legen es nahe, sie als eine ›radikale‹ Bewegung zu charakterisieren. Dieser Begriff bietet sich an, weil sein etymologischer Gehalt, ›an der Wurzel ansetzend‹, theoretische Momente zunächst zurückstellt und den praktischen Kampf im Interesse einer umfassenden, ›an die Wurzel gehenden‹ Veränderung in den Vordergrund stellt.

Die politisch eher links orientierten leitenden Genossinnen haben an diese radikale Grundhaltung angeknüpft, sie verstärkt und ihr in vieler Hinsicht Ziel und Richtung gegeben. Der radikale Charakter der proletarischen Frauenbewegung und der spontan mitkämpfenden und mitleidenden unorganisierten Hausfrauen, die sich vielerorts an den Kämpfen beteiligten, beruhte nicht zuletzt auf einer Reihe außerorganisatorischer Faktoren, die sich im Lebenszusammenhang der proletarischen Frau zu der Konsequenz verdichtete, daß die Frauen alles zu gewinnen und nichts zu verlieren haben.

Diese Momente haben zweifellos die Bereitschaft der Frauen zu radikalen Lösungen und ihre Loyalität zu ihren Führerinnen, die auf eine radikale, d. h. eine revolutionäre Veränderung hinarbeiteten, verstärkt. In einer Reihe von Konflikten zwischen den Leiterinnen der Frauenbewegung und dem Parteivorstand drückte sich diese Loyalität als offene Parteinahme gegen den letzteren aus, wie überhaupt persönliche Loyalitäten und lokale Traditionen eine nicht zu unterschätzende Rolle bei den internen Parteikonflikten gespielt haben.

Über das Ausmaß des Hurrapatriotismus und die Einstellung zur Burgfriedenspolitik an der Basis der proletarischen Frauenbewegung lassen sich kaum verbindliche Aussagen machen. Wenn auch Tausende von Frauen mit ihren Führerinnen bei Kriegsausbruch in die Opposition gingen, so wurden doch auch viele vom allgemeinen Kriegstaumel erfaßt und traten in den ›Nationalen Frauendienst‹, eine patriotische Schöpfung der bürgerlichen Frauenbewegung, ein, um ihre ›vaterländische Pflicht‹ zu erfüllen. Da jedoch die proletarischen Frauen als erste und am härtesten unter den Kriegsfolgen zu leiden hatten, konnte ein solches Engagement nicht von Dauer sein, wie die rasch steigende Zahl der Austritte schon in den ersten Kriegsjahren belegt. Auch die Organisationsziffern während des Krieges – als Nachweis einer Organisationsdistanz – geben keinen hinlänglichen Aufschluß. Zehntausende von Frauen traten aus der Partei aus, noch größere, vielfach frontbedingte Austritte bei den männlichen Parteimitgliedern trieben den weiblichen Organisationsanteil jedoch zugleich auf einen einmaligen Höhepunkt.

Das weitere politische Schicksal der Genossinnen aus der Vorkriegszeit läßt sich im einzelnen nicht verfolgen. Ein Teil hat sich – von ihren Erfahrungen enttäuscht und von der Situation überwältigt – vermutlich wieder ins Privatleben zurückgezogen. Andere fanden einen neuen organisatorischen Zusammenhang in der KPD. Viele jedoch blieben der SPD treu, und die Gewinnung neuer, nun endlich wahlberechtigter weiblicher Mitglieder hat die sozialdemokratischen Organisationserfolge nach dem 1. Weltkrieg wesentlich mitgetragen.

4 *Die Entwicklung der Frauenemanzipationstheorie*

Die Formulierung der sozialistischen Frauenemanzipationstheorie war an Klärungsprozesse innerhalb der Arbeiterbewegung gebunden. Der frühe proletarische Antifeminismus[1] wurde in Jahrzehnte währenden Auseinandersetzungen und unter der ›harten Logik der Tatsachen‹ (Clara Zetkin) allmählich überwunden und machte einer defensiven Anerkennung der Frauenarbeit und Frauenorganisation Platz. Der Pariser Kongreß (1889) vollzog den abschließenden Schritt von der Anerkennung der Frauenarbeit zur Forderung nach gleichberechtigter Aufnahme der Frauen in die Organisationen.

Die Sozialdemokratische Partei Deutschlands nahm diese Forderung sofort nach der Legalisierung in ihr Programm (Erfurt 1890) auf und wurde damit zur ersten deutschen Partei, die das Recht der Frauen auf Befreiung vertrat. Seine theoretische Formulierung fand dieser Anspruch in der Frauenemanzipationstheorie, wie sie von Clara Zetkin auf dem Internationalen Sozialistenkongreß in Paris entworfen wurde.

Clara Zetkin führte die Analyse der ökonomischen Momente der Frauenbefreiung, nach deren Formulierung durch Karl Marx, Friedrich Engels und August Bebel, weiter zu einer Kritik am traditionellen Frauenbild. In einem Rückblick auf 25 Jahre sozialdemokratischer Frauenorganisation (1889–1914) auf dem Boden dieser Theorie faßt sie die kennzeichnenden Merkmale der Bewegung zusammen:

»Auf einer bedeutsamen, auf der besten Strecke ihrer Geschichte konnte die sozialdemokratische Frauenbewegung der bürgerlichen entgegengestellt werden. In Theorie und Praxis war sie während dieser Periode, was jene erscheinen wollte: Vorkämpferin für die volle soziale und menschliche Befreiung und Gleichberechtigung des gesamten weiblichen Geschlechts. Sie erfaßte die Frauenfrage im Lichte des historischen Materialismus als wesentlichen Teil der allgemeinen sozialen Frage. Sie erkannte daher, daß der Klassengegensatz und der Klassenkampf von Ausgebeuteten und Ausbeutern in der bürgerlichen Gesellschaft von ausschlaggebender Bedeutung für die volle Frauenemanzipation ist. Ihr Handeln wurde von der Auffassung geleitet, daß nur der revolutionäre Umsturz der bürgerlichen Gesellschaft und die Verwirklichung des Sozialismus als Tat des sich kämpfend befreienden Proletariats der Gesundheit der Frauen voll erblühendes und sich auswirkendes Menschentum bringen werde und nicht die formale Gleichstellung der Geschlechter im Gesetz.«[2]

Zunächst waren es nur Teile der bürgerlichen Frauenbewegung (die sog. Radikalen), gegen die sich dieses Emanzipationsverständnis theoretisch und praktisch abzugrenzen hatte. Parallel zum Reformismus in der Gesamtpartei gewann jedoch allmählich auch eine interne Opposition an Boden, die der Frauenemanzipationstheorie im sog. ›neuen Frauentypus‹ eine reformistische Version der Frauenbefreiung entgegenstellte. Dieser ›neue Frauentypus‹ war im wesentlichen eine Neuauflage alter Frauenstereotypen. Er gab nicht nur die Voraussetzungen, Inhalte und Ziele der offiziellen Frauenemanzipationstheorie auf, sondern führte die sozialdemokratische Frauenbewegung, die er nach dem Kriege maßgeblich bestimmte, auch praktisch ins organisatorische Abseits.

Das Erbe der ›sozialistischen Väter‹

Die frühe deutsche Arbeiterbewegung hatte der Frauenfrage noch weitgehend ignorant gegenübergestanden.[1] Eine systematische Analyse der damit verbundenen Fragen fand folglich nicht statt. In dem Maße, wie sich die industrielle Frauen- und sogar Kinderarbeit als sinnlicher Ausdruck des gesellschaftlichen Wandlungsprozesses ausbreiteten, mußte sich jedoch auch die junge proletarische Bewegung zwangsläufig mit dieser

Frage auseinandersetzen. Diese frühen Diskussionen waren von zünftlerischen Bewußtseinsmomenten und bürgerlichen Familienvorstellungen noch ebenso geprägt wie vom liberalen Fortschrittsgedanken und Ansätzen zu einer Einbeziehung der Frauen in Organisationen und Kämpfe.

Diese widersprüchlichen Momente wurden nur allmählich aufgehoben und in einen konsistenten theoretischen Zusammenhang gebracht. Zu diesem Klärungsprozeß trugen die sozialistischen Schriften wesentlich bei. Die verstreuten Bemerkungen von Marx zur Frauenarbeit und Familie wurden in Friedrich Engels' *Der Ursprung der Familie, des Privateigentums und des Staates* (1884) und August Bebels *Die Frau und der Sozialismus* (1878) im Sinne der ›Vollführung eines Vermächtnisses‹ aufgegriffen und in den Kontext einer umfassenden geschichtlichen Untersuchung über die Stellung der Frau in der gesellschaftlichen Entwicklung gestellt. Damit schufen August Bebel und Friedrich Engels die Voraussetzungen für die Formulierung einer Frauenemanzipationstheorie im Kontext der sozialistischen Arbeiterbewegung. In diesem Sinne sind sie die unmittelbaren geistigen ›Väter‹ der proletarischen Frauenbewegung.

Karl Marx' wissenschaftliches und politisches Interesse richtete sich nicht explizit auf die Frauenfrage. Dennoch lieferte er das analytische Instrumentarium, das der Entwicklung der Frauenemanzipationstheorie wesentlich Ziel und Richtung gab: die materialistische Geschichtsauffassung.

Die entscheidenden Beiträge von Marx zur Frauenemanzipationstheorie waren:

- die Benennung des Verhältnisses von Mann und Frau als unmittelbarer Indikator für die Entwicklungsstufe einer Gesellschaft.
- das Aufzeigen der Veränderbarkeit von Gesellschafts- und Familienstrukturen.
- die Aufdeckung des fortschrittlichen Charakters der Frauenarbeit.
- die Verbindung der besonderen Emanzipation der Frauen mit der allgemeinen Emanzipation der entfremdeten Arbeit vom Privateigentum.

Friedrich Engels griff diese Thesen seines Freundes auf und stellte sie in seinem Buch *Der Ursprung der Familie, des Privateigentums und des Staates* in einen systematisierten

Zusammenhang. In Anlehnung an Lewis Morgans ethnosoziale Forschungen gibt er eine anschauliche Darstellung der Entwicklung der Gesellschaftsformen von der mutterrechtlichen Gens und ihrer urkommunistischen Gesellschaftsverfassung bis zur heutigen Familien- und Staatsform. Die Veränderungen in der gesellschaftlichen Stellung der Frau interpretierte er als direkten Ausdruck dieser Entwicklung: So wie die Umwälzung der Produktionsverhältnisse die Frauen in einer bestimmten historischen Periode in den Privatbereich verbannt hat, so werden sie im Verlauf dieses Prozesses auch wieder die Voraussetzungen zu ihrer Befreiung erhalten.

Engels führte die Vormachtstellung des Mannes auf seine Funktion als Erwerber und Ernährer zurück, und die Familie gerinnt damit zum Abbild des Klassengegensatzes: »Er ist in der Familie der Bourgeois, die Frau repräsentiert das Proletariat«[2]. In der proletarischen Familie sieht Engels jedoch Möglichkeiten zur Aufhebung dieses Widerspruches:

»Und vollends seitdem die große Industrie die Frau aus dem Haus auf den Arbeitsmarkt und in die Fabrik versetzt hat und sie oft genug zur Ernährerin der Familie macht, ist dem letzten Rest der Männerherrschaft in der Proletarierwohnung aller Boden entzogen – es sei denn noch ein Stück der seit Einführung der Monogamie eingerissenen Brutalität gegen Frauen.«[3]

Diese optimistische Einschätzung der Struktur der proletarischen Familie wird an anderer Stelle modifiziert, wo Engels die ›wirkliche Gleichberechtigung‹ von Mann und Frau an die Erringung der Zukunftsgesellschaft bindet, an die allgemeine produktive Tätigkeit beider Geschlechter und die kollektive Bewältigung der Hausarbeit. Dennoch sind seine Vorstellungen von den Beziehungsmöglichkeiten zwischen Arbeiterinnen und ihren Männern allzu hoffnungsvoll und können nur als Produkt einer wirklichkeitsfernen Idealisierung des Proletariats, seiner Beziehungs- und Liebesmöglichkeiten gesehen werden, wie es auch bei einer ganzen Reihe von literarisch tätigen Sozialisten und Sozialistinnen der Fall war.[4] Für die Entwicklung der proletarischen Frauenbewegung war diese Fehleinschätzung, die der Aussparung des geschlechtsspezifischen Unterdrückungszusammenhanges und der einsamen Prioritätensetzung für die weibliche Industriearbeit als Vehikel der Frauenbewegung den Weg bereitete, von nachhaltiger Bedeutung.

Der eigentliche ›Abschluß einer Klärungsepoche der Arbeiterbewegung‹ und die ›ideologische Krönung der Anfänge der proletarischen Frauenbewegung‹ (Clara Zetkin) war jedoch August Bebels Buch *Die Frau in der Vergangenheit, Gegenwart und Zukunft* (später: *Die Frau und der Sozialismus*). Hilde Lion nennt Bebel den ›Marx der Frauen‹, das ›Fleisch und Blut gewordene Klassenleben‹. Tatsächlich war es nicht der (bald eingeholte) wissenschaftliche Wert dieses Buches, der ihm seine große Bedeutung gab, sondern seine praktisch-organisatorische Auswirkung.

Der plastischen Schilderung der destruktiven Auswirkungen des Kapitalismus, in denen sich die meisten seiner Leserinnen und Leser wiedererkennen konnten, stellte August Bebel Visionen des Zukunftsstaates in leuchtenden Farben gegenüber, für die es sich zu kämpfen lohnte.

Mit einer detaillierten Darstellung der Entwicklung der Stellung der Frau von der Urgesellschaft bis zum kapitalistischen Staat gab er den Frauen nicht nur ein Stück eigene Geschichte zurück, sondern vermittelte ihnen konkrete Hoffnungen auf eine Verbesserung ihrer Lage. Diese beruhten auf einer Zurückführung des Begriffs ›Natur der Frau‹ auf ihre gesellschaftliche Dimension und waren mit der Erwartung an eine baldige Auflösung der alten Gesellschaft verbunden.

August Bebels Auffassung von gesellschaftlicher Veränderung war mit darwinistischen Vorstellungen durchsetzt. Als Mittel zur Veränderung benannte er die Klassenkämpfe – als aktuelle Ausdrucksform des ›Kampfes ums Dasein‹. In der ›Expropriation der Expropriateure‹, die es mit allen zieladäquaten Mitteln zu beschleunigen galt, sah er das wirksamste Mittel zur Aufhebung des Privateigentums. Er knüpfte die Gleichberechtigung und das Glück der Frauen an die Erringung des sozialistischen Zukunftsstaates und forderte von ihnen die aktive Bereitschaft zur Zusammenarbeit und zum gemeinsamen Kampf in den Organisationen der sozialistischen Arbeiterbewegung. Dabei bediente er sich allerdings einer ausgesprochen defensiven Argumentationsweise:

»Niemand unterschätze seine Kraft und glaube, daß es auf seine Person nicht ankomme. Für den Kampf um den Fortschritt der Menschheit kann keine Kraft, und sei sie noch so schwach, entbehrt werden.«[5]

Diese Formulierung ist typischer Ausdruck taktischer Überlegungen, die darauf abzielten, die Vorurteile der Genossen und Arbeiter gegen Frauenarbeit und Frauenorganisation zu verändern oder doch zumindest zu beschwichtigen. Zugleich zeigt sich hier jedoch auch August Bebels eigene partielle Befangenheit im traditionellen Frauenbild.[6] Die defensive Form der Vertretung des Anspruches der Frauen ging in die Frauenemanzipationstheorie ein und entwickelte sich zu einem Problem in der praktischen Organisationsarbeit, vor allem was das Verhältnis der Frauenbewegung zum Parteivorstand anbelangt, wie der Kampf um die ›Sonderbestrebungen‹ der proletarischen Frauenbewegung beispielhaft zeigt.

Das offizielle Emanzipationsverständnis

Die offizielle Emanzipationskonzeption der proletarischen Frauenbewegung nahm die Thesen der sozialistischen ›Väter‹ auf und differenzierte und entwickelte sie weiter. Die Einschätzung von Frauenarbeit als Träger und Voraussetzung der Frauenbefreiung; die Auffassung von der gleichen Betroffenheit beider Geschlechter durch die Kapitalherrschaft; das Fazit der gemeinsamen und einheitlichen Organisation: alle diese Momente wurden unter praktisch-organisatorischen Aspekten aufgerollt und – zur theoretischen Verdeutlichung wie zur praktischen Abgrenzung – den Voraussetzungen, Zielen und Inhalten der bürgerlichen Frauenbewegung kontrastiert. Soweit bleibt die Frauenemanzipationstheorie im Rahmen der vorformulierten Thesen.

Ansätze zu einem eigenständigen theoretischen Beitrag der Genossinnen sind hingegen in ihrer Analyse der Frauenrolle enthalten. Sie gehen in der Systematik und Konsequenz ihrer Untersuchung über die Arbeiten von Engels und Bebel hinaus. Dort, wo diese beiden Männer noch im traditionellen Frauenklischee steckenbleiben, stellte Clara Zetkin die ganze – auch von den Sozialisten gepflegte – Frauen- und Mutterschaftsideologie samt den ›weiblichen Tugenden‹ und ihrem ›natürlichen Instinkt‹ in Frage.

Im Jahr des Pariser Kongresses (1889) veröffentlichte Clara Zetkin eine Broschüre mit dem Titel *Die Arbeiterinnen- und Frauenfrage der Gegenwart*. Was sich in ihrer Rede *Für die*

Befreiung der Frau bereits angedeutet hat, wird nun systematisch ausgeführt: Eine Aufschlüsselung der Frauenfrage nach der Klassenlage auf dem Boden einer materialistischen Geschichtskonzeption.

Clara Zetkin leitete den Ursprung der modernen Frauenfrage aus den Veränderungen der Produktionsverhältnisse ab. Während frühere Gesellschaftsformen das Problem der Frauenarbeit noch innerhalb der vorhandenen Produktionsmöglichkeiten als vorwiegend hauswirtschaftliche Tätigkeit gelöst haben, hat die Entwicklung der modernen Industrie diesen Rahmen gesprengt:

»Die Maschinen, die moderne Produktionsweise grub dann aber nach und nach der eigenen Produktion im Haushalt den Boden ab, und nicht für Tausende, sondern für Millionen von Frauen entstand nun die Frage: wo nehmen wir den Lebensunterhalt her, wo finden wir einen ernsten Lebensinhalt, eine Betätigung auch nach der Gemütsseite. Millionen werden jetzt darauf verwiesen, Lebensunterhalt und Lebensinhalt draußen in der Gesellschaft zu finden. Da wird ihnen bewußt, daß die soziale Rechtlosigkeit sich der Wahrung ihrer Interessen entgegenstellt, und von dem Augenblick an ist die moderne Frauenfrage da.«[1]

Clara Zetkins Definition der modernen Frauenfrage enthält bereits die Dimension ihrer Befreiung als die »vollständige Veränderung ihrer sozialen Stellung von Grund aus«[2]. Diese Veränderung besitzt je nach Klassenlage (Proletariat oder Bourgeoisie) unterschiedliche Strukturen.

Die Frauenarbeit spielt dabei eine hervorragende Rolle als erste und wesentliche Voraussetzung der Frauenemanzipation. Wenn sie ihre volle befreiende Wirkung auch erst unter sozialistischen Bedingungen entfalten kann, so stellt sie doch bereits unter den herrschenden kapitalistischen Verhältnissen trotz aller üblen Begleiterscheinungen einen gesellschaftlichen Fortschritt dar. Die Industriearbeit macht die Frauen auf breiter gesellschaftlicher Ebene vom Mann unabhängig und stellt sie ihm nun als Gleiche gegenüber.[3]

Unter ›Gleichstellung‹ verstand Clara Zetkin ursprünglich nur diese tendenzielle Annäherung im Produktionsprozeß. Nur zu bald wurde dieser Begriff jedoch so verallgemeinernd verwendet, daß er eine umfassende Gleichberechtigung der Geschlechter im Proletariat suggerierte. Dadurch erfuhren die Voraussetzungen der Frauenemanzipationstheorie eine empfindliche Verzerrung: Einmal waren die Arbeiterinnen bereits im Produktionsprozeß als Frauen benachteiligt, zum anderen war die Industriearbeit nur einer der Faktoren im weiblichen Lebenszusammenhang, der gerade in seiner inneren Widersprüchlichkeit den besonderen Charakter der weiblichen Unterdrückung ausmacht.

Die weitgehende Aussparung der besonderen Unterdrükkung als Frau gab der Einbindung der Frauenfrage in die soziale Frage ihre Form. Oberstes organisatorisches Prinzip war die Einheitlichkeit der Arbeiterbewegung, der alle Sonderinteressen untergeordnet wurden.[4] Die Genossen wurden indessen für die Zusammenarbeit mit den Frauen angeworben, indem auf die Vorteile verwiesen wurde, die eine aktive Beteiligung der Frauen der Arbeiterbewegung bringen konnte.[5] Die Frauenfrage wurde also in der allgemeinen Arbeiterfrage aufgehoben und die Frauenbewegung in die Klassenorganisation des Proletariats integriert.

Die Kritik am traditionellen Frauenbild

Im zweiten Teil der Broschüre *Die Arbeiterinnen- und Frauenfrage der Gegenwart* formulierte Clara Zetkin die außerökonomischen Folgen der Umwälzung der Produktionsverhältnisse für die Frau.

Während der männliche Arbeiter sich allmählich von der ›Kirchturmpolitik‹ lösen konnte und sich Einblick und Zugang zum öffentlichen Leben erkämpft hatte, blieb die Frau als ›fünfter Stand‹ politisch, rechtlich und bewußtseinsmäßig hinter ihm zurück.

»Die moderne Frau ist in nichts besser, in vielem schlechter daran wie der moderne Lohnarbeiter. Wie dieser ist sie ausgebeutet und rechtlos, ja in den meisten Fällen doppelt rechtlos.«[1]

Clara Zetkin leitete die doppelte Unterdrückung der Frauen, die deren Leben subjektiv und objektiv in härteste Zwänge und scharfe Widersprüche stellt, aus den im gesellschaftlichen Überbau tradierten Momenten ab, die auch nach dem Verlust ihrer realgeschichtlichen Basis die Erhaltung des bürgerlichen Frauen- und Familienbildes garantieren. Der anachronistischen Einbindung der Frauen in familiale Zusammenhänge steht ihre unmittelbare Betroffenheit durch gesellschaftliche Maßnahmen (Arbeiterinnenschutz, Zollpolitik, Vereins- und Versammlungsrecht) gegenüber, die die Vorherrschaft des Mannes in der Familie weitgehend abgelöst habe.[2]

Damit die einzelne Frau wie das Proletariat als Ganzes sich wirklich vom tradierten Frauenbild ablösen können, müssen auch die zentralen ›weiblichen‹ Funktionen außerhalb des Produktionsprozesses überprüft und hinterfragt werden.

Clara Zetkin entkleidete den ›Naturberuf‹ der Frau und den mütterlichen ›Instinkt‹ ihres mystisch-moralischen Charakters: Ein natürliches, d. h. ›durch die natürlichen Beziehungen zwischen sich und dem Kind bestimmtes‹ Verhältnis zwischen Mutter und Kind existiert ihrer Ansicht nach lediglich in der Stillphase. In den späteren Lebensphasen des Kindes reichen dagegen ›Mutterschaft an sich‹ und mütterlicher Instinkt nicht aus, um dem Kind eine liebevolle und verständnisvolle Erziehung zu gewährleisten:

»Täglich hat man Beispiele vor Augen, welche zeigen, was für Ungeheuerlichkeiten, um nicht zu sagen Verbrechen gegen die Entwicklung der kindlichen Natur die zärtlichsten Mütter im Namen des ›Instinkts der Mutterliebe‹ begehen!«[3]

Diese Entthronung von Instinkt als handlungsleitender Größe ging einher mit einer Kritik an den sogenannten ›weiblichen Tugenden‹ wie Selbstlosigkeit, Aufopferungsfähigkeit und moralischem Gemütsleben, die ›Platz in einem Fingerhut oder einem Kochtopf‹ haben. Clara Zetkin erkannte in diesen ›Tugenden‹ genau jene Bewußtseinsmomente, die die Frau an die Familie fesselten, sie von gesellschaftlichen Aufgaben fernhielten und ihnen dadurch nicht nur den Zugang zur Organisation erschwerten, sondern sie auch zu einer zeitgemäßen Kindererziehung unfähig machten. Dagegen forderte Clara Zetkin Erziehung im Sinne einer ›zielklaren Wissenschaft‹, die von eigens geschulten Personen berufsmäßig erbracht werden müsse. Im Verlauf der gesellschaftlich notwendigen Arbeitsteilung müsse erzieherische Begabung durch allgemeine und technische Ausbildung, bewußte Kenntnis der physisch-psychischen Entwicklungsstufen des Kindes und pädagogische Methoden ergänzt werden. Indem Clara Zetkin Naturgrößen durch Qualifikationsanforderungen ersetzte, entlarvte sie den Mythos von der Frau als geborener Erzieherin als gesellschaftlichen Anachronismus:

»So wenig, wie z. B. alle Männer mit den Keimen der Befähigung, Schuhmacher, Soldat oder Maler zu sein geboren werden, so wenig sich bei ihnen allen diese vielleicht vorhandenen Keime entwickeln können, ebenso wenig bringt jede Frau die Begabung für den pädagogischen Beruf mit auf die Welt ... Die Begabung für den erzieherischen Beruf ist wie jedes andere Talent nach Individuen und nicht nach Geschlechtern verteilt ...«[4]

Mit dieser Kritik am traditionellen Frauen- und Erziehungsmodell und der Herausarbeitung des doppelten Unterdrükkungszusammenhangs der Frau aus dem anachronistischen Überbauballast der Gesellschaft und seinem materiellen Niederschlag steckte Clara Zetkin den Rahmen für eine neue vergesellschaftete sozialistische Erziehung ab. Zugleich gab sie der Frauenemanzipation ihre zweite Dimension potentiell zurück, nämlich die Ebene des Kampfes um Gleichberechtigung im Proletariat und in den Arbeiterorganisationen selber.

Wenn es beim damaligen Stand der wissenschaftlichen Forschung auch noch nicht möglich war, Subjektivität (und damit so abstrakte Begriffe wie ›Entfremdung‹) im Sinne einer materialistischen Sozialisationstheorie inhaltlich zu füllen, so benannte diese konsequente Kritik am ›Weiblichkeitswahn‹ jedoch bereits zwei ihrer wesentlichen Voraussetzungen: die Erkenntnis ihrer Historizität und die darin enthaltene Möglichkeit zur Veränderung.

Das Verhältnis zur bürgerlichen Frauenbewegung

Der Klassencharakter der proletarischen Frauenbewegung bestimmte ihr Verhältnis zur bürgerlichen Frauenbewegung. Eine zentrale Methode für Klärungsprozesse nach innen wie nach außen war die Herausarbeitung der Voraussetzungen, Ziele, Inhalte und Kampfformen der proletarischen Frauenbewegung in Abgrenzung gegenüber der bürgerlichen ›Frauenrechtlerei‹. Der realpolitische Hintergrund für diese Abgrenzungspolitik war die Notwendigkeit, die junge sozialistische Frauenorganisation von bürgerlichen Initiativen abzulösen, ein historischer Schritt, den die Männer bereits in den sechziger Jahren vollzogen hatten. Dieser Schritt gelang mit Clara Zetkins Politik der ›reinlichen Scheidung‹.

Die strategischen und taktischen Unterschiede von proletarischem und bürgerlichem Kampf um die Frauenemanzipation wurden von Clara Zetkin auf dem Gothaer Parteitag (1896) näher spezifiziert.

Während die Parteitage der frühen neunziger Jahre sich lediglich mit einzelnen Fragen aus dem Bereich der Frauenarbeit, insbesondere dem Arbeiterinnenschutz beschäftigt hatten, fand hier die erste (und letzte) ausführliche Diskussion um die allgemeinen Grundlagen der Frauenbewegung im Kontext der Gesamtpartei statt. Der Fortbestand theoretischer Unklarheiten über die Frauenfrage in Teilen der Partei, der bedeutende organisatorische Fortschritt der proletarischen Frauenbewegung sowie das Interesse einer radikalen Minderheit aus der bürgerlichen Frauenbewegung an einer Einbeziehung der Arbeiterinnen in ihre Organisationen – diese Faktoren hatten gleichermaßen auf eine Grundsatzdiskussion hingedrängt.[1]

Clara Zetkin arbeitete die Differenzen zur bürgerlichen Frauenbewegung aus der Klassenanalyse und anhand der Frauenarbeit heraus: Die bürgerliche Frau

»... gehört einer wirtschaftlich freien, sozial herrschenden Klasse an. Der Entwicklung und Betätigung ihrer Individualität werden nicht durch ihre Klassenlage Schranken gezogen, wohl aber durch ihre Geschlechtslage... So ist es natürlich, daß die Frau des Bürgertums die sozialen Vorbedingungen für ihr volles Ausleben dadurch schaffen muß, daß sie die Vorrechte, die Herrscherstellung des männlichen Geschlechts bekämpft... Das Ziel ihres Strebens ist von dem Augenblick an erreicht, wo sie die soziale Gleichstellung der Frau mit dem Manne durchgesetzt hat... Das Ziel der bürgerlichen Frauen liegt also innerhalb des Rahmens der heutigen Gesellschaft, der zum Ziel führende Weg ist der Kampf von Geschlecht zu Geschlecht.«[2]

Clara Zetkin verstand die beiden Hauptanliegen der bürgerlichen Frauen – gleiche Berufsausbildung und gleiches Recht auf Berufstätigkeit – als historisch bedeutsame und berechtigte Forderungen und setzte sich mit ihrer ›tiefernsten geistigen und sittlichen Seite‹, der ›Nora-Problematik‹ auseinander. Zugleich betonte sie jedoch die Begrenztheit dieses Emanzipationsanspruches, als des

»letzten Ausläufers des Emanzipationskampfes, in dem das Bürgertum die herrschenden und regierenden Schichten der feudalen Gesellschaft niederwarf und die Bourgeoisie zur herrschenden Macht emporstieg«.[3]

Die Beschränktheit der historischen Aufgabe der bürgerlichen Frauenbewegung bildet die Schranke für eine Verbindung ihrer Kämpfe mit der proletarischen Frauenbewegung: Als Klassenorganisation der Bourgeoisie kann die bürgerliche Frauenbewegung nicht ins Proletariat überwechseln; ein solcher Schritt bleibt allenfalls einzelnen ihrer Mitglieder vorbehalten. Die Gemeinsamkeit der geschlechtlichen Unterdrückung und partielle Übereinstimmung in Fragen sozialer Reformen erlauben unter Umständen Parallelaktionen, aber keinesfalls ein gemeinsames Vorgehen, »nicht etwa deshalb ..., weil wir das bißchen nicht wollen, sondern weil sie das mehr nicht wollen, was gerade den wesentlichen Inhalt unserer Forderungen ausmacht«.[4]

Dieses ›mehr‹ – das Ziel der Arbeiterbewegung, die Errichtung der sozialistischen Gesellschaft – bildete das entscheidende Kriterium, an dem Clara Zetkin politische Bewegungen, Reformarbeit, Forderungen und Kampfformen maß:

»Die proletarische Frauenbewegung mag in den friedlichsten Formen auftreten, sie ist revolutionär ... Die bürgerliche Frauenbewegung ist dagegen reaktionär, mag sie noch so radikal erscheinende Forderungen aufstellen, mag sie sich noch so revolutionär gebärden, mögen ihre Vertreterinnen mit Dynamit und auf Barrikaden für ihre Ziele eintreten. Sie ist reaktionär, wie auch der Sozialdemokratie gegenüber die bürgerliche Demokratie reaktionär ist, denn weder bürgerliche Frauenbewegung noch bürgerliche Demokratie tastet den Bestand der kapitalistischen Gesellschaft an, will durch Umgestaltung der Eigentumsverhältnisse im sozialistischen Sinne die Vorbedingung schaffen für eine Erneuerung aller Geschlechtsverhältnisse.«[5]

Dieses Selbstverständnis der sozialistischen Frauen schloß nicht nur die bürgerliche Frauenbewegung als eine Verbündete in Teilfragen aus, sondern enthielt bereits die Kampfansage an die Strömungen in der Partei, die eine Politik im Sinne von Eduard Bernsteins ›Der Weg ist alles, das Ziel ist nichts‹ betrieben.

Die Ausblendung des geschlechtlichen Unterdrückungszusammenhangs, seine Ursachen und praktischen Folgen

Es gelang den sozialistischen Führerinnen, vom Einfluß des bürgerlichen Erbes weitgehend ›bereinigte‹ Frauenorganisationen aufzubauen. Die Abgrenzung gegen den Geschlechterkampf der bürgerlichen Frauenbewegung erfolgte jedoch auf Kosten einer einseitig aus der Industriearbeit extrapolierten Befreiungskonzeption. In ihrer praktischen Politik fiel die proletarische Frauenbewegung damit hinter den Stand ihrer theoretischen Erkenntnis zurück.

In die Schlußfolgerungen für die konkrete Organisationsarbeit der proletarischen Frauenbewegung, die Clara Zetkin am Ende ihrer Untersuchung über die ›Arbeiterinnen- und Frauenfrage der Gegenwart‹ zieht, nahm sie die Frage des geschlechtlichen Unterdrückungszusammenhanges nicht auf. Sie richtete den Aufbau der Frauenbewegung an den Folgen der industriellen Frauenarbeit aus und forderte als wichtigsten Schritt die Organisation der Industriearbeiterinnen. Der Konfliktbereich Ehe und Familie, und damit die besondere Unterdrückung als Frau, blieben sowohl hier wie in den folgenden Jahren aus der offiziellen Diskussion ausgeklammert.

Erst 1905 kam es in der Partei zu einer Auseinandersetzung über Frau und Familie auf breiter Ebene. Der Auslöser dazu war ein Artikel von Edmund Fischer in den *Sozialistischen Monatsheften*, wo dieser ein reaktionäres Frauenbild beschwor, das auf die Rekonstituierung des alten Weiblichkeitsprinzips ›Kinder, Küche, (Kirche)‹ hinauslief.[1] Zu den führenden Kritikern dieser Thesen gehörte selbstverständlich Clara Zetkin, die Edmund Fischer eine allerdings wesentlich zahmere Version ihrer frühen Kritik am traditionellen Frauenbild entgegensetzte. Zwar wandte sie sich entschieden gegen Edmund Fischers Versuch, die Frauen ins Haus zu verbannen, rekurrierte dabei jedoch selber auf idealistische Termini wie die ›heiligen Verpflichtungen der Mutterschaft‹ und die ›verschüttet wertvollen, unersetzlichen Quellen des Lebens‹.[2]

Ähnlich beladene Argumentationsmuster benutzte auch Ida Altmann, die Leiterin des Arbeiterinnensekretariats der Gewerkschaften. Ida Altmann hatte die Grundlagen für die gewerkschaftliche Frauenorganisation auf dem Boden der offiziellen Frauenemanzipationstheorie formuliert und war eine scharfe Kritikerin der Idealisierung des Geschlechterverhältnisses in der Arbeiterklasse.[3]

Diese Idealisierung, die auf eine Übertragung bürgerlicher Moralbegriffe auf das Proletariat hinauslief, wurde von der proletarischen Frauenbewegung nicht übernommen. Den führenden sozialistischen Theoretikern wie August Bebel und Friedrich Engels hatten die Frauen ihre persönlichen Erfahrungen voraus, die eine solche Interpretation nicht zuließen. Wenn dennoch, vor allem in der Agitation, auch von Vertreterinnen der offiziellen Frauenemanzipationstheorie tradierte Frauenklischees eingesetzt wurden[4], so geschah dies vielfach aus Rücksicht auf das Bewußtsein rückständiger Frauenmassen, die man für die Organisation anwerben wollte.

Neben agitatorischen Rücksichten dürfte auch die Überlegung mitgespielt haben, die bestenfalls wohlwollend-abwartende Haltung der meisten Genossen gegenüber der Frauenorganisation nicht noch durch eine Thematisierung ihrer Unterdrückungsfunktionen in der Familie zu belasten. Diese Beschwichtigungsstrategie ist ein Ausdruck der defensiven Vertretung des Anspruchs der Frauenbewegung auf Organisation im Rahmen der SPD. Sie war der Preis für den moralischen und z. T. materiellen Rückhalt, den die SPD der Frauenbewegung als ›Staat im Staate‹ gab.

Ein zusätzlich verstärkender Faktor war die Abgrenzungspolitik der sozialistischen Führerinnen gegenüber der bürgerlichen Frauenbewegung.

Die partielle Überwindung der frauenrechtlerischen Position durch die ›Radikalen‹ in der bürgerlichen Frauenbewegung drohte die Klassengrenzen zu verwischen und kam ähnlichen Bestrebungen in Teilen der proletarischen Frauenbewegung entgegen. Die Führerinnen der proletarischen Frauenbewegung bekämpften diese Annäherungstendenzen, indem sie das Verhältnis von Frauenfrage (als Nebenwiderspruch) und sozialer Frage (als Hauptwiderspruch) ins Zentrum ihrer Aufklärungsarbeit stellten. Indem die inhaltliche Berechtigung und Notwendigkeit des ersteren theoretisch zurückgestellt und praktisch ausgespart wurde, gelangte ein zentraler Bereich der Frauenemanzipation aufs politische Abstellgleis.

Die Praxis hat jedoch gezeigt, daß die Organisation des gesamten Proletariats – als Voraussetzung zu seiner kollektiven Befreiung – in Frage gestellt bleibt, solange an der Lösung des ›Nebenwiderspruchs‹ nicht ebenfalls aktiv gearbeitet wird.

Die konkrete Entwicklung der Agitations- und Kampfformen der proletarischen Frauenbewegung fand in dem Spannungsverhältnis von allgemeinem und besonderem Kampf statt, das hier angedeutet ist. In der Entfaltung dieses Verhältnisses wandeln sich die historischen Formen der Frauenbewegung und die Widersprüche, die ihre Entwicklung maßgeblich bestimmten. Die organisatorische Einbindung der Frauenorganisationen in die Partei hat diese Widersprüche nicht gelöst, sondern verschärft. Es läßt sich detailliert nachweisen, wie der Handlungs- und Entscheidungsraum der Frauenbewegung im Verlaufe dieses Integrationsprozesses zunehmend eingeschränkt wurde. Dieser Prozeß machte erst halt, als nurmehr Pseudoaktivitäten der Frauenorganisationen möglich waren. In der Entwicklungsgeschichte der Frauenbewegung entstand so die paradoxe Situation, daß mit der Argumentation gegen weibliche Sonderbestrebungen praktische Ansätze unterdrückt wurden, zu deren Zielen gerade die Aufhebung von Sonderbestrebungen im Zuge der wirklichen, der revolutionären Veränderung der Gesellschaft gehörte. Sie wurden von einer Politik ersetzt, die theoretisch und praktisch-organisatorisch den Tatbestand der Sonderbestimmungen einlöste und die Frauen wieder ins Segment, in diesem Fall in die bürgerliche Sozial- und Kommunalpolitik verbannte. Praktische Träger dieser Politik waren die Reformistinnen.

5 *Die reformistische Alternative*

Die reformistische Version der Frauenbefreiung kommt in den offiziellen Dokumenten zur Geschichte der Frauenbewegung (*Die Gleichheit*, Frauenkonferenzen) nicht in ihrem vollen Umfang zur Geltung. Die zentralen inhaltlichen und organisatorischen Implikationen dieser Position können jedoch aufgrund von Beiträgen der Reformistinnen in den *Sozialistischen Monatsheften* und anderswo rekonstruiert werden. Es handelt sich dabei um Stellungnahmen zu Tagesereignissen sowie aktuelle Auseinandersetzungen und Abhandlungen zu bestimmten Grundsatzfragen, also keinesfalls um eine systematische Ausarbeitung einer ›alternativen‹ Theorie.

Je nach der Teilfrage, die zur Diskussion steht und nach dem besonderen Augenmerk der jeweiligen Autorin werden dabei die verschiedensten Aspekte der Frauenfrage thematisiert. Das gemeinsame Anliegen der Reformistinnen war ein praxisgerechteres Emanzipationsverständnis.

Obwohl diese Ansätze erst in der realgeschichtlichen Entwicklung der Frauenbewegung ihren inneren Zusammenhang offenbarten – der in letzter Konsequenz in die Spaltung in sozialdemokratische und kommunistische Organisationen führte –, fügen sich die revidierten Teilfragen und -aspekte grobrastig zu einer eigenständigen, die zentralen Voraussetzungen der Frauenemanzipationstheorie verlassenden Position zusammen.

Die reformistische Gesellschaftskonzeption

Die Reformistinnen gingen von einer berechtigten Kritik an dem unsolidarischen Verhalten vieler Genossen gegenüber den Arbeiterinnen und organisierten Frauen aus. Sie nahmen den von der offiziellen Frauenemanzipationstheorie zurückgestellten und praktisch weitgehend ausgesparten geschlechtlichen Unterdrückungszusammenhang wieder auf und stellten ihn ins Zentrum ihrer theoretischen Überlegungen. Dadurch lösten sie die Frauenfrage von der sozialen Frage ab und gaben der Frauenbewegung den Stellenwert einer eigenständigen, der Arbeiterbewegung gleichwertigen Kampforganisation:

»Geht die Frauenbewegung in ihrer Gesamtheit also dahin, der Frau Gleichberechtigung mit dem Manne zu erkämpfen . . ., so ist sie unter historischen Gesichtspunkten, so paradox das in dieser Fassung klingen mag, der Ausdruck einer ebenso umfassenden und bedeutungsvollen Kultur- und Wirtschaftsrevolutionierung wie die machtvolle moderne Arbeiterbewegung selber.«[1]

Damit gaben die Reformistinnen das Selbstverständnis der sozialistischen Frauenbewegung als Bestandteil der Klassenorganisationen des Proletariats auf. An seine Stelle setzten sie eine Gesellschaftskonzeption, die neben sozialen auch geschlechtliche ›Klassen‹ enthielt. In bezug auf die praktische Organisation der Frauen gaben sie dem Geschlecht inhaltliche Priorität vor der sozialen Zugehörigkeit. Die Reformistinnen begründeten diese These mit der tendenziellen Angleichung der verschiedenen Frauen-›klassen‹ im Verlauf der politisch-ökonomischen Entwicklung.[2] Praktisch gestützt wurde sie durch eine partielle Annäherung der radikalen Minderheit der bürgerlichen Frauenbewegung an die Forderungen und Kampfformen der proletarischen Frauenbewegung.

In der Folge dieser theoretischen Umwertungen wurde das gemeinsame Vorgehen der Frauen aller Klassen zur praktisch-organisatorischen Notwendigkeit erklärt. Die Handlungsebene für gemeinsames Vorgehen war die Reformarbeit. Von einem Mittel zur Stärkung der Kampfkraft der Arbeiterbewegung, wie sie die offizielle Frauenemanzipationstheorie verstand, wurde sie dadurch zum eigentlichen Inhalt der Frauenbewegung erhoben. Die konsequente Verfolgung der Reformarbeit lief folgerichtig auf die Forderung nach einer aktiven Bündnis- und flexiblen Tagespolitik hinaus. Parallel dazu wurde – wie beim Reformismus und Revisionismus in der Gesamtpartei – das Endziel, die revolutionäre Umgestaltung der Gesellschaft, zugunsten der Vorstellung von einem allmählichen ›Hineinwachsen in die Zukunftsgesellschaft‹ aufgegeben.[3] Ergebnis und zugleich Träger dieser Entwicklung war der ›neue Frauentypus‹.

Der ›neue Frauentypus‹

Der Begriff des ›neuen Frauentypus‹ wurde von Wally Zepler eingeführt, als eine Synthese des utopischen Gehalts der bürgerlichen und der proletarischen Frauengestalt.

»Der neue Frauentypus, der seine volle Verwirklichung in der sozialistischen Gesellschaft finden wird, begreift in sich ein Verschmelzen des bürgerlichen und des proletarischen Frauenideals, d.h. des Ideals hochentwickelter Geistigkeit, das durch die aufstrebende bürgerliche Frau und des Ideals freier Sittlichkeit, das durch die proletarische Frau entwickelt wurde. Nur aus der Verschmelzung beider Elemente konnte der neue Typus entstehen.«[1]

Wally Zepler orientierte die ›hochentwickelte Geistigkeit‹ der bürgerlichen Frau am herrschenden bürgerlichen und zugleich männlichen Bildungsbegriff. Sie behauptete, daß die bürgerliche Frau sich den Zugang zur Bildung nur über eine Verleugnung ihres Geschlechtscharakters und ein ›Zurückdämmen des sinnlichen Moments‹ erobern könnte. Indem Wally Zepler den feministischen Emanzipationskampf in dieser Weise darstellt, reproduziert sie in Positiv-Form die Vorstellungen der Philister beiderlei Geschlechts, die die ›Emanze‹ als vermännlichten (zigarettenrauchenden und hosentragenden) Blaustrumpf phantasierten und fürchteten.

Den Kampf der bürgerlichen Frauen um Arbeit und Bildung reduzierte Wally Zepler auf ›hohen Idealismus‹, ›ideelle Strebungen‹ und betonte vor allem die ›Bedeutung des rein Geistigen‹ etc.[2] Indem der Emanzipationskampf der bürgerlichen Frau so seiner realgeschichtlichen Bedeutung als ›Brotfrage‹ entkleidet wird, geht sein fortschrittlicher gesellschaftlicher Impetus verloren. Er wird durch eine bürgerliche Legitimationsideologie ersetzt, die sich durch allfällige Uminterpretation von Berufsarbeit (als Überlebensstrategie) in Berufung (als Entfaltung von Persönlichkeit) auszeichnet.

Diese Haltung, die letztendlich die materielle Notwendigkeit zur Berufsarbeit als gesellschaftliches Manko deutet, finden wir auch bei einer Reihe von ihrem Selbstverständnis nach emanzipierten Frauen wie Lily Braun und Malvida von Meysenbug. Beide haben ihre schriftstellerische Tätigkeit aus dem Zwang zur selbständigen Reproduktion heraus begonnen, und beide haben sie im nachhinein, als ›Begabung‹ und ›Interesse an Aufklärung‹, ihres materiellen Moments gänzlich entkleidet.

Durch die Übertragung des bürgerlichen Emanzipationskampfes in übergreifende ideelle Dimensionen wird zugleich die Begrenztheit der feministischen Bildungsformen überspielt: das praktische Ziel der bürgerlichen Frauenbewegung war der Zugang zu bürgerlicher Berufsausbildung und -ausübung, also die Überwindung geschlechtsspezifischer Benachteiligung innerhalb der eigenen Klasse, nicht die allgemeine gesellschaftliche Emanzipation.

In seinen realgeschichtlichen Zusammenhang zurückgeholt, geht der utopische Gehalt der ›hochentwickelten Geistigkeit‹ des neuen Frauentypus in einem Rückgriff auf einen elitären Bildungsbegriff verloren. Diesem entspricht das Partizipationsmodell von Wally Zepler, das mit jedem »Aufstieg des weiblichen Proletariats dieses gradweise immer mehr an solchen Errungenschaften (der bürgerlichen Frauen) teilnehmen«[3] läßt. Der Klassencharakter des bürgerlichen Frauenideals stellt ein solches Aufsteigermodell jedoch bereits theorieimmanent in Frage: Die bürgerliche Bildung kann die in der Klassenlage und im Lebenszusammenhang der proletarischen Frauen und Mädchen angelegten Lern- und Lehrmöglichkeiten nicht aufgreifen, sondern ist im Gegenteil selber über den

Ausschluß der Proletarierinnen konstituiert. Gibt sie andererseits ihre Exklusivität auf, kann sie nicht mehr als bürgerlicher Beitrag zur Utopie bezeichnet werden.

Ein nicht minder idealistisches Konstrukt ist die ›freie Sittlichkeit‹, der Beitrag der Proletarierin zum ›neuen Frauentypus‹. Sie beruht auf der nun schon geläufigen Idealisierung proletarischer Ehe- und Beziehungsstrukturen, die in Anlehnung an Engels' Thesen von der Bedeutung der Industriearbeit für den Wandel der Arbeiterfamilie auch in der Arbeiterbewegung recht verbreitet war. Auch Wally Zepler ging davon aus, daß die wirtschaftliche Selbständigkeit der Arbeiterin sie dem Mann auf geschlechtlicher Ebene gleichstellt und die Voraussetzung für Beziehungen auf der Basis wirklicher Zuneigung geschaffen hat:

»Das Mädchen, dem die Ehe weder eine soziale Stellung noch die Anwartschaft auf ein untätiges Leben bringt, das vielmehr in der Ehe genauso viel gibt, als sie empfängt, hat es nicht nötig, mit gleicher Ängstlichkeit wie das bürgerliche Mädchen als Preis für diese Güter ihre geschlechtliche Unberührtheit zu bewahren.«[4]

Die ›freie Liebe‹ im Proletariat macht nach Wally Zepler auch die Folgen einer außerehelichen Mutterschaft ›weniger herb‹, und ›in der Hingabe des Mädchens an den Mann, den sie liebt‹, wird nicht mehr »eine Unkeuschheit gesehen«.[5]

Wally Zeplers Konzeption von freier Liebe zeichnet sich durch den männlichen Blickwinkel aus, unter dem sie die Vorzüge der proletarischen ›Freizügigkeit‹ betrachtet. Sie reduziert die Arbeiterinnen auf ihre Sexualität und die Objektrolle, die ihnen dabei aufgezwungen wird. Der repressive und frauenfeindliche Charakter dieses ›Sittlichkeitsbegriffs‹ wurde durch konkrete Erfahrungen nicht korrigiert, da Wally Zepler offensichtlich die im Lebenszusammenhang der proletarischen Frau und Familie angelegten Zwänge nicht realisieren konnte. Der destruktive Einfluß dieser Zwänge auf die Beziehungsmöglichkeiten und -formen prägte jedoch die proletarische Ehe mit, wenn auch kein direkter Warentausch – Jungfernschaft gegen lebenslänglichen Unterhalt – wie in der bürgerlichen Ehe stattfand.

Wally Zeplers ›proletarisches Frauenideal‹ hatte mit der Wirklichkeit eines Frauenlebens in der Arbeiterklasse nichts zu tun. Einige Momente aus dem Lebenszusammenhang der proletarischen Frau sollen das noch einmal verdeutlichen:

- Die ökonomische Gleichstellung der Geschlechter war auch im Proletariat nicht realisiert. Der Lohn einer Arbeiterin reichte für ihren Unterhalt nur knapp, oft gar nicht aus: sie wurde damit auf die Ehe verwiesen, um gemeinsam mit dem Mann auf ein Existenzminimum zu kommen.
- Auch im Proletariat war Zuneigung nicht immer das einzige oder auch nur zentrale Kriterium bei der Partnerwahl. Unter dem Aspekt einer Familiengründung waren Fragen nach der Arbeitsleistung des Partners, seiner Herkunft und damit seiner speziellen Fähigkeiten ebenfalls wichtig, wenn nicht ausschlaggebend. Bei den jungen Arbeiterinnen kam noch der Wunsch hinzu, durch eine Eheschließung von der Lohnarbeit befreit zu werden.
- Der Hinweis auf die mildere moralische Verurteilung im Proletariat ist ein zynischer Rückgriff auf ideologische Vertröstungen angesichts der ökonomisch wie menschlich verheerenden Folgen, die mit der Mutterschaft eines proletarischen Mädchens oftmals verbunden waren. Da sie sich kaum selber reproduzieren konnten (bzw. eine Schwangerschaft die Kündigung nach sich zog, wie gewöhnlich bei den Dienstmädchen), waren Abtreibung und Selbstmorde häufig begangene ›Auswege‹, wenn die Familie das Mädchen nicht unterstützte.

Zudem ist es fraglich, ob die Moralbegriffe im Proletariat tatsächlich allgemein weniger strikt waren. Es scheinen sehr unterschiedliche Sittenkodexe bestanden zu haben, die von Region zu Region und von Stadt zu Stadt variierten.[6] Im allgemeinen war jedoch eine kleinbürgerlich gefärbte Moral noch weit verbreitet, und uneheliche Mutterschaft folglich abgelehnt oder bestenfalls toleriert.

Wally Zeplers ›proletarisches Frauenideal‹ reduziert sich in letzter Konsequenz auf ein von realen Inhalten weitgehend abgelöstes ideologisches Konstrukt. In der Konzeption der ›freien Liebe‹ vermengt sich die Kritik an der bürgerlichen Moral mit auf das Proletariat projizierten Wunschvorstellungen, deren frauenfeindliche und repressive Grundzüge ihre Abstammung aus eben diesem Moralbegriff dokumentieren.

Die beiden konstituierenden Momente des ›neuen Frauentypus‹ weisen somit eine inhaltliche Struktur auf, die den Anspruch auf konkreten utopischen Gehalt nicht einlöst. Sie enthalten keine »realistische Antizipation des Guten«, auch keinen »Traum, besser zusammen zu leben«:[7] sie reproduzieren Altbekanntes, Verlebtes.

Und so überlebt jedes der beiden Frauen-›Ideale‹ in sich selber ist, so wenig lassen sie sich zu einem qualitativ Neuen zusammenfügen. Die vom Bauch abgespaltete »hohe Geistigkeit« der bürgerlichen Frau und die vom Kopf getrennte »hohe Sinn- und Sittlichkeit« der proletarischen Frau bekamen ihren Geburtsschein innerhalb der kapitalistischen Arbeitsteilung ausgestellt, in der Aufspaltung von Kopf- und Handarbeitern und ihrer Entfremdung voneinander.

Diese Herkunft der reformistisch-revidierten Utopie der proletarischen Frauenbewegung und ihr zweiseitig verstümmelter Charakter bezeugen die Unmöglichkeit, aus zwei Bruchstücken einen ganzen Menschen zu machen.

Politische Konsequenzen

Die reformistischen Vorstellungen konnten sich im untersuchten Zeitraum in den Frauenorganisationen nicht gegen die offizielle Frauenemanzipationstheorie durchsetzen. Ihr Einfluß verstärkte sich jedoch, als die Reformisten in der Gesamtpartei an Boden gewannen und die proletarische Frauenbewegung – nicht zuletzt durch den Verlust ihrer organisatorischen Selbständigkeit (1908) – in das Korsett ihrer Politik einzuspannen versuchten.

Diese Entwicklung wurde durch die Tagespolitik der Frauenbewegung begünstigt, die analog zur Gesamtpartei immer stärker auf den Kampf um Reformen und die Wahlagitation konzentriert wurde. In dem Maße, wie diese Politik reale Erfolge erzielte, rückte sie auch in den Mittelpunkt der Diskussionen auf den parteiöffentlichen Foren, während grundsätzliche Erörterungen von Zielen und Kampfformen weitgehend ausgeblendet wurden. In der Frauenbewegung läßt sich dieser Prozeß als Verlagerung der Diskussionsebene von Reichs- bzw. Länderniveau auf Regional- und Kommunalebene nachweisen.

In diesen Bereichen besaßen jedoch die Reformistinnen den praktischen Rückhalt, auf dem sie nach dem Krieg ihre Politik aufbauten. Die theoretische Ergänzung dazu waren ein Frauenbild und eine Vorstellung von Frauenemanzipation, die – von

Elementen des ›neuen Frauentyps‹ und Edmund Fischers reaktionären Vorstellungen gleichermaßen geprägt – eine fade Reproduktion der Ideen der gemäßigten bürgerlichen Frauenbewegung darstellten. Der Emanzipationskampf wurde auf die Erringung der Gleichberechtigung mit dem Mann reduziert, nach dem Muster ›Durch Pflicht zum Recht‹ und getreu der bis heute üblichen Verlagerung von als weiblich deklarierten Fähigkeiten von der Familie in den etwas erweiterten Radius[1] der Fürsorge- und Kommunalarbeit:

»Die öffentliche Tätigkeit unserer Frauen muß zunächst in den Kommunen beginnen. Auf diesem Feld eröffnen sich ihnen ersprießliche und doch weit ausschauende Aufgaben. Haben sie hier festen Fuß gefaßt, haben sie die Leiden und Freuden der Kommunalbürgerin von Grund auf kennengelernt, dann werden sie ihre Blicke auch in die Ferne schweifen lassen und sie auf das Reich richten. In der Armen-, Waisen- und Krankenpflege, Dinge, die ihrer bisherigen Tätigkeit und daher ihrem Gesichtskreis naheliegen, wird die Arbeiterfrau ihre Erfahrungen trefflich verwerten können, wird sie sicherer, wissender, vielseitiger und weiterblickend werden, wenn sie nur selbstlos genug ist und richtig angeleitet wird. Von dieser Vorschule aus führt dann der Weg zur Gewährung des aktiven und passiven Kommunalrechts.«[2]

Mit dieser Politik, die in den theoretischen Auseinandersetzungen und der Parteipraxis von 1914 bereits angelegt war, fielen die Reformistinnen hinter die Position der radikalen bürgerlichen Frauen zurück.

6 *Die Bedeutung der bürgerlichen Frauenbewegung für theoretische Klärungsprozesse und praktische Politik der sozialdemokratischen Frauenorganisationen*

Tragende Teile der offiziellen Frauenemanzipationstheorie wie ihrer reformistischen Gegenposition wurden in der Auseinandersetzung mit der bürgerlichen Frauenbewegung formuliert. Die konkreten Berührungspunkte zwischen bürgerlicher und proletarischer Frauenbewegung sind in diesen Darstellungen jedoch nicht deutlich geworden.

Tatsächlich hatte die bürgerliche Frauenbewegung insgesamt nur ein sehr begrenztes Interesse an den proletarischen Frauen und ihren Problemen als Arbeiterinnen und Hausfrauen. Nur allzu rasch hatte sie sich von ihrer ›Sturm und Drang‹-Phase in der Tradition der 48er Revolution abgelöst, und ihre Forderungen und Aktivitäten im Interesse der ›niederen Schichten‹ waren auf patronisierende Wohltätigkeitsgesten und bestenfalls auf die halbherzige Gründung von gewerblichen Berufsschulen, Arbeiterinnenheimen oder Unterstützungskassen zusammengeschrumpft.

Erst zu Beginn der 80er Jahre fand auf einer Tagung des ›Allgemeinen Deutschen Frauenvereins‹ (1883), dem bedeutendsten gemäßigten bürgerlichen Frauenverein, eine grundsätzliche Diskussion über die Arbeiterinnenfrage statt. Die Impulse dieser Tagung – die Einrichtung von Rechtsschutzstellen, von Frauenhilfsvereinen und Arbeiterinnenvereinen – fanden jedoch kein Echo.

Die Diskussion um das Verhältnis zur proletarischen Frauenbewegung in den bürgerlichen Reihen setzte erst wieder in den 90er Jahren ein. Auslösende Momente waren die theoretische und praktische Stagnation der bürgerlichen Frauenbewegung, ein Ergebnis der Minimalpolitik, die sie jahrzehntelang im Interesse einer Verbreiterung ihrer Basis und auch aus Rücksicht auf das konservative und ängstliche Bewußtsein der Masse ihrer Mitglieder betrieben hatte.

Die Thematisierung der Arbeiterinnenfrage und die Stellungnahme zu den sozialistischen Frauenorganisationen können als ein Versuch gewertet werden, dieser Erstarrung entgegenzuwirken. Die verschiedenen Strömungen innerhalb der bürgerlichen Frauenbewegung[1] haben ihn mit allerdings sehr unterschiedlichem Impetus und Reichweite betrieben. Der ›Allgemeine Deutsche Frauenverein‹ beispielsweise erweiterte seinen Zielkatalog um Fragen sozialer Reform (1897). Praktisch förderte er vor allem die aktive Mitarbeit seiner Mitglieder in der kommunalen Sozialpflege, und die bürgerlichen Frauen haben sich so sukzessive, amtlich und ehrenamtlich, einen festen Platz in der Kommunalverwaltung erarbeitet.[2] Ihre Kontakte zu Arbeiterinnen blieben dabei jedoch im wesentlichen auf sozialfürsorgerische Maßnahmen beschränkt, die sich genausowenig wie ihre obrigkeitsstaatliche Version von einer patronisierenden Wohltätigkeit ablösen konnten.

Bei der Gründung des ›Bundes Deutscher Frauenvereine‹ 1894 (BDF), der Dachorganisation der gemäßigten bürgerlichen Frauenorganisationen, wurde eine klare organisatorische und politische Abgrenzung gegenüber der proletarischen Frauenbewegung gezogen: sozialistische Frauenorganisationen wurden statuarisch ausgeschlossen. Der radikale Flügel der bürgerlichen Frauenbewegung[3] gab sich mit diesem lauwarmen Selbstverständnis und den mageren Forderungen des BDF nicht zufrieden. Seine Anhängerinnen vertraten einen radikaldemokratischen Standpunkt und kritisierten die Borniertheit und Ignoranz ihrer Klassengenossinnen gegenüber den Problemen der Arbeiterinnen. Sie selber versuchten die Arbeiterinnenfrage theoretisch und praktisch zu einem festen Bestandteil ihrer Propaganda- und Organisationsarbeit zu machen:

»Die Arbeiterinnenfrage ist ein Teil der Arbeiterbewegung und zugleich ein Teil der Frauenbewegung. Daraus ergibt sich der eigenartige und doppelt schwierige Charakter dieses Problems, zu dessen Lösung beide zusammenwirken müssn. Wenn die Frauenbewegung in ihrer Vorwärtsentwicklung immer mehr der sozialen Bewegung ihr Interesse zuwendet, so ist dies die Folge einer inneren Notwendigkeit ... Einmal ist die Frauenbewegung längst über den engen Mittelstand hinausgewachsen. Will sie der Erfüllung ihrer Forderungen und Ziele näherkommen, so braucht sie die Gefolgschaft der gesamten Frauenwelt aller Bevölkerungsschichten, und will sie die Frauen in ihrer Gesamtheit umfassen, so gehören die Arbeiterinnen, die größte Masse der erwerbstätigen Frauen, in ihren Kreis.«[4]

Die Radikalen begründeten ihre Forderungen mit einer Kritik an den sozialistischen Organisationen: als ausgesprochene Männerorganisationen könnten sie die spezifischen Fraueninteressen bei allem verbalen Engagement nicht wirklich vertreten. Sie verbanden ihre These von der klassenübergreifenden Problematik weiblicher Erwerbstätigkeit mit einer Kritik am geschlechtlichen Unterdrückungszusammenhang in der Arbeiterklasse und forderten als organisationsleitendes Prinzip: »Die Frau wird immer nur durch die Frau zur Selbständigkeit geführt werden.«

Mit ihrem Konzept ›durch Selbsthilfe zur Selbständigkeit‹ lösten sich die Radikalen von den traditionellen Lösungsmodellen der bürgerlichen Frauenbewegung für die Arbeiterinnenfrage. Sie verurteilten diese als fürsorgerische ›Vereinsmeierei‹ und forderten an ihrer Stelle professionalisierte Sozialarbeit, die ihre Klientel im obigen Sinne ermutigen und zur Handlung befähigen sollte. Als stützende Maßnahmen empfahlen sie die Einführung der obligatorischen Fortbildungsschule, den Ausbau des gesetzlichen Arbeiterinnenschutzes und die berufliche Organisation der Arbeiterinnen.

Über die konkrete Form der Arbeiterinnenorganisation gab es jedoch auch innerhalb des radikalen Flügels der bürgerlichen Frauenbewegung unterschiedliche Vorstellungen. Ein Teil der ›Radikalen‹ plädierte für eine gemeinsame Organisation von Frauen und Männern nach Berufssparten und lehnte reine Frauengewerksvereine als Surrogat ab. Andere postulierten eine selbständige Organisation der Frauen, die den Männerorganisationen allerdings kooperativ angeschlossen werden sollten.

Die Bemühungen der bürgerlichen Frauen um Unterstützung der bestehenden Gewerkschaften waren jedoch generell viel zu punktuell und unsystematisch, um einen erwähnenswerten praktischen Einfluß zu erlangen. Auch ihre eigenen Anstrengungen um den Aufbau eigenständiger Berufsorganisationen für Frauen blieben weitgehend im Bereich der bürgerlichen Erwerbsstruktur stecken. Lediglich bei der Arbeit mit Arbeiterinnen aus einigen rückständigen Erwerbsbereichen, die von der sozialdemokratischen Agitation noch nicht erfaßt waren, hatten die bürgerlichen Frauen einige begrenzte Erfolge. Es gelang dem radikalen Teil der bürgerlichen Frauen also nicht, seine programmatische Forderung nach Organisation der Arbeiterinnen praktisch umzusetzen. Dies lag ebensosehr an einer mangelnden Überwindung der Fürsorgehaltung (die sie ja gerade bekämpften) in den eigenen Reihen wie an einem für Arbeiterinnen wenig anziehenden Organisationsangebot und Clara Zetkins Politik der ›reinlichen Scheidung‹. Die Mißerfolge in der Organisationsarbeit führten dazu, daß die Radikalen ihr Interesse bald den Strömungen innerhalb der proletarischen Frauenbewegung zuwandten, die zu einer kooperativen Politik bereit waren.

Bereits 1900 wurden die Richtungskämpfe in der SPD und der proletarischen Frauenbewegung in der bürgerlichen Frauenbewegung diskutiert. In einem Artikel in den *Neuen Bahnen*, dem Organ des ›Allgemeinen Deutschen Frauenvereins‹, wird der Revisionismus Eduard Bernsteins begrüßt, und die bürgerlichen Frauen werden dazu aufgefordert, im ›guten Willen‹ an seinem Programm des ›Neuen Sozialismus‹, dem Programm einer ›demokratisch sozialistischen Reformpartei‹ mitzuarbeiten. Der radikale Flügel der proletarischen Frauenbewegung vertrat damit eine Position, die den Angleichungsthesen der Reformistinnen gefährlich nahe kam. Else Sauer beschreibt diesen subtilen Prozeß folgendermaßen:

»Das Aufkommen des Revisionismus in der deutschen Sozialdemokratie wurde innerhalb der bürgerlichen Frauenbewegung zuerst von den radikalen Kräften registriert und fortan mit besonderer Aufmerksamkeit verfolgt. Mit feinem Klasseninstinkt nahmen diese bürgerlichen Frauen wahr, daß es hier Annäherungspunkte und teilweise direkte Parallelen zu ihren Auffassungen gab.«[5]

Die Anziehungskraft und die wechselseitige Annäherung von den Radikalen in der bürgerlichen und den Reformistinnen in der proletarischen Frauenbewegung war angesichts der reformistischen Entwicklung der Gesamtpartei eine ernstzunehmende Bedrohung des Selbstverständnisses der sozialistischen Frauenorganisationen als Klassenorganisation. Die Gefährdung beruhte jedoch nicht so sehr auf den kaum aussichtsreichen Organisationsansätzen der bürgerlichen Frauen für die Arbeiterinnen, als vielmehr auf der teils gezielten, teils indirekten Stärkung der Position der Reformistinnen, die sich aus der Politik der ›Radikalen‹ ergab. Dies erklärt auch die Unerbittlichkeit, mit der Clara Zetkin die ›frauenrechtlerische Harmonieduselei‹ geißelte und sich gerade gegen die fortschrittlichsten Teile der bürgerlichen Frauenbewegung wandte.

III

Die Entwicklung der proletarischen Frauenbewegung

Im ersten Teil dieser Arbeit haben wir gesehen, an welche Lebensbedingungen und Interessen die proletarische Frauenbewegung anknüpfte. Die Leidensgeschichte der proletarischen Frau, die in ihrem Lebenszusammenhang enthalten ist, ist zugleich die des Kampfes um die Milderung und letztendlich die Aufhebung dieser Leiden: in letzter Konsequenz also die Geschichte der proletarischen Frauenbewegung.

Die ausführliche Diskussion der Alltagssituationen der Mädchen und Frauen als Arbeiterinnen und Hausfrauen hat gezeigt, daß Forderungen nach Verbesserungen der Lage der Frauen in isolierten Bereichen (z. B. gewerkschaftliche Initiativen zur Verbesserung der betrieblichen Situation von Frauen) nicht ausreichen: Der Kampf um eine qualitative Veränderung der Lebensumstände muß auf allen Ebenen geführt werden.

Obwohl sich in der konkreten Entwicklung der proletarischen Frauenbewegung politische und gewerkschaftliche Agitation, Organisation und Kämpfe nicht genau trennen lassen, liegt das Schwergewicht der folgenden Untersuchung auf dem politischen Bereich. Dies bietet sich an in Anbetracht der politischen Orientierung der Frauenbewegung auf die sozialistische Zukunftsgesellschaft hin, wobei die Gewerkschaften eine wichtige vorbereitende, aber nicht bereits qualitativ verändernde Funktion besaßen, und angesichts der praktischen Orientierung der Gewerkschaften an der Reformarbeit innerhalb der bestehenden Gesellschaft. Die detaillierte Aufarbeitung der Situation der Frauen in der Gewerkschaftsbewegung durch Gisela Losseff-Tillmanns legt zudem eine Eingrenzung auf die bislang weniger erforschten Organisationsformen und Konfliktstellen im Spannungsfeld zwischen politischer Frauenbewegung und Partei nahe. An dem Begriff Frauenbewegung können wir im untersuchten Zeitraum festhalten, da die Genossinnen auch nach dem organisatorischen Zusammenschluß mit der Partei (1908) nicht als vollwertige Mitglieder in die Wahlvereine aufgenommen wurden und sie sich zugleich – gegen alle Integrationsstrategien der Parteileitung – eigene Handlungsräume zu erhalten wußten.

Die Notwendigkeit, den gemeinsamen Kampf in der Arbeiterbewegung mit dem autonomen Kampf um Aufnahme in die Organisationen der Arbeiterklasse zu verbinden, war schon in der ambivalenten Haltung der frühen deutschen Arbeiterbewegung zur Frauenfrage angelegt. Ihr Hintergrund, der tradierte proletarische Antifeminismus, kann als ein fester Bestandteil des Verhältnisses zwischen Frauenbewegung und Partei bezeichnet werden. Dabei scheint einiges darauf hinzudeuten, daß Werner Thönnessens These vom engen Zusammenhang zwischen Antifeminismus und Reformismus[1] aufgegeben werden muß zugunsten einer differenzierten Betrachtungsweise, die – neben ideologischen – vor allem lokale sozial- und erwerbsstrukturelle Momente zu berücksichtigen hätte.

Unter dem Sozialistengesetz kam der Konflikt zwischen Partei und Frauenbewegung allerdings nicht zum Ausbruch, da die Abwehr von Verfolgung und Unterdrückung durch den Staat ganz existenziell im Zentrum aller Überlegungen und Handlungen stand. Zudem waren die jungen, zahlenmäßig unbedeutenden und immer wieder von der Polizei zerschlagenen Zusammenschlüsse der Arbeiterinnen und Arbeiterfrauen in dieser Zeit noch ganz im Prozeß der Konstituierung als proletarische Bewegung begriffen, was die ideologische und organisatorische Ablösung von der bürgerlichen Frauenbewegung zu ihrer ersten und dringlichsten Aufgabe machte. Dieser Ablösungsprozeß erhielt seine theoretische Fundierung in der Frauenemanzipationstheorie von Clara Zetkin (1889 und 1896) und wurde nach 1890 in der Politik der ›reinlichen Scheidung‹ praktisch weitgehend durchgesetzt.

Die Geschichte der proletarischen Frauenbewegung liest sich auch im ersten Jahrzehnt nach dem Fall des Sozialistengesetzes – also bis 1900 – als die Geschichte ihrer Unterdrückung und Verfolgung, und Verbote, Schikanen und Prozesse prägen ihr Bild. Angesichts der Repressionen gegen die Arbeiterinnenvereine und Frauen-Agitationskommissionen, die diese eindeutig als Teil des Proletariats trafen und treffen sollten (schließlich konnten die bürgerlichen Frauen ihre Vereinstätigkeit ungestört und ungestraft entfalten), verblieben die Schwierigkeiten und Konflikte in der Zusammenarbeit und bezüglich der Unterstützung durch die männlichen Parteimitglieder zunächst im Hintergrund: Die Frauenbewegung kämpfte ums nackte Überleben.

Und sie hatte Erfolg. In einer dynamischen Entwicklung schuf sie sich eigene Agitations- und Kampfformen, baute besondere Schulungseinrichtungen für Frauen auf und verwirklichte im System der Vertrauenspersonen eine wirkungsvolle Instanz zur Koordination und Leitung nach innen und Vertretung nach außen, der selbst strikte vereinsgesetzliche Bestimmungen wenig anhaben konnten. In dem Maße, wie dieser innere Konsolidierungsprozeß fortschritt, beteiligten sich die Genossinnen auch in breitem Rahmen an den allgemeinen Kämpfen der Arbeiterbewegung, wobei sich die Wahlkämpfe immer stärker in den Vordergrund schoben.

Der inhaltliche Schwerpunkt der Parteitage und Frauenkonferenzen verlagerte sich dabei zunehmend von Grundsatzdiskussionen auf die konkreten Aufgaben und Probleme bei Ausbau und Aufbau von Agitation und Organisation, um schließlich nach 1908 die Teilnahme an den Kämpfen um die sozialpolitischen Forderungen der SPD in den Mittelpunkt zu rücken.

Die praktische Zentrierung der proletarischen Frauenbewegung auf das traditionelle Aktionsfeld der deutschen Arbeiterbewegung, die Wahlrechtsarbeit, war jedoch nicht gleichbedeutend mit einer politischen Festlegung auf die parlamentarische Strategie, wie sie für breite und maßgebliche Kreise in der SPD kennzeichnend war, und sie bedeutete auch keinen völligen Verzicht auf die Vertretung der besonderen Interessen der Frauen. Nach einer kurzen Phase der defensiven Vertretung des Frauenwahlrechts leiteten die führenden Genossinnen – unter dem Eindruck der russischen Revolution und der politischen Massenstreiks in anderen Ländern – einen offensiven Wahlrechtskampf ein. Sie waren jetzt nicht mehr bereit, auf die Forderung nach vollem Frauenwahlrecht zu verzichten, sie stellten es vielmehr in den Vordergrund und propagierten es mit einem eigens dafür entwickelten Kampfmittel, dem Internationalen Frauentag.

Diese auf Massenbasis und Massenbeteiligung gerichtete

Politik der Frauenbewegung, die ihrer radikalen Zielsetzung entsprach und eine breite spontane Basis und viele Sympathisantinnen fand, war mit der Politik und den Zielen der SPD auf Dauer nicht zu vereinen und wurde folglich auf allen Ebenen einem Integrationsprozeß durch die Parteileitung unterworfen, der als Kampf um die sog. Sonderbestrebungen geführt wurde. Dieser Kampf und seine Konsequenzen werden im folgenden dargestellt und analysiert. Die verschiedenen politischen und taktischen Differenzen zwischen der Frauenbewegung und der herrschenden Parteiauffassung (z. B. Verhältnis zum Massenstreik, Einschätzung des parlamentarischen Kampfes etc.) werden dort aufgegriffen, wo sie in der Entwicklung der proletarischen Frauenbewegung praktische Wirksamkeit entfaltet haben.

Das Ergebnis dieses Prozesses, d. h. die Spaltung der proletarischen Frauenbewegung, wurde – wie in der Partei insgesamt – in der Kriegsfrage endgültig entschieden und organisatorisch vollzogen. Der Prozeß der Formierung der politischen Gruppen in der Frauenbewegung und ihre organisatorischen und ideologischen Konsequenzen – eine offensive und radikalisierte Frauenpolitik in der frühen KPD einerseits und die Herausbildung eines Bewußtseins der Geschichtsverdrängung in den sozialdemokratischen Frauensegmenten nach dem Krieg andererseits – werden soweit verfolgt, wie es zur Verdeutlichung der bereits in der Entwicklung vor 1914 angelegten tiefen Kluft in der deutschen Arbeiterbewegung respektive Frauenbewegung nötig ist.

Das Untersuchungsmaterial besteht – neben den üblichen Protokollen von Parteitagen, Konferenzen und Kongressen – überwiegend aus Artikeln und Berichten der zeitgenössischen sozialdemokratischen Presse, wobei *Die Gleichheit* einen ganz hervorragenden Platz einnimmt. Broschüren sowie Dissertationen und Publikationen aus den 20er und 30er Jahren und einige aktuelle Standardwerke runden den bisherigen Forschungsstand ab. Biographien, Briefe und einige Romane geben ebenfalls gelegentliche Hinweise.

1 Exkurs: Die frühe deutsche Arbeiterinnenbewegung (1869–1889)

Die theoretischen Auseinandersetzungen über die Frauenarbeit in der frühen deutschen Arbeiterbewegung hatten praktisch-organisatorische Konsequenzen für die Entwicklung der Frauenorganisation. Die im Rahmen der Arbeiterbildungsvereine von fortschrittlichen Männern wie Moritz Müller, Karl Liebknecht, Julius Motteler und August Bebel vertretene Auffassung von der Notwendigkeit der Erwerbstätigkeit der Frauen und ihrer Organisation konnte sich nur langsam und gegen viele Rückschläge durchsetzen. Es ist nicht zuletzt dem Einfluß dieser Männer zu verdanken, wenn Ende der 60er Jahre die gemeinsame Organisation von Arbeitern und Arbeiterinnen in der ›Internationalen Gewerksgenossenschaft der Manufaktur-, Fabrik- und Handarbeiter‹ (10. Febr. 1869) mit Hauptsitz in Crimmitschau realisiert werden konnte.

Die sächsische Textilindustrie befand sich zu diesem Zeitpunkt in einer Periode rapider Umwälzung, die mit der Verdrängung der Kleinbetriebe durch mechanisierte Fabriken und der Ablösung gelernter Handarbeit durch ungelernte (Frauen-) Arbeit einherging. Diese Faktoren und das allgemeine Klima politischer Aktivität (Sparkassen, Weberassoziationen, Konsumvereine, Kranken-, Invaliden- und Begräbniskassen) in Sachsen, wo die Koalitionsfreiheit schon 1861 eingeführt worden war, waren die wirtschaftlichen und politischen Voraussetzungen für den organisatorischen Erfolg der Gewerksgenossenschaft.[1]

Nach Clara Zetkins Schilderung handelte es sich bei der Gewerksgenossenschaft um einen Zusammenschluß, der die gleichberechtigte Beteiligung aller Mitglieder ohne Unterschied des Geschlechts in einem seither kaum wieder erreichten Ausmaß verwirklicht hatte. Bedingungen dafür waren gleiches aktives und passives Wahlrecht, gleiche finanzielle Unterstützungsleistungen für alle Mitglieder und die aktive Beteiligung der Frauen an der Ausarbeitung der Statuten und in der Leitung. Darüber hinaus gelang es unter dem entschlossenen Auftreten von Christiane Peuschel, Wilhelmine Weber und anderen Frauen, gegen den Widerstand vieler Genossenschafter einen bescheidenen Anfang zum besonderen Schutz der

Frauen zu verwirklichen: in einer Krankenkasse, die den Wöchnerinnen- und Mutterschutz berücksichtigte.

Trotz polizeilicher Schikanen fand die Gewerksgenossenschaft über die Textilzentren des sächsischen Erzgebirges hinaus Verbreitung. Frauen hatten – vor allem in Sachsen – verantwortungsvolle Positionen in den lokalen Vereinen inne und wurden gerne als Agitatorinnen eingesetzt, insbesondere in Gegenden, wo sich der Vereinsgedanke noch nicht recht durchgesetzt hatte. Da das öffentliche Auftreten von ›Frauenspersonen‹ verboten war, entfalteten sie ihre Tätigkeit bei allerlei inoffiziellen und informellen Gelegenheiten: auf Märkten, bei Festen und Feiern, und nicht zuletzt an den Liefertagen der Heimarbeiterinnen:

»Einen besonders erfolgreichen Wirkungskreis fand die propagandistische Kleinarbeit der Frauen an den Tagen, wo aus dem Umkreis von Crimmitschau und Glauchau für die Produktivgenossenschaft, Faktoreien, Kleinfabrikanten usw. geliefert wurde; meist waren es Frauen, die die Lieferung besorgten. Die führenden Frauen trafen dann da und dort mit den Liefernden zusammen, wo ein ›Happen‹ gegessen, ein ›Schälchen Heeßer‹, das heißt eine Tasse Kaffee, getrunken wurde. In gemütlicher Aussprache öffneten sich die Herzen, auf die Lippen drängten sich Klagen über die Leiden, die der Ausgebeuteten Erbteil sind. Die werbenden Frauen entzündeten an den schwachen Fünkchen der Hoffnung auf bessere Zeiten die hellodernde Flamme der Begeisterung für die sozialistische Freiheit... Wenn die Frauen mit ihren Bürden neuer Arbeitsstoffe sich wieder in alle Windrichtungen... zerstreuten, so nahmen sie eine reiche Ideensaat mit heim... sie trugen den täglich erscheinenden ›Crimmitschauer Bürger- und Bauernfreund‹, das Organ für das gesamte Osterland, in die armseligen Wohnungen der Dörfer; als Werbetruppen der Internationalen Gewerksgenossenschaft wanderten sie hin und her...«[2]

Nach einigen Jahren erfolgreicher organisatorischer Arbeit gefährdeten jedoch polizeiliche Repressionen und Wirtschaftskrisen den Fortbestand der Internationalen Gewerksgenossenschaft wie gewerkschaftlicher Verbindungen überhaupt. Die Schaffung der ›Union‹ war ein Versuch der Arbeiter, diesem Prozeß entgegenzuwirken und der zersplitterten Gewerkschaftsbewegung zumindest einen lockeren Zusammenhalt zu schaffen. Der Anschluß der ›Internationalen Gewerksgenossenschaft‹ an die ›Union‹, die beschlossen hatte, ›gegen alle Frauenarbeit in den Fabriken und Werkstätten zu wirken und dieselbe abzuschaffen‹, war für die Frauenorganisation ein herber Rückschlag, von dem sie sich lange Zeit nicht erholen konnte. Ihre Führerinnen wurden unter dem Sozialistengesetz (1878) zerstreut und gingen z.T. in die Emigration.

Frühe Zusammenschlüsse von Frauen in anderen Regionen, wie im ›Verein zur Fortbildung und geistigen Anregung der Arbeiterfrauen‹ (1869–1871) und im ›Arbeiterfrauen- und Mädchen-Verein‹ (1872–1874) in Berlin erlangten selten den klassenbewußten Charakter, wie ihn nach Clara Zetkin die frühe sächsische Arbeiterinnenbewegung aufwies, nämlich

»die zielklare Erkenntnis von der Notwendigkeit der gemeinsamen Organisation und des gemeinsamen Kampfes der Proletarier ohne Unterschied des Geschlechts; die Würdigung der Frau als einer voll gleichberechtigten, aber auch gleichverpflichteten Mitstreiterin im Klassenkampf; der ausgesprochen proletarische, international gerichtete Charakter der Bewegung, die rein von jeder bürgerlich-frauenrechtlerischen Beimengung war; die feste, sichere Zielsetzung: die sozialistische Gesellschaft.«[3]

Diese Einschätzung kann zwar im einzelnen nicht mehr überprüft werden, da die Quellenlage, die bereits von Clara Zetkin (1928) als problematisch bezeichnet wird, weiter verdeckt und verschüttet worden ist. Es trifft jedoch zu, daß die zweite Gründungsperiode von Arbeiterinnenvereinen, die Anfang der 80er Jahre einsetzte, vorab durch die verschiedenen Ablösungsversuche von bürgerlichen Organisationsformen und Zielen gekennzeichnet war, also durch den Versuch, sich als proletarische Frauenbewegung überhaupt erst einmal zu konstituieren. Dieser Prozeß fand in verschiedenen deutschen Städten statt. Lediglich die Entwicklung der Berliner Arbeiterinnenbewegung wurde jedoch von verschiedenen Autoren (Zetkin, Bernstein, Ihrer u.a.) ausführlich dokumentiert,[4] was dazu geführt hat, daß sie vielfach für den eigentlichen Anfang der proletarischen Frauenbewegung in Deutschland gehalten worden ist. Anhand der Berliner Verhältnisse läßt sich jedenfalls darstellen, warum der Ablösungsprozeß von der bürgerlichen Frauenbewegung ein notwendiger Schritt zur Selbstorganisation als Klassenkampfbewegung war, der nicht übersprungen werden konnte.

Im Gegensatz zu den sächsischen Textilzentren herrschten im Berlin der 80er Jahre noch Kleinbetriebe mit handwerksmäßiger Produktion vor. Die Frauen waren zum großen Teil als Heimarbeiterinnen beschäftigt, und obwohl ihre elenden Lebensverhältnisse nach Veränderung schrien, verstärkten die politische Repression der Polizei und die wirtschaftliche der Unternehmer die Schwierigkeiten, die sich ohnehin bei der Organisierung dieser weitgehend isolierten Gruppe von Arbeiterinnen ergaben.

Die besondere politische Rechtlosigkeit der Frauen in Preußen hatte indessen nicht nur der bürgerlichen Frauenbewegung Auftrieb gegeben, sondern führte auch viele Frauen aus kleinbürgerlichem und bürgerlichem Milieu zur Sozialdemokratie. In Emma Ihrer, Lily Braun und anderen Führerinnen der proletarischen Frauenbewegung begegnen wir solchen ehemaligen Feministinnen.

Von diesen tatkräftigen Frauen gingen viele der Organisationsansätze in den 80er Jahren aus. Nachdem der ›Frauen-Hilfsverein für Handarbeiterinnen‹ (gegr. 1882) an seiner ›gesamten kleinlichen Reformarbeit‹, wie Emma Ihrer, eine der Leiterinnen, später selbstkritisch vermerkte, gescheitert war und auch mehrere von Sozialistinnen gegründete Vereine nach einer kurzen Zeit des Bestehens aufgelöst worden waren, wurde im März 1885 der ›Verein zur Wahrung der Interessen der Arbeiterinnen‹ gegründet[5]. Es war der erste Verein in dieser Periode, der massenwirksam wurde und überregionale Bedeutung erlangte. Dem Berliner Zusammenschluß folgten bald Gründungen in Dresden (wo Julie Bebel sich an der Vereinsgründung beteiligte), Düsseldorf, Gera, Halle, Luckenwalde, Zeitz usw. Der ›Verein zur Wahrung der Interessen der Arbeiterinnen‹ wurde zum Ausgangspunkt für reine Arbeiterinnenorganisationen mit radikalerer Zielsetzung wie der ›Nord Verein‹ und der ›Fachverein der Berliner Mantelnäherinnen‹, eine frühe Frauengewerkschaft.

Das Grundprinzip all dieser Organisationen war die gegenseitige Hilfe. Familien unterstützten einander in Zeiten der Arbeitslosigkeit; alleinstehende Kranke wurden von arbeitslosen Mitgliedern gegen eine geringe Entschädigung von seiten des Vereins versorgt; Ärzte und Rechtsanwälte stellten ihren fachlichen Beistand unentgeltlich zur Verfügung, was besonders für die Heimarbeiterinnen, die meist keiner Krankenkasse angehörten, eine große Erleichterung war. Die Vortrags- und Diskussionsthemen an den Vereinsabenden wurden üblicherweise von den Mitgliedern selbst vorgeschlagen und knüpften so unmittelbar an ihre Interessen an.

Eine Petition des Vereins zugunsten der Zulassung von Frauen zu den Gewerbegerichten 1886 wurde von der Polizei zum willkommenen Anlaß genommen, um in einem Klima der allgemeinen Verschärfung der politischen Repression (Puttkammerscher Streikerlaß 1886) gegen die Arbeiterinnenbewegung vorzugehen.

Als erster wurde der ›Verein zur Wahrung der Interessen der Arbeiterinnen‹ in Berlin geschlossen und einige der leitenden Frauen zu Geld- oder Gefängnisstrafen verurteilt. In den nächsten Monaten ereilte das gleiche Schicksal seine beiden Berliner ›Töchtervereine‹ und eine Reihe weiterer Arbeiterinnenzusammenschlüsse in ganz Deutschland, und zwar unabhängig davon, ob es sich um politische, rein gewerbliche oder Bildungsvereine handelte. Die einzige überregionale Verbindung, die diese Verfolgungswelle überstand, war die ›Central-Kranken- und Begräbniskasse für Frauen und Mädchen Offenbach‹, die in kurzer Zeit auf 20000 Mitglieder in 120 Verwaltungsstellen in vielen Städten, darunter Berlin, anwuchs. Das Organ des Vereins, *Die Staatsbürgerin*, das 1884 von Gertrud Guillaume-Schack gegründet wurde, kann als die erste deutsche Arbeiterinnenzeitung bezeichnet werden. Es wurde allerdings nach knapp zwei Jahren wegen ›Aufreizung zum Klassenkampf‹ verboten.

Da den proletarischen Frauen jede politische Betätigung und zudem jede Vereinstätigkeit an sich weitgehend verwehrt war, nahmen sie um so intensiver an der allgemeinen Arbeiterbewegung teil. Dies geschah einmal im Rahmen der Gewerkschaftsbewegung, obwohl auch hier die willkürliche Anwendung des Sozialistengesetzes (und z.T. auch die Ressentiments unter den Gewerkschaftern) die Mitarbeit von Frauen vielfach erschwerte oder sogar verhinderte. Vor allem aber beteiligten sich die Frauen an den öffentlichen Versammlungen, an denen sie von Gesetzes wegen teilnehmen durften; dieses Recht mußten sie sich in der Praxis jedoch erst noch erkämpfen.

So wie das Sozialistengesetz die Arbeiterbewegung im allgemeinen nur noch stärker zusammengeschweißt hatte, so wurden auch die Frauen immer mehr in die gemeinsame illegale Arbeit hineingezogen:

»Die Arbeiterfrauen, Ehefrauen und Töchter sozialdemokratischer Männer, ›von selbst dazugehörig‹, erleben nun am eigenen Leib und an dem ihrer Kinder, was es heißt, Sozialdemokrat zu sein – nicht für die kurze Dauer eines Streiks, sondern für Jahre, Durchhalten d.h.: Haussuchungen über sich ergehen lassen, Arbeitslosigkeit der Männer, Verhaftung und Ausweisung, heißt alle Folterungen des ›weißen Schreckens‹ erdulden ... Frauen, die allenfalls früher Wahlbeihilfe geleistet haben, werden nun zu Haupthilfskräften der Agitation: sie beteiligen sich an der Unterbringung der Unterstützungsgelder, tragen Flugblätter aus und fahren den ›Schweizer Käse‹ (den von Motteler in Zürich herausgegebenen verbotenen *Sozialdemokraten*) im Kinderwagen über Land. Die Heimlichkeit, mit der alles zu geschehen hat, gibt plötzlich dem nüchternen wissenschaftlichen Marxismus mit seiner komplizierten Begriffsbildung etwas von religiöser Glut.«[6]

Unter der kollektiven Unterdrückung und in der gemeinsamen Praxis entwickelten sich viele Frauen zu zuverlässigen und wagemutigen Konspiratorinnen, deren Tätigkeit bald zu einem tragenden Pfeiler der illegalen Agitations- und Organisationsarbeit geworden war. Anna Blos beschreibt einige ihrer Aufgaben:

»Frauen standen als Wache bei den oft im Wald abgehaltenen verbotenen Versammlungen. Sie trugen unter großen Gefahren Flugblätter aus. Sie unterhielten den Verkehr der oft voneinander abgeschnittenen Männer. Sie mußten es ertragen, daß ihre Lebensgefährten, die Väter ihrer Kinder, oft über Nacht ihr Heim verlassen, in die Verbannung gehen mußten. Sie trugen größte Not, Hohn, Spott, Verfolgung heldenmütig.«[7]

Die Genossinnen lernten hier, sich mit der Tagespolitik, die sie ja unmittelbar betraf, auseinanderzusetzen, und sie lernten dabei, die Ideen und Ziele des Sozialismus kennen. Vor allem aber wurden in der praktischen Arbeit einige der Vorurteile abgeschliffen, die in der frühen deutschen Arbeiterbewegung gegenüber den Frauen und der Frauenorganisation kursierten. So trug das Sozialistengesetz auf verschiedenen Ebenen dazu bei, daß die Ausgangsbedingungen für eine proletarische Frauenbewegung geschaffen wurden.

2 Organisatorische Anfänge und theoretische Klärungsprozesse (1889–1899)

Der Internationale Pariser Sozialistenkongreß hatte dem Referat von Clara Zetkin lebhaft applaudiert: Seine Entschließungen entsprachen jedoch keineswegs den Erwartungen der beiden weiblichen Abgeordneten der Berliner Arbeiterinnen, Clara Zetkin und Emma Ihrer. In der Resolution zum Frauen- und Kinderschutz wurden zwar wichtige Forderungen zur Verbesserung der Lage der Proletarierinnen erhoben (z.B. der Achtstundentag; Verbot der Nachtarbeit für Frauen und Männer unter 18 Jahren, außer in Betrieben, wo der Produktionsablauf auf ununterbrochene Arbeit angewiesen ist etc.), statt jedoch darüber hinaus zu einer strukturierenden und vorwärtstreibenden Kraft im Aufbau der proletarischen Frauenbewegung zu werden, begnügte sich der Kongreß mit einer unverbindlichen Empfehlung an seine Mitgliederorganisationen, ›die Arbeiterinnen als gleichberechtigt in ihre Reihen aufzunehmen‹. Damit waren die Frauen auf ihre eigene Initiative angewiesen.

Die Frauen-Agitationskommissionen

Anläßlich der Berichterstattung über den Pariser Kongreß in Berlin (August 1889) unternahmen die Genossinnen wiederum den Versuch, dem feinmaschigen Netz des Vereinsgesetzes durch eine neue Organisationsform zu entrinnen: Sie entschlossen sich zur Gründung von Agitationskommissionen. Diese bestanden aus in öffentlichen Versammlungen gewählten Frauen, und da sie weder Statuten noch Geschäftsordnung, weder eine Leitung noch eine Mitgliedschaft hatten, hoffte man, so die Vereinsdefinition des § 8[1] zu umgehen und der Frauenbewegung ein zentralisierendes Organ in den Bereichen von Agitation (Einberufung von Versammlungen) und Korrespondenz zu geben.

Organisatorische und publizistische Anfänge und Eintritt in die allgemeinen Kämpfe der Arbeiterbewegung

Die Berliner Frauen-Agitationskommission bestand aus sieben Frauen. Ihre Tätigkeit, insbesondere die Versammlungsarbeit, wurde jedoch zunächst von der Polizei willkürlich sabotiert. Erst die Vorsprache von zwei Kommissionsmitgliedern (Ihrer, Leuchner) beim Minister des Innern, Herrn von Herrfurth, am 10. Mai 1890 – also zu einer Zeit, zu der die Wahlergebnisse

vom 20. Januar, der Sturz Bismarcks und die Reformerlasse Wilhelms II. allgemein als Anzeichen für eine politische Liberalisierung gedeutet wurden – bewirkte, daß das Recht der Frauen auf Besuch von öffentlichen Versammlungen auch praktisch weitgehend gesichert wurde.
In den Versammlungen beschäftigte man sich vor allem mit der Frage weiblicher Fabrikinspektoren sowie der Lage der Handlungsgehilfinnen und Kellnerinnen. Es wurden einige gewerbliche Arbeiterinnenvereine gegründet, die jeden politischen Anstrich vermeiden mußten, und ein ›Allgemeiner Arbeiterinnenverein für Berlin und Umgegend‹, der im Norden eine Zweigstelle besaß. In anderen Städten folgten die Frauen dem Berliner Beispiel, und bereits im Oktober 1890 nahmen Vertreterinnen aus vier Orten (Berlin, Magdeburg, Gera, Hamburg) am Parteitag in Halle teil.

Dem Parteitag war das bedeutsame Ereignis der Aufhebung des Sozialistengesetzes zum 1. Oktober vorausgegangen. Ottilie Baader beschreibt in ihren Lebenserinnerungen, wie die Berliner Arbeiter diese Begebenheit feierten:

»In der Nacht zum 1. Oktober wimmelte der Friedrichshain in Berlin von Menschen. Sie strömten zu Lips, wo man gemeinsam den historischen Augenblick erleben wollte. Viele blieben im Friedrichshain, weil im Saal kein Apfel mehr zur Erde konnte. Viele der Ausgewiesenen waren bereits zurückgekehrt und befanden sich unter uns. Wie alle unsere Veranstaltungen wurde auch diese von einem Polizeileutnant und einem Schutzmann überwacht. Als dann um 12 Uhr der Fall des Ausnahmegesetzes verkündet wurde, da erhob sich der Leutnant und verließ mit dem Schutzmann den Saal. Die bis dahin versteckt gehaltenen roten Banner wurden entrollt und eine ungeheure Bewegung hatte die Massen ergriffen. Unsere Führer, die Zurückgekehrten, die Heimat und Familie hatten verlassen müssen, sprachen zu uns. In jener Nacht hat manch einer den Treueschwur zur Sozialdemokratie erneuert, mancher, der bis dahin noch beiseite stand, ist gewonnen worden.«[1]

Endlich war das Koalitionsverbot gefallen. Versammlungen bedurften nun keiner besonderen Erlaubnis mehr, sondern mußten lediglich 24 Stunden vorher angemeldet werden. Wo das Vereinsgesetz es gestattete, wie in Sachsen, Württemberg, Bremen und Hamburg, schlossen sich die Frauen jetzt den politischen Organisationen der Männer an. Die Organisationsziffern waren zunächst relativ niedrig. So kamen beispielsweise in den drei Hamburger Wahlvereinen lediglich 439 weibliche auf 12 625 männliche Parteimitglieder.«[2] Die Verteilung der Genossinnen auf die einzelnen Vereine (nämlich 52, 176 und 211) entsprach dabei den durchschnittlichen Mitgliederzahlen der sozialistischen Frauenvereine, die es Anfang der 90er Jahre im Deutschen Reich gab und die in der Regel 50–150 Frauen umfaßten.[3] Es läßt sich also auf Grund des vorliegenden Materials kein Unterschied zwischen der Vereinsstärke bei selbständiger bzw. gemeinsamer Organisation mit den Männern feststellen.

Um den Frauen die Teilnahme an der politischen Bewegung zu erleichtern, räumte ihnen der Parteitag in Halle (1890) das Recht auf die Entsendung von weiblichen Vertretern ein, die in besonderen Frauenversammlungen gewählt wurden. Die Diskussionen um dieses ›Sonderrecht‹ spiegeln die Schwierigkeiten, mit denen die wenigen Frauen bei der Einlösung ihres Anspruchs auf gleichberechtigte Aufnahme in die Arbeiterbewegung zu kämpfen hatten, ja wie schwer es für sie war, überhaupt ernst genommen zu werden. Die schwache Position der Genossinnen führte in den Anfängen der proletarischen Frauenbewegung dazu, daß sie auf der gleichen Betroffenheit beider Geschlechter durch die kapitalistischen Ausbeutungs- und Herrschaftsverhältnisse beharrten. Dieser formale Gleichberechtigungsanspruch ging jedoch in vielen Bereichen, wie z.B. in der Frage des Arbeiterinnenschutzes, an den besonderen Bedürfnissen und Problemen der Frauen vorbei. In der Praxis hat sich diese Position, die zunächst auch von Clara Zetkin vertreten wurde, allerdings bald abgeschliffen.

Die Pressedebatte des Parteitages zeigte zudem, daß die Frauenbewegung eine eigene Zeitung benötigte, da die diversen Arbeiterorgane nicht bereit oder in der Lage waren, die Interessen der Genossinnen zu berücksichtigen. Helma Steinbach berichtete beispielsweise:

»Ich muß mich nun öffentlich darüber beschweren, daß mir in meinem Wohnort, in Hamburg, von dem dortigen Arbeiterorgan nicht in dem gehörigen Maße der geringe Raum, den ich für meine praktischen Bestrebungen gefordert habe, eingeräumt worden ist. Es wird leider von den Männern noch alles in einen Topf geworfen, was von den Frauen ausgeht... Persönliche Anzapfungen, Klatsch dürfen die Herren zurückweisen, aber für sachliche Ausführungen verlange ich mein Stückchen weißes Papier.«[4]

Kritik an der misogynen Publikationspraxis der sozialistischen Zeitschriften wurde von den Frauen immer wieder artikuliert und auf den Parteitagen zur Sprache gebracht. Obwohl sich diese Beschwerden meist gegen lokale Parteiblätter richteten, besaßen sie auch für die zentralen Parteiorgane wie etwa die *Neue Zeit* Gültigkeit.

Dieser passive und z.T. auch aktive Widerstand gegen Informationen über die Frauenbewegung und politische Frauenthemen erschwerte die Arbeit der Genossinnen in der Partei erheblich. Die männlichen Parteimitglieder waren – besonders in den Jahren vor 1900 – zu einem großen Teil gar nicht darüber informiert, was es mit der proletarischen Frauenbewegung auf sich hatte, und dieses Kommunikationsmanko wurde dadurch verstärkt, daß die organisatorische Arbeit der Genossinnen bis 1908 zumeist außerhalb der bestehenden sozialdemokratischen Vereine stattfand.

Die Frauen zogen aus der Pressedebatte praktische Konsequenzen, und bereits am 20. Dezember des gleichen Jahres erschien die 1. Nummer der *Arbeiterin* unter der Redaktion und mit der finanziellen Unterstützung von Emma Ihrer. Eine unklare inhaltliche Konzeption und Geldschwierigkeiten führten jedoch schon ein Jahr später dazu, daß die *Arbeiterin* ihr Erscheinen einstellen mußte. Auf dem Erfurter Parteitag (1891) erklärte sich nun der sozialdemokratische Verleger Heinrich Dietz zur Übernahme der Zeitschrift in seinen Verlag bereit. Seine einzige Bedingung war, daß Clara Zetkin die Redaktion übernehmen sollte. Am 28. Dezember 1891 präsentierte Clara Zetkin die erste Probenummer unter der Bezeichnung *Die Gleichheit* und stellte ihre Konzeption vor. Gegenüber dem verschwommenen Anspruch der *Arbeiterin,* ›dem Kampf für die Gleichberechtigung des weiblichen Geschlechts auf wirtschaftlichem und politischem Gebiete‹ zu dienen, formulierte sie eine prägnante sozialistische Programmatik:

»*Die Gleichheit* tritt für die volle gesellschaftliche Befreiung der Frau ein, wie sie einzig und allein in einer im Sinne des Sozialismus umgestalteten Gesellschaft möglich ist, wo mit der ökonomischen Abhängigkeit eines Menschen von einem anderen Menschen die Grundursache jeder sozialen Knechtung und Ächtung fällt. Sie geht von der Überzeugung aus, daß der letzte Grund der Jahrtausende alten niedrigen gesellschaftlichen Stellung des weiblichen Geschlechts nicht in der jeweiligen ›von Männern gemachten‹ Gesetzgebung, sondern in den durch wirtschaftliche Zustände bedingten Eigentumsverhältnissen zu suchen ist...«[5]

Von nun an erschien *Die Gleichheit* regelmäßig alle zwei Wochen. Emma Ihrer zeichnete noch einige Jahre als Herausgeberin, ihre praktische Mitarbeit beschränkte sich allerdings auf sehr sporadische Beiträge.

Das System der Agitationskommissionen hatte sich indessen bewährt und wurde weiter ausgebaut. Dort, wo es aus unterschiedlichen Gründen nicht durchgesetzt werden konnte, wurden je nach den lokalen Bedingungen, gesetzlichem Spielraum und behördlichem Druck andere Organisationsformen entwickelt; es entstanden allgemeine Arbeiterinnen- und Frauen- und Mädchenvereine, Bildungsvereine u.a.m. Der Erfurter Parteitag trug dieser Entwicklung insofern Rechnung, als er sich für die Gründung besonderer örtlicher Agitationskommissionen für Frauen aussprach und wichtige Forderungen (zum Wahlrecht, zur gesetzlichen Gleichstellung und Begabtenförderung)[6] zur Gleichberechtigung der Frau in sein Programm aufnahm.

Noch im gleichen Jahr begannen jedoch die Behörden gegen die Arbeiterinnenorganisationen vorzugehen: Die Vereine in Frankfurt a. M. und Halle wurden geschlossen. Das war jedoch nur der Auftakt, denn nun entspann sich ein Wettlauf zwischen den Bemühungen der Sozialdemokratinnen, ihrer politischen Intention einen organisatorischen Zusammenhang zu geben, und den Anstrengungen der Behörden, diese wieder aufzulösen.

Die Repressionen wurden – über die eigentlichen Vereinsbildungen hinaus – auf alle möglichen Foren und Treffpunkte ausgedehnt: Arbeiterbälle erhielten plötzlich einen ›gemeingefährlichen‹ Charakter; die ›Freie Volksbühne‹ in Berlin mußte ihre Statuten ändern und strikte Selbstzensur bei der Thematik ihrer Vorträge über Theater und Dramatik üben; mehrere Frauen wurden wegen ›unerlaubten Kollektierens‹ zu Geldstrafen verurteilt.

Wurde jedoch ein Verein verboten, so entstand bald unter anderem Namen oder in einer anderen Gegend ein neuer. So wurde beispielsweise auf einer Volksversammlung, die von einer Berliner Frauen-Agitationskommission einberufen worden war (24. Okt. 1892), die Gründung eines Frauen-Bildungsvereins veranlaßt. August Bebel hielt vor den 1800 anwesenden Männern und Frauen das einleitende Referat und stellte die Ziele des Vereins dar, daß nämlich

»der zu gründende Bildungsverein nicht der mangelhaften Schulbildung der Frau nachhelfen, diese auch nicht konventionell bilden solle. Seine Aufgabe sei vielmehr, die Frauen zu veranlassen, sich um Dinge in Staat und Gesellschaft zu kümmern, um welche sie sich infolge ihrer sozialen Stellung notwendig kümmern müßten ... Der zu gründende Verein müsse deshalb vor allem Aufklärung über das Wesen der heutigen Gesellschaftszustände geben, damit die Frauen ihre Pariastellung nicht länger als Normalzustand betrachten, sondern Hand ans Werk legen zu ihrer Befreiung ...«[7]

Als Vereinsziele wurden bezeichnet: ›die geistige und soziale Hebung der Mitglieder durch alle geeignet erscheinenden Mittel, wie Vorträge, Diskussionen, Gründung einer Bibliothek ...‹. Der Verein entfaltete eine rege Tätigkeit und erhielt bald Zweigstellen in Moabit, Friedrichsberg, Weißensee und anderen Stadtteilen. 1893 schloß er sich mit dem bereits erwähnten ›Allgemeinen Arbeiterinnenverein‹ zusammen. Die Arbeit des Vereins, wie überhaupt die Gründung von speziellen Bildungsvereinen für Frauen, blieben jedoch nicht unumstritten. Er geriet unter Beschuß derjenigen Teile in der Partei, die solche ›besonderen‹ Einrichtungen grundsätzlich als Abirren vom gemeinsamen Organisationsansatz verurteilten. Diese Position ging an den gesellschaftlichen Realitäten der Frauen vorbei. Zwar standen in Berlin wie anderswo die allgemeinen Bildungseinrichtungen der Arbeiterklasse den Frauen formell zur Verfügung, und einige Frauen und Mädchen haben in ihnen mitgearbeitet. Auf breiter Ebene, für die Masse der Frauen, waren sie jedoch bedeutungslos. Hausfrauen, Arbeiterinnen und Mütter waren in verschiedenen Bereichen ihres Lebenszusammenhanges mit anderen und zusätzlichen Problemen konfrontiert und z.T. ganz einfach so benachteiligt, daß sie auf eine Berücksichtigung ihrer besonderen Lage angewiesen waren, wenn Bildungs- und Organisationsarbeit Erfolg haben sollten.

Selbstverständnis und (theoretischer) Anspruch nach gemeinsamer und gleichberechtigter Organisation, wie er von Genossinnen und Genossen gleichermaßen erhoben wurde, kollidierten so mit den praktischen Erfordernissen einer erfolgreichen sozialistischen Frauenbewegung unter den bekannten

Bedingungen im Deutschen Reich. Dieser Konflikt bestimmte auch die Auseinandersetzungen auf und nach dem Berliner Parteitag (1892).

Die ungeklärten organisatorischen Verhältnisse der proletarischen Frauenbewegung erhielten hier eine erste strukturierende Klärung. Den Anfang dazu bildete die Annahme des Antrags einer Versammlung von Frauen und Mädchen in Berlin auf Ersetzung des Begriffs ›Vertrauensmann‹ im Organisationsstatut der SPD durch ›Vertrauensperson‹. Dies gab den Frauen die Möglichkeit, über die Wahl in öffentlichen Versammlungen ständige Vertretungsrechte in den Parteiorganisationen zu erlangen. Damit schien das ›Sonderrecht‹ auf eigene Vertreterinnen, das die Genossinnen in Halle erhalten hatten, überflüssig geworden zu sein, und es wurde gemäß dem Anspruch, ›keine Vorrechte, aber gleiche Rechte‹, auf Antrag von Ottilie Baader abgeschafft.

Auch der zweite Vorstoß zur Förderung der Frauenbewegung auf diesem Parteitag hatte Erfolg. Der Antrag der Frauen und Mädchen von Mannheim verpflichtete die SPD-Mitglieder auf eine aktive Agitation zur Einbeziehung der Proletarierinnen in die gewerkschaftliche und politische Organisation, rief die Reichstagsfraktion zum Kampf für allgemeines freies Vereins- und Versammlungsrecht auf und forderte die Einrichtung von Parteiversammlungen für Frauen während der Wahlagitation.

In Clara Zetkins Begründung zu diesem Antrag wird der Hintergrund für den Widerstand vieler Genossen gegen eine aktive Parteiagitation unter den Frauen deutlich. Die SPD war in Wahlvereinen organisiert und zentrierte gemäß ihrer parlamentarisch ausgerichteten Strategie ihre Kräfte auf Wahlkämpfe und Wahlerfolge. Die nicht-stimmberechtigten Frauen hatten unter dieser Perspektive zunächst gar keine Bedeutung. Versammlungen für Frauen erschienen vielmehr als ein Abziehen von Energie und Aufwand von der ›eigentlichen‹ Bewegung. Es gelang Clara Zetkin jedoch, die Delegierten unter Hinweis auf den aktiven Anteil der Frauen an den Wahlrechtskämpfen in Frankreich und England von der Berechtigung und Bedeutung dieser Forderungen zu überzeugen.

Wenige Wochen nach dem Parteitag kam es auf einer öffentlichen Versammlung in Berlin (31. Okt. 1892) zu einer Berichterstattung der Genossinnen über ihre bisherigen Erfahrungen mit den männlichen Parteimitgliedern, und es zeigte sich deutlich, wie strapaziert und unklar das Verhältnis zwischen den Frauen und der Partei faktisch geblieben war. Von den sechs erwähnten Berliner Wahlkreisen hatten vier den Antrag auf Wahl weiblicher Delegierter und Beteiligung der Frauen an den engeren Beratungen über Parteifragen und Agitation glatt abgelehnt, in zwei weiteren wurde zwar eine Frau (Ottilie Baader und Martha Rohrlack) als Delegierte gewählt, jedoch ansonsten zur Tagesordnung übergegangen.

Auf der Frauenversammlung herrschte ein Klima der Empörung über die ›nichts weniger als sozialistische Haltung‹ der Genossen. Es wurde heftig kritisiert, daß die Gleichberechtigung in der Partei reine Theorie geblieben war, und als Konsequenz wurde gefordert, sich in Zukunft nur noch für die Agitation unter Frauen einzusetzen. Dieses Postulat kehrt in der Geschichte der proletarischen Frauenbewegung, im gewerkschaftlichen wie im politischen Bereich, von nun an immer wieder.[8] Nach heftigen Diskussionen einigten sich die Genossinnen schließlich darauf, es noch einmal mit den Männern zu versuchen:

»Die heute am 31. Oktober 1892 in Joel's Salon versammelten sozialdemokratischen Frauen erklären es als mit dem Gleichberechtigungsprinzipe im Widerspruch stehend, wenn Frauen gesondert Delegierte zum Parteitage wählen. Sie lehnen es deshalb ab, heute eine Vertretung zum Parteitage zu beschließen. Die Versammelten erwarten aber, daß der Parteitag den männlichen Delegierten aufgiebt, in Zukunft in ihren Wahlkreisen dafür einzutreten, daß den Frauen innerhalb der Parteiorganisation Gelegenheit gegeben wird, sich zu betätigen.«[9]

Dies erwies sich jedoch in der Folgezeit als eine unhaltbare Politik der Selbstkasteiung, und auf dem Frankfurter Parteitag (1894) mußten die Frauen auf Wiederherstellung des alten Beschlusses über die Entsendung eigener Vertreterinnen drängen, »auf den die Frauen im Vertrauen auf die Loyalität so unvorsichtig waren, am Berliner Parteitag zu verzichten«, wie Ignaz Auer mit leiser Ironie feststellte.

Die organisatorische Entwicklung der Bewegung machte indessen Fortschritte, und in dem Maße, in dem auch außerhalb Berlins Agitationskommissionen entstanden waren, erhielt die Berliner Kommission nun zunehmend koordinierende Funktionen:

»Sie erblickte ihre Aufgabe weniger in der Abhaltung von Versammlungen in Berlin, als in der Entfaltung einer Tätigkeit in ganz Deutschland. Sie habe eine umfangreiche Korrespondenz mit zahlreichen Städten geführt, die Gründung von Frauenvereinen aller Art gefördert und denselben helfend zur Seite gestanden.«

Zugleich beteiligten sich die Frauen immer mehr an den allgemeinen Kämpfen der Arbeiterklasse: Bei den Beisitzerwahlen zu den Gewerbegerichten (1892) berief z.B. die Berliner Agitationskommission eine Reihe von Versammlungen ein, um gemeinsam mit den Genossen Kandidaten aufzustellen. Frauen verteilten die Einladungszettel und sorgten dafür, daß möglichst viele Männer (die Frauen selber waren nicht stimmberechtigt) sich in die Wählerliste eintrugen. Noch im gleichen Jahr traten die Arbeiterfrauen – die bislang in vielen Arbeitskämpfen ihren Männern das Durchhalten z.T. sehr erschwert hatten, weil sie als erste den drückenden Notsituationen erlagen – im Streik der Arbeiter der Königlich Preußischen Kohlenwerke des Saarreviers tapfer, mutig und anfeuernd an die Seite ihrer Männer.

1893 griffen die Frauen anläßlich der Neuwahlen zum Reichstag (er war wegen Ablehnung einer neuen Militärvorlage aufgelöst worden) zum ersten Mal auf Massenbasis in die Wahlagitation ein. Die Berliner Frauen-Agitationskommission erließ einen Aufruf, der zum Kampf gegen die Mehreinstellung von Soldaten (die Regierung forderte 80000 Mann), gegen Steuererhöhung und Teuerung als ihre Folgen und zur aktiven Wahlarbeit aufforderte: ›Helft bei jeder Agitation, beim Verteilen von Flugblättern und Stimmzetteln, beim Abschreiben von Wählerlisten usw.‹. Dieser Aufruf wurde in 100000 Exemplaren in Berlin und ganz Deutschland verteilt und erzielte eine breite praktische Resonanz.

Die Ausbreitung der Bewegung erforderte dabei auch eine zunehmende Systematisierung und Koordination der Agitations- und Organisationsarbeit. Die Grundlage dafür sollte im Anschluß an den Kölner Parteitag (1893) von den Beauftragten der Organisationen proletarischer Frauen und anderen interessierten Parteitagsdelegierten erarbeitet werden. Da die Behörden diese Besprechung nicht gestatteten, wurden im Rahmen eines ›privaten Meinungsaustausches‹ folgende Richtlinien entwickelt:

1 – die Organisationsform ist eine Zweckmäßigkeits-, keine Prinzipienfrage;
2 – die Einbeziehung der Frauen in die bestehenden Organisationen hat Priorität;
3 – die Gründung von Frauenvereinen darf nur dort vorgenommen werden, wo qualifizierte Organisatorinnen vorhanden sind;
4 – Erhebungen müssen durchgeführt und agitatorisch ausgewertet werden;
5 – die Gründung von Frauen-Agitationskommissionen wird empfohlen:

»Diese bilden das Vermittlungsglied zwischen der Masse der in den Klassenkampf einzureihenden Proletarierinnen und den bereits im Kampfe stehenden Männern. Sie sorgen dafür, daß die Genossen bei ihrer Aktion die Frauen des Proletariats berücksichtigen, und daß diese letzeren durch mündliche und schriftliche Agitation, durch Versammlungen, Flugblätter, Broschüren etc. über die brennenden Zeit- und Streitfragen aufgeklärt, zum Verständnis des Klassenkampfes geschult werden, daß sie sich an der politischen und gewerkschaftlichen Bewegung energisch beteiligen. Frauen-Agitationskommissionen, welche aus nicht mehr als drei Personen bestehen, können ungeachtet der reaktionärsten Vereinsgesetzgebung eine politische Tätigkeit entfalten. Nicht einmal den sächsischen Behörden, deren Findigkeit im Auslegen der Vereinsgesetzgebung berühmt ist, gelang es, eine dreigliedrige Kommission zu einem Verein zu stempeln.«

6 – die Berliner Frauen-Agitationskommission ist die Zentralstelle;
7 – ein Agitationsfonds muß aufgebaut werden;
8 – Anerkennung der *Gleichheit* als ›Organ der klassenbewußten deutschen Proletarierin‹.[11]

Diese Richtlinien spiegeln in etwa den Stand der Diskussion und die Art der Probleme, mit denen die junge proletarische Frauenbewegung zu kämpfen hatte. Vor allem der erste Punkt macht deutlich, wo die theoretischen Konzeptionen von der politischen Realität im Kaiserreich und der Bewußtseinslage der Genossen ›korrigiert‹ wurden.

Der Kampf der Behörden gegen die proletarische Frauenbewegung

Die Behörden sahen den Aktivitäten der Frauenbewegung mit wachsendem Mißtrauen zu. Mit dem Rücktritt von Kanzler

Caprivi und dem Einsetzen der Sammlungspolitik unter Miquel/Bülow schlugen die Reibereien und Konflikte mit der Polizei in Unterdrückungsmaßnahmen auf breiter Ebene um. Wie in der Begründung zur ›Umsturzvorlage‹ (einer neuen Version des ›Sozialistengesetzes‹) durch den preußischen Polizeiminister von Köller (Reichstagssitzung vom 11. Januar 1895) ausgeführt wird, nahmen die Herrschenden diese neue Entwicklung sehr ernst.

Die Umsturzvorlage scheiterte; weitere rechtliche Mittel gegen die Frauenorganisationen waren jedoch gar nicht nötig, da die Handhabung der bestehenden Gesetze auch das Unmögliche möglich machte, so z. B. Frauen-Agitationskommissionen zu Vereinen zu erklären und aufzulösen.

Der erste Versuch dazu wurde bereits 1893 von einem Düsseldorfer Schöffengericht gegenüber der dortigen Frauen-Agitationskommission unternommen. Die Angeklagten verteidigten sich selber und konnten unter Berufung auf ein Reichsgerichtsurteil verhindern, daß die Kommission als Verein verboten wurde. Dies hielt das Gericht allerdings nicht davon ab, die einzelnen Kommissionsmitglieder zu Geldstrafen zu verurteilen, weil sie ›sich gegenseitig in den politischen Verein aufgenommen haben‹.

Ein Jahr später hatte ein ähnlicher Vorstoß der Behörden mehr Erfolg. Das Kammergericht und in nächster Instanz das Landgericht in Köln stempelten die lokale Frauen-Agitationskommission zum Verein und erwirkten so ihre Auflösung. Fast zur selben Zeit wurde auch der Ronsdorfer Frauenverein vom Landgericht zu Elberfeld mit einem Urteil von ›salomonischer Weisheit‹ geschlossen:

»Da für den Tatbestand des § 8 der Verordnung vom 11. März 1850 (Vereinsgesetz) genügt, daß die Erörterung politischer Gegenstände bezweckt ist, so ist die Absicht, eine solche Erörterung vorzunehmen, ausreichend, und nicht erforderlich, daß die Erörterung tatsächlich stattgefunden hat.«[1]

Die Behörden gingen jetzt Schlag auf Schlag gegen proletarische Frauenorganisationen jeder Art vor. In München und Elberfeld wurden kurz hintereinander die Frauenbildungsvereine wegen Erörterung politischer Fragen polizeilich aufgelöst. Die Delegierung einer Arbeiterin zum Parteitag durch die Nürnberger Parteiversammlung wurde zum Anlaß genommen, den dortigen ›Frauen- und Mädchenbildungsverein‹ drei Tage später zu schließen. Versammlungsbesuche wurden auf jede erdenkliche Art erschwert und schikaniert. So mußte etwa in Reichenbach anläßlich eines Referats von Clara Zetkin zum Thema ›Die Frauen des Proletariats und der Militarismus‹ in einer Frauenversammlung ein Männerpräsidium eingesetzt werden, da ›unter dem Vorsitz einer Frau nicht die für den ruhigen und geordneten Verlauf einer Volksversammlung notwendigen Garantien gewährleistet‹ seien.

Viele Versammlungen wurden ganz verboten. Es war ein beliebtes Mittel, diesen Entscheid erst kurz vor Versammlungsbeginn bekanntzugeben, wenn die Teilnehmer die vielfach kilometerlangen Anwege bereits zurückgelegt hatten und nun unverrichteterdinge wieder umkehren mußten. Andere wurden erst im Verlaufe des Abends aufgelöst oder vorzeitig für überfüllt erklärt.

Aus Chemnitz wird von einer Versammlung berichtet, wo für jeden Teilnehmer ein Stuhl vorhanden sein mußte; in Markersdorf ließ die Polizei die Tische in zwei Meter Entfernung voneinander aufstellen, ›so daß man bequem zwischen ihnen tanzen kann‹. In einer Versammlung in Lüdenscheid mußte die Referentin (Frau Kähler) durch einen Mann ersetzt werden, und als dieser Genosse auf den Widerspruch zwischen Redeverbot für eine Frau und die unbehelligte Anwesenheit von Frauen verwies, erging kurzerhand die Aufforderung zur Entfernung aller Frauen. Als die Versammlung dieser ungesetzlichen Forderung nicht nachkam, wurde sie aufgelöst.[2] Ein anderes beliebtes Mittel der Polizei war es, Spitzel und Provokateure, sogenannte ›Achtgroschenjungen‹, in die Versammlungen einzuschleusen, welche die Teilnehmer zu unbedachten Äußerungen verleiten sollten, um den Beamten einen Anlaß zum Eingreifen zu geben.

Unter diesen Bedingungen konnten die Frauen-Agitationskommissionen ihre Aufgaben bald kaum noch erfüllen. Die proletarische Frauenbewegung war gezwungen, auf andere Organisationsformen auszuweichen. Im Rahmen des privaten Meinungsaustausches im Anschluß an den Frankfurter Parteitag (1894), an dem neben den Genossinnen auch viele männliche Parteimitglieder teilnahmen, wurde der Rahmen für eine alternative Organisationsform entwickelt.

Man ging davon aus, daß die Frauen-Agitationskommissio-

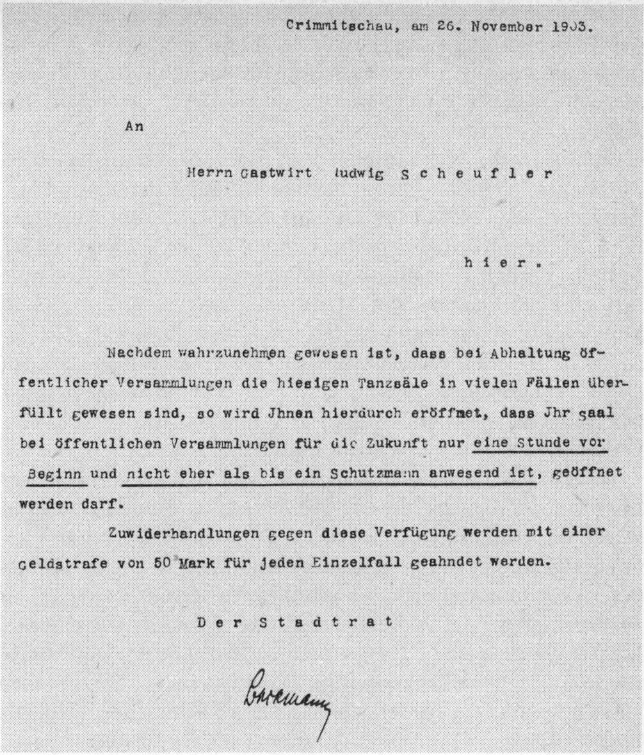

Crimmitschau, am 26. November 1903.

An

Herrn Gastwirt Ludwig S c h e u f l e r

h i e r.

Nachdem wahrzunehmen gewesen ist, dass bei Abhaltung öffentlicher Versammlungen die hiesigen Tanzsäle in vielen Fällen überfüllt gewesen sind, so wird Jhnen hierdurch eröffnet, dass Jhr Saal bei öffentlichen Versammlungen für die Zukunft nur eine Stunde vor Beginn und nicht eher als bis ein Schutzmann anwesend ist, geöffnet werden darf.

Zuwiderhandlungen gegen diese Verfügung werden mit einer Geldstrafe von 50 Mark für jeden Einzelfall geahndet werden.

D e r S t a d t r a t

Schreiben der Behörden an den Besitzer eines Versammlungslokales

nen nicht mehr zu halten waren, und beschloß ihre Auflösung. Als Ersatz wurde – in Anknüpfung an den Beschluß des Berliner Parteitages über die Entsendung von Vertrauenspersonen – die Wahl weiblicher Vertrauenspersonen in öffentlichen Versammlungen empfohlen. In den organisatorischen Richtlinien wurde den Vertrauenspersonen in etwa der Aufgabenbereich der bisherigen Agitationskommissionen zugewiesen. Die Notwendigkeit und die Bedeutung der Gewerkschaftsarbeit unter den Frauen wurden ein weiteres Mal hervorgehoben, angesichts der politischen Repressionen auch hier mit der Betonung auf Zweckmäßigkeits- vor Prinzipienfragen.

Die Frauenbildungsvereine erhielten ebenfalls neue Aufgaben. Sie wurden dazu verpflichtet, Material über die Arbeitsbedingungen von Frauen zu sammeln und agitatorisch auszuwerten. Darüber hinaus sollten sie als Beschwerdestelle für Arbeiterinnen fungieren.

Diese Richtlinien konnten jedoch nicht sogleich in die Praxis umgesetzt werden. Hier vollendeten zunächst einmal die Behörden ihr Werk. Im Januar 1895 wurde der Leipziger Frauen- und Mädchenbildungsverein aufgelöst, weil er der Berliner Frauen-Agitationskommission Geld zugesandt hatte; den großen ›Frauen- und Mädchenbildungsverein‹ in Berlin und seine Zweigstellen ereilte (durch Gerichtsurteil vom 20. März 1895) bald darauf das gleiche Schicksal, bis ›so ziemlich alle Gruppierungen zerschlagen (waren), welche gegenüber dem leisesten Verdacht politischer Tendenzen nicht makelloser waren als der Ruf von Cäsars Frau‹ (Zetkin).

Höhepunkt der Verfolgung und zugleich Abschluß dieser Phase in der Geschichte der proletarischen Frauenbewegung waren die vorläufige Schließung und das darauffolgende Verbot der Berliner Frauen-Agitationskommission. Die Genossinnen in Berlin hatten sich, wie an einigen anderen Orten (z.B. in Breslau), gegen eine Selbstauflösung gewehrt. Zum einen konnte die Bewegung auf ihre zentralisierende und koordinierende Arbeit beim gegenwärtigen Stand kaum verzichten, zum andern hatten sie in den vergangenen Jahren ihre Tätigkeit relativ unbehelligt entfalten können, und nicht zuletzt hielten sie einen solchen Schritt für ein unnötiges Entgegenkommen gegenüber den Behörden.

Nach einer Phase aktiver Versammlungstätigkeit gegen die ›Umsturzvorlage‹ und für das Frauenwahlrecht wurde die Berliner Frauen-Agitationskommission mit amtlicher Verfügung vom 19. Februar 1895 zum Verein erklärt und vorläufig geschlossen. Zur gleichen Zeit fanden Hausdurchsuchungen bei ihren Migliedern und den Leiterinnen des Frauenbildungsvereins statt, die jedoch nicht die gewünschten Beweisstücke für ihre illegale Tätigkeit erbrachten. Dies hinderte das Gericht allerdings nicht, seinen Vorsatz durchzuführen, d.h. die beteiligten Frauen – in der Gerichtsterminologie die ›Leiterinnen‹ – für schuldig zu befinden und zu Geld- bzw. Gefängnisstrafen zu verurteilen und die Agitationskommission aufzulösen.

Die Genossinnen legten gegen diese Rechts(b)prechung

Berufung ein und trugen den Konflikt in die höchsten Instanzen, nicht aus Hoffnung auf Erfolg, sondern wegen der grundsätzlichen Bedeutung des Urteils und seiner agitatorischen Bedeutung. In der Frauenbewegung selber war man sich zu diesem Zeitpunkt längst darüber einig, daß die Frauenorganisation andere, neue Wege gehen würde.

Die Frauen hatten in der Zwischenzeit niemals aufgehört, für ihre Forderungen einzutreten und sich an den großen Demonstrationen der Sozialdemokratie (z.B. zu Ehren der Märzgefallenen, zum 1. Mai und bei Wahlkampagnen) zu beteiligen. Jedes weitere Verbot und jede neue Drohung wie die ›Umsturzvorlage‹ wurden zum Anlaß genommen, um auf die Notwendigkeit der Frauenorganisation hinzuweisen und dafür zu agitieren.

»Was hat man mit allen Nücken und Tücken bis jetzt bezüglich der proletarischen Frauenbewegung erreicht? Nur daß immer mehr Frauen und Mädchen des arbeitenden Volks die Augen aufgegangen sind über das Wesen des Staates und seiner Einrichtungen.«[3]

Wie Clara Zetkin, so bestätigen auch die anderen zeitgenössischen Berichte, daß die Frauenbewegung keineswegs vernichtet war, sondern halblegal und illegal, verdeckt in den Organisationen und öffentlich fortexistierte und sich weiterentwickelte. Nach dem Motto ›Ihr hemmt uns, doch ihr zwingt uns nicht‹ wurde die Arbeit auf allen diesen Ebenen weitergetrieben, wobei Zentralisation, Koordination und Vertretung nach innen und außen in die Hände der Vertrauenspersonen gelegt wurden.

Das System weiblicher Vertrauenspersonen

Nach der Zerschlagung der Frauen-Agitationskommissionen und vieler Frauenvereine zentrierte sich die legale Tätigkeit der Genossinnen auf drei Bereiche: die Presse, die öffentlichen Versammlungen und die Arbeit der Vertrauenspersonen.

Das Verhältnis zwischen Frauenbewegung und Arbeiterpresse hatte sich indessen nicht wesentlich verändert, und so ist unter Presse vor allem *Die Gleichheit* zu nennen. Neben der Klärung theoretischer Fragen und der Verbreitung von Agitations- und Informationsmaterial hatte *Die Gleichheit* nun vermehrt die Aufgabe, ihren Leserinnen eine Übersicht über die Aktivitäten und den Entwicklungsstand der proletarischen

Frauenbewegung in ganz Deutschland zu geben. Dadurch waren ein gewisser Zusammenhalt und stetiger Kommunikationsfluß gewährleistet, deren die Frauenbewegung zu ihrer weiteren Entwicklung so dringend bedurfte.

Zugleich liefen damit in Clara Zetkins Händen die Informationsfäden zusammen, die sie in den folgenden Jahren geschickt zum Aufbau einer sozialistischen Frauenbewegung verwob. In der *Gleichheit* wurden verstärkt Agitations- und Organisationsfragen problematisiert, Anstöße zu ihrer Lösung gegeben und Meinungskontroversen ausgetragen. Dies geschah vornehmlich vor bzw. im Anschluß an die Parteitage bzw. die Frauenkonferenzen, auf deren Entscheidungsbildung *Die Gleichheit* so einen maßgeblichen Einfluß zu nehmen wußte.

Die Frauenversammlungen wurden weiterhin in der gewohnten Weise schikaniert. Dabei taten sich besonders die bayrischen Behörden ›preußischer als preußisch‹ hervor und wußten auch die gewerkschaftliche Aktivität von Frauen erfolgreich zu verhindern.[1] Die übrigen deutschen Länder boten nach wie vor das uneinheitliche Bild divergierender Vereins- und Versammlungsgesetze und -handhabung, das schon die Jahre zuvor gekennzeichnet hatte.

Wenige Monate nach der Formulierung der Richtlinien für den weiteren Ausbau der Frauenbewegung im Anschluß an den Frankfurter Parteitag wurde in Berlin die erste Vertrauensperson, Ottilie Gerndt, auf einer öffentlichen Versammlung gewählt (1895). Sie hatte laut Ottilie Baader die Aufgabe,

»die Korrespondenz mit den Trägerinnen der proletarischen Frauenbewegung zu führen und die planmäßige Agitation unter den Frauen in ganz Deutschland anzuregen und zu fördern.«[2]

Im Herbst des gleichen Jahres ernannten zwei weitere Berliner Kreise Vertrauenspersonen, nämlich Emma Stolz und Ottilie Baader, und nach und nach folgten die anderen Zentren der Frauenbewegung ihrem Beipiel.

Die Grundlagen der agitatorischen und organisatorischen Arbeit

Auf dem Gothaer Parteitag 1896 kam es zu einer ausführlichen und intensiven Auseinandersetzung über die Ziele, Formen und Agitationsinhalte der proletarischen Frauenbewegung.

Dieser ersten (und zugleich letzten) Grundsatzdiskussion über die Frauenfrage auf einem Parteitag waren mehrere Massenversammlungen vorausgegangen, in denen die sozialistische Konzeption der Frauenbefreiung dargestellt wurde.

Den Anlaß dafür hatte der bürgerliche ›Internationale Kongreß für Frauenwerk und Frauenbestrebungen‹ in Berlin (19. bis 26. September 1896) gegeben, an dem zahlreiche ausländische Delegierte teilnahmen. Die sozialistischen Führerinnen (Clara Zetkin, Emma Ihrer, Ottilie Baader) hatten eine Teilnahme aus prinzipiellen Gründen abgelehnt, sie entsandten jedoch Lily Braun, um dem bürgerlichen Frauenkongreß ihre Entscheidung zu erläutern und ihrerseits die bürgerlichen Frauen zu den drei angesetzten sozialistischen Volksversammlungen einzuladen.

Das Verhältnis der Sozialistinnen zur bürgerlichen Frauenbewegung war schon seit einiger Zeit sehr problematisch. Die Geschichte der proletarischen Frauenbewegung, die man ohne Übertreibung als die Geschichte ihrer Repression charakterisieren kann, war zwangsläufig mit der Erfahrung konfrontiert worden, daß die bürgerlichen Frauenorganisationen unbehindert und z.T. sogar mit obrigkeitlichem Befehl arbeiten konnten.

Besonders in der Zeit der Verfolgung und Zerschlagung der Arbeiterinnenvereine führte dies bei den Genossinnen zu Zorn und Empörung über die ungleiche Behandlung dieser ›gleichen Schwestern‹. Das Verhalten der bürgerlichen Frauenbewegung war im allgemeinen nicht dazu angetan, diese Kluft zu überbrücken. Wie bei der Verfolgung ihrer eigenen Ziele, hielten sich die Feministinnen auch da ›maßvoll‹ zurück, wo es darum gegangen wäre, die Repressionen gegen die Arbeiterinnenbewegung zu verurteilen und aktiv zu bekämpfen. Statt dessen setzte die Majorität des ›Bundes Deutscher Frauenvereine‹ in ihrem Organisationsstatut einen Passus durch, der sozialdemokratischen Frauenvereinen die Mitgliedschaft verbot.

Wie sich dieser Schritt auf das Verhältnis zur proletarischen Frauenbewegung auswirkte, zeigt Emma Ihrers Kommentar zu diesem Entschluß: Sie stellte ihn in direkten Zusammenhang mit dem Verbot des Berliner Frauenbildungsvereins, das kurz nach der bürgerlichen Tagung verhängt wurde, und kritisierte ihn als eine ›bewußte oder unbewußte Denunziation‹.

Der schwelende Konflikt zwischen bürgerlicher und proletarischer Frauenbewegung, organisatorische Notwendigkeiten und theoretische Unklarheiten waren die Hauptgründe für die nun folgende politische Abgrenzung gegenüber der bürgerlichen Frauenbewegung. Den Auftakt dazu machte die Versammlung vom 23. September im großen Saal von Lips Brauerei:

»Schon lange vor Beginn der Versammlung war der weite Saal der Lipsschen Brauerei mehr als gefüllt. Zwischen den Tischen, in den Gängen, im Vorderraum standen Kopf an Kopf gedrängt Männer und Frauen, die keinen Sitzplatz gefunden. Die Rednertribüne war mit Publikum dicht besetzt, bis unmittelbar hinter die Rednerinnen und das Bureau saßen und standen Frauen, der Mehrzahl nach Angehörige bürgerlicher Kreise. Die Versammlung war eine Volksversammlung im ureigensten Sinn des Wortes. Neben der überwiegenden Zahl proletarischer Männer und Frauen war das bürgerliche Element auffallend stark vertreten. Seite an Seite mit dem Mann ›der schwieligen Faust‹, der wachsbleichen Näherin, der Verkäuferin, saßen hochelegante Damen, hatten Herren Platz genommen, denen man ansah, daß sie ihr Lebtag noch nie eine sozialdemokratische Versammlung besucht hatten.«[1]

Die nächste Versammlung fand zwei Tage später in Martens Saal in der Friedrichstraße statt. Auch hier herrschte ein ungeheurer Andrang, ebenso wie auf der dritten Volksversammlung am 27. September, wiederum in Lips Brauerei.

Die Referentinnen konzentrierten sich bei ihren Ausführungen auf Informationen über die Lage der Arbeiterinnen einerseits und das Verhältnis von bürgerlicher zu proletarischer Frauenbewegung andererseits. Sie erzielten eine breite Resonanz in Arbeiter- wie in Bürgerkreisen, zugleich zeigte sich erneut die tiefe Kluft zwischen dem herrschenden Bürgertum und der nicht gesellschaftsfähigen Sozialdemokratie. Die folgende Zuschrift einer bürgerlichen Frau, eine spontane Sympathieerklärung für die Sozialdemokratie, zeigt dies besonders deutlich:

»Ich kam mit großen Vorurteilen gegen die Sozialdemokratie in die Versammlung, die erste, die ich je besuchte. Was ich hörte, hat mein Vorurteil beseitigt. Ich bedaure, daß keine bürgerliche Frau das Wort ergriff, um zu sagen, wie recht die Arbeiterin hat, sich von der bürgerlichen Frauenbewegung abzuwenden und nur auf die Sozialdemokratie zu hoffen. Ich selbst konnte das nicht aussprechen. Ich erfuhr, daß jede Rednerin der Polizei Namen und Adresse angeben muß, und die Rücksicht auf die Stellung meines Mannes hindert mich, in die Öffentlichkeit mit dem Geständnis zu treten. Die Versammlung machte mir klar, wie unbedeutend der internationale Frauenkongreß mit seinen Bestrebungen ist im Vergleich zu der Sozialdemokratie und ihren Zielen.«[2]

Obwohl sich – wie erwartet – an der Praxis der bürgerlichen Frauenbewegung dadurch nichts änderte, konnte die proletarische Frauenbewegung ihre Initiative als einen großen Erfolg werten. Sie demonstrierte den theoretischen und praktischen Stand der Bewegung und die Schlagkraft ihrer noch so zurechtgestutzten Organisation. Zugleich waren die Versammlungen auch eine Vorarbeit für die Diskussionen auf dem Gothaer Parteitag.

Da die Kontroverse um das Verhältnis von bürgerlicher zu proletarischer Frauenbewegung, die in die Durchsetzung von Clara Zetkins Politik der ›reinlichen Scheidung‹ mündete, bereits an anderer Stelle dargestellt worden ist, möchte ich hier lediglich die Konsequenzen dieser Position für die agitatorische und organisatorische Praxis der Frauenbewegung zeigen.

In ihrem Grundsatzreferat auf dem Gothaer Parteitag vertrat Clara Zetkin den Standpunkt, daß nicht spezielle Frauenagitation, sondern sozialistische Agitation unter den Frauen zu betreiben sei. Gemäß dieser Prioritätensetzung sollte sich die Agitation auf die allgemeinen, aktuellen Probleme der Arbeiterklasse richten und im übrigen für solche Reformen eingetreten werden, ›die im Interesse der Proletarierin als Arbeiterin und Frau‹ waren. Als inhaltliche Schwerpunkte benannte sie folgende Forderungen:

»1. Für Ausdehnung des gesetzlichen Arbeiterinnenschutzes, namentlich für Einführung des gesetzlichen Achtstundentages zunächst wenigstens für die weiblichen Arbeiter. 2. Für Anstellung weiblicher Fabrikinspektoren. 3. Für aktives und passives Wahlrecht der Arbeiterinnen zu den Gewerbegerichten. 4. Für gleichen Lohn für gleiche Leistung ohne Unterschied des Geschlechts. 5. Für volle politische Gleichberechtigung der Frauen mit den Männern, speziell für uneingeschränktes Vereins-, Versammlungs- und Koalitionsrecht. 6. Für gleiche Bildung und freie Berufstätigkeit der beiden Geschlechter. 7. Für die privatrechtliche Gleichstellung der Geschlechter. 8. Für die Beseitigung der Gesindeverordnung.«[3]

Dieser Katalog blieb im wesentlichen inhaltlich bestimmend für die Agitationsarbeit in den folgenden zwei Jahrzehnten, wenn sich auch der Stellenwert einzelner Forderungen im Laufe der Zeit veränderte.

Es ist allerdings schwierig einzuschätzen, welche praktische Bedeutung – neben der Absage an bürgerliche Kooperation – die Zetkinsche Grundsatzerklärung eigentlich besaß. Die Auseinandersetzungen um diese Frage in der proletarischen Frauenbewegung kreisten dabei wieder um die Probleme in der Zusammenarbeit von Genossinnen und vielen der männlichen Parteimitglieder, welche auf eine gemeinsame Agitation mit Frauen und für Frauen nicht nur nicht eingingen, sondern sich den Agitatorinnen mit dem ›Argument‹: ›Das kümmert euch nicht, davon versteht ihr nichts!‹ in den Weg stellten. Dabei erbrachten die herkömmlichen Agitationsformen der Arbeiterbewegung (z. B. Vorträge) bei den Frauen vielfach nicht den gewünschten Erfolg. Die historische Diskrepanz zwischen einer traditions- und geschichtsreichen Organisation wie der deutschen Sozialdemokratie und einer relativ jungen und im Aufbau begriffenen Bewegung wie der proletarischen Frauenbewegung gehörte zu den schlecht begriffenen und kaum aufgearbeiteten Konfliktfeldern im Verhältnis zwischen Frauen und Partei, und seine Nicht-Bewältigung hat zur Verzerrung und Störung ihrer Beziehung wesentlich beigetragen.

Auf diesen beiden Ebenen – dem Widerstand der Genossen und der begrenzten Reichweite der tradierten Agitationsformen – machten sich die praktischen Erfahrungen geltend, die auf die Berücksichtigung der besonderen Interessen der Frauen hindrängten. Diese Entwicklung betraf zunächst die Agitationsformen. Es erwies sich nicht nur als unumgänglich, an die besonderen Bedürfnisse der Frauen anzuknüpfen, sondern es mußten auch eigens Methoden dafür entwickelt werden, die die Vermittlung dieser Interessen mit der Organisation leisten konnten:

»Der Rückständigkeit und Eigenartigkeit der Arbeiterin als Frau muß Rechnung getragen werden durch die Art der Agitation, welche sich werbend an die Lohnsklavinnen wendet. Sie darf hingegen nicht ausschlaggebend sein für die Art der Organisation, welche die Angeworbenen aufnimmt, zum wirtschaftlichen Kampfe erzieht und führt.«[4]

Das Prinzip der gemeinsamen Organisation mit den Männern, auf welches hier als Korrektiv für Bornierungen und ›Sonderbestrebungen‹ hingewiesen wird, konnte jedoch faktisch selbst im Bereich gewerkschaftlicher Organisation nur bedingt eingelöst werden (Man denke etwa an die bayrischen Verhältnisse).

Im Bereich politischer Organisation hatte diese Forderung in vielen und so bedeutenden Ländern wie Preußen lediglich den Charakter einer abstrakten Zielvorstellung, und zwar sowohl was die gesetzlichen Einschränkungen wie auch was die subjektiven Vorbedingungen der Organisation betraf. In einem Kommentar zu den Beschlüssen des Parteitages in der *Gleichheit* heißt es daher:

»Wenn die proletarische Frauenbewegung ihrem Inhalt, ihren Zielen nach eins sein muß mit der Sozialdemokratie, so ist sie doch in der Folge gezwungen, der Form nach den verschiedenen Schwierigkeiten Rechnung zu tragen. So innig sie mit der sozialistischen Bewegung verbunden ist: die selbstverständliche Rücksicht auf die Erfüllung ihrer Aufgabe und die erzwungene Rücksicht auf unsere reaktionären Vereins- und Versammlungsgesetze machen vielfach eine Loslösung von der allgemeinen Agitation und der Organisation der Klassengenossen zur Notwendigkeit. Die proletarische Frauenbewegung bedarf vielerorten ihrer eigenen Organe, ihrer eigenen Einrichtungen und einer gewissen Bewegungsfreiheit innerhalb des Rahmens der allgemeinen Arbeiterbewegung. All den praktischen Notwendigkeiten gegenüber ist es nicht das Prinzip, ist es die Zweckmäßigkeit, welche das letzte Wort hat. Hier entscheidet nicht die Theorie, vielmehr die praktische Erfahrung.«[5]

Es ist dieses Spannungsfeld von Prinzipien- und Zweckmäßigkeitsfragen, in dem die Frauenbewegung ihre weitere Entwicklung vollzog; ein Spannungsfeld, das seine innere organisatorische Dynamik in der Folgezeit allerdings erst noch entfalten sollte – in dem Maße, wie die Frauenbewegung zu einer Massenbewegung wurde und ihre eigenen Kampf- und Organisationsformen zu entwickeln und effektiv einzusetzen wußte.

Ein halbes Jahr nach dem Gothaer Parteitag fand innerhalb der proletarischen Frauenbewegung eine weitere heftige Auseinandersetzung um den zukünftigen Ausbau der Organisation statt. Lily Braun hatte in einem Artikel Vorschläge für ›die nächsten Aufgaben der Arbeiterinnenbewegung‹ gemacht, von denen sie sich eine Systematisierung, Vereinheitlichung und bessere inhaltliche Fundierung der Agitation erwartete, und forderte dabei insbesondere zur Bildung von Arbeitsgruppen auf. Eine bibliographische Gruppe sollte Erhebungen über die Lage der Arbeiterinnen anstellen, das einschlägige Material sammeln und den Agitatorinnen und anderen Interessenten zur Verfügung stellen. Eine juristische Gruppe hatte den

Auftrag, gerichtliche und gewerbegerichtliche Entscheidungen zu sammeln und in der Beratung von Arbeiterinnen zu verwerten, und schließlich sollte eine publizistische Gruppe die so gewonnenen Materialien verbreiten und die gewerkschaftliche Organisation fördern.[6]

Lily Braun hatte zwar die aktuellen Probleme der Frauenbewegung, die seit der Zerschlagung ihrer Vereine und durch die polizeiliche Repression schwer um Kontinuität zu kämpfen hatte, richtig erkannt, ihre Lösungsvorschläge fanden jedoch nur in Teilfragen die Unterstützung einiger Genossinnen. Diese befürworteten insbesondere die Einstellung einer besoldeten Sekretärin, um die Agitatorinnen wenigstens im Bereich der Materialbeschaffung zu entlasten. In den meisten Stellungnahmen wurden Lily Brauns Vorschläge in Anlehnung an Clara Zetkins Kritik abgelehnt:

»Als Programm für die Schulung sozialistischer Kerntruppen ist meines Erachtens Genossin Brauns Vorschlag zu einseitig und vage, er läßt das hierfür Wesentliche aus ... Als Ganzes durchgeführt, erzieht er nicht für die politischen und wirtschaftlichen Kämpfe des Proletariats zielklare, weitschauende Streiterinnen ..., vielmehr tüchtige methodisch geschulte Hilfs- und Sammelarbeiterinnen auf einigen wissenschaftlichen Spezialgebieten. Er vervollständigt und erweitert anerkennenswert die Schulung von Sozialistinnen, aber er erzieht nicht zum Sozialismus.«[7]

Lily Braun modifizierte daraufhin ausdrücklich ihren Anspruch; gegen die Prioritätensetzung der leitenden Genossinnen für die Agitation konnte sich jedoch angesichts des chronischen Geld- und Personenmangels der proletarischen Frauenbewegung auch die revidierte Fassung ihrer Thesen nicht behaupten. Hinzu kam, daß einige von Lily Brauns Arbeitsvorschlägen von den Gewerkschafts- und Genossenschaftskartellen bzw. von Sozialpolitikern und sozial engagierten Wissenschaftlern schon seit längerem und mit einigem Erfolg verwirklicht wurden. Dies konnte beim gegenwärtigen Stand der Frauenbewegung nur den Verzicht auf Parallelaktionen bedeuten.

Die Kontroverse zwischen Braun und Zetkin war die letzte ihrer Art vor der Jahrhundertwende. Im theoretischen Bereich drängte sich in den nächsten Jahren die Abgrenzung gegenüber den Revisionisten in den Vordergrund, während im Zentrum der Praxis der Kampf gegen die Verschlechterung des Vereins-

und Versammlungsrechts, die Lebensmittelzölle und das brutale Vorgehen der Sittenpolizei standen. 1898 wurde außerdem eine große Kampagne zugunsten des Arbeiterinnenschutzes durchgeführt, in der die Vertrauenspersonen sich zur Übernahme und Weiterleitung von Beschwerden zur Verfügung stellten, eine Aufgabe, der sie in einer ganzen Reihe von Städten auch regelmäßig nachkamen.

Im Kampf um die Erweiterung des Vereins- und Versammlungsrechtes gaben sich die Frauen in diesen Jahren ein gemeinsames Ziel, das auch der Vereinheitlichung der Bewegung zugute kommen sollte. Dies war um so dringender, als die Novelle zum Reichsvereinsgesetz (1. Januar 1899: Aufhebung des Verbindungsverbotes politischer Vereine) den Frauen, die auch weiterhin nicht Mitglied eines politischen Vereins werden konnten, keine Erleichterung brachte; im Gegenteil wurde dadurch die Kluft zur Gesamtpartei noch verstärkt.

Die erste offizielle Frauenkonferenz (Mainz 1900) stellte sich die Aufgabe, diese Probleme aufzugreifen und nach Lösungsmöglichkeiten zu suchen. Ottilie Baader, die Ende 1899 das Amt der zentralen Vertrauensperson erhalten hatte, erließ einen entsprechenden Aufruf, und man kann sagen, daß diese Konferenz eine neue Phase der Frauenbewegung einleitete, nämlich ihre Entwicklung zur Massenbewegung. Zentrales Vehikel dieses Prozesses waren die Agitations- und Kampfformen der proletarischen Frauenbewegung.

Agitations- und Kampfformen

Nach der Organisationskonzeption der Sozialdemokratie waren die mündliche und schriftliche Agitation die zentralen Mittel zum Aufbau der Bewegung und zur ideologischen Festigung ihres Mitgliederbestandes. Die Sozialistinnen übernahmen dieses Konzept und paßten es den besonderen Voraussetzungen und Bedingungen der Agitation unter Frauen an. Dabei mußten sie auf das geringe Bildungsniveau, die Vereinzelung der Arbeiterfrauen und vieler Arbeiterinnen und ihre Interessen im Reproduktionsbereich Rücksicht nehmen.

In den Jahren bis 1900 wurde vor allem mündliche Agitation betrieben. Diese fand zu einem großen Teil auf regionaler oder lokaler Ebene statt; zusätzlich gab es die offiziellen Agitatorinnen, die u. U. mehrmals im Jahr, oft im Anschluß an den Parteitag, auf mehrwöchige ›Tourneen‹ gingen und Referate zu bestimmten Problemstellungen hielten. Diese Agitationstouren hatten gewöhnlich klar abgegrenzte Zielsetzungen. Beispielsweise konnten sie die Aufgabe haben, eine einzelne Region durch intensive Werbearbeit für sozialistisches und organisationsgerichtetes Denken zu erschließen, andere waren Kontaktreisen zu bestehenden Zentren der Frauenbewegung, die durch ganz Deutschland führten.

Die lokale Organisationsarbeit

Die lokale Organisationsarbeit ging in den ersten Jahren vorwiegend von einzelnen engagierten Genossinnen aus; bestenfalls war sie im Rahmen eines Vereins, einer Agitationskommission oder in den Händen einer Vertrauensperson konzentriert. Die politischen Verhältnisse drängten die Frauen dabei zunehmend in die Illegalität.

»Wurde eine Frauen-Agitationskommission verboten, so griffen die Frauen auf eine unter dem Sozialistengesetz erprobte Form der halbillegalen Arbeit zurück. Sie wählten eine Vertrauensperson, die die Bewegung nach außen und vor allem den Behörden gegenüber vertrat, da man, wie sie sagten, ›eine Person weder verbieten noch auflösen könne‹. Natürlich aber hatte diese Genossin ein Gremium neben sich, das mit ihr gemeinsam arbeitete. Sie traf sich mit den Mitgliedern ihrer Leitung in aller Heimlichkeit – in Proletarierküchen, beim Schein einer Petroleumfunzel – hinter gut verhängten Fenstern. Und wenn die Frauen zu diesen Sitzungen gingen, waren sie darauf bedacht, daß die ›Pickelhaube‹ an der Ecke sie nicht sah und argwöhnisch ihren Schritten folgte und auch keine schwatzhafte Nachbarin wußte, was vor sich ging.«[1]

Der organisatorische Aufbau der proletarischen Frauenbewegung zentrierte sich dabei auf die Gewinnung neuer Mitglieder und die Erhöhung der Abonnentenzahlen der *Gleichheit*. Auf den verschiedensten Ebenen und bei allen Anlässen, zu denen sie mit ihren Nachbarinnen und Kolleginnen zusammenkamen, bemühten sich die Genossinnen um diese Ziele. Ein beliebtes Mittel war z. B. die Werkstubenagitation:

»Knüpft ... freundschaftliche Beziehungen zu einer einzelnen aufgeschlossenen Arbeiterin eines Betriebes an. Laßt diese wiederum mit ihren Freundinnen reden. Baut auf solche Weise eine planmäßige Agitation auf. Danach beruft eine Versammlung einer Abteilung, einer Werkstatt, eines Betriebes ein. Laßt euch nicht schrecken, wenn zuerst nur wenige kommen. Macht weiter.«[2]

Auf den Ausbau von Betriebszellen durften sich die Genossinnen jedoch nicht beschränken. Sie gingen in die Häuser, zu den Heimarbeiterinnen und Hausfrauen, nutzten Familienfeiern, Feste und Ausflüge zu Gesprächen und diskutierten auch mit den Frauen der kleinen Handwerker und Geschäftsleute.

Dabei stellte sich rasch heraus, daß das Organisationsverhalten der Frauen sich von dem der Männer grundlegend unterschied. Während die männlichen Parteimitglieder im untersuchten Zeitraum üblicherweise erst einige Zeit gewerkschaftlich organisiert waren, bevor sie die politische und organisatorische Konsequenz zogen und (meist zusätzlich) in die SPD eintraten, gewannen die politischen Frauenorganisationen bzw. ihre Ersatzformen den größten Teil ihrer Mitgliedschaft direkt aus den unorganisierten Massen. Der organisatorische ›Umweg‹ über die Gewerkschaftsbewegung bestand zwar zumindest theoretisch für den erwerbstätigen Teil der Frauen, faktisch war eine Doppelorganisation aus geldlichen und zeitlichen Rücksichten jedoch meist nicht möglich. Die Prioritätensetzung vieler Arbeiterinnen für die gewerkschaftliche Organisation, ein Produkt ihrer konkreten Interessenlage, und die Existenz einer breiten Schicht von Frauen, die ab einem gewissen Alter nicht oder nur noch sporadisch erwerbstätig waren, hatten zur Folge, daß die politische Arbeit in vielen Vereinen zu einem erheblichen Teil von Hausfrauen geleistet wurde.

Dafür gibt es bereits für die Zeit vor 1890 Zeugnisse, und aus dem Jahr 1911 liegt eine Untersuchung an den 92 Teilnehmerinnen der Berliner Frauenleseabende vor, von denen lediglich 32 angaben, in irgendeiner Form erwerbstätig zu sein; 10 der letzteren waren zugleich gewerkschaftlich organisiert. Spätere Angaben für Berlin aus dem Jahre 1929 ergeben sogar einen Hausfrauenanteil von 77%. Es ist anzunehmen, daß die Dominanz der Hausfrauen in den genannten Beispielen keine Ausnahmeerscheinung war, wenn ihr Anteil auch schwankte und die Unregelmäßigkeiten in der Erwerbstätigkeit der Ehefrauen einen weiteren Ungenauigkeitsfaktor bei der Zählung darstellten.[3]

Dabei kann man jedoch keinesfalls von einem einheitlichen Organisationsmuster in ganz Deutschland sprechen. Vor allem in ländlichen und ärmeren Gegenden, wo eigentlich alle Ehefrauen irgendeiner Art von Erwerbstätigkeit nachgehen mußten, und in Regionen mit erwerbsstrukturell bedingt niedrigem Anteil von Frauenarbeit (z. B. in Zechengebieten), gab es viele Abweichungen. Bei einem Großteil der Arbeiterinnen, die sich in der politischen Bewegung betätigten, handelte es sich um die Ehefrauen von Männern, die bereits in irgendeiner Form organisiert waren. Es gab jedoch auch den umgekehrten Fall, wo Frauen zu ›Vorreitern‹ der Organisation wurden bzw. gegen den Widerstand ihrer Männer (ob organisiert oder unorganisiert) die politische Tätigkeit erkämpfen mußten.[4]

Der Kontakt unter den weiblichen Mitgliedern wurde durch Versammlungen und durch die Verteilung und Einkassierung der Beiträge für die *Gleichheit* gehalten. Die zuständigen Genossinnen verbanden das Abkassieren mit einer Unterhaltung oder einem kleinen Schwatz in der Küche oder auf dem Hof, und von Haus zu Haus gehend stellten sie so das Moment persönlicher Beziehung und Kontinuität her, das eine Bedingung für die erfolgreiche politische Arbeit mit Arbeiterfrauen war. Dies kommt auch auf den sozialdemokratischen Festen zum Ausdruck, die gerne besucht wurden und vielfach ein differenziertes Programm mit Theateraufführungen, ›lebendigen Bildern‹, Vorträgen, Liedern und Tanz hatten.

Neben den Beschwerdekommissionen für Arbeiterinnen entstanden auf lokaler Ebene Studienzirkel, die als Leseabende oder Bildungsvereine bei den Frauen und Mädchen beliebt wurden. Von der unterschiedlichen Ausgestaltung dieser Vereine wurde bereits berichtet. Diese lokalen Differenzen haben – neben den Auseinandersetzungen über die Frage der Sonderorganisation – dazu geführt, daß die Mainzer Frauenkonferenz (1900) sich ausführlich mit ihnen beschäftigte. Eine verbreitete Form des Studienzirkels war die sogenannte ›Armeleuteschule‹, wo die Genossinnen regelmäßig mit den Frauen zusammensaßen und mit ihnen die Artikel in der *Gleichheit* diskutierten bzw. die schwer verständlichen Passagen erklärten.

Die lokalen politischen Frauenorganisationen hatten außerdem die Aufgabe, den ›fliegenden‹ Agitatorinnen Material über die lokalen Verhältnisse und Probleme zu verschaffen und in dieser Weise auch die Gewerkschaftsbewegung zu fördern.

Dies hieß konkret, den sozioökonomischen Hintergrund der Region aufzuarbeiten, Argumente für die Erhebung von Forderungen zu liefern und auch praktisch werbend dafür einzutreten. Die gesamte Arbeit geschah unentgeltlich und in den spärlichen Mußestunden, welche die Frauen und Mädchen sich von der Erwerbs- und Hausarbeit absparen konnten.

Die mündliche und schriftliche Agitation

Die Tätigkeit der Agitationsreisenden war noch anstrengender und aufreibender. Die Frauen mußten sich oft zunächst erst einmal in der Arbeiterbewegung selber als Agitatorinnen durchsetzen und anerkannt werden. Zu den üblichen Anfängerproblemen, öffentlich aufzutreten und inhaltlich zu fesseln, gesellten sich so noch geschlechtsspezifische Diskriminierungen. Da in dieser Zeit die Schlagworte von den Mannweibern, der ›freien Liebe‹ und der ›Weibergemeinschaft‹ kursierten, mußten die Genossinnen als lebende Vorbilder auch gegen diese Vorurteile antreten. Gerade in der Zeit der Anfänge der Arbeiterinnenbewegung wurden auch die endlos langen Zugfahrten für viele Agitatorinnen zu Stunden der Qual, in denen sie sich gegen Zudringlichkeiten aller Art zu wehren hatten:

»Wie lange dauerte es oft, bis man einen Versammlungsort erreichte!... Für Frauen waren die Unannehmlichkeiten weit größer als für Männer. Besonders an Samstagen und Sonntagen. Da befand man sich oft unter einer Schar von Männern, die schon ziemlich viel getrunken hatten und ihrer Sinne nicht mehr Herr waren. Vor zwanzig Jahren erregte ein allein fahrendes junges Mädchen oder eine junge Frau weit mehr die Aufmerksamkeit der Mitreisenden als jetzt. Man mochte noch so kalte abweisende Miene annehmen und die Augen wie zum Schlafe schließen, oder man mochte wie hypnotisiert in ein Buch starren, man entging selten Belästigungen. Als bestes Mittel zur Abwehr und Rettung hatte sich in vielen Fällen die Arbeiterzeitung erprobt. Mit der sozialdemokratischen Zeitung in den Händen gelang es mir oft, zudringliche Mitreisende fernzuhalten.«[1]

Zu dem großen zeitlichen Aufwand der Agitationsreisen gesellten sich noch Probleme mit den Reisekosten, der Unterkunft und der Verpflegung. Wohnung und Essen wurde den Referentinnen üblicherweise von den Genossinnen am Versammlungsort zur Verfügung gestellt, im übrigen konnten sie jedoch froh sein, wenn die Tellersammlung im Anschluß an die

Veranstaltungen die Fahrtkosten deckte. Abgelegene Gegenden waren zudem mit der Bahn oft gar nicht zu erreichen. Die Agitatorinnen mußten dann Pferdeomnibusse benutzen oder kilometerlange Fußwege bei jedem Wind und Wetter auf sich nehmen, um das Versammlungslokal zu erreichen, wo oft vielfältige polizeiliche Repressionen auf sie warteten. Obwohl die Rednerinnen sich in Wortwahl und Verhalten so weit wie möglich an diese Bedingungen anpaßten, konnten von den 10 oder 15 Versammlungen einer solchen Agitationstour oft nur gerade drei oder vier stattfinden.

Mit der Durchführung einer Versammlung war die Aufgabe einer Agitatorin jedoch noch nicht erfüllt. In neuerschlossenen Gebieten diskutierten sie mit interessierten Frauen die Frage des Aufbaus einer lokalen Organisation; wo es bereits Zusammenschlüsse gab, traf man sich im Anschluß an die Versammlung bei einer Genossin, um allgemeine Fragen, lokale Probleme oder auch private Konflikte zu besprechen, was oft bis tief in die Nacht hinein dauerte.

Bei allen agitatorischen Vorstößen war es von besonderer Wichtigkeit, geeignete Agitationsinhalte zu finden. Die Arbeits- und Lebensverhältnisse waren zwar so elend und die politische und wirtschaftliche Repression so hautnah, daß es keinen Mangel an Agitationsstoff gab; auf beide Bedingungen mußte jedoch zugleich auch genügend Rücksicht genommen werden. Um den ›staatserhaltenden‹ Instanzen keinen Anlaß zum Eingreifen zu geben, erfolgte die Aufklärung der Proletarierinnen unter schützenden Titeln wie ›Das Christentum der ersten Jahrhunderte‹, ›Die Ärmsten der Armen oder der fünfte Stand‹ und ›Die kulturelle Bedeutung des Mohammedanismus‹. Methodisch wurde dabei meist von den unmittelbaren Interessen der Versammlungsteilnehmer ausgegangen und dann allmählich versucht, eine Verbindung zu allgemeineren politischen und wirtschaftlichen Problemen herzustellen. Die Rednerin mußte vor allem darauf achten, den Kontakt zu den Zuhörerinnen nicht zu verlieren. Luise Zietz berichtet über dieses Problem anläßlich des Versuchs der Genossinnen, Kaffeeleserinnen in Hamburg zu organisieren und gleichzeitig gegen die angekündigte Zuchthausvorlage zu agitieren:

»Solange wir über die Lohn- und Arbeitsverhältnisse der Arbeiterinnen sprachen, schauten sie sich verständnisinnig an, aber sobald wir auf die Gefahr der Zuchthausvorlage eingingen, war das Interesse

Weihnachtslied

der Ausgesperrten.

Melodie: Stille Nacht! Heilige Nacht!

Heilige Nacht — Heiß tobt die Schlacht,
Und es blitzt und es kracht.
„Friede auf Erden!" die Christenheit singt,
Während der Arme das Schwert mutig schwingt,
:|: Kämpfend für Freiheit und Glück. :|:

Heilige Nacht — Heiß tobt die Schlacht.
Arbeit ist aufgewacht!
Wollte ein wenig vom Leben zurück:
Wollt' eine Stunde mehr Liebe, mehr Glück!
:|: Hohn und Spott war's, was man gab. :|:

Heilige Nacht — Heiß tobt die Schlacht.
Ob man uns rechtlos macht,
Mächtig ein Ruf dringt von Lande zu Land,
Freudig reicht jeder dem Bruder die Hand:
:|: Helfet der kämpfenden Schar! :|:

Heilige Nacht — Heiß tobt die Schlacht.
Einst euch auch Sonne lacht.
Kämpfe und ruf' zu der Herrschenden Thron,
Ob dir auch Schmach nur und Spott ward und Hohn:
:|: Gebt eine Stunde für uns! :|:

H. J.

Verleger: Albin Hecht, Crimmitschau. — Druck von Seifert & Ko., Zwickau.

Eine bittere Anklage der Textilarbeiter in Crimmitschau, 1903 verschwunden und wir mußten sehen, daß wir so schnell wie möglich wieder auf die Lohn- und Arbeitsverhältnisse übergingen.«[2]

Da die Agitatorinnen der proletarischen Frauenbewegung vor der Jahrhundertwende noch nicht systematisch geschult wurden, blieb es in dieser Zeit weitgehend dem Geschick und Gefühl jeder einzelnen überlassen, wie sie mit solchen Situationen zurechtkam.

Die mündliche Agitation wurde gegen Ende der 90er Jahre zunehmend auch durch die schriftliche ergänzt. Clara Zetkin gab auf dem Gothaer Parteitag einige diesbezügliche Anregungen, die zeigen, mit welch detaillierter Sorgfalt die Genossinnen ihr Vorgehen planten und ausführten:

»Und dazu schlage ich Ihnen vor die Verteilung von Flugblättern; nicht von traditionellen Flugblättern, die auf einer Quartseite das ganze sozialistische Programm zusammenstopfen, die ganze Wissenschaft unseres Jahrhunderts geben – nein, kleine Flugblätter, die eine einzige praktische Frage unter einem einzigen Gesichtswinkel erörtern, vom Standpunkt des Klassenkampfes aus ... Und die Frage der technischen Herstellung der Flugblätter darf uns auch nicht gleichgültig sein; nicht das traditionell schlechteste Papier und schlechtesten Druck. Ein solches schlecht ausgestattete Flugblatt knüllt die proletarische Frau, die nicht den Respekt vor dem gedruckten Wort hat wie der Proletarier, einfach zusammen und wirft es weg –, sondern ... kleine Büchelchen von 4 bis 6 Seiten Inhalt, deren Ausstattung nett ist. Denn soweit ist auch die Proletarierin Frau, daß sie sagt: ach, das Dingelchen ist so nett, das muß ich aufheben! (Heiterkeit und Zurufe) Und wir müssen die Sätze, auf die es ankommt, mit großen, fetten Buchstaben drucken; dann wird sie nicht vom Lesen abgeschreckt, ihre geistige Aufmerksamkeit wird sozusagen an einem Nagel aufgehängt.«[3]

Neben den speziellen Broschüren und Flugblättern, die jeweils zu konkreten Anlässen verteilt wurden, fungierte – wie wir gesehen haben – vor allem *Die Gleichheit* als Quelle und Träger der Agitation. Was in den Versammlungen jeweils angestrebt wurde, nämlich die Verbindung der persönlichen Arbeits- und Lebensverhältnisse der Zuhörerinnen mit den aktuellen wirtschaftlichen und politischen Zeitfragen, gelang hier in einem ziemlich umfassenden Maße. Clara Zetkin, die sich immer auf das genaueste mit allen Daten und Verhältnissen vertraut machte, ehe sie zur Feder griff, rechnete die Folgen staatlicher Maßnahmen wie Militärvorlagen und neue Zölle auf Heller, Brot und Pfennig für den einzelnen Haushalt genau aus. Dadurch erreichte sie, daß Regierungsentscheide für die Frauen ihre Abstraktheit verloren und sie als Betroffene bereit wurden, sich organisiert oder spontan am Kampf gegen neue Repressionen und für bessere Lebensverhältnisse und mehr Freiheiten zu beteiligen. Dieser Lernprozeß wurde durch die politische und wirtschaftliche Entwicklung im Deutschen Reich und die Desillusionierung bezüglich des ›Reformkaisers‹ wesentlich beschleunigt.

Streik, Boykott, Protestversammlungen

Die Entwicklung, die soeben angedeutet wurde, kam zuerst in wirtschaftlichen Auseinandersetzungen zum Ausdruck. Arbeiterinnen traten in Streiksituationen zunehmend an die Seite ihrer Kollegen, und selbst so problematische Wirtschaftskämpfe wie im Bereich der Heimarbeit konnten auf eine breite Solidarität an der Basis zählen.[1]

Ein vieldiskutierter und bezeichnender Konflikt war der Streik der Wäscherinnen in Neu-Isenburg im Jahre 1897. Die Wäscherinnen gehörten einem Berufszweig an, in welchem noch semi-patriarchalische Zustände herrschten und ausschließlich Frauen arbeiteten, die unter den elendsten Verhältnissen lebten. Hier geschah nun das Unerhörte, daß die auf viele Kleinbetriebe (mit 2 bis 3 Beschäftigten) verstreuten Angestellten sich zu einer starken und kampfbereiten Organisation zusammenschlossen und in einem siebenwöchigen solidarischen Kampf (es fand sich keine einzige Streikbrecherin!) gegen das organisierte Unternehmertum einen Erfolg erringen konnten, wie er unter solchen Bedingungen noch niemals erreicht worden war.[2]

Auch die Arbeiterfrauen beteiligten sich immer öfter an den Kämpfen. Der Ausstand der saarländischen Kohlenwerkarbeiter 1893 wurde bereits erwähnt, der die Frauen massenweise auf die Straße und in die Versammlungen trieb:

»Nur die schärfste Zuspitzung miserabler Arbeits- und Lebensbedingungen erklärt auch den Masseneintritt der Bergarbeiterfrauen in die Streikbewegung.... Kaum eine Zusammenkunft und Berathung der Streikenden hat stattgefunden, an der nicht zahlreiche Frauen teilgenommen hätten. In mehreren besonderen Frauenversammlungen, deren Besucher nach Tausenden zählten, haben sie sich mit Begeisterung für den Streik erklärt. Rednerin auf Rednerin trat aus der Masse hervor und schilderte mit einfachen, ergreifenden Worten das Elend der Bergarbeiterfamilien. ›Hier ist der Hunger ständiger Gast‹, klagten sie, ›denn die paar Groschen, welche der Mann verdient, reichen nicht mehr hin zum dürftigsten Lebensunterhalt, und die hohen Steuerlasten erschweren die Existenz noch mehr.‹ ›An jedem Stück Brot, das der Arme genießt, beißt der Steuerfiskus mit‹, erklärte eine Bergarbeiterfrau unter stürmischer Zustimmung. Weniger augenfällig, aber nachhaltiger wirkten und wirken die Frauen zu Hause täglich und stündlich für den Streik. Kaum ein Mann konnte sich hier ihrem Einfluß entziehen, und die Dauer und Zähigkeit des Ausstandes ist wesentlich zurückzuführen auf die Übereinstimmung, welche der Frage gegenüber in der Bergarbeiterfamilie herrschte.«[3]

Diese Entwicklung war um so erstaunlicher, als das Saarland eine Hochburg des Katholizismus war und die Streikführung eine junge, politisch zusammengewürfelte Organisation ohne jede sozialdemokratische Tendenz. Sie weist jedoch darauf hin, daß der Eintritt der Frauen in die Bewegung nicht ›gelenkt‹ war, sondern spontan in einer Situation erfolgte, wo die Verhältnisse ›für sich sprachen‹.

Seit der Mitte der 90er Jahre mehrten sich die Solidaritätsaktionen von Frauen in Wirtschaftskämpfen, wie etwa beim Streik der Hafenarbeiter und Seeleute in Hamburg 1896. Hier allerdings wurden die Frauen durch die sozialistische Streikführung von vornherein in den Kampf und die Agitation einbezogen. Es wurden gemeinsame Versammlungen und besondere Frauen- und Mädchenversammlungen abgehalten; Genossinnen gingen von Haus zu Haus und besprachen die Notlage und die Methoden zu ihrer Bewältigung, und Frauen gehörten zu den Opfern der ›Säuberungsaktionen‹ der Polizei.[4]

Auch der Streik der Hamburger Bäckergesellen 1898 konnte nur deshalb nach langen und harten Auseinandersetzungen zu einem erfolgreichen Abschluß geführt werden, weil die Arbeiterfrauen die Streikenden durch den Boykott der Bäckereien und Brotträger unterstützten, welche die Forderungen der Gesellen nicht bewilligt hatten. Der Boykottgedanke war in zahlreichen Versammlungen in die Bevölkerung getragen und sofort aufgegriffen worden. Die Frauen schufen sich die notwendigen Kontrollmöglichkeiten, indem sie sich von den Brotlieferanten die von der Gewerkschaftsleitung herausgegebenen Legitimationskarten zeigen ließen. Wer keine solche Karte besaß, war zwangsläufig ein ›Illegaler‹ und wurde boykottiert.

Achtung! Textilarbeiter

und -Arbeiterinnen!

Werdet keine

Streikbrecher!

Werdet keine

ehrlosen Wichte!

Obwohl während dieses Arbeitskampfes zeitweise eine Brotverknappung auftrat – die der Innungsverband durch Gegenstrategien (erfolglose Versuche, nacheinander einen Holz-, Torf-, Milch- und Hefeboykott durchzuführen) und Repressionen gegen Bäckermeister, welche die Forderungen der Bäckergesellen bewilligt hatten, zu verschärfen suchte –, blieben die Arbeiterinnen und Hausfrauen konsequent bei ihrer Taktik.[5]

Zusätzlich zu Streiks, Streikunterstützungsaktionen und Boykotts wurden auch die Protestversammlungen zunehmend zu einem Massenkampfmittel der proletarischen Frauenbewegung. Sie richteten sich zunächst vor allem gegen die Steuer- und Zollpolitik der Regierung, entwickelten sich aber bald zu einem allgemeinen politischen Kampfmittel. In Berlin und anderen Städten fanden beispielsweise Protestversammlungen mit Tausenden von Personen gegen die Sittenpolizei statt, die auf entwürdigende Weise gegen die Prostituierten und allgemein gegen Frauen ohne Begleitung vorging.

Trotz aller Konflikte und – wie viele Genossinnen formulierten – gerade wegen der vielen Repressionen legten die Jahre vor 1900 die theoretischen und praktischen Grundlagen dafür, daß die proletarische Frauenbewegung in den folgenden Jahren zu einer Massenbewegung und einem bedeutenden Kräftefeld in den politischen Auseinandersetzungen im Deutschen Reich wurde. Für die innere Entwicklung der Frauenbewegung war es zumal von besonderer Bedeutung, daß im Zuge dieser Kämpfe und Auseinandersetzungen die Bedeutung der proletarischen Hausfrau für punktuelle Konflikte (augenfällig beim Boykott) wie für den allgemeinen Fortschritt der Gesamtbewegung zunehmend erkannt und bewußt daran angeknüpft wurde.

3 *Die Konstituierung der Frauenbewegung als proletarische Massenbewegung (ab 1900)*

In den 10 Jahren vor der Jahrhundertwende hatte sich die proletarische Frauenbewegung von rudimentären und zersplitterten Anfängen zu einer erfolgversprechenden jungen Bewegung entwickelt. Ihre theoretischen Grundlagen waren bereits Mitte der 90er Jahre ausformuliert, ideologisch und organisatorisch war sie von bürgerlichen Emanzipationskonzepten abgelöst, und im System der Vertrauenspersonen hatten die Genossinnen eine Organisationsform entwickelt, die den besonderen Bedürfnissen der Frauenbewegung gerecht zu werden versprach.

In dieser Situation entstand der Plan zur Einberufung einer Frauenkonferenz. Es gehörte zu den ersten Amtshandlungen von Ottilie Baader, der neuen Zentral-Vertrauensperson, diese Idee in die Praxis umzusetzen. Sie berief die erste sozialdemokratische Frauenkonferenz auf den 15. September 1900 (also kurz vor dem Parteitag) nach Mainz ein. Dadurch hatten die Frauen die Möglichkeit, ihre Anträge und Forderungen vorzubereiten und mit größerem Nachdruck in die Diskussionen auf dem Parteitag einzubringen. Dies war um so wichtiger, als durch die einseitige Liberalisierung des Vereinsgesetzes eine Verschlechterung des organisatorischen Status der Frauen in der Gesamtpartei drohte.

In den Verhandlungen auf der Frauenkonferenz ging es vor allem darum, die bisherigen Erfolge zu sichern und die Bewegung auszubauen, wobei die Fragen der Vereinheitlichung und Systematisierung der Agitationsformen bewußt in den Vordergrund gestellt wurden.

»Schließlich sollten nach der Ansicht der Berliner Genossinnen von der Tagesordnung der Besprechung Fragen grundsätzlicher Natur ausgeschieden werden. Über den grundsätzlichen Charakter und die Ziele der proletarischen Frauenbewegung herrschen keinerlei Meinungsverschiedenheiten. Dagegen handelt es sich darum, über praktische Mittel und Wege zu beraten, wie diese Bewegung am nachhaltigsten gefördert, wie sie ihre Aufgaben am erfolgreichsten lösen kann.«[1]

Im Mittelpunkt der Diskussionen auf der Frauenkonferenz stand die Strukturierung des Vertrauenspersonensystems. Es wurden allgemeine Richtlinien erlassen, die deren Aufgaben und Zuständigkeiten differenziert regelten.

Die an praktisch-organisatorischer Kleinarbeit ausgerichteten Aufgaben der örtlichen Vertrauenspersonen sind bereits skizziert worden. Zu ihren Pflichten gehörten weiterhin die Herausgabe und Verbreitung von Flugblättern und Broschüren, Geldbeschaffung u. a. m. Die Kreis-Vertrauenspersonen hatten dagegen primär Koordinations- und Kontaktfunktionen. Sie sorgten dafür, daß die Genossinnen ihrer Region sich kennenlernten und zusammenarbeiteten und hielten die Verbindung zur Zentral-Vertrauensperson.

Diese hatte vor allem strukturierende Aufgaben. Sie sollte eine systematische Agitations- und Organisationsarbeit in ganz Deutschland aufbauen und für Einheitlichkeit der Aktionen sorgen. Zu diesem Zweck wurden Flugblätter empfohlen, die entweder allgemein agitatorisch oder an einzelnen Forderungen und Problemen ausgerichtet waren: »Was Inhalt, Fassung und Ausgestaltung der Flugblätter anbetrifft, so hat sie tunlichst die Anforderungen und Wünsche zu berücksichtigen, welche von den Vertrauenspersonen im Lande geäußert werden.«[2] Zusätzlich wurde eine Revisionskommission eingesetzt, die wie die Zentral- und die Kreis-Vertrauenspersonen in regelmäßigen Abständen Berichte in der *Gleichheit* veröffentlichte. Diese Berichte geben einen systematischen Überblick über den allgemeinen Stand der Bewegung sowie über die lokalen Verhältnisse und Besonderheiten. Darüber hinaus dienten sie der Zentral-Vertrauensperson im Sinne eines *feedback* als Kontrolle und Grundlage für ihre Arbeit.

Nach der Formulierung des Regulativs für die Vertrauenspersonen beschäftigte man sich auf der Mainzer Frauenkonferenz erneut mit der Frage der Agitation. Die agitatorischen Grundsätze, von Clara Zetkin auf dem Gothaer Parteitag (1896) formuliert, wurden im wesentlichen beibehalten. Auch die Agitationsinhalte wurden übernommen und teils modifiziert, teils ergänzt und spezifiziert.

Da es sich jedoch gezeigt hatte, daß die Aufrufe zur Wahl von Vertrauenspersonen auf früheren Parteitagen nur geringen Widerhall gefunden hatten, mußte zunächst einmal für die praktische Umsetzung dieses Rechts gesorgt werden. Dazu wurden die Genossinnen aufgefordert, in jeder größeren Stadt nach voraufgegangener Besprechung mit den Genossen eine weibliche Vertrauensperson zu wählen. An diesem Prinzip, keine Männer als Vertrauensperson (also als Interessenvertretung) der Frauen zu akzeptieren, wurde auch in der Folgezeit konsequent festgehalten.

Das Hauptaugenmerk des Parteitages selber lag auf der Neuformulierung des Organisationsstatuts. Der Wegfall des Verbindungsverbots für Vereine bot der SPD die Möglichkeit, straffere und zentralisierte Organisationen auf der Basis festgegliederter Lokalvereine aufzubauen. Dadurch wurden die Vertrauenspersonen, die bislang die Verbindung zur Zentralleitung gehalten hatten, überflüssig. Falls sich der Parteitag nun dafür entschied, die Parteiangelegenheiten ganz in die Hände der Vereine zu legen – wie dies von einigen Stimmen gefordert wurde –, so wären dadurch die Frauen in weiten Teilen Deutschlands faktisch aus der Partei ausgeschlossen worden.

Dieser Konflikt wurde weder von der Kommission, die mit der Ausarbeitung des neuen Statuts beauftragt war, noch vom Parteitag gelöst. Die Institution der Vertrauenspersonen wurde zwar beibehalten, indem die Entscheidung über das günstigste Wahlverfahren (Wahl in Volksversammlungen oder Wahl in Vereinsversammlungen, was Frauen ausschloß) an die unteren Ebenen delegiert wurde, drückte man sich um eine einheitliche und klare Regelung. Dadurch hing es in der Zukunft zu einem erheblichen Teil vom subjektiven Wohlwollen und Interesse der Genossen in den einzelnen Orten ab, in welchem Ausmaß die Frauenorganisationen unterstützt und in die allgemeine Parteiarbeit einbezogen wurden.

Der Tenor, mit dem die Sozialdemokratinnen für ihre Interessen als Frauen und Genossinnen eintraten, hatte sich indessen verändert. Sie warteten nun nicht mehr die Initiative der männlichen Parteimitglieder ab, sondern sie handelten selbständig und eigenverantwortlich. Diese Veränderung hing mit dem erstarkten Selbstbewußtsein der proletarischen Frauenbewegung zusammen. Sie hatte sich nicht nur stark ausgebreitet, sondern es gab nun bereits an vielen Orten und Gegenden Genossinnen, die ohne Hilfe der Männer in breitem Maßstab Agitations- und Organisationsarbeit an der Basis betrieben.

In der praktischen Arbeit hatte sich zudem – besonders was die politische Organisation betraf, die zu einem hohen Anteil von Hausfrauen getragen wurde – die Forderung nach Berücksichtigung der besonderen Interessen der Frauen in der Agitation zu der Erkenntnis erweitert, daß die Frauenbewegung zur Bewältigung ihrer Sonderaufgaben auch einen eigenen Handlungsraum und eigene Organe benötigte:

»Die Verwirklichung des Prinzips der Gleichberechtigung ... bedingt nicht eine mechanische, an der Elle gemessene Gleichheit des Buchstabenrechts für Genossinnen und Genossen. Sie fordert vielmehr Berücksichtigung der rechtlichen und sozialen Sonderstellung des weiblichen Geschlechts ... Die Arbeitsteilung zwischen Mann und Frau, welche in jedem wohlgeordneten Haushalt anzutreffen ist, vollzieht sich auf Grund der praktischen Notwendigkeit auch innerhalb der sozialistischen Arbeiterbewegung und veranlaßt das Wirken besondrer Vertrauenspersonen der Genossinnen, oder – sofern das Vereinsgesetz es gestattet – anderer Träger der proletarischen Frauenbewegung. Aber die Organe der proletarischen Frauenbewegung können ihre Aufgaben nur mit vollem Nutzen für die allgemeine Bewegung lösen, wenn sie in stetem Zusammenhang mit ihr stehen.«[3]

Wie der Schlußsatz zeigt, war dieser Schritt keineswegs eine Etappe auf dem Weg zur Verselbständigung der proletarischen Frauenbewegung von der SPD. Es handelte sich dabei allenfalls um eine Modifikation der Forderung nach organisatorischer Einheit zugunsten der praktischen Einlösung der gemeinsamen obersten Zielsetzung, der Erringung des sozialistischen Zukunftsstaates. Diese Ausrichtung am Endziel ist bezeichnend für die ganze offizielle Politik der Frauenbewegung und wurde von den Genossinnen auch dort aufrechterhalten, wo es, wie in der Frage der Mitbestimmungsmöglichkeiten in der Partei, gegen ihre unmittelbaren Interessen ging.

Der Passus über die Arbeitsteilung von Mann und Frau in der politischen Bewegung hatte dagegen problematische Rückwirkungen. Wie diese ›Arbeitsteilung‹ im proletarischen Haushalt aussah und auf wem sie ruhte, nämlich fast vollständig auf den Schultern der Frauen, haben wir bereits gesehen. Die Analogisierung dieses Verhältnisses auf die Dimension politischer Arbeit wirkte in zweifacher Hinsicht verzerrend. Zum einen dadurch, daß die Übertragung eines familialen Unterdrückungsmechanismus in den politischen Bereich stattfand, von dem aus gerade die Aufhebung aller Unterdrückung intendiert war, zum anderen deshalb, weil reale Dominanzstrukturen in der politischen Bewegung zwar benannt, aber dadurch verfestigt wurden, daß man sie nicht explizit problematisierte.

Eine politische Arbeitsteilung zwischen den Geschlechtern existierte in den sozialdemokratischen Familien schon seit jeher. Dabei handelte es sich faktisch meist um die simple Aufteilung in den politisch aktiven Mann und die Frau oder Mutter, die ihm diese Tätigkeit durch Abnahme aller ›nebensächlichen‹ Probleme und Aufgaben ermöglichte. Dieses Grundmuster kommt in den Briefen und Berichten von August Bebel, Karl Liebknecht und anderen Führern der SPD zum Ausdruck,[4] und davon zeugen auch die vielen Klagen und Diskussionen in der Frauenbewegung darüber, daß »selbst sogenannte gute Parteigenossen ihre Frauen durch ihr tyrannisches Machtwort (daran hindern), an Versammlungen teilzunehmen«.[5]

Ein überzeugendes Beispiel für die Borniertheit und chauvinistische Grundstimmung in breiten Kreisen der Sozialdemokratie sind auch die ›Zehn Gebote für die Männer‹, die 1905 in der Unterhaltungsbeilage des Dessauer Parteiblattes publiziert wurden. Einige Kostproben daraus dürften genügen:

»1. Bedenke stets, daß du wohl der Herr deines Hauses sein sollst, aber nicht sein Tyrann ... 7. Habe hin und wieder ein freundliches Lob für die Geschicklichkeit deiner Frau im Haushalt und ein zärtliches Wort für sie. Es tut ihr unbeschreiblich wohl ... 9. Frage deine Frau nach dem Grunde ihrer Handlungen, ehe du tadelst ...«[6]

Obwohl die ›geradezu verblüffende spießbürgerliche Unverfrorenheit‹, mit der hier der bürgerliche Herr-im-Haus-Standpunkt triumphierte, auch bei vielen Genossen, die mit der Frauenbewegung sympathisierten, eine heftige Opposition hervorrief, sprach der Artikel doch einige nur zu reale Momente in der persönlichen Beziehungsstruktur innerhalb der Sozialdemokratie aus.

Tatsächlich blieb für viele Frauen nur die Rolle der ›stillen Helferin‹, mit der sie sich mehr oder weniger gut abfanden. Die ›allzeit opferbereite‹ Julie Bebel schreibt dazu:

»Früher war ich oft sehr unzufrieden, daß ich so gar nichts für meine geistige Ausbildung tun konnte; aber mich hat doch das Bewußtsein glücklich gemacht, für meinen Mann die häusliche Behaglichkeit schaffen zu können, die ihm zu seiner geistigen Entfaltung und Arbeit so nötig war. Aber dadurch, daß ich seine Parteigeschäfte fortführen mußte, soweit ich konnte, wenn er so oft vom Hause weg war, bin ich in den Geist der Bewegung eingedrungen und heute mit ganzer Seele dabei, und so muß ich mich mit dem begnügen, was ich daraus gelernt habe.«[7]

Wir haben bereits von den verschiedenen individuellen Lösungsstrategien gehört, mit denen politisch engagierte Frauen diesen Konflikt zu lösen versuchten. Diese ›Befriedungsstrategien‹ wiederholten sich in gewisser Weise auf der Ebene der Bewegung als Ganzes, wenn eine Reihe von Genossinnen unter Berufung auf ein paar Legitimationsfrauen in der Partei die realen Konflikte mit den Genossen beschönigten oder doch zumindest ihre offene Austragung verhinderten.

Die Ausblendung des geschlechtsspezifischen Unterdrükkungszusammenhanges verzerrte dabei vermehrt auch die Auseinandersetzungen um politische Probleme. Die inhaltliche Kritik von Frauen wurde beispielsweise dadurch abgeschwächt, daß sie auf eine persönliche Ebene verlegt oder der ›Heiterkeit‹ preisgegeben wurde. Dabei fällt auf, daß es sich bei den so ›behandelten‹ Positionen inhaltlich oft zugleich und zunehmend um politisch unbequeme, nämlich radikale Stellungnahmen handelte.

Dieses Verhalten der Genossen reproduzierte sich durchgängig und ist ein symptomatischer Ausdruck für die misogynen Tendenzen in der Partei. Es richtete sich gleichermaßen gegen die Führerinnen der Frauenbewegung wie gegen solche Frauen, die mit der Frauenbewegung selber nichts weiter zu tun hatten und ihre Tätigkeit ganz auf die Angelegenheiten der Gesamtpartei konzentrierten. Ein gutes Beispiel dafür ist Rosa Luxemburg, die als Frau, Jüdin und ›Ausländerin‹ gleich dreifachen Anlaß für solche Angriffe bot.

Wenn sich die Zusammenarbeit mit den Männern nach 1900 in vielen Orten dennoch verbesserte, so war dies vor allem konkreten Erfahrungen mit der Frauenbewegung als ernst zu nehmendem politischen Faktor zu verdanken und dem konsequenten Auftreten der Genossinnen nach der Devise: ›Bist du Gottes Sohn, so hilf dir selbst‹[8].

Ein wichtiger Faktor war dabei die Ausbreitung des Systems weiblicher Vertrauenspersonen. Ottilie Baader hatte sich direkt nach dem Mainzer Parteitag in der *Gleichheit* (Nr. 22) und in einem Schreiben, dem sie das broschürte Regulativ beilegte, an alle Orte gewandt, wo sie Adressen von Genossen und Genossinnen besaß, und hatte zur Wahl von weiblichen Vertrauenspersonen aufgerufen. Diese Initiative brachte endlich den gewünschten Erfolg. Bereits im Januar 1901 gab es an 25 Orten Vertrauenspersonen, und ihre Zahl stieg in der Folgezeit rasch an.[9] Der folgende Bericht aus Hamburg steht beispielhaft für den Durchbruch, den die erste Frauenkonferenz eingeleitet hatte:

»Wie an sehr vielen Orten Deutschlands eine lebhaftere Bewegung unter dem weiblichen Proletariat erst seit der Frauenkonferenz in Mainz entstanden ist, so auch in Hamburg. Zwar waren seit Jahren einige hundert Frauen Mitglieder der drei sozialdemokratischen Vereine und halfen auch zum Teile wacker bei der Kleinarbeit mit. Jedoch unter den mehr als 12 000 politisch organisierten männlichen Mitgliedern verschwand diese kleine Schar. Seit der Frauenkonferenz hat sich die Zahl der politisch organisierten Frauen bedeutend vermehrt, und vor allen Dingen ist die Mitarbeit der Genossinnen auf allen Gebieten planvoller, konzentrierter und damit wirkungsvoller geworden.«[10]

Wie in Hamburg, so festigte sich auch in vielen anderen Städten die Position der Frauenbewegung. Es gelang zudem in solchen Orten und Gegenden festen Fuß zu fassen, wo bislang noch keine eigenständigen Frauenorganisationen bestanden, wie im Vogtland, Schlesien und im Thüringer Wald, bzw. dort, wo die Bewegung durch mangelndes Interesse und Initiative, vielfach unter erschwerenden lokalen Bedingungen, schon seit Jahren vor sich hin kümmerte, wie etwa in Düsseldorf.[11]

Ein Schwerpunkt der Agitation in dieser Zeit lag auf dem

Arbeiterinnenschutz. Im Anschluß an die Frauenkonferenz in Mainz hatte Ottilie Baader in der *Gleichheit* einen Aufruf zum Kampf für den gesetzlichen Arbeiterinnenschutz erlassen und ein entsprechendes Flugblatt in 100000 Exemplaren an 53 Orten in ganz Deutschland verteilen lassen. Daneben wurde der Kampf gegen das reaktionäre Vereinsgesetz und den Lebensmittelwucher weitergeführt. Die Finanzpolitik der Regierung erschwerte die Lebenshaltung der Arbeiterschaft mit Steuern auf Grundnahrungsmittel wie Brot, Fleisch und Milch und machte den Arbeiterfamilien so zusätzlich zu Wohnungsnot und Kohlenteuerung schwer zu schaffen. Neben großen Protestversammlungen wurde auch mit Flugblättern (das Flugblatt gegen den Zollwucher wurde in 400000 Exemplaren verteilt) und Massenpetitionen gegen diese Aussaugepolitik protestiert.

Ein neues Aufgabenfeld der sozialistischen Frauenbewegung war die Lokalpolitik. Anläßlich der Stadtverordnetenwahlen in Berlin gelang es den Genossinnen in öffentlichen Versammlungen zum ersten Mal, das breite Interesse von Frauen für lokale Problemstellungen zu erwecken, was im Jahresbericht der Berliner Genossinnen denn auch als ein besonderer Erfolg – nicht zuletzt gegenüber den weniger erfolgreichen männlichen Parteimitgliedern – vermerkt wurde.

Nach der Zulassung weiblicher Fabrikinspektoren, die sich seit dem Ende der 90er Jahre zu einer festen Einrichtung entwickelt hatten, bemühten sich die Frauen jetzt verstärkt um Einfluß im Bereich der Armen- und Waisenpflege. Wenn die Genossinnen diese Aufgaben nicht ganz den bürgerlichen Frauen überlassen wollten, die hier traditionell stark engagiert waren, so mußten sie die Arbeiterfrauen systematisch an die kommunalen Belange heranführen. Um die Arbeit auf der Lokalebene weiterzutreiben, wurden daher in den Ländern mit liberaler Vereinsgesetzgebung neben öffentlichen und allgemeinen Parteiversammlungen auch eigene Versammlungen für die weibliche Mitgliedschaft eingerichtet mit dem Ziel:

»Rats zu pflegen und Beschluß zu fassen, in welcher Weise am erfolgreichsten Agitation zu treiben sei. Ferner sollten sie die Genossinnen einander persönlich näher führen. Das gelang auch auf das Beste. Alte Genossinnen, die lange nicht mehr in der Bewegung hervorgetreten waren, erschienen in den Versammlungen, und tüchtige Frauen meldeten sich zur Mitarbeit... Aber nicht nur in der offiziellen Stellungnahme der Genossinnen zu bestimmten Fragen dokumentiert sich die lebhaftere Bewegung unter den Frauen, sondern auch in der regeren Anteilnahme an dem Leben und Tun der Organisationen . . .«[12]

Die politische Arbeit von Frauen wurde 1902 durch die sog. Segmentpraxis etwas erleichtert. Diese besagte, daß Frauen an politischen Vereinsversammlungen teilnehmen durften, sofern sie schweigend in einem abgesonderten Teil, eben dem Segment, verblieben. Die Verbesserung, die diese Regelung einerseits mit sich brachte, wurde durch die Verwirrung, die sie bezüglich der Rechte der Frauen in öffentlichen Versammlungen auslöste, allerdings mehr als ausgeglichen. Weiterhin nämlich benutzten die Behörden alle bekannten Kniffe, um die Frauen aus öffentlichen Versammlungen zu entfernen. Obwohl Ottilie Baader schriftliche Ratschläge verteilen ließ, die Hinweise auf das geeignete Verhalten bei der Durchführung von Versammlungen, Flugblätterverteilen etc. und bei Konflikten mit der Polizei gaben, und die Vorsichtsmaßnahmen der Genossinnen gegenüber den Willkürakten der Polizei immer differenzierter wurden, gelang es nicht, sie völlig auszuschließen.

Viele Arbeiterinnen waren auch an den großen Wirtschaftskämpfen nach der Jahrhundertwende beteiligt. In verschiedenen dreizehnwöchigen und längeren Kämpfen, bei denen die Frauen – vor allem im Textilbereich – vielfach die Mehrzahl der Arbeitskräfte stellten, wurden Erfolge oder doch zumindest Vergleiche errungen, welche die Lage der Arbeiterschaft in den betreffenden Gebieten zumindest zeitweilig verbesserten. Besondere Erwähnung verdient der große Kampf der Bergarbeiter im Ruhrgebiet 1905, wo die 200 000 Streikenden von ihren Frauen ruhig und besonnen unterstützt und angefeuert wurden.[13]

Neben der Förderung von Agitation und Organisation hatten sich die Mainzer Beschlüsse auch auf die Finanzlage der Frauenbewegung positiv ausgewirkt. Während die Genossinnen vorher immer wieder auf die Unterstützung durch die Parteikasse zurückgreifen mußten, waren sie jetzt in der Lage, die gesamten Kosten für die Bewegung zu tragen. Ihre Haupteinnahmequellen waren Tellersammlungen im Anschluß an die Versammlungen; die Ergebnisse der Sammellisten, die jeweils für ganz konkrete Zwecke (z. B. Agitation oder Delega-

Aufruf zur Versammlung

tionskosten für die Parteitage) herumgereicht wurden; der Rabatt, den die lokalen Organisationen auf den Vertrieb der *Gleichheit* bekamen, und die ordentlichen Mitgliederbeiträge (in Form von Coupons im Wert von 5 Pfennig, wovon 2 an die Zentralvertrauensperson abgeführt wurden und 3 der örtlichen Agitation verblieben). In den Ländern, wo den Frauen die Teilnahme an politischen Vereinen erlaubt war, gingen ihre Beiträge allerdings direkt an die Parteikasse. Dabei bemühten sich die Genossinnen, wann und wo es ging, der Zentral-Vertrauensperson zusätzlich Gelder zukommen zu lassen.

Diese Autonomie von Zuschüssen der Gesamtpartei war ein förderndes Moment für das Selbstbewußtsein der jungen Bewegung. Sie war die Grundlage für selbständiges Handeln der Genossinnen und wurde auch dann noch bewußt und explizit gewahrt, als es angesichts der Erfolge der Bewegung durch entsprechenden Druck auf die Parteiinstanzen ohne weiteres gelungen wäre, eine finanzielle Unterstützung zu erhalten.

Nach Absprache mit den Genossinnen berief Ottilie Baader die nächste Frauenkonferenz auf 1902 kurz vor dem Münchner Parteitag ein. Im Rahmen der Diskussionen um den Arbeiterinnenschutz beschäftigte man sich auch mit der Institutionalisierung der Beschwerdekommissionen und der Heimarbeit. Im Zentrum der Erörterungen um den weiteren Aufbau der Organisation stand jedoch die Frage nach einer ausreichenden Zahl gut geschulter Agitatorinnen.

Die Schulungsinstanzen der Genossinnen

Die Bildungs- und Schulungsarbeit der Genossinnen konzentrierte sich auf die Bildungsvereine und die Lese- und Diskussionsabende. Diese hatten bereits Mitte der 90er Jahre Anlaß zu Diskussionen gegeben, die nie so recht verstummt waren und daher auf der Mainzer Frauenkonferenz wiederum zur Sprache gebracht wurden. Eine Klärung der Funktion der Bildungsvereine war um so dringender, als Ende der 90er Jahre in vielen Städten, darunter Berlin, erneut Bildungsvereine ins Leben gerufen wurden und sie zudem in Ländern mit reaktionärer Vereinsgesetzgebung die einzig mögliche Organisationsform für Hausfrauen darstellten.

Die Berichte der Delegierten zeigten, daß die Erfahrungen mit den Bildungsvereinen sehr unterschiedlich und widersprüchlich waren. Einige Vereine sahen ihre Aufgabe vor allem darin, das Kultur- und Bildungsdefizit der proletarischen Frauen zu kompensieren. Sie organisierten Vorträge, Kunstabende, Besuche von Wohlfahrtsanstalten und wissenschaftlichen Instituten. Die Vorträge behandelten meist Fragen der Sozialpolitik und sozialen Geschichte bzw. Gebiete der Kunst,

Literatur und allgemeinen Wissenschaft. In anderen Vereinen wurden insbesondere frauenspezifische Themen gepflegt, wie z. B. auf den Düsseldorfer Frauenversammlungen, wo über Kindererziehung, allgemeine politische Themen wie das Verhältnis von Religion und Sozialismus und über die Entwicklung der Frauenbewegung in Deutschland berichtet wurde – Themen wie Schutzsteuer, Zölle, Militarismus u. a. blieben jedoch ausgeklammert. Wieder andere Vereine kümmerten vor sich hin, hatten keine geeignete Leitung oder verwandelten sich in ›Klatsch- und Zankvereine‹; daneben gab es jedoch auch so vorbildliche Einrichtungen wie den sozialistischen (Schulungs-)Verein in Leipzig, der von Käte Duncker geleitet wurde.[1]

Bei der Mehrheit der Delegierten hatte sich indessen die Meinung durchgesetzt, daß auf die Bildungsvereine aus agitatorischen und praktisch-organisatorischen Überlegungen heraus nicht mehr verzichtet werden konnte. Auch frühere Gegner hatten sich zu dieser Ansicht durchgerungen:

»Vor einigen Jahren war ich noch kein Freund solcher Vereine, aus Gründen, die hier nicht erörtert werden brauchen. Ich habe jedoch an den verschiedenen Orten gesehen, wo seitdem solche Organisationen ins Leben gerufen worden sind, daß dieselben sehr wohl segensreich wirken können, sintemalen die meisten Frauen, selbst wenn sie durch das Vereinsgesetz nicht behindert sind, sich den politischen Organisationen der Männer anzuschließen, sich doch mit ihren Anschauungen in den politischen Kreisen nicht hervortrauen. Wer jedoch schwimmen lernen will, muß bekanntlich ins Wasser gehen. Haben die Frauen erst dort, wo sie sich unter sich wissen, in ihren eigenen Vereinen gelernt, ihren Gedanken Ausdruck zu geben, so wird sich auch allmählich die ihnen anhaftende Scheu in den allgemeinen Organisationen verlieren.«[2]

Die Konferenzteilnehmer einigten sich schließlich darauf, den Bildungsvereinen als unpolitischen Ersatzorganisationen ihre Sympathie auszusprechen, ›an solchen Orten, wo die Kräfte für die Leitung vorhanden sind‹, und bezeichneten ihre Aufgabe als erfüllt, sofern sie ›durch Belehrung erreichen, daß die Hausfrauen besser aufgeklärte Kindererzieherinnen werden und ... das Solidaritätsgefühl der Frauen wecken‹. Als Ansatzpunkte für eine besondere Massenorganisation der proletarischen Frauen gewannen die Bildungsvereine in der Folgezeit rasch an Bedeutung, und auch ihre inhaltliche Arbeit wurde systematisiert und verbessert.[3] In einzelnen Orten übernahmen die Bildungsvereine zusätzlich Aufgaben im Bereich der Jugendarbeit, wie in Berlin, wo der Bildungsverein eine Jugendorganisation für Mädchen gründete, die teils belehrende, teils unterhaltende Funktionen hatte.

Der Übergang von den Bildungsvereinen zu den Schulungseinrichtungen für Agitatorinnen im engeren Sinn, den Lese- und Diskussionsabenden, war fließend. Grundsätzlich waren die Leseabende für solche Frauen bestimmt, die bereits in die sozialdemokratische Bewegung integriert waren und die nun speziell für eine Tätigkeit als Agitatorin und Rednerin ausgebildet werden sollten.

Die proletarische Frauenbewegung hatte den Mangel an geschulten Genossinnen durch ihre rasche Entwicklung nach 1900 empfindlich zu spüren bekommen. An einigen Orten versuchten daher die Genossinnen zur Selbsthilfe systematische Kurse im Aufbau und Halten von Vorträgen durchzuführen.

»In Hamburg haben wir nun einen Kreis von Frauen gebildet, mit denen wir das Programm in allen Einzelheiten besprochen und das Knochengerüst von Vorträgen entworfen haben, zu dem die Frauen dann das Fleisch hinzuthun mußten. So haben wir die Schüchternheit der Frauen überwunden und die Freude erlebt, daß jüngst eine Arbeiterin öffentlich einen Vortrag über die indirekten Steuern gehalten hat. So sollte es allenthalben geschehen, dann werden wir weiterkommen.«[4]

Ähnliche Erfahrungen wurden auch in der Werkstubenagitation gemacht. Ihr erklärtes Ziel war, in allen größeren Betrieben Vertrauenspersonen wählen zu lassen, die in Zusammenarbeit mit den lokalen Vertrauenspersonen unter den Arbeiterinnen agitieren sollten. Dabei kam auch die Frage der Zusammenarbeit mit bürgerlichen Frauen erneut zur Sprache. Verschiedentlich hatten Genossinnen bürgerliche Frauen gebeten, auf Versammlungen und in Werkstätten zu sprechen. Dabei hatte sich wiederholt das Problem ergeben, daß diese an den proletarischen Frauen vorbeidozierten bzw. Forderungen erhoben, die den Intentionen der Genossinnen diametral entgegengesetzt waren, wie etwa in Hamburg, wo eine Dame den jungen Schneiderinnen empfahl, Dienstmädchen zu werden. Dieser und ähnliche Vorfälle führten dazu, daß man von solchen Experimenten zunehmend Abstand nahm. Statt dessen versuchte die Zentral-

Vertrauensperson über Zirkulare Vorschläge und Anregungen für die praktische Arbeit und die Strukturierung der Lese- und Diskussionsabende zu verbreiten.

Obwohl es nie richtig gelang, den Lese- und Diskussionsabenden ein einheitliches Konzept zu geben, entwickelten sie sich in wenigen Jahren zu einem festen Bestandteil der proletarischen Frauenbewegung. Wenn sie den großen Bedarf an Agitatorinnen auch nie voll abdecken konnten, so sorgten sie doch für einen wachsenden Stamm an geschulten Rednerinnen.

Dabei waren die Vertreterinnen der offiziellen Frauenemanzipationstheorie – allen voran Clara Zetkin – sehr daran interessiert, daß die Schulung der Agitatorinnen über den handwerklichen Aspekt der Rednerinnenkunst hinaus mit einer entsprechenden sozialistischen Erziehung verbunden wurde. An der Bildungskonzeption ›keine revolutionäre Praxis ohne revolutionäre Theorie‹ hielten sie auch dann noch fest, als die Tagesfragen und -forderungen sich in den Vordergrund der praktischen Arbeit der proletarischen Frauenbewegung gedrängt hatten, und sie verteidigten dieses Konzept auch gegen die Argumentation, daß aus ›Rücksicht‹ auf die erschwerten Lehr- und Lernbedingungen von Arbeiterinnen und Arbeiterfrauen eine theoretische Schulung ganz zu unterbleiben habe.

Da jedoch die Strukturierung der Lese- und Diskussionsabende weitgehend den lokalen Vereinen überlassen blieb, hing es im wesentlichen von deren Politik und Leiterinnen ab, ob eine theoretische Schulung stattfand und in welche politische Richtung sie letztendlich zielte. Da in den Lese- und Diskussionsabenden häufig mit Sekundärliteratur zu den sozialistischen Theoretikern gearbeitet wurde und sich unter den Autoren der Broschüren und Artikel, auf die man sich dabei stützte, viele Reformistinnen befanden (z. B. Lily Braun, Wally Zepler, Henriette Fürth), waren die ideologischen Resultate der Bildungsarbeit keineswegs einheitlich oder gar strikt marxistisch. Dieser Umstand ist vielmehr als Ausgangsbasis für die reformistischen Strömungen in der Frauenbewegung festzuhalten.

›Ruhiges und stetiges Weiterschreiten. Kleinarbeit‹, so zeichnet Ottilie Baader in ihren Lebenserinnerungen das Bild dieser Jahre. Obwohl in einigen Ländern, vor allem im Süden (Hessen, Baden und Württemberg), die Erfolge noch auf sich warten ließen, konnten die Einrichtungen der Frauenbewegung allgemein verfeinert werden, und es gelang sogar, ins Rheinland, eine Domäne des Klerikalismus, und nach Ostpreußen, ins ›Land der Junker und schlechten Schulen‹, vorzudringen.

Die punktuelle und sporadische Beteiligung der Frauen an den Wahlkämpfen (vgl. den Wahlkampf von 1893) erhielt in dieser Zeit eine neue und massenwirksame Form. Die Reichstagswahlen von 1903 gewannen dabei eine zukunftsweisende Bedeutung. In der Arbeiterpresse war auf den gesetzlichen Freiraum hingewiesen worden, der es den Frauen in der Zeit von der Ausschreibung der Wahlen bis zur Beendigung der Stichwahlen erlaubte, Wahlvereine zu gründen und in solchen tätig zu sein (§21). Ottilie Baader erließ einen Aufruf an die Vertrauenspersonen, der die Genossinnen dazu aufforderte, und wenig später wurden die ersten Wahlvereine für Frauen gegründet.

Einer der ersten war der ›Sozialdemokratische Wahlverein der Frauen für Berlin und Umgegend‹ (20. April 1903), der in kurzer Zeit beinahe 1000 Mitglieder zählte; wenig später gründeten die Genossinnen in Altona einen Wahlverein mit 104 Mitgliedern, und in Teltow-Beeskow-Charlottenburg wurde ebenfalls ein Versuch (450 Mitglieder) unternommen, der allerdings der Polizei zum Opfer fiel. Auch in den Orten, wo es nicht zur Gründung von eigentlichen Wahlvereinen kam, waren die sozialdemokratischen Frauen oft wochen- und monatelang auf den Beinen, um für die sozialdemokratischen Kandidaten zu werben. In einigen Städten, darunter Hamburg, hatten sie außerdem gegen die bürgerlichen Frauen zu kämpfen, die sich für die liberalen bürgerlichen Kandidaten engagierten. Die Genossinnen führten so Hunderte von Versammlungen im ganzen Reich durch; rührige Agitatorinnen wie Luise Zietz und Wilhelmine Kähler hielten täglich eine oder mehrere Reden, die sie unter allen Bedingungen überallhin führten.

»Unter welchen Schwierigkeiten das zuweilen geschah, zeigt der Bericht über eine Agitationstour auf Tod und Leben der Genossin Kähler im sächsischen Erzgebirge. Ihr Fuhrwerk hatte sich in einer drei Meter hohen Schneemauer vollständig festgefahren. Unter schrecklichem Schneesturm gelang es ein paar Bauern mit größter Mühe, die Pferde aus dem Schnee herauszuholen. Nach weiteren Anstrengungen wurde auch die Genossin Kähler befreit. Nachdem sie sich in einem Hause etwas getrocknet und erwärmt hatte, setzte sie mit zwei Genossen aus Annaberg den Weg zu Fuß fort durch tiefe Schneewehen und über Glatteisflächen. Im Schneegestöber waren die Augen kaum offen zu halten. Nach einer halben Stunde Erholung sprach dann die tapfere Frau in Königswalde zu der großen Versammlung.«[1]

Die Agitationstouren wurden durch Zirkulare unterstützt und von Flugblättern vorbereitet. Die Genossinnen verteilten ein Flugblatt in Broschürenform über die ›Pflichten und Stellungnahmen der Frauen und Mädchen des werktätigen Volkes bei den Reichstagswahlen 1903‹ in 30000 Exemplaren. In den Versammlungen selber wurde zugleich auch für das Vereins- und Versammlungsrecht, für Verkürzung der Arbeitszeit und den gesetzlichen Kinderschutz eingetreten.

Die Wahlkampagne von 1903 wurde zu einem großen Erfolg für die proletarische Frauenbewegung. Es wurden 122 Kandidaten zur Stichwahl durchgeboxt, von denen 56 Mandate errangen, und die Frauen konnten sogar noch 200 Mark zum Wahlfonds der Partei beisteuern. Selbst die Genossen, die in vielen Wahlkomitees mit den Frauen zusammengearbeitet hatten, sprachen ihnen ihre Anerkennung für die geleistete Arbeit aus. Unter der Devise ›Können wir nicht wählen, so können wir doch wühlen!‹ beteiligten sich die Genossinnen hinfort an allen Wahlkämpfen der Partei.

Durch diese Entwicklung wurde das Kampfpotential der Frauenbewegung, das ohnehin durch Mangel an Geld und Agitatorinnen knapp bemessen war, in steigendem Maße in der Wahlarbeit gebunden. Hier entstand bald ein potentielles Konfliktfeld zwischen den Interessen der Frauenbewegung, die im Rahmen der Wahlagitation nicht abgedeckt werden konnten, und dem Parteiinteresse an fleißigen Helferinnen im Wahlkampf. In der Propagierung des Frauenwahlrechts konnten die Genossinnen diesen Widerspruch auffangen.

Das Engagement der Frauen im kommunalen Bereich gewann in diesen Jahren ebenfalls an Bedeutung. In Mannheim und Offenburg setzten die Sozialdemokraten ein Ortsstatut durch, das die Wahl von weiblichen Mitgliedern in die städtischen Kommissionen für die Armenpflege und die Volksschule vorsah, und bereits beim ersten Wahlgang wurden einige Genossinnen gewählt. Auf die Tätigkeit im kommunalen Bereich zielte auch die Resolution zum Kinderschutz, die von der Bremer Frauenkonferenz 1904 angenommen wurde und zur sukzessiven Gründung von Kinderschutzkommissionen in allen größeren Städten führte. Diese hatten – neben der vereinzelten Gründung eigener Kindergärten auf genossenschaftlicher Basis – vor allem die Aufgabe, die Einhaltung der Kinderschutzgesetze zu überwachen. Eine eigene organisatorische Bedeutung gewannen die Kommissionen jedoch erst in den Jahren vor dem Ersten Weltkrieg, als sie, vom lokalen Parteibüro finanziert, begannen, systematisch Kinderspeisungen und Schularbeitsaufsichten durchzuführen.

Diese Einrichtungen, die an unmittelbare und alltägliche Bedürfnisse und Notwendigkeiten anknüpften, gaben nun auch den Hausfrauen, die der Bewegung bislang noch ferngeblieben waren, die Möglichkeit, an der politischen Arbeit teilzunehmen. Sie können darüber hinaus als Vorbereitung oder erster Versuch zu einer vergesellschafteten Erziehung betrachtet werden.

Die Agitation für die wirtschaftliche Organisation der Arbeiterinnen wurde indessen nicht vernachlässigt, wenn die Erfolge in diesem Bereich auch noch zu wünschen übrigließen. Um systematischer und einheitlicher vorgehen zu können, hatten die Gewerkschafterinnen gegen den Widerstand vieler Kollegen, die sich gegen diese ›Nebenregierung‹ wandten, eine eigene gewerkschaftliche Frauen-Agitationskommission eingerichtet. Ihre Leiterin war Ida Altmann, die mit Carl Legiens kräftiger Unterstützung 1905 als besoldete Sekretärin (halbtags!) angestellt worden war und ihre Aufgaben mit viel Initiative und Sachverstand erfüllte. Dabei bemühte man sich zunehmend auch um die Agitation unter den Heimarbeiterinnen, also die Gruppe von Frauen, die am schutzlosesten und nachhaltigsten der Willkür der einzelnen Unternehmer ausgeliefert war.

Einen weiteren agitatorischen Schwerpunkt bildete der Kampf um den Zehnstundentag. In Gera, Elberfeld und einigen anderen Orten konnte er bald nach der Jahrhundertwende durchgesetzt werden, in anderen Gegenden wurden solche

Eine Gruppe kämpfender Textilarbeiterinnen

Ansätze der Arbeiterschaft jedoch brutal niedergeschlagen. Einer der größten Konflikte dieser Zeit war der ›Zehnstundenkampf‹ der Crimmitschauer Textilarbeiter im Jahr 1903.

Der Streik der Crimmitschauer Textilarbeiterinnen und -arbeiter für den Zehnstundentag stand monatelang im Brennpunkt des Interesses und der Unterstützung der SPD[2] und erweckte selbst in bürgerlichen Kreisen Aufsehen und Sympathie. Nicht nur das Ausmaß des Kampfes – es beteiligten sich fast 6000 Arbeiter – und seine soziale Zusammensetzung – über die Hälfte waren Frauen – brachten ihm die ideelle und materielle Unterstützung breiter Bevölkerungsgruppen ein, sondern vor allem die Einmütigkeit, Beharrlichkeit und Friedfertigkeit, mit der er trotz polizeilicher Schikanen geführt wurde. Nach monatelangen schweren Kämpfen entschied sich dann die Streikleitung, den Streik abzubrechen, nicht aus Kampfesmüdigkeit, wie *Die Gleichheit* kritisch vermerkte, sondern aus ›höherer Einsicht und Rücksicht auf die Allgemeininteressen des Industriebezirkes‹.

Diese Entscheidung der Streikleitung zeigt beispielhaft die Diskrepanz auf, die zwischen dem Basisinteresse und -willen einerseits und andererseits den Entscheidungen und Handlungen derjenigen Institutionen entstanden, die ursprünglich zur

Realisierung des Basisinteresses eingesetzt worden waren. Das Problem der Verselbständigung der Führung von der Basis in der Arbeiterbewegung, hier vor allem der SPD, und seine Bedeutung für die Entwicklung der proletarischen Frauenbewegung werden im folgenden als Frage der inneren Demokratie diskutiert.

Mitglieder des Crimmitschauer Streikkomitees

Exkurs: Der Abbau der innerparteilichen Demokratie und seine Bedeutung für die Entwicklung der proletarischen Frauenbewegung

Die innere Demokratie der SPD, d. h. die Identität der Interessen von Führung und Basis und die Beteiligung der Mitgliedschaft an allen wichtigen Entscheidungsprozessen, war durch die traditionell bürgerliche Form der sozialdemokratischen Vereinsstruktur, die darin enthaltene Kommunikationsverzerrung und die Verselbständigung der Reichtagsfraktion grundsätzlich in Frage gestellt. Dabei zeichneten sich die Presse wie die Diskussionen auf Parteitagen und in Versammlungen zunächst durch einen erstaunlichen Grad von Offenheit und Freizügigkeit gegenüber den verschiedensten politischen Richtungen aus.

Nach außen wurde an dieser demokratischen Selbstdarstellung zunächst kaum etwas geändert. Im Bereich der realen Machtverhältnisse hatten sich jedoch – im Spannungsfeld von

Gewerkschaften, Parteivorstand und Reichstagsfraktion – wichtige Verschiebungen ergeben.

Im Kielwasser der Gewerkschaftsbewegung, die sich von einer potentiellen Kampforganisation zu einer an Mitgliederzuwachs orientierten Unterstützungsorganisation unter manifestem Erfolgszwang entwickelt hatte, machte die SPD einen Prozeß der Hierarchisierung und Bürokratisierung durch. Dabei – wurden die in ihr angelegten Momente zur demokratischen Willensbildung immer mehr zurückgedrängt, und die Partei wurde schließlich zu der rationalen und effektiven Organisation, als die sie in der internationalen Arbeiterbewegung bewundert und fast gefürchtet wurde.

Der Übergang von einer lockeren Organisationsform, bei der die einzelnen Lokalvereine über einen hohen Grad von Autonomie verfügten, zu einer zentralisierten Partei wird allgemein in den Jahren 1906–1909 angesiedelt. Die Konzentration auf die Wahlen und den Aufbau einer konkurrenzfähigen Wahlmaschinerie bildeten den eigentlichen Hintergrund für diese Umstrukturierung, als deren Folgen (nicht Ursachen!) die Herausbildung der Bürokratie und eines Funktionärapparates zu sehen sind.

Neben der Stärkung reformistischer Politik, welche sich aus der Schwerpunktsetzung für die Wahlarbeit ergab und die durch eine entsprechende Selektion der Funktionäre verstärkt wurde, kam bald die Tendenz bürokratischer Apparate zum Tragen, sich zu verselbständigen und gegen Veränderungsbemühungen von der Basis mit Druck von oben zu reagieren. Da die Ansätze zur Veränderung der praktischen Parteiarbeit ausschließlich von linken und radikalen Strömungen in der Partei ausgingen, die der Apparat folgerichtig zu integrieren suchte, bereitete er auch auf dieser Ebene reformistischen Tendenzen den Weg. Ein gutes Beispiel für einen solchen Integrationsprozeß bietet die Jugendbewegung. In den Jahren 1904 bis 1906 waren an vielen Orten, meist ganz spontan, Jugendgruppen entstanden. Durch ihre Lebensbedingungen und ihre politische Rechtlosigkeit zur illegalen politischen Arbeit gezwungen, waren sie prädestiniert für eine radikale Politik. Auch im Süden, unter den freieren vereinsgesetzlichen Bedingungen, wuchs die Jugendbewegung unter der Leitung von Dr. Ludwig Frank zu einer kampfbereiten Organisation mit konsequent antimilitaristischem Kurs heran. Sie wurde von der Frauenbewegung und insbesondere von Clara Zetkin und Karl Liebknecht, die sich von einer selbständigen Jugendbewegung eine Belebung und Dynamisierung der Partei erhofften, nach Kräften unterstützt. Diese Entwicklung rief jedoch die Parteiväter auf den Plan, welche eine eigenständige Jugendbewegung ablehnten, und in den *Sozialistischen Monatsheften* und vor allem aus den Gewerkschaftskreisen wurde die sofortige Auflösung oder Integration der Jugendorganisationen verlangt, ›bevor ein Schaden entsteht‹. Vereinsgesetzliche Komplikationen und deren geschicktes Ausnutzen durch die Parteileitung ermöglichten es, der Bewegung der Jugend zwischen 1906 und 1908 die Spitze abzubrechen und sie unter die Kontrolle der lokalen Vereine zu bringen.[1]

Ein Abbau der innerparteilichen Demokratie läßt sich an einer ganzen Reihe offizieller und inoffizieller Veränderungen festmachen, die allerdings erst als Ganzes betrachtet ihre eigentliche Bedeutungsdimension erhalten: Anträge an den Parteitag konnten ab 1912 nicht mehr von einzelnen Mitgliedern, sondern nur noch von Delegierten und Grundorganisationen eingebracht werden; in der Parteipresse wurden einzelne mißliebige Artikel (z. B. von Kautsky 1909 und Luxemburg 1910) nicht abgedruckt; in der Massenstreikdebatte wurde gar auf Druck von Gewerkschaftsseite die Erörterung dieser Fragestellung verboten – solange sie praktisch aktuell war: die Redaktion des *Vorwärts* z. B. strich in dieser Zeit aus den Versammlungsberichten solche Sätze, Passagen und Teilnehmerreaktionen, die sich für die Massenstreiks erklärten. – Auf Parteitagen wurde verschiedentlich versucht, Kritik an der Reichstagsfraktion zu unterbinden, vor allem jedoch büßte der Parteitag selber gegenüber dem Vorstand und der Reichstagsfraktion immer mehr an praktischer und politischer Bedeutung ein, da die eigentlichen Entscheidungen zunehmend in inoffiziellen und zum Teil geheimen Absprachen zwischen Parteivorstand und Gewerkschaftsführung gefällt wurden. Im Rahmen dieser Entwicklung degenerierten auch die sozialdemokratischen Demonstrationen von Agitations- und Kampfinstrumenten zu beinahe institutionellen Arrangements der Sozialdemokratie mit der Polizei, und ihre politische Durchschlagskraft wurde soweit reduziert, daß 1914 ein bayrischer Abgeordneter über die Antikriegskundgebungen der SPD berichten konnte, sie hätte ›pflichtgemäß demonstriert‹.

Die Frage, ob und wie diese antidemokratischen Tendenzen in die proletarische Frauenbewegung eindrangen, kann nur ansatzweise beantwortet werden. Bereits in der Diskussion um den politischen Charakter der Frauenbewegung waren einige Hinweise aufgetaucht, die in diesem Zusammenhang von Relevanz sind. Ich denke hier beispielsweise an das Publikationsverbot für bestimmte Reformistinnen in der *Gleichheit* und an die Ansätze zu einer verselbständigten Entscheidungspolitik der Berliner Führerinnen. Dabei hatte sich die Frage gestellt, ob die offizielle Selbstdarstellung der proletarischen Frauenbewegung in der *Gleichheit* und auf den Frauenkonferenzen analog zur Entwicklung der Partei und des Parteitages ebenfalls einen Bedeutungsverlust durchmachte.

Ein solcher Vergleich läßt sich jedoch nur begrenzt ziehen. Zwar gab es unterhalb der offiziellen Darstellungsebene differenzierte politische Strömungen in der Frauenbewegung, die Frauenkonferenzen behielten jedoch eine wesentlich stärkere praktische Bedeutung als die Parteitage. Sie waren Ausdruck der Stärke und Selbständigkeit der Bewegung und ein Indikator für die realen politischen Machtverhältnisse in der Frauenbewegung. Entscheidend war jedoch, daß die Frauenkonferenzen nicht nur eine Meinungsplattform, sondern zugleich ein Kampfmittel waren, das der Frauenbewegung Ziel und Richtung sowie den nötigen Rückhalt für den Kampf der Frauen um Einfluß und gleichberechtigte Aufnahme in die Partei gab.

Gesteht man den Frauenkonferenzen diesen Charakter eines Kampfinstrumentes der offiziellen Frauenemanzipationstheorie zu, so erhalten die Auseinandersetzungen um Aufwand und Nutzen der Frauenkonferenzen, die zwischen Reformistinnen und ›Linken‹ in der Frauenbewegung einerseits sowie zwischen den leitenden Genossinnen und der Gesamtpartei andererseits geführt wurden, über den vordergründigen pragmatischen Aspekt hinaus eine weitere, sehr politische Dimension. Die massive Kritik an den Frauenkonferenzen, über die uns schon ab 1904 Dokumente vorliegen,[2] der steigende Widerstand der Parteiführung gegen ihre regelmäßige Einberufung und der allgemeine Trend, sie zugunsten von Besprechungen auf Landes- oder Bezirksebene ganz aufzulösen, erweisen sich als ein Versuch, der radikalen Strömung in der Frauenbewegung eine wichtige Plattform und praktisches Einflußmittel zu entreißen.

Erst im Rahmen dieses stets latenten politischen Machtkampfes werden die Hintergründe für einige Handlungen der Berliner Führerinnen und Clara Zetkins deutlich, bei denen eine demokratische Willensbildung nicht in dem nötigen Umfang erfolgt war und die z. T. direkt als Vorgriffe auf Entscheidungen der Basis und der Frauenkonferenz bezeichnet werden können. Dazu gehören z. B. die Entscheidung über die Beschikkung des Internationalen Sozialistenkongresses in Amsterdam (1904) und die Anstellung von Ottilie Baader. Während in der ersten Frage nicht näher zu analysierende Kommunikationsprobleme und z. T. auch mangelndes Reaktionsvermögen seitens der lokalen Vertrauensperson einen wichtigen Anteil an den Differenzen hatten, wurde in der Frage der Anstellung einer besoldeten Zentral-Vertrauensperson ganz offensichtlich von den demokratischen Grundprinzipien der Bewegung abgewichen, und selbst nach Clara Zetkins Erklärung in dieser Frage bleibt ein ungenügend geklärter Restbestand.

Es gibt jedoch nur sehr wenige Hinweise auf solche Diskrepanzen. Dies könnte daran liegen, daß die entsprechenden Informationen verlorengegangen sind; wichtiger scheint mir allerdings der Umstand zu sein, daß die Interessendiskrepanz zwischen Führerinnen und Basis durch das weitgehende Fehlen amtlicher Funktionäre und eines bürokratischen Apparates nicht in dem Ausmaß belastet war wie in der Gesamtpartei.

Dies hing zunächst mit den äußeren organisatiorischen Umständen der proletarischen Frauenbewegung zusammen, mit ihrer vereinsgesetzlich bedingt lockeren Organisationsstruktur und der Tatsache, daß der Aufstieg in die Parteihierarchie den Frauen verschlossen blieb. Dazu kam noch die Geldknappheit der Frauenbewegung, die bis 1908 (dann wurde die Kasse der Genossinnen in die allgemeine Parteikasse übergeführt) eine Rolle spielte. Wie die Lebensberichte im I. Teil gezeigt haben, erschwerten die soziale Stellung der Frauen und ihre Verpflichtungen in Haus und Familie ebenfalls ein in vollem Umfang professionelles Engagement in der Bewegung. Dazu gesellte sich ein Anspruch, der – wie in vielen jungen Organisationen – auch in der frühen deutschen Arbeiterbewegung bestanden hatte und nun ebenfalls von der Frauenbewegung erhoben wurde: die Überzeugung, daß die Arbeit für die Organisation ›von aller Selbstsucht und Eigenliebe frei‹ sein müsse und nicht mit (besoldeter) Berufsarbeit identisch sein dürfe. Neben den wenigen Konzessionen, die von den Genossinnen nach langen Diskussionen in dieser Frage gemacht wurden, blieb die Arbeit in der Frauenbewegung grundsätzlich in den Händen ehrenamtlich Beauftragter, wenn auch gerade von reformistischer Seite immer wieder Anstöße zur Veränderung dieser Praxis gegeben wurden.

Die Struktur der Frauenbewegung enthielt also bereits eine gewisse Resistenz gegenüber Verselbständigungsprozessen der Führung, und im System der örtlichen Vertrauenspersonen war ein starker Praxisbezug verankert. Dieser war ein Bestandteil der an Massenbeteiligung ausgerichteten Politik der leitenden Genossinnen, und wenn von diesem Prinzip abgewichen und Entscheidungen über die Köpfe der Betroffenen hinweg gefällt wurden, so geschah dies nicht ohne sehr heftige Proteste von der Basis, und zwar gleichgültig, von welcher politischen Position aus der ›Fehltritt‹ erfolgt war. Es bleibt jedoch festzuhalten, daß solche Proteste – vor allem nach 1910 – keine praktischen oder organisatorischen Konsequenzen hatten.

Man kann also sagen, daß die Entdemokratisierungsmomente, die in der Partei wirksam waren, auf einige Bereiche der Frauenbewegung übergriffen. Es gelang ihnen jedoch auch nach dem organisatorischen Zusammenschluß nicht, die Frauenbewegung in analog wirksamer Weise zu durchsetzen, da diese organisationsstrukturell auf Basisbeteiligung beruhte und sich ein gewisses Ausmaß von selbständiger Entscheidungs- und Handlungskompetenz von der Gesamtpartei zu wahren wußte.

Die Auseinandersetzungen um den Charakter der ›Gleichheit‹

Neben den Bildungsvereinen und den Frauenkonferenzen war vor allem *Die Gleichheit* Gegenstand und Ziel einer ganzen Reihe von politischen Anschlägen und Erörterungen. *Die Gleichheit* war von Clara Zetkin als Organ der klassenbewußten Proletarierin gegründet worden, und ihre politische Konzeption fußte auf der offiziellen Frauenemanzipationstheorie. Die drei Hauptprämissen ihrer publizistischen Tätigkeit waren daher die Ausrichtung auf den Klassenkampf (als Mittel zur Erringung des sozialistischen Zukunftsstaates), auf den gemeinsamen Kampf und die Organisation der Frauen in der allgemeinen Arbeiterbewegung (als Vorbedingung eines erfolgreichen Klassenkampfes) und auf die Abgrenzung gegenüber der bürgerlichen Frauenbewegung (um die obengenannten Ziele nicht zu verwischen). An dieser Konzeption hielt die Redaktion der *Gleichheit* fest.

Während der ersten fünfzehn Jahre ihres Erscheinens richtete sich *Die Gleichheit* an die politisch bewußte Proletarierin:

»Eine Zeitung wie *Die Gleichheit* kann keine Bewegung ins Leben rufen, sie kann nur eins tun, sie kann innerhalb der Bewegung schulend und fördernd wirken, und das hat die *Gleichheit* getan. *Die Gleichheit* hat als Hauptziel verfolgt, die Genossinnen, die im Vordertreffen des Kampfes stehen, prinzipiell klar auf den Boden der Sozialdemokratie zu stellen und sie nicht von der bürgerlichen Frauenrechtlerei durchseuchen zu lassen, und diese Aufgabe hat *Die Gleichheit* erfüllt.«[1]

Wie in den Diskussionen über die Arbeiterpresse überhaupt, so stellte sich Clara Zetkin auch bezüglich der *Gleichheit* auf den Standpunkt, daß man den Inhalt der Parteizeitungen nicht an die z. T. noch sehr geringen Ansprüche vieler Leser anpassen dürfe, sondern diese im Gegenteil aufgreifen und verändern müsse.

»Nichts scheint mir gefährlicher, als daß man hingeht und unsere Ideen in oberflächlicher und schiefer Weise vertritt (... durch die populäre leichte Form, durch das Witzwort, durch Schlager ...) Nicht den Proletarier mundtot machen, heißt es, wenn man an den Inhalt große Ansprüche stellt, im Gegenteil: der Proletarier, der für seine Fortbildung ein großes Maß von Energie, von Hingebung, von Begabung aufwendet, verdient alle Hochachtung, alle Anerkennung und vor allem alle Unterstützung und Förderung... Gerade für die noch unaufgeklärten Massen des Proletariats ist das Allerbeste gerade gut genug.«[2]

Wie bei der Schulung der Agitatorinnen, so hielten die Vertreterinnen der offiziellen Frauenemanzipationstheorie auch in der Pressefrage an der Notwendigkeit und Bedeutung der Theorie fest, und Clara Zetkin verwirklichte diese Forderung in der *Gleichheit* in der bereits geschilderten Form: Als immanente Untermauerung und Vermittlung aller Artikel und Berichte, Nachrufe und Aufrufe mit den wesentlichen Grundsätzen und Forderungen der Sozialdemokratie. Sie verteidigte diese Konzeption sowohl gegen den Plan, eine besondere populäre Frauenzeitschrift herauszugeben, wie auch gegen Vorschläge zur Popularisierung der *Gleichheit* selber.[3]

In der journalistischen Praxis der *Gleichheit* wurde allerdings keine derart scharfe Trennung zwischen der Schulung der Führerinnen und der Agitation unter den Massen gezogen, wie es die kontroversen Diskussionen auf den Parteitagen anzudeuten scheinen. Zu einem erfolgreichen Vehikel der Agitation hatte sie nur durch eine breitenwirksame inhaltliche Ausgestaltung werden können: Neben den theoretisch schulenden und praktisch anleitenden Artikeln für die aktiven Genossinnen enthielt jede Nummer der *Gleichheit* mindestens einen ›einfachen, schlichten Artikel... der zur Agitation unter den Arbeiterinnen bestimmt‹ war.

Die Entwicklung der Frauenbewegung zur Massenbewegung nach 1900 wirkte sich dabei auch auf den konzeptionellen Rahmen der *Gleichheit* aus. In einer Pressedebatte auf der Bremer Frauenkonferenz 1904, wo in diversen Anträgen und Zuschriften um den Charakter der *Gleichheit* gefochten wurde, erklärte sich Clara Zetkin dazu bereit, der *Gleichheit* in Zukunft monatlich eine Beilage hinzuzufügen, die sich mit Erziehungsfragen und anderen Problemen der Frau als Hausfrau und Mutter befaßte. Die finanzielle Konsolidierung der *Gleichheit* – sie hatte sich inzwischen aus dem Defizit herausgearbeitet – erlaubte es, ihren Umfang zum alten Preis (vierteljährlich ohne Bestellgeld für 55 Pfennige) zu verdoppeln, und ab Januar 1905 enthielt jede Nummer zwei Beilagen, von denen die eine sich, wie angekündigt, an die Interessen der Hausfrauen und Mütter wandte, während die andere im wesentlichen Jugendliteratur enthielt, die die Kinder zum Klassenkampf hinführen sollte. Damit hatte *Die Gleichheit* inhaltlich den Schritt zum Massenorgan vollzogen, ohne ihren grundlegenden politischen Anspruch aufzugeben. August Bebel schrieb die einleitenden Worte für die erste Nummer der ›neuen‹ *Gleichheit*, und sie fand einen breiten positiven Widerhall in der Bewegung.

Wenn die Kritik an der *Gleichheit* dennoch mit z. T. ganz ähnlichen Argumenten weitergeführt wurde, so war dies zunehmend im Kontext der Entfaltung der politischen Widersprüche in der Arbeiterbewegung zu sehen. Daß *Die Gleichheit* ihren politischen Charakter tatsächlich nicht verändert hatte, erkennt man auch daran, daß ihre ›prinzipientreue‹ Position sie in einigen Teilen der Arbeiterbewegung zusehends unbeliebt machte.

Dies kam auf dem Hamburger Gewerkschaftskongreß 1908 ganz deutlich zum Ausdruck, wo Carl Legien sich für eine eigene gewerkschaftliche Frauenzeitung aussprach. In seiner Begründung betonte Legien die Unterschiede zwischen der politischen und der gewerkschaftlichen Bewegung und leitete daraus die Forderung nach einer zweiten, rein gewerkschaftlichen Frauenzeitung ab. Legiens Argumentation deutet angesichts der Zurückdrängung der aktiven Frauen in der Gewerkschaftsbewegung und der reformistischen Verfestigung der Gewerkschaftspolitik darauf hin, daß es sich hier um einen weiteren Versuch handelte, den Einfluß einer antagonistischen Politik, wie sie *Die Gleichheit* nun mal verkörperte, zu vermindern oder auszuschalten. Clara Zetkin wehrte sich jedoch entschieden gegen die Vorstellung einer derartig arbeitsteiligen Bewegung und erklärte:

»*Die Gleichheit* ist vor allem ein sozialistisches Organ. Sie hat es in dieser ihrer Eigenschaft vom ersten Tage ihres Erscheinens an bis heute für ihre Pflicht erachtet, sowohl der politischen wie der gewerkschaftlichen Bewegung des gesamten Proletariats dadurch zu dienen, daß sie sich bemühte, der einen wie der anderen die Proletarierinnen als organisierte und geschulte Mitkämpferinnen zuzuführen ... *Die Gleichheit* sollte das eigentliche Gewerkschaftsorgan für die Arbeiterinnen nicht ersetzen, sondern nur ergänzen ... Wie immer die Entscheidung betreffs der Gründung eines Frauengewerkschaftsblattes ausfallen möge: *Die Gleichheit* wird an den bisherigen Richtlinien ihrer Haltung nichts ändern. Sie wird insbesondere nach wie vor ihre besondere Aufmerksamkeit allen Fragen des Gewerkschaftslebens zuwenden, die von wesentlicher Bedeutung für die Arbeiterinnen, für die gesamte Arbeiterklasse sind. Nicht vermindert, sondern verbessert sollen ihre diesbezüglichen Leistungen werden, der sozialistischen Auffassung entsprechend.«[4]

Es sollte zwar noch einige Jahre dauern, bis die gewerkschaftliche Frauenzeitung gegründet wurde; die politischen Differenzen, die hier zum Ausdruck kamen, verloren jedoch nicht an Brisanz. Sie entfalteten sich innerhalb der Partei wie der Frauenbewegung selber, und wir finden *Die Gleichheit* aktiv an allen diesen Diskussionen, Kämpfen und Konflikten beteiligt. Dabei ließen sich auf Dauer offene Differenzen mit der Parteileitung nicht vermeiden.

»*Die Gleichheit* ist das Organ der Genossinnen und hat als solches die Meinungen über die Theorie und Praxis der proletarischen Frauenbewegung zu klären. Je umstrittener auftauchende Fragen sind, um so zwingender ist die Notwendigkeit, daß sie diese ihre Pflicht erfüllt. Es wird mich als Leiterin der *Gleichheit* und als Genossin jederzeit freuen, mich dabei im Einverständnis mit dem Parteivorstand zu wissen. Die Aussicht auf den Genuß dieser Freude wird mich jedoch niemals hindern, Meinungen und Entscheidungen des Parteivorstandes zu kritisieren und zu bekämpfen, wenn sie meiner festen Überzeugung nach dem Interesse der Frauenbewegung und damit der Partei kritisiert und bekämpft werden müssen.«[5]

Weder Kritik und Widerspruch noch Integrationsstrategien konnten *Die Gleichheit*, die sich im Zuge der Richtungsdifferenzierungen in der Partei eindeutig auf Oppositionskurs bewegte, auf die offizielle Parteilinie zurückholen. Daher gehörte sie zu den strategisch wichtigen Bereichen, die vor allem nach 1910 Gegenstand der Versuche der Parteileitung wurden, die proletarische Frauenbewegung und ihre Einrichtungen zu zerschlagen.

Die Radikalisierung der Stimmrechtsforderung und die Bedeutung des Massenstreiks

Die Forderung nach gleichem Wahlrecht für alle Reichsangehörigen war seit dem Erfurter Parteitag (1891) mehrfach erhoben und wiederholt von der Reichstagsfraktion der SPD ins Parlament eingebracht worden. Zu einem agitatorischen Schwerpunkt der proletarischen Frauenbewegung wurde es jedoch erst nach der Jahrhundertwende, als die Genossinnen sich zunehmend an der Wahlarbeit der Partei beteiligten. Dabei lag ihre politische und praktische Priorität zunächst auf der Wahlhilfe für die sozialdemokratischen Kandidaten und dem allgemeinen Kampf um politische Rechte für die Arbeiterklasse. Die Forderung nach dem Frauenwahlrecht wurde diesem Rahmen teils integriert, teils untergeordnet. Noch auf der Frauenkonferenz in München (1902) heißt es dazu:

»Bei den Kämpfen, welche das Proletariat für die Eroberung des allgemeinen, gleichen, geheimen und direkten Wahlrechts in Staat und Gemeinde führt, muß das Frauenwahlrecht gefordert und in der Agitation grundsätzlich festgehalten und mit allem Nachdruck vertreten werden.

Die Forderung kann jedoch nur als ausschlaggebender Punkt des jeweiligen Aktionsprogrammes in diesen Kämpfen mit in den Vordergrund gestellt werden, wenn dadurch die Erweiterung und Sicherung des politischen Rechts der Arbeiterklasse nicht gefährdet wird.«[1]

Lily Braun interpretierte den letzten Passus dieser defensiven Stimmrechtsresolution etwas spöttisch als »bedenkliches Zeichen zunehmenden Opportunismus auch in den Reihen der Frauen, sogar unter dem Schutze von Clara Zetkin«[2]. Ihr Urteil kann jedoch angesichts der bekannten Probleme und Balanceakte zwischen Parteiinteressen einerseits und Frauen- oder ›Sonder‹-Interessen andererseits nicht ungeprüft übernommen werden. Tatsächlich waren es wohl weniger opportunistische Anfechtungen als die tradierte Zurückstellung frauenspezifischer Forderungen zugunsten der Belange der Gesamtpartei, welche die führenden Genossinnen während einiger Jahre von einer nachdrücklichen Vertretung des Frauenstimmrechts abhielten.

Wie zuvor schon in der Frage der Bildungsvereine, so kamen auch hier die Anforderungen aus der Praxis korrigierend zur Geltung. Es erwies sich nämlich bald, daß Grundsatzerklärungen nicht genügten, um den Kampf um das Frauenwahlrecht zu führen, und daß die Solidarität der Genossen mit den Frauen und gegenüber dem Frauenwahlrecht sehr zu wünschen übrigließ. Es waren daher auch keine weiteren Prinzipienerklärungen, die Clara Zetkin auf dem Dresdener Parteitag 1903 und dem Internationalen Sozialistenkongreß in Amsterdam 1904 erreichen wollte, sondern konkrete Unterstützung:

»... es genügt nicht, auf der prinzipiellen Stellungnahme zum Frauenwahlrecht auszuschlafen, sondern wir müssen zu Gunsten der vollen politischen Gleichberechtigung der Geschlechter handeln.«[3]

Auch außerhalb Deutschlands wurde in diesen Jahren um ein demokratisches Wahlrecht gekämpft, und in England, Holland, Schweden und Österreich hatten die Genossinnen versucht, das Frauenstimmrecht in diesem Rahmen durchzusetzen. Sie hatten jedoch keinen Erfolg: Sobald die Verbindung des allgemeinen Wahlrechtskampfes mit dem Frauenstimmrecht eine zögernde Regierung oder einen potentiellen Bündnispartner aus dem bürgerlichen Parteienspektrum zu verschrecken drohte, eine Verzögerung der parlamentarischen Prozedur befürchten ließ oder einfach als Vorgriff auf eine zukünftige Entwicklung interpretiert wurde – mit der man ein günstigeres Männerwahlrecht oder ein beschränktes Frauenwahlrecht (›Damenwahlrecht‹) nicht gefährden wollte –, wurde das allgemeine Frauenwahlrecht von den Sozialisten wie ein heißes Eisen fallengelassen.

Vor diesem Hintergrund entschlossen sich die deutschen Genossinnen auf der Frauenkonferenz Mannheim 1906 und dem 1. Internationalen Frauenkongreß in Stuttgart 1907 dazu, die Stimmrechtsfrage an die Spitze ihrer Tagesordnung zu stellen und dafür ein konkretes Aktionsprogramm auszuarbeiten.

Das Verhalten der nationalen sozialistischen Parteien in bezug auf die Frauenstimmrechtsfrage wurde scharf kritisiert und nachgewiesen, daß die erwähnten ›Rücksichtnahmen‹ in keinem einzigen Land positive Resultate erbracht hatten. Diese Erfahrungen trugen wesentlich zur Radikalisierung der Stimmrechtsforderung bei:

»Der springende Punkt für unsere Stellungnahme ist aber der, daß die Haltung der Sozialdemokratie diktiert sein muß von einer prinzipiellen Auffassung, nicht von Zweckmäßigkeitsrücksichten. Ausschlaggebend muß für uns sein eine prinzipielle Auffassung, die nicht vom orthodoxen Buchstabenglauben vorgeschrieben wird, sondern von der klaren, wohlbegründeten Erkenntnis, daß im letzten Grunde jede prinzipielle Politik die praktischste und zweckmäßigste ist. Überall im Wahlrechtskampfe muß von dieser prinzipiellen Auffassung ausgegangen werden; denn wie die Dinge sich entwickelt und zugespitzt haben, ist jeder Wahlrechtskampf ein Kampf um die politische Macht zwischen dem Proletariat und den besitzenden Klassen ... Und so werden sie unsere Wahlrechtsanträge nicht nach Maßgabe unserer Bescheidenheit behandeln, sondern nach dem Maße ihrer Furcht vor dem Proletariat.«[4]

In der Frauenstimmrechtsresolution der Mannheimer Frauenkonferenz sind keine Zugeständnisse an die Genossen oder an politische Zweckmäßigkeiten mehr enthalten. Die konsequente Haltung, mit der die Genossinnen bislang jeden Wahlkompromiß auf der Ebene des Männerstimmrechts abgelehnt hatten, nahmen sie nun ebenfalls bei der Vertretung des Frauenstimmrechts, also für sich selber in Anspruch. Sie forderten dazu auf, hinfort in den Wahlrechtskämpfen mit gleicher Kraft und Intensität für das unbeschränkte Frauenwahlrecht einzutreten.

Der radikale Wortlaut der Resolution kann jedoch nicht darüber hinwegtäuschen, daß die revidierte Fassung der

Stimmrechtsforderung keine ungeteilte Zustimmung in der Frauenbewegung besaß. Die Richtungskämpfe in der Partei, die sich in der Frauenbewegung als Machtkampf zwischen Linken und Reformistinnen profilierten, stellen sich vielmehr als grundlegende Differenzen in den Fragen von Ziel, Funktion und Aufgabe des Kampfes um das Frauenstimmrecht und das Stimmrecht selber dar. Obwohl die Mehrzahl der Genossinnen – wie wir aus reformistischer Quelle wissen[5] – noch 1911 auf dem Boden der offiziellen Stimmrechtskonzeption der proletarischen Frauenbewegung stand, möchte ich die radikale und die reformistische Version des Frauenstimmrechtskampfes kurz darstellen, da sie die politischen Trennlinien beispielhaft umreißen.

Die Radikalisierung der Stimmrechtsforderung ging mit einer Radikalisierung der Kampfformen für das Stimmrecht einher. Der entscheidende Auslöser für diese Entwicklung war die russische Revolution von 1905. Schon in früheren Jahren hatte Clara Zetkin, die privat über ihren früh verstorbenen Mann, Ossip Zetkin, sowie politisch eng mit den russischen Revolutionären verbunden war, immer wieder über russische Revolutionärinnen in der *Gleichheit* berichtet und zur Solidarität mit ihrem Befreiungskampf aufgerufen. Und es waren Genossinnen, die 1904 als erste in Massenversammlungen gegen den Zarismus und die Rußlandpolitik der deutschen Regierung protestierten und Anfang 1905 den widerstrebenden Parteivorstand der SPD dazu drängten, dem Beispiel der italienischen und französischen Sozialisten zu folgen und Solidaritätskundgebungen für die russischen Revolutionäre durchzuführen. Der Parteivorstand befürchtete jedoch Repressionen und entschloß sich erst zum Handeln, als die Frauen bereits eigeninitiativ eine erste Veranstaltung zum 9. Februar ins Moabiter Gesellschaftshaus einberufen hatten. In den sozialdemokratischen Versammlungen, die nun an vielen Orten abgehalten wurden, wurde über die Ursachen und Bedingungen der russischen Revolution informiert, und dabei rückte die zentrale und neue Kampfform der russischen Revolutionäre, der politische Massenstreik, zunehmend ins Zentrum der Diskussion. Vor allem von den linken Führern wurde diese Perspektive begeistert aufgegriffen und als zukunftsträchtiges Kampfmittel im Arsenal der tendenziell verfestigten und erstarrten Handlungsmöglichkeiten der SPD propagiert, womit sie in den Versammlungen vielfach Beifall und Enthusiasmus auslösten.[6]

Clara Zetkin und andere Führerinnen der proletarischen Frauenbewegung gehörten – neben Rosa Luxemburg – zu den ersten, die den Stellenwert des politischen Massenstreiks für die verhärteten deutschen Verhältnisse erkannten und auf Versammlungen, in der *Gleichheit* und anderen Parteiforen konsequent für ihn warben:

»Er ist seinem Wesen nach kein alltägliches, sondern ein äußerstes, ein revolutionäres Kampfmittel des Proletariats. Wie die Revolution bricht er eruptiv aus dem aufs tiefste empörten Rechtsempfinden der Massen empor. Er läßt sich daher nicht anempfehlen, aber auch nicht verbieten. Er ist nicht ... der revolutionäre Homunkulus, der jederzeit in der Retorte eines Beschlusses fabriziert werden kann, um unter allen Umständen eine bestimmte Forderung durchzusetzen. Er ist aber ebensowenig ein trockenes Rechenexempel, an welches das Proletariat nur herangeht, wenn es auf Grund genauer Prüfung der Organisations- und Klassenverhältnisse von vornherein die Lösung sicher in der Hand zu haben glaubt ... Womit jedoch keineswegs gesagt sein soll, daß das Vorhandensein starker leistungsfähiger Organisationen, welche die Natur des Massenstreiks begriffen haben, ihn zielklar leiten und disziplinieren, nicht von wesentlicher Bedeutung für seinen Verlauf und sein Ergebnis wäre.«[7]

Für die Entwicklung des Frauenstimmrechtskampfes hatte die Propagierung des Massenstreiks eine Reihe von Folgen. Zum ersten Mal distanzierten sich die führenden Genossinnen ganz offen von der legalistischen Position der Parteiführung und der Gewerkschaften und weigerten sich, den Massenstreik in die ›Zwirnsfäden der bürgerlichen Gesetzlichkeit‹ einspinnen zu lassen: ›Wenn die Reaktion russisch mit uns reden will, dann wird auch das Proletariat russisch antworten können.‹ Die theoretische Bejahung und praktische Agitation für den Massenstreik bedeutete eine Akzentverlagerung der proletarischen Frauenbewegung auf den außerparlamentarischen Bereich und damit eine Problematisierung der Vorstandspolitik. Während nämlich in der Partei selber der Kampf um Mandate zunehmend zum eigentlichen Inhalt der Wahlrechtskämpfe und damit der ganzen Politik geworden war, hatte die Frauenbewegung stets und ständig betont, daß die Wahlrechtskämpfe primär ein Erziehungsmittel für die Massen seien, und daß nicht Mandate, das Parlament und Reformen das Proletariat befreien würden, sondern die Macht und die Handlungsbereitschaft der Massen, die hinter allen parlamentarischen und außerparlamentarischen Kämpfen der organisierten Arbeiterschaft stünden.[8] Der politische Massenstreik gab nun den Vertretern dieser Position in der Partei wie der Frauenbewegung angesichts einer radikalisierten Grundstimmung in der Arbeiterklasse die praktischen Mittel in die Hand, den Wahlrechtskampf voranzutreiben. Neben der Funktion eines dynamischen Agitations- und Erziehungsmittels erhielt der Kampf um das Frauenwahlrecht dabei auch vermehrt die innerparteiliche Aufgabe, den Frauen die gleichberechtigte Aufnahme in die SPD zu erobern.

Die Einschätzung des Wahlrechtskampfes als Erziehungsmittel für die Massen wurde von den Reformistinnen nicht geteilt. So wie sie das Ziel der offiziellen Frauenemanzipationstheorie, die revolutionäre Veränderung der Gesellschaft, aufgegeben hatten zugunsten von praktischer Reformarbeit, die nicht mehr Mittel und Weg, sondern eigentliches Ziel ihrer Tätigkeit wurde, so hatte auch das Frauenstimmrecht für sie eine andere Bedeutung.

»Wie also soll das allgemeine, gleiche, direkte Frauenwahlrecht tatsächlich errungen werden? Denn es ist doch wohl selbstverständlich: Das Endziel und die eigentliche Aufgabe der Frauenwahlrechtsagitation kann ja nicht nur diese Agitation selbst und die allmähliche Aufklärung der Massen sein; diese Aufklärung soll vielmehr doch nur das Mittel zu dem endlichen Zweck: eben der Eroberung des Wahlrechts, darstellen.«[9]

Gemäß ihrer These vom Hineinwachsen in die Zukunftsgesellschaft waren die Reformistinnen auch in der Stimmrechtsfrage zu Konzessionen bereit. Sie befürworteten die pragmatische Zurückstellung des allgemeinen Frauenwahlrechts durch die nationalen sozialistischen Parteien und verteidigten deren opportunistisches Verhalten gegen die Kritik von Clara Zetkin und anderen.

Da die Politik der Reformistinnen sich darauf konzentrierte, ›in der Gegenwartgesellschaft schrittweise das beste mitzunehmen, was zu erringen ist‹, setzten sie sich nur für ein beschränktes Frauenwahlrecht ein: das Kommunalwahlrecht. Sie begründeten dieses Vorgehen mit historischen Erfahrungen bzw. Gesetzmäßigkeiten, welche sie mit Hinweisen auf das ›spezifisch weibliche Naturell‹ und die ›Frauenpsyche‹, untermauerten, die die Frauen vorgeblich für die Arbeit im kommunalen Bereich besonders disponierten, und stilisierten das Kommunalwahlrecht damit zu einer klassenübergreifenden Frauenangelegenheit. Auch in der Stimmrechtsfrage reproduzierte sich also die Tendenz der Reformistinnen, Politik und praktische Arbeit der Frauen auf bestimmte ›frauenspezifische‹ Muster zu beschränken und einzuengen und damit hinter das Programm und die Forderungen der radikalen Teile der bürgerlichen Frauenbewegung zurückzufallen.

Wenn sich diese Strömung in der Frauenbewegung auch nicht durchsetzen konnte, so gewann sie doch in der allgemeinen Parteipolitik zügig an Boden. Einen Hinweis darauf geben uns die Verhandlungen auf dem Internationalen Sozialistenkongreß in Stuttgart (1907), wo die Resolutionen zu so entscheidenden Fragen wie Militarismus und Kolonialpolitik gegen die opportunistische Position der meisten Mitglieder der deutschen Delegation gefällt wurden. Für die weitere Entwicklung der Frauenbewegung selber stand jedoch zunächst ein anderes Problem im Mittelpunkt: die organisatorische Eingliederung in die Partei, die durch das neue Reichsvereinsgesetz (1908) endlich möglich geworden war.

4 Die Integration der Frauenbewegung in die Parteiorganisation (ab 1908)

Das neue Reichsvereinsgesetz vom 15. Mai 1908 räumte den Frauen endlich das Recht auf politische Vereins- und Parteienbildung ein. Damit der Zusammenschluß der Frauenorganisationen mit der Gesamtpartei möglichst einheitlich und reibungslos durchgeführt werden konnte, fand eine Besprechung zwischen den Berliner Leiterinnen der Frauenbewegung, Genossinnen aus verschiedenen anderen Gebieten Deutschlands und Vertretern des Parteivorstandes statt. Sie hatte die Aufgabe, eine provisorische Regelung für die organisatorische Eingliederung der Frauenbewegung in die SPD zu erarbeiten, die über ein Jahr erprobt werden und dann zu einer endgültigen Neufassung des Organisationsstatutes führen sollte. Ihr Vorschlag lautete:

»1. Jede Genossin ist verpflichtet, der sozialdemokratischen Parteiorganisation ihres Ortes beizutreten. Politische Sonderorganisationen der Frauen sind nicht gestattet. Über das Fortbestehen besonderer

Frauen-Bildungsvereine entscheiden die Genossen und Genossinnen der einzelnen Orte ...

2. Unabhängig von den Vereinsabenden der Männer sind für die weiblichen Mitglieder Zusammenkünfte einzurichten, welche ihrer theoretischen und praktischen Schulung dienen.

3. Die Festsetzung der Beiträge für die weiblichen Mitglieder bleibt den einzelnen Organisationen überlassen. Empfehlenswert ist, die Beiträge für die weiblichen Mitglieder niedriger zu bemessen ...

4. Die weiblichen Mitglieder sind im Verhältnis zu ihrer Zahl im Vorstand vertreten. Doch muß diesem mindestens eine Genossin angehören.

5. Den weiblichen Mitgliedern des Vorstandes liegt es ob, die notwendige Agitation unter dem weiblichen Proletariat im Einvernehmen mit dem Gesamtvorstand und unter Mitwirkung der tätigen Genossinnen zu betreiben.

6. Solange betreffs der Beschickung der Parteitage durch die Parteiorganisationen noch das gegenwärtige Provisorium gilt, bleiben auch für die Delegierungen der Genossinnen die jetzigen Bestimmungen des Parteistatuts in Kraft, das Zentralbureau der Genossinnen bleibt bestehen. Die Vertreterin der Genossinnen darin wird dem Parteivorstand angegliedert.«[1]

Dieser Entwurf wurde der Frauenkonferenz und dem Parteitag in Nürnberg 1908 vorgelegt. Die Diskussionen verliefen äußerst stürmisch. Neben der Frage des Fortbestehens besonderer Einrichtungen für Frauen standen vor allem die Abschnitte über die Aufnahme von Genossinnen in die lokalen Parteivorstände und ihre Delegation zum Parteitag im Mittelpunkt der Kontroversen.

Auf der Frauenkonferenz wurde die Notwendigkeit besonderer Frauenversammlungen im allgemeinen bejaht, und zwar in bezug auf inhaltliche, didaktische und organisatorische Aspekte. Der Fortbestand der Frauenkonferenzen selber wurde ebenfalls positiv beurteilt; eine Einschätzung, der sich der Parteivorstand anschloß, wobei er allerdings die neue Kompetenzverteilung ausdrücklich betonte:

»Natürlich können diese Frauenkonferenzen dann nicht irgendwie bindende Beschlüsse für die weiblichen Vertrauenspersonen fassen, die ja als solche nicht mehr vorhanden sind, sondern es kann sich nur darum handeln, auf diesen Konferenzen zu debattieren und dem Parteitag respektive dem Parteivorstand Vorschläge zu machen.«[2]

Umstritten war auch diesmal die Frage der Frauen-Bildungsvereine. Der generelle Tenor tendierte dahin, keine Neugründungen mehr vorzunehmen und nur die Vereine beizubehalten, die effektiv arbeiteten bzw. den Stellenwert eines Sammelbeckens für die lokale Frauenorganisation hatten. Der Parteivorstand reagierte auch hierauf modifiziert bejahend:

»Es liegt kein unbedingtes Bedürfnis vor, alle Frauen-Bildungsvereine unmöglich zu machen. In einer ganzen Reihe von Orten haben die Bildungsvereine Ausgezeichnetes zur Aufklärung der Frauen geleistet..., aber dringend muß daran festgehalten werden, daß die Frauen in diesen Vereinen nur diskutieren..., aber unter keinen Umständen in Sachen der Organisation bindende Beschlüsse fassen können.«[3]

Der Anspruch der Genossinnen auf Vertreterinnen in allen lokalen Parteivorständen (als Ersatz für die Vertrauenspersonen) und zwei Sitze im Hautvorstand wurde hingegen nur teilweise unterstützt: Der Parteivorstand wollte das Zentralbureau der Genossinnen zwar erweitern, die Vertreterin der Frauen jedoch keineswegs gleichberechtigt in den Hauptvorstand aufnehmen. Grundsätzlich abgelehnt wurde dieser Organisationsvorschlag lediglich vom Genossen von Elm. Er brachte auf dem Parteitag einen Gegenvorschlag ein, der trotz seiner Beteuerungen – »Mein Antrag will... den Frauen inhaltlich ganz dasselbe geben... nur die Form ist gemildert« – Rechte und Handlungsraum der Frauen ganz erheblich beschränkt hätte. Die polemische und misogyne Art, in der er seinen Vorschlag begründete, wurde von den übrigen Abgeordneten jedoch nicht gutgeheißen, und es fanden sich nur wenige Unentwegte, die auf unterschiedslose Integration drängten: ›Die Frauen müssen sich jetzt in diesen Rahmen einfügen.‹ In der Schlußabstimmung auf dem Parteitag konnte sich die ursprüngliche Organisationskonzeption behaupten, und Luise Zietz wurde als Beisitzerin in den Parteivorstand gewählt. Diese Nominierung machte jedoch gleich zu Beginn einiges böses Blut. Ottilie Baader hatte den Vorschlag zur Erweiterung des Frauenbureaus zugleich mit der persönlichen Empfehlung von Luise Zietz für diese Position vorgebracht. Ihr wurde daraufhin von verschiedenen Seiten der Vorwurf gemacht, Organisations- und Personenfragen unsachlich zu vermengen, und tatsächlich scheint durch ihr Vorgehen eine gewisse Präformierung des Parteitagsbeschlusses erfolgt zu sein, da dadurch andere Anwärterinnen auf diese Position gar nicht erst zur Kandidatur gelangten. Dies betraf vor allem Clara Zetkin, der dieser Vorfall eine Zeitlang so sehr zu schaffen machte, daß sie sogar daran dachte, sich aus der Bewegung zurückzuziehen.[4]

Die Ernennung von Luise Zietz zur Beisitzerin war jedoch nicht zufällig, und hinter den persönlichen Differenzen, die der unglückliche und nicht unbedingt beabsichtigte Vorgriff von Ottilie Baader auslöste, lagen wichtige politische Erwägungen. Luise Zietz war eine praktisch orientierte Organisatorin und Agitatorin, deren Loyalität zur Partei – wie die weitere Entwicklung bestätigte – mit der Loyalität zum Parteivorstand eng verbunden war: Also eine politisch zuverlässige Person aus der Sicht des Parteivorstandes. Bei Clara Zetkin lagen die Voraussetzungen grundlegend anders. Mit ihrer Ernennung hätte zugleich die für den Parteivorstand unbequeme Politik dieser linken Führerin ein neues und wichtiges Forum gefunden, und dies mußte und konnte verhindert werden.

Bei allen Diskussionen um die verschiedenen Einrichtungen der Frauenbewegung kommt das Bestreben der Genossen zum Ausdruck, den Raum für eine ›Nebenregierung‹ möglichst zu beschränken. Dabei unterschied sich die Einstellung des Parteivorstandes grundsätzlich nicht von der der Befürworter einer totalen Integration; er ging jedoch politisch und organisatorisch klüger vor, in einer Weise, die keine unnötige Opposition der Genossinnen hervorrief und die Frauenbewegung auch organisatorisch nicht schädigte. Er begnügte sich vorerst mit der Regelung der wichtigsten Ebene, der Entscheidungsebene, zu seinen Gunsten.

Als das provisorische Organisationsstatut beschlossen wurde, war der Zusammenschluß der Frauenbewegung mit den Wahlvereinen an einigen Stellen bereits erfolgt. Die Form, in der dies geschah, und die Erfahrungen, die dabei gemacht wurden, waren von Ort zu Ort sehr verschieden. In Berlin hatten die SPD-Delegierten noch vor dem Nürnberger Parteitag (1908) – also vorschnell – die Auflösung des Berliner Frauenbildungsvereins beschlossen, obwohl dessen Generalversammlung sich einmütig für sein Fortbestehen entschieden hatte (und ihn auch nicht auflöste). In Braunschweig konnten sich die Genossen vorerst durchsetzen: Sie lösten den Frauenbildungsverein auf und brachen anschließend auch ihr Versprechen, besondere Versammlungen für die Frauen abzuhalten. An einigen Orten (z. B. Magdeburg) lösten die Frauen ihre

Bildungsvereine selber auf; andere schlossen sich den sozialdemokratischen Wahlvereinen als Sektionen an.

Aus den Städten, wo die gemeinsame politische Organisation von Männern und Frauen schon vor 1908 erlaubt gewesen war und es auch eine starke Frauenbewegung gab (Hamburg, Leipzig und Dresden), trafen im allgemeinen positive Berichte ein. Frauen arbeiteten hier bereits seit einiger Zeit als Bezirksführerinnen und Sektionsleiterinnen in den Kreisvorständen und Ausschüssen, und wenn sich auch einzelne Männer noch dagegen auflehnten (›Seid ihr denn schon so weit gekommen, daß ihr ein Frauenzimmer nehmen müßt‹), so hatte sich die Grundstimmung zwischen den Geschlechtern doch erheblich gebessert. In Gegenden mit vordem rückständigen Vereinsgesetzen und schwachen Frauenorganisationen sah die Lage allerdings z. T. erheblich anders aus.

Dieses buntscheckige Bild wurde nun durch den Parteitagsbeschluß geglättet, wenn auch lokale Besonderheiten, die Autonomie der einzelnen Verbände in einer Reihe von praktischen Belangen und die unterschiedliche Stärke der Frauenbewegung an den einzelnen Orten ihre völlige Vereinheitlichung verhinderten.

Die Differenzierung der Arbeitsgebiete und die Einbeziehung der Massen

Die agitatorischen und organisatorischen Erfolge in der Frauenorganisation hielten auch nach der Vereinigung mit der Gesamtpartei an bzw. steigerten sich rasch. Hatte die Frauenbewegung 1907 noch 10 943 Mitglieder, so waren es 1908 bereits 29 458, 1909: 62 259, 1910: 82 642 usw.[1] Die Zoll- und Steuerpolitik der Regierung, die Reichsfinanzreform (1909) und die latente Kriegsgefahr drückten auf die Bevölkerung in den hintersten und letzten Ecken des Deutschen Reiches, und mit ihnen drang auch die Sozialdemokratie in die schwärzesten Winkel vor. Selbst die Bannsprüche der ›himmlischen Garde‹ konnten die Frauen der Arbeiterklasse – wohlgemerkt nach pflichtbewußtem Besuch der Kirche – auf Dauer nicht mehr vom Besuch sozialdemokratischer Versammlungen fernhalten. Die organisationsstrukturellen Differenzen zwischen industriellen und ländlichen Gegenden einerseits und das Organisationsgefälle von Norden nach Süden andererseits wurden jedoch nur allmählich verbessert.

In den Arbeitsschwerpunkten und den Aufgabenbereichen der Frauenbewegung zeichneten sich in diesen Jahren einige Veränderungen ab. Neben den politischen Wahlkämpfen beteiligten sich die Genossinnen nun intensiv an den Krankenkassenwahlen, was dazu beitrug, daß diese in den meisten Industriezentren nach einigen Jahren intensiver Agitation unter sozialdemokratischer Leitung standen. Auch in die Wahl der Knappschaftsältesten griffen die Frauen ein und trieben die gleichgültigen Männer an die Wahlurne. Die Kinderschutzkommissionen breiteten sich aus, und an einzelnen Orten gründeten die Frauen Konsumkommissionen, die auf die Verwaltung der lokalen Konsumvereine Einfluß nahmen. Die gewerkschaftliche Agitation wurde ausgebaut und die Einrichtung von Beschwerdestellen für Arbeiterinnen erkämpft. All diese Aktivitäten erhielten durch die Zirkulare des Zentralfrauenbureaus eine einheitliche Grundlage und wurden durch Flugblätter unterstützt und vorbereitet, deren Auflage z. T. an halbe Millionen heranreichte.[2]

Je stärker sich die Bewegung ausdehnte, um so mehr gewannen auch lokal und thematisch begrenzte Besprechungen an Bedeutung. Es wurden zunehmend Landes-, Provinzial- und Bezirkskonferenzen abgehalten, die größere Agitationsbezirke schufen und sich Vertretungen auf Landes- oder Provinzialebene gaben, und die Genossinnen nahmen regelmäßig an den Landes- und Provinzialparteitagen der SPD teil. Um die Arbeit unter bestimmten Zielgruppen zu fördern, wurden ebenfalls eigene Beratungen abgehalten, wie beispielsweise die außerordentliche Frauenkonferenz über die Dienstbotenbewegung (Berlin, 19. November 1907) und die Besprechung der betroffenen Genossinnen über die Agitations- und Organisationsmöglichkeiten im Ruhrgebiet.

Bei dieser Ausdehnung der Kämpfe auf alle möglichen politischen und ökonomischen Bereiche wurde die Bedeutung der proletarischen Hausfrau zunehmend erkannt und berücksichtigt. Nicht nur die weibliche Mitgliedschaft der Partei bestand an vielen Orten überwiegend aus Hausfrauen. Auch unter den vielen unorganisierten Frauen, die sich spontan an bestimmten Kämpfen (z. B. am Boykott) beteiligten und nachher zum großen Teil wieder aus der Öffentlichkeit ›verschwanden‹, gab es viele Haus- und Ehefrauen. Wenn diese auch vielfach weder das subjektive Bedürfnis noch die Möglichkeit hatten, kontinuierlich in der Organisation zu arbeiten, so waren sie doch ein großes Potential zur Erhöhung der Kampfkraft der Arbeiterbewegung in Entscheidungs- und Konfliktsituationen.

Mit der politischen Ausrichtung der Frauenbewegung an den Massen und der Differenzierung ihres Aufgabenbereichs wurden daher – die frühere Prioritätensetzung für die Organisation der Arbeiterinnen explizit modifizierend – die Hausfrauen zu einer zentralen agitatorischen Zielgruppe der Frauenbewegung. Neben ihrem Einfluß als Konsumentinnen wollten die Genossinnen sie auch als Mütter und Erzieherinnen der Kinder für die sozialistische Bewegung gewinnen. Der Agitation unter den Hausfrauen wurde daher nach 1908 erhöhte Aufmerksamkeit gewidmet, als der Kampf gegen Militarismus und Kriegsgefahr an Bedeutung gewann und der Käuferboykott seinen wichtigen und z. T. entscheidenden Einfluß auf den Ausgang verschiedener Wirtschaftskonflikte bewiesen hatte.

In Berlin unterstützten die Frauen beispielsweise den Streik der Bäckergesellen (allein an den Versammlungen nahmen trotz polizeilicher Schikanen 20000 Personen, davon dreiviertel Frauen, teil) und den Kampf der Schneider für die Einrichtung von Betriebswerkstätten; sie verhalfen den Forderungen der ausgesperrten Angestellten der Jandorfschen Warenhäuser zum Durchbruch, und in Altwasser, einem Städtchen in der Lausitz, gelang es den vereinten Kräften von bürgerlicher und proletarischer Frauenbewegung, eine geplante Milchverteuerung zu vereiteln.[3]

Zu dieser Entwicklung heißt es in der *Gleichheit:*

»Wenn irgendwo, so sind bei der Anwendung des Boykotts die Gewerkschaften auf das Verständnis und die Unterstützung der Frauen angewiesen. Und zwar nicht auf die tätige Mitarbeit der gewerblich tätigen Frauen allein; sondern in höherem Maß auch auf die Hilfe der Hausfrauen ... Der Boykott läßt ... scharf hervortreten, daß es im Interesse der gesamten Arbeiterbewegung liegt, besonders aber in dem der Gewerkschaften, daß sämtliche proletarische Frauen für die Idee der Solidarität gewonnen werden und nicht nur die Arbeiterinnen.«[4]

Ähnliche Schlußfolgerungen zog Ottilie Baader aus den Erfahrungen mit dem Wahlboykott in den preußischen Landtagswahlen von 1908:

»... das nächste Mal wollen wir es noch energischer tun. Zu diesem Zwecke müssen wir vor allem die Hausfrauen aufklären. Es geht nicht an, daß viele Männer sagen: Meine Frau hat keine Zeit, sie muß die Wirtschaft führen. Wir müssen die Hausfrauen in Massen gewinnen, denn gerade bei der Waffe des Terrorismus und der des Boykotts brauchen wir die Hausfrauen, die die Einkäufe besorgen.«[5]

Die ›Terrorismus‹-Diskussion

Der Anstoß zum Boykott der preußischen Landtagswahlen war von Ottilie Baader ausgegangen, und er wurde von den Genossinnen mit der breiten Unterstützung von unorganisierten Arbeiterinnen und Hausfrauen durchgeführt. Dadurch gewann das Kampfmittel Boykott eine neue, politische Dimension.

Der Wahlrechtskampf der Sozialdemokraten in Preußen wurde von einer aktiven Grundstimmung in der Bevölkerung getragen. Allein am 9. Januar 1908 fanden ungefähr 600 Demonstrationsversammlungen in allen Teilen des Landes statt. Massenversammlungen und große Straßenkundgebungen wurden veranstaltet, und die Teilnahme der Frauen wurde selbst von der bürgerlichen Presse als ›auffällige Erscheinung‹ vermerkt. Frauen gründeten Wahlvereine, sie verteilten Flugblätter und Extranummern des *Vorwärts*, sie beklebten Zäune, Masten und öffentliche Gebäude mit großen roten Plakaten mit der Aufschrift ›Nieder mit dem Dreiklassenparlament! Her mit dem freien Wahlrecht für Männer und Frauen!‹ Frauen hatten ebenso wie die Männer unter Polizeigewalt zu leiden, die die Kundgebungen z. T. mit dem blanken Säbel auflöste und auch unter den Verhafteten, wovon es gerade in Berlin etliche gab, befanden sich einige Frauen.

In dieser brisanten Situation forderte Ottilie Baader dazu auf, die »gegnerischen Wahlmänner, die als Geschäftsleute von Arbeiterkundschaft abhängig sind, auf die Konsequenzen ihrer Handlungsweise am 23. Juni aufmerksam zu machen...«[1]. Daraufhin gingen die Genossinnen zu den bezeichneten kleinen Geschäftsleuten, Handwerkern und Hauseigentümern und versuchten, diese auf die Wahl der sozialdemokratischen Kandidaten zu verpflichten, was wegen der Öffentlichkeit der Stimmabgabe leicht zu überprüfen war. Falls die Angesprochenen sich weigerten, dieser Forderung nachzukommen, wurden ihre Geschäfte in der Nacht mit Boykottaufforderungen überklebt, und am Morgen standen einige Frauen vor der Tür, welche die Kundschaft dazu anhielten, das betreffende Geschäft zu meiden und bei den ›einsichtigen‹ Geschäftsleuten einzukaufen. Zusätzlich wurden Listen mit den Namen der Wahlmänner bekanntgegeben, die zugunsten der SPD-treuen Geschäftsleute boykottiert werden sollten. Diese Praxis wurde auf breiter Ebene und in allen bedeutenden preußischen Städten durchgeführt; sie hatte einigen Anteil daran, daß zum ersten Male einige Sozialdemokraten (7) in den preußischen Landtag gewählt wurden: Sie wurde jedoch keineswegs von allen Parteikreisen gebilligt.

Auf der Nürnberger Frauenkonferenz (1908) vertrat der Abgeordnete von Elm die legale Parteitradition und erklärte, daß

»wir erstens als Sozialdemokraten grundsätzlich den Terrorismus verwerfen, daß wir es als grundsätzlich verkehrt erachten, die wirtschaftliche Macht zu mißbrauchen, um jemand zu zwingen, gegen seine eigene politische Überzeugung zu stimmen...«[2]

Er billigte dem ›Wahlterrorismus‹, wie er das Vorgehen der Frauen nannte, allenfalls eine gewisse Bedeutung als Defensivmittel zu und empfahl an seiner Stelle die Gründung von Konsumgenossenschaften. Die Genossinnen wiesen seine Kritik mit dem Hinweis auf die reaktionären Abstimmungsverhältnisse in Preußen jedoch einmütig zurück:

»Wir verurteilen den Terror und deshalb auch die öffentliche Stimmabgabe, die dem Terror Tor und Tür öffnet, ja mehr noch, die erhalten wird, um das Proletariat durch den Terror von der politischen Betätigung abzuhalten, und da gebot es uns das Klasseninteresse, uns mit der Waffe zu wehren, mit der man uns unterdrücken und rechtlos halten will. Wir würden uns aber selbst zur Machtlosigkeit verdammen, wenn wir in der Notwehr nicht von allen Mitteln, die uns zu Gebote stehen, Gebrauch machten. (Lebhafte Zustimmung)«[3]

›Wenn man einen Kampf um politische Rechte führt, muß man alle Mittel anwenden‹: Diese auf der Frauenkonferenz artikulierte Bereitschaft, sich von der ›alten kampfbewährten Taktik‹ der Sozialdemokraten zu lösen, wurde allerdings nicht von allen Genossinnen geteilt. Insbesondere von seiten der Reformistinnen gab es Kommentare, die sich der Elmschen Position in Wort und Sinn anschlossen und den ›Wahlterrorismus‹ als

›stärkste politische Unmoral‹ brandmarkten. Über das Ausmaß dieser internen Opposition lassen sich jedoch aus den bereits erwähnten Gründen keine weiteren Aussagen treffen.

Es bleibt noch festzuhalten, daß die Anregung des Abgeordneten von Elm in bezug auf die Genossenschaftsbewegung eine sehr positive Resonanz hatte. Da es sich bei der Genossenschaftsbewegung um einen Organisationsansatz im Reproduktionsbereich handelte, dessen Zielgruppe die Hausfrauen waren, soll kurz untersucht werden, welche Bedeutung sie für die proletarische Haushaltführung im untersuchten Zeitraum besaß und ob und inwieweit die Arbeiterfrauen von ihr berücksichtigt und an ihr beteiligt waren.

Exkurs: Die proletarischen Frauen und die Genossenschaftsbewegung

Die offizielle Haltung der SPD zur Genossenschaftsfrage war lange Zeit ablehnend. Sie schätzte sie als ›eine Art sozialistische Kuhpockenimpfung‹ ein und knüpfte damit an die Tradition der frühen deutschen Arbeiterbewegung an, die die ständischen Interessen und die Politik der Schulze-Delitzschen Produktionsgenossenschaften heftig bekämpft hatte. Der Genossenschaftsgedanke und besonders konsumgenossenschaftliche Ideen fanden jedoch in der Arbeiterschaft viele Anhänger und bei den Reformisten und Revisionisten in der Partei politische und theoretische Verfechter.

In den 90er Jahren wurden konsumgenossenschaftliche Ansätze vermehrt in Arbeitskämpfen angewendet. So hatte man im großen Streik der Hamburger Hafen- und Seeleute (1896/97) die sich leerenden Gewerkschaftskassen erfolgreich mit Großeinkäufen gestreckt: Daraus entstanden konkrete Pläne zur Einrichtung von Verbraucherorganisationen, die in der ›Produktion‹, Hamburg, einer der größten Genossenschaften der damaligen Zeit, verwirklicht wurden. Die bestechenden materiellen Vorteile der Konsumgenossenschaft: unverfälschte Qualität, durch Großeinkauf verbilligte Waren und Ausschaltung des verbreiteten Borgsystems sowie die politische Unterscheidung zwischen Produktions- und Konsumgenossenschaft, veränderten allmählich die Haltung der Partei. Sie anerkannte die konsumgenossenschaftliche Organisation als einen Faktor bei der Erziehung der Arbeiterklasse zu gemeinsamem und solidarischem Handeln und gaben ihre ablehnende Position zugunsten einer neutralen Einstellung auf. In den reformistischen und revisionistischen Kreisen der SPD wurde die Genossenschaftsbewegung sogar zur ›dritten Säule‹ der Arbeiterbewegung erhoben.

Die Arbeiter-Konsumvereine schlossen sich 1902 im ›Zentralverband deutscher Konsumvereine‹ zusammen und konnten ihren Umsatz in den folgenden Jahren rasch vergrößern. Einen wirklichen Einfluß auf die Konsumverhältnisse der deutschen Arbeiterschaft erhielten sie jedoch vor dem Ersten Weltkrieg nicht. Sieht man einmal von den ideologischen Vorbehalten ab, die in den Reihen der organisierten Arbeiter u. U. fortexistierten, so fällt zunächst auf, daß die beiden Grundbewegungen einer genossenschaftlichen Organisation, nämlich die Entrichtung eines Beitrittsgeldes und kontinuierliche Kaufkraft, von einem sehr großen Teil der deutschen Arbeiterschaft nicht erfüllt werden konnten. Ein weiterer wichtiger Grund war jedoch, daß die praktischen Träger der genossenschaftlichen Arbeit, die Arbeiterinnen und Hausfrauen, die täglich ihre Einkäufe besorgten, kaum Einfluß auf den Aufbau und die Ausgestaltung der Konsumvereine hatten.

Zwar waren die Ehefrauen im Sinne des BGB verpflichtungsfähig, und die Statuten der meisten Vereine ließen Frauen als Stimmberechtigte zur Generalversammlung zu, Sitz und Stimme hatten jedoch nur die offiziellen Mitglieder. Dieser Status war an ein Beitrittsgeld gebunden, das nur von einem der Familie entrichtet wurde: in der überwiegenden Mehrzahl der Fälle vom Familienoberhaupt, also vom Mann. Diese Handhabung der Mitgliedschaft erklärt, warum es 1913 unter den 1356393 im ›Zentralverband‹ Organisierten nur 191475 (14,1%) Frauen gab.[1]

Während die Frauen auf die Entwicklung der Genossenschaftsbewegung so selber nur geringen Einfluß nehmen konnten, waren sie als ehrenamtliche Helferinnen, beim Zeitungsaustragen und der Agitation sehr willkommen. Auch in der genossenschaftlichen Warenherstellung und vor allem der Warenverteilung wurden sehr viele Frauen beschäftigt, während die eigentliche (gehobene) Verwaltungsarbeit männlichen Angestellten vorbehalten blieb.

Obwohl die Frauen diese Praxis kritisierten und durchsetzen

konnten, daß verschiedene Verbandstage die Konsumvereine zur Heranziehung der Frauen in Planung und Verwaltung verpflichteten, änderte sich faktisch nichts: Die Bereitschaft der Genossenschafter zur Zusammenarbeit mit den Frauen ging über bloße Lippenbekenntnisse nicht hinaus. Dies hatte schwerwiegende Folgen für den Aufbau der Konsumvereine. Denn wenn es der Agitation auch gelang, die Männer an einem Ort für ein Genossenschaftsprojekt zu interessieren und diese kurzfristig für das Hämmern und Zimmern, Malen und Streichen beim Ausbau einer neuen Filiale zu gewinnen, so waren diese Einrichtungen doch langfristig auf die Unterstützung der Frauen, deren Kaufbereitschaft und Interesse als Bedingungen für seine Existenz und Entwicklung angewiesen. Daran fehlte es aber in vielen Fällen. Es kam häufig vor, daß die Frauen von Genossenschaftsmitgliedern den Konsumverein gar nicht erst ausprobieren wollten oder bald wieder zum Krämerladen an der Ecke überwechselten. Besonders, wenn sie lange Wegstrekken und Wartezeiten in Kauf nehmen mußten – was im Anfang der Genossenschaftsbewegung keine Ausnahme war –, kam eine feste Kundschaft der betreffenden Frauen kaum in Betracht. Der faktische Ausschluß von Frauen von aktiver Mitgliedschaft hatte so zur Folge, daß sie den Genossenschaften gegenüber eine sehr pragmatische Haltung einnahmen: Wenn ihnen nicht unmittelbare und handfeste Vorteile geboten wurden, dann kauften sie dort eben nicht ein.

Diese Haltung wurde von den Genossenschaftern und den in diesem Bereich tätigen Sozialdemokraten wie Adolph von Elm und Helma Steinbach kritisiert, und sie machten die Mobilisierung der Frauen für die Genossenschaftsbewegung zu einem ihrer Hauptanliegen. Dabei bemühten sie sich vor allem um den Abbau von Desinteresse und Unwissen unter den Frauen, ohne daß sie die Struktur der Genossenschaften selber irgendwie problematisiert hätten.

In der proletarischen Frauenbewegung warben viele Reformistinnen für den Genossenschaftsgedanken. Sie benutzten Frauenversammlungen dazu, um zum Eintritt in die Konsumvereine aufzufordern und wiesen auf Parteitagen und Frauenkonferenzen wiederholt auf deren Bedeutung bei der Agitation unter dem weiblichen Proletariat hin. Auch in der *Gleichheit* wurde eine feste Rubrik zur Genossenschaftsbewegung eingerichtet; für ein aktives Engagement der linken Führerinnen finden sich – wie ihre politische Orientierung erwarten läßt – keine Hinweise. Im Gegensatz zur Weimarer Zeit war die Genossenschaftsbewegung im Wilhelminischen Kaiserreich noch keine breitenwirksame Einrichtung, und die Frauen hatten strukturell nur geringe Einflußmöglichkeiten.

Der Kampf um die Magdeburger Frauenkonferenz (1910)

Auf dem Leipziger Parteitag 1909 wurde die Änderung des Organisationsstatutes verbindlich geregelt. Die obligatorische Vertretung der Frauen im Vorstand wurde beschlossen, und als besondere Aufgabe wurde ihr die Agitation unter dem weiblichen Proletariat zugewiesen. Die umstrittene Frage der Delegation zum Parteitag wurde so gelöst, daß Kreise mit mehreren Abgeordneten möglichst eine Genossin entsenden sollten.

Der monatliche Mitgliederbeitrag für weibliche Parteimitglieder wurde auf 15 Pfennig Minimum angesetzt; eine obligatorische Lieferung der *Gleichheit*, wie es der Kommissionsvorschlag noch vorgesehen hatte, wurde jedoch nicht beschlossen: Dies entsprach durchaus der Ansicht der leitenden Genossinnen, die die *Gleichheit* als Kontakt-, Kontroll- und Agitationsmittel nicht verlieren wollten. Die besonderen Schulungseinrichtungen für Frauen, die im provisorischen Organisationsvorschlag von 1908 noch enthalten waren, fanden dagegen keine statuarische Verankerung.

Im großen und ganzen stellten diese Bestimmungen eine Art minimalen ›parteirechtlichen Frauenschutz‹ dar, der die Frauen jedoch weitgehend von der Kooperationsbereitschaft der Genossen am jeweiligen Ort abhängig machte. Der verstümmelte Paragraph über die Delegation von Frauen zum Parteitag und die Ausklammerung der Frage der Schulungseinrichtungen stellten gegenüber der bisherigen Regelung eine Einengung und Verkürzung der Rechte und Handlungsmöglichkeiten der Frauen dar, die sich in der Praxis allerdings erst allmählich bemerkbar machten. Vorerst wurde organisatorisch erst einmal die Wahl der Frauen in die Vorstände vollzogen und auch, der Anregung des Nürnberger Parteitages gemäß, in einer Reihe von Kreisen Diskussions- und Leseabende eingerichtet.[1]

Dies gelang jedoch nur mit Hilfe eines gewissen Drucks auf die Genossen, die ihre Vorbehalte und ihr Mißtrauen gegenüber einer Zusammenarbeit mit den Frauen noch längst nicht überall überwunden hatten. Wie stark dieser latente Widerstand war, wurde deutlich, als es darum ging, die Frauenkonferenz für 1910 einzuberufen.

Die Bedeutung der Frauenkonferenz war bei den Diskussionen um den neuen organisatorischen Status der Frauen wiederholt und von allen Seiten betont worden. Dieses Einverständnisses gewiß, stellte Luise Zietz Ende November 1909 den Antrag auf turnusgemäße Einberufung der Frauenkonferenz zum Magdeburger Parteitag im folgenden Jahr. Der Vorstand vertrat jedoch nun die Ansicht, daß eine Frauenkonferenz aus Zweckmäßigkeitsgründen erst im nächsten Jahr (1911) stattfinden sollte.

Diese Entscheidung sickerte nur langsam zu den Genossinnen im Lande durch. Als Luise Zietz sie nach langem Zaudern in der Aprilnummer der *Gleichheit* (11. April 1910) schließlich bekanntgab, schlug sie wie eine Bombe ein. Die Diskussion über die Frauenkonferenz, die durch den Artikel »Notwendige Erörterung« in der *Gleichheit* Mitte Januar kräftig angelaufen war, sah sich vor vollendete Tatsachen gestellt. Der negative Entscheid des Parteivorstandes deckte sich mit den Bedürfnissen und Interessen der Genossinnen nicht und löste einen Sturm der Entrüstung aus:

»Die Frage zu entscheiden, ehe daß die an ihr Meistinteressiertesten, die Genossinnen, ihre Meinung darüber geklärt und bekundet haben, würde nicht nur der bisherigen Tradition der sozialdemokratischen Frauenbewegung widersprechen, sondern auch dem demokratischen Wesen unserer Partei ...«[2]

Clara Zetkin hatte die Notwendigkeit und Dringlichkeit der Frauenkonferenz für 1910 ausführlich begründet und sämtliche Beiträge aus der Frauenbewegung – darunter aus den großen Orten Dresden, Leipzig, Stuttgart, Mannheim, Düsseldorf usw. – teilten bzw. ergänzten ihre Ansichten.

Die Gründe für die Frauenkonferenz waren dieselben, die bereits bei früheren Gelegenheiten angeführt worden waren: Zunehmende Zahl und damit steigende Verpflichtungen der Frauenbewegung, die eine systematische und gründliche Besprechung der Agitations- und Organisationsprobleme erforderten; Vorarbeit und damit Entlastung für den Parteitag in diesen Fragen und Intensivierung der Kontakte unter den

Genossinnen. Dazu gesellten sich jetzt die neuen Probleme, die sich aus dem organisatorischen Zusammenschluß ergeben hatten: In verschiedenen Gegenden Deutschlands beklagten sich die Frauen, daß ihre Kontakte untereinander nicht mehr in dem alten Maß vorhanden bzw. an einzelnen Orten ganz verloren waren und es auch sonst in der Zusammenarbeit mit den Genossen nicht überall zum besten stand. Die aktuelle wirtschaftliche und politische Entwicklung, d. h. der rasche Anstieg der Frauenerwerbsarbeit, die drückenden Folgen der Finanzreform und die Vorbereitung der Reichstagswahlen (1912) setzten ebenfalls wichtige und z. T. neue Akzente, die eine Strukturierung und Intensivierung der gewerkschaftlichen und der politischen Massenagitation erforderten.

Gegenüber den frühen Besprechungen der Genossinnen in den 90er Jahren, die die theoretischen Grundlagen der Frauenbewegung festlegten, und den ersten Frauenkonferenzen, die sich vor allem mit dem Ausbau der allgemeinen Agitation beschäftigt hatten, setzte sich nun eine inhaltliche Verlagerung auf die praktischen Anforderungen einer spezialisierten Agitation und auf aktuelle Reformfragen durch. Dabei wurde in vielen Beiträgen die Bedeutung der Kommunalpolitik besonders herausgestellt.

Gegenüber der Vielzahl von Gründen, die für die Abhaltung der Frauenkonferenz 1910 sprachen, nimmt sich die Argumentation des Parteivorstandes wenig überzeugend aus. Luise Zietz führte dazu zunächst an, daß der Termin für die Frauenkonferenz im nächsten Jahr kurz vor den Reichstagswahlen läge, und da ›Begeisterung bekanntlich keine Pökelware‹ sei, gelte es, sie für den Wahlkampf aufzusparen: Vielleicht würde der Reichstag ja auch bereits 1911 aufgelöst, dann wäre der zeitliche Abstand zwischen Frauenkonferenz und Reichstagswahlen noch kürzer, also noch besser. Des weiteren führte sie finanzielle Gründe an: Da 1910 bereits eine internationale Frauenkonferenz stattfände und der Vorstand den ›lebhaften Wunsch‹ habe, daß sie ›entsprechend der Stärke unserer weiblichen Mitglieder‹ besucht werde, müßten Besuch und Wirksamkeit beider Konferenzen darunter leiden, wenn im gleichen Jahr auch eine nationale Frauenkonferenz stattfände. Zudem sei es besser, die Konferenzen auf zwei Jahre zu verteilen, um ›die Anregungen nicht verpuffen zu lassen‹.[3] Schließlich führte sie noch den Entscheid der Bezirksleiterkonferenz und der weiblichen Delegierten des preußischen Parteitages zugunsten des Entscheides des Parteivorstandes an und schloß ihre Ausführungen fettgedruckt: »Die Gewißheit unserer nächstjährigen Frauenkonferenz wird gestützt und getragen von dem einheitlichen Willen der Gesamtpartei.«

In Luise Zietz' Schlußerklärung scheint der Kern dessen enthalten zu sein, was sie in der Frage der Frauenkonferenz zur Loyalität gegenüber dem Parteivorstand bewogen hat:

»Gewiß, vor dem Zusammenschluß waren wir in unseren Veranstaltungen freier, unbeschränkter, wir brauchten nicht zu beantragen, daß diese oder jene Aktion unternommen werde, wir brauchten nur Rücksicht zu nehmen, daß wir nicht kollidierten mit den Veranstaltungen der Genossen, heute müssen wir jede Aktion erst beantragen, und nicht immer und nicht überall finden unsere Anträge die Zustimmung der Genossen. Aber abgesehen davon, daß früher auch manch notwendige Aktion unterblieb oder unvollkommen ausgeführt werden mußte, wegen Mangel an Mitteln, während heute die Organisationen natürlich die Kosten der Frauenagitation zu tragen haben, tauschen wir gegen früher doch vor allem den großen Vorteil ein, daß hinter allen Veranstaltungen für die proletarischen Frauen die Autorität der Gesamtorganisation steht.«[4]

Diesen Rückhalt in der Partei wollten die Frauen nicht verlieren. In einer ganzen Reihe von Kreisen stellten sich die Genossinnen daher hinter den Beschluß des Parteivorstandes, darunter auch solche, die ursprünglich für die Einberufung der Frauenkonferenz 1910 eingetreten waren. In den meisten Stellungnahmen wurde die Vertagung der Frauenkonferenz jedoch noch einmal ausdrücklich bedauert, und Enttäuschung und zurückgehaltene Kritik mischen sich mit den Loyalitätserklärungen gegenüber dem Vorstand und den Genossen.

»Wir ... wünschen nicht ..., daß eine Konferenz beschlossen und einberufen wird, wenn so viele Genossen sich gegen sie erklärt haben. Wir in Hamburg wissen, daß das Unruhe gibt, die das Arbeiten sehr schwer macht ...«

und

»Wir haben keine Lust, immer im Kriege mit den Genossen zu leben ...«[5]

Die Frauen waren jedoch nicht überall bereit, so leicht auf ihr Recht zu verzichten. Sie schickten empörte Kommentare bei der *Gleichheit* ein, und in Frauenversammlungen wurden

Resolutionen verabschiedet, die den Vorstand scharf kritisierten und dabei auch die offiziellen Vertreterinnen der Genossinnen im Frauenbüro, Ottilie Baader und Luise Zietz, nicht aussparten:

»Die am 20. April im Gewerkschaftshaus tagende Versammlung der organisierten Frauen von Groß-Stuttgart bedauert, daß der Parteivorstand den Beschluß gefaßt hat, die in diesem Jahr fällige Frauenkonferenz auf nächstes Jahr zu verschieben. Sie bedauert das um so mehr, als der Parteivorstand es nicht für nötig befunden hat, vor dieser Beschlußfassung die Nächstbeteiligten, nämlich die organisierten Frauen im Lande zu einer Meinungsäußerung über diese Angelegenheit zu veranlassen, oder die Meinung der Genossinnen, soweit sie in der von der *Gleichheit* angeregten Diskussion zum Ausdruck kam, zu berücksichtigen. Die Gründe, die die Genossinnen Zietz und Baader in Nr. 14 der *Gleichheit* gegen die diesjährige Abhaltung einer Frauenkonferenz angeführt haben, sieht die Versammlung nicht als stichhaltig an. In Anbetracht der Wichtigkeit der Frage fordern die anwesenden Genossinnen den Parteivorstand auf, die Gründe für und gegen die Abhaltung der Konferenz nochmals eingehend gegeneinander abzuwägen. – Die anwesenden Genossinnen bedauern es ferner, daß das Frauenbureau in dieser Angelegenheit völlig versagt hat. Seine Aufgabe wäre es in erster Linie gewesen, durch eine Umfrage die Meinung der Genossinnen zu erfahren und diese dann dem Parteivorstand gegenüber zu vertreten. Schließlich spricht die Versammlung der Redaktion der *Gleichheit* ihre Anerkennung aus, daß sie, ihrer demokratischen Verpflichtung besser eingedenk, die Frage der Frauenkonferenz zur Diskussion gestellt hat.«[6]

Auch wenn die sachlichen Argumente des Vorstandes stark modifiziert bzw. widerlegt werden konnten und die Diskussion in der *Gleichheit* lange nicht verstummte, war der Vorstand weder bereit, sich daran zu beteiligen, noch seine Haltung in der Frage der Frauenkonferenz zu ändern.

In diesem Konflikt um die Magdeburger Frauenkonferenz erlitten die Genossinnen ihre erste große Niederlage nach dem organisatorischen Zusammenschluß. Der Vorwandcharakter der Argumente des Parteivorstandes und seine eigenmächtig obrigkeitliche Entscheidung verlieren ihre willkürliche Qualität allerdings erst, wenn man sie im Kontext der allgemeinen Integrationsstrategien gegenüber der Frauenbewegung betrachtet.

Der Charakter der Frauenkonferenzen als Forum der offiziellen Frauenmanzipationstheorie, seine entsprechende Zusammensetzung, die bei allem Interesse an Frauenfragen immer auf die allgemeine Parteipolitik bezogenen Referate und Resolutionen machten sie in verschiedener Hinsicht zu einer unbequemen und dabei einflußreichen Institution. Sie war jedoch nicht nur ein Aktionsfeld der linken Führerinnen und eine relativ unabhängige politische Plattform, deren Entscheidungen, Forderungen und Vertreterinnen die Konzeption der allgemeinen Parteipolitik wiederholt von einer teils linken, teils radikalen Position her problematisierten und sich in einzelnen Fragen (z. B. der Jugendpolitik) grundsätzlich unterschieden. Sie war auch ein Forum, auf welchem das unsolidarische Verhalten vieler Genossen immer wieder kritisiert und verurteilt wurde: Dies stellte zugleich einen offenen Angriff auf das Selbstverständnis der männlichen Parteimitglieder als sozialdemokratische, also solidarische Genossen dar. Im Gegensatz zu den Bezirksfrauenkonferenzen, die fest unter der Kontrolle der Bezirksvereine standen, waren daher breite und einflußreiche Kreise in der Partei an der Abschaffung der Frauenkonferenzen interessiert. Da sie jedoch mit dem Widerstand der Genossinnen rechnen mußten, gingen sie vorsichtig und mit dem Mäntelchen der ›Sachzwänge‹ bekleidet vor, eine Argumentation, der sie sich in Zukunft auch anderen Einrichtungen der Frauenbewegung gegenüber noch bedienten.

Die Verselbständigung der Frauenbureaus von der Basis

Der Konflikt um die Frauenkonferenz hatte nicht nur gezeigt, daß die Kontakte der Genossinnen untereinander und mit den Genossen an vielen Orten unterbrochen und gestört waren, sondern er stellte auch eine offene Zäsur mit der demokratischen Tradition und dem Anspruch der Frauenbewegung und der Partei dar, wichtige Entscheidungen nicht ohne Information und Diskussion der Betroffenen zu fällen. Für die Genossinnen war die Situation insofern völlig neu, als sie sich mit der Tatsache konfrontiert sahen, daß ihre beiden Vertreterinnen im Frauenbureau nicht etwa ihre Interessen im Parteivorstand, sondern die des Parteivorstandes gegen sie vertraten. Es wurde Luise Zietz und Ottilie Baader vor allem angekreidet, daß sie die Mitgliedschaft nicht rechtzeitig informiert und konsultiert hatten, sondern sich statt dessen erst nach vollzogenem Vorstandsbeschluß und auch dann nur auf wiederholte konkrete

Anfragen und Druck in der *Gleichheit* hin überhaupt zu einer öffentlichen Stellungnahme durchgerungen hatten. Da eine Vertagung der Frauenkonferenz zugleich faktisch die Verlängerung der Amtsperiode der beiden betreffenden Genossinnen bedeutete, wurde ihnen ihre ›Saumseligkeit‹ auch persönlich sehr übelgenommen.

Die Entgegnungen von Luise Zietz und Ottilie Baader zu diesen Vorwürfen verdeutlichen den problematischen und ungenügend geklärten Charakter des neuen Frauenbureaus. Als erste wies Ottilie Baader die gegen sie gerichteten Vorhaltungen zurück:

»Heute ist das Frauenbureau nicht mehr wie früher eine selbständige Institution, sondern eine Unterabteilung des Parteivorstandes, der die Erledigung aller die proletarische Frauenbewegung betreffenden Fragen überwiesen ist. Weibliche Vertrauenspersonen, bei denen des Bureau eine Umfrage veranstalten könnte, gibt es gleichfalls nicht mehr, sondern weibliche Vorstandsmitglieder, die im Einvernehmen mit dem örtlichen Gesamtvorstand die Frauenagitation zu betreiben haben. Eine eventuelle Umfrage hätte sich also höchstens an die einzelnen Kreisvorstände wenden können, deren Adressen uns einzig zur Verfügung stehen... Eine solche Umfrage liegt nicht innerhalb unserer Kompetenz und wäre zudem ein Mißtrauen, eine Demonstration gegen den Parteivorstand gewesen.«[1]

Ottilie Baader lehnte nicht nur jegliche Eigeninitiative des Frauenbureaus als Kompetenzüberschreitung ab, sondern versuchte auch die anderen Genossinnen darauf festzulegen, etwaige Konflikte und Beschwerden an die Zentralstelle, also an das Frauenbureau und nur an dieses, weiterzuleiten. Die öffentliche Diskussion über die bestehenden Differenzen, vor allem in der *Gleichheit*, brandmarkte sie dagegen als einen Mangel an ›feinem Takt‹. Eine inhaltliche Stellungnahme zur Frauenkonferenz lehnte Ottilie Baader ganz ab, »weil die Genossin Zietz, sobald ein Beschluß des Parteivorstandes vorliegt, diesen den Genossinnen durch die *Gleichheit* mitteilen wird.«[2]

Luise Zietz kam dieser Ankündigung in der bereits beschriebenen Weise nach und versäumte dabei nicht, noch einmal auf das Frauenbureau als den Adressaten für alle vorhandenen Probleme hinzuweisen: da ›Besprechungen vor versammeltem Kriegsvolk‹ nur ›Verbitterung und Verböserung‹ der Beziehungen zur Folge hätten. Sie betonte dabei ausdrücklich, daß es sich bei der Verschiebung der Frauenkonferenz um eine einmalige, rein aus Zweckmäßigkeitsgründen getroffene Entscheidung handelte.

Obwohl Luise Zietz und Ottilie Baader von der statuarischen Verankerung des Frauenbureaus her durchaus berechtigt waren, die Ansprüche von der Basis zurückzuweisen und sie auch vor praktischen Schwierigkeiten standen – wie in der Frage der Kontaktaufnahme, da sie nicht einmal die Adressen der weiblichen Vorstandsmitglieder besaßen (!) –, kam es zum Eklat. Die Genossinnen wehrten sich gegen den Maulkorb, den ihre Vertreterinnen ihnen umhängen wollten:

»Mit besonderem Nachdruck weisen wir die Auffassung zurück, als ob eine Diskussion über die Frage der Konferenz nur statthaft sei, nachdem den Genossinnen dazu eine amtlich untersiegelte Erlaubnisurkunde des Parteivorstandes und des Frauenbureaus ausgehändigt worden wäre. Sie offenbart Gedankengänge, die sich bedenklich dem berühmten ›Untertanenverstand‹ nähern ...«[3]

Hier wird deutlich, welch enorme zusätzliche Bedeutung *Die Gleichheit* nach dem organisatorischen Zusammenschluß bekommen hatte. Sie war nun das einzige Forum der proletarischen Frauenbewegung, das unabhängig von der Parteiführung funktionierte, zu dem viele Genossinnen Zugang hatten und über das die breite Mitgliedschaft informiert und erreicht werden konnte, und als ein inhaltlich und politisch vom Parteivorstand unabhängiges Organ wurde sie auch von Clara Zetkin verteidigt.

In diesem Konflikt zwischen Frauenbureau und Basis zeigte sich, daß die Vorstellungen der offiziellen Vertreterinnen der Genossinnen von ihren Aufgaben in der Bewegung sich wesentlich von dem unterschieden, was viele Genossinnen von ihnen erwarteten. So wurde etwa Luise Zietz' Angabe, daß sie aus ›Pflichten der Solidarität‹ auf eine Stellungnahme in der Frage der Frauenkonferenz vor der Entschlußfindung des Parteivorstandes verzichtet hatte, als unnötige ›Selbstbescheidung‹ verurteilt:

»Wie hoch auch immer man die Pflicht der Solidarität zwischen den Gliedern einer Körperschaft werten mag: Diese Solidarität forderte keineswegs, daß unsere Vertreterinnen im Frauenbureau sich einer Meinungsäußerung für oder gegen die Vertagung der Konferenz schon zu einer Zeit enthielten, als die Entscheidung des Parteivorstandes überhaupt noch gar nicht gefallen war... Diese Bindung ›auf Vorschuß‹ ist eine ›staatsrechtliche‹ Entdeckung eigener Art, die außer Genossin Zietz noch niemand gemacht haben dürfte...«[4]

Die Handlungsweise von Ottilie Baader, die ja nicht wie Luise Zietz zugleich im Parteivorstand amtierte, also keiner Ämterverquickung unterlag, wurde noch deutlicher abgelehnt: Als Vertreterin der Genossinnen, nicht als deren Vorgesetzte habe sie ihren Aufgaben nachzukommen, wurde aus verschiedenen Kreisen gefordert:

»Wenn dieser Geist bürokratischer Selbstherrlichkeit beginnt, in Führerinnen unserer Bewegung derart zu spuken, wie es das Um und Auf der umstrittenen Frage erwiesen hat: müssen die Genossinnen zur Abwehr gerufen werden, müssen sie ihm die stärkste Bekundung ihres demokratischen Mitbestimmungsrechtes entgegenstellen...«[5]

Viele Beiträge der Mitglieder versuchten jedoch, den aufgebrochenen Konflikt zu besänftigen und zu beschwichtigen. Die Differenzen zwischen Parteivorstand und Frauenbewegung wie auch unter den leitenden Genossinnen selber beunruhigten und verstörten breite Kreise der Basis. Auch an persönlichen Solidaritätserklärungen mit den exponiertesten Kontrahentinnen fehlte es dabei nicht. Aussagen wie ›unsere Genossin Zietz‹ und ›Wir wollten, wir hätten unsere Luise noch hier‹ zeugen von der spezifischen und persönlichen Art, die die Loyalität der Mitgliedschaft zu ›ihren‹ Führerinnen kennzeichnete.
Vor die persönlichen Querelen schob sich jedoch bald der sachliche Hintergrund des Konflikts: der ungeklärte organisatorische und sachliche Status des Frauenbureaus und die Problematik der Ämterverquickung zwischen Frauenbureau und Parteivorstand. Die Erkenntnis der in der bisherigen Regelung verankerten Entscheidungs- und Loyalitätskonflikte stellte die Frage der Neuorganisation des Frauenbureaus in den Vordergrund: Es mußte nun geklärt werden, ob das Frauenbureau ganz mit dem Parteivorstand vereinigt oder aufgelöst werden sollte; welches seine konkreten Aufgaben und Kompetenzen waren und nach welchem Modus, wo und von wem die Vertreterinnen der Genossinnen gewählt werden sollten.

Die allgemeine Unzufriedenheit mit der bestehenden Funktionsweise des Frauenbureaus wurde schließlich in einen Antrag auf seine Vereinigung mit dem Parteibureau an den nächsten Parteitag kanalisiert. Personelle Konsequenzen wurden nach dem vorliegenden Material jedoch weder angestrebt noch durchgesetzt. Dies ist eine auffällige, aber für die ganze Parteistruktur charakteristische Erscheinung und hängt eng mit der Art der Mandatsvergabe zusammen. Bei der Besetzung von Führungspositionen wie bei der (begehrten) Delegation zu den Parteitagen war die ›Erbpacht‹ stark verbreitet, nicht zuletzt, weil Alternativvorschläge sehr rasch als Mißtrauensvotum interpretiert wurden. Dadurch entstand mit der Zeit eine strukturelle Verhärtung, die zur Ablösung der Führer von der Basis nicht unerheblich beitrug bzw. die Anpassung der Führungspolitik an die Interessen der Basis verlangsamte und erschwerte. Auf diese ›strukturelle Loyalität‹ waren auch die Genossinnen bereits soweit eingespurt, daß sie ihre berechtigte Kritik an der Handlungsweise ihrer offiziellen Vertreterinnen im Frauenbureau nicht in eine Neubesetzung der umstrittenen Positionen umsetzen konnten.

Die Verlagerung des Kampfes auf den Internationalen Frauentag und die Auflösung des Frauenbureaus

Wie die Genossinnen schon befürchtet hatten, wurde auf dem Magdeburger Parteitag (1910) keine ausführliche Diskussion über die Frauenbewegung geführt. Das Protokoll enthält lediglich den obligatorischen Überblick über die Frauenbewegung, der Antrag zum Frauenbureau wurde an den Parteivorstand überwiesen, und für *Die Gleichheit* wurde eine weitere Ergänzung – eine Schnittmusterbeilage – gefordert. Obwohl Clara Zetkin mit diesem Vorschlag grundsätzlich sympathisierte, lehnte sie seine Realisierung im Rahmen der *Gleichheit* ab: ›Sie würde zu einer Beschränkung des Inhalts führen, ich könnte die Neuerung mit meinem Gewissen nicht vereinbaren.‹

Auf dem Magdeburger Parteitag standen die preußische Wahlrechtsfrage und der politische Massenstreik im Zentrum der Verhandlungen. Karl Kautsky formulierte hier seine Thesen über die ›Ermattungs-‹ und die ›Niederwerfungsstrategie‹, und die Linke in der Partei setzte nach heftigen Auseinandersetzungen mit den Reformisten eine Resolution zugunsten des Massenstreiks durch.

In der Praxis wurde vom Parteivorstand allerdings einiges getan, um der Realisierung der Massenstreikresolution entgegenzuwirken. Artikel Rosa Luxemburgs wurden von der Redaktion der *Neuen Zeit* verschiedentlich zurückgewiesen. In den Moabiter Unruhen, den Wahlrechtsbewegungen und anderen Kämpfen der Arbeiterbewegung machte sich der bremsende Einfluß der Führung immer wieder bemerkbar, und um dem Gespenst des Massenstreiks den Eingang in die deutsche Arbeiterbewegung zu erschweren, scheute der Parteivorstand auch vor Informationsfälschungen über den Massenstreik im Ausland nicht zurück.[1]

Die nun formierte Linke in der Partei und mit ihr viele Führerinnen der Frauenbewegung betonten dagegen die Grenzen der organisierten Demonstrationen und die Notwendigkeit einer breiten und spontanen Beteiligung der Massen. Der Bruch in der Partei, der sich hier auftat, bewog auch Clara Zetkin dazu, das Prinzip der Geschlossenheit der Partei zum ersten Mal zu hinterfragen: ›Um welchen Preis?‹[2]

Auf dem Magdeburger Parteitag gelang es den Genossinnen, einen Antrag durchzubringen, der im Sinne der Massenstreikidee zu einer breit angelegten Agitation unter den Frauen aufforderte und die Lebensmittelteuerung, insbesondere die Fleischteuerung, zum Gegenstand hatte. Dieser Antrag ging auf einen Beschluß der internationalen Frauenkonferenz in Kopenhagen (1910) zurück, die einen länderübergreifenden Protest gegen den Lebensmittelwucher beschlossen hatte. Die deutschen Sozialdemokratinnen koordinierten ihre Aktion mit den Österreicherinnen, und sie fand im Herbst des gleichen Jahres statt.

Das eigentliche Novum auf der internationalen Frauenkonferenz war jedoch die Propagierung des Internationalen Frauentages als neuem internationalen Agitationsmittel zur Erkämpfung des Frauenstimmrechts. Die radikale Fassung der Wahlrechtsforderung hatte sich behauptet, und sie sollte in allen teilnehmenden Ländern, möglichst zur gleichen Zeit, mit großen sozialdemokratischen Kundgebungen und Protestversammlungen nachdrücklich erhoben werden. Dieser Beschluß der internationalen Frauenkonferenz hatte eine große Bedeutung für die weitere Entwicklung der nationalen sozialistischen Frauenorganisationen, vor allem auch für die deutsche proletarische Frauenbewegung.

Der Plan für einen internationalen sozialistischen Frauentag fand die politische und praktische Unterstützung von Partei und Generalkommission der Gewerkschaften. Schon Wochen vor dem festgelegten Termin wurde in der Agitation, an Zahltagen und auf den Versammlungen für ihn geworben und Mitarbeiter zu seiner Vorbereitung gewonnen. Das Frauenbureau und das Arbeiterinnen-Sekretariat der Gewerkschaften beteiligten sich intensiv an dieser Kampagne. Ein Frauenwahlrechtsflugblatt wurde in 2,5 Millionen Exemplaren gedruckt und verteilt, und die Redaktion der *Gleichheit* gab ein eigenes Wahlrechtsflugblatt in 108 000 Exemplaren heraus, welches Beiträge bekannter Genossinnen des In- und Auslandes zur Frage des Frauenstimmrechts enthielt.

Der erste Internationale Frauentag fand am 19. März 1911 statt, zur gleichen Zeit wie in Dänemark, Österreich und der Schweiz, und verlief ›imposant, überwältigend‹. Er war die mächtigste Kundgebung für das volle Bürgerrecht der Frauen, die Deutschland bislang gesehen hatte. Hunderte von Versammlungen fanden in allen Teilen des Reichs statt: »Nicht bloß in den großen Städten und Industriezentren, sondern auch in den zahllosen kleineren Orten, wo unsere Bewegung erst festen Fuß zu fassen beginnt...«;[3] Hunderttausende, darunter zum Großteil Frauen, nahmen daran teil.

»In Groß-Berlin... fanden 42 Versammlungen statt, die alle gut, ja glänzend besucht, von denen viele überfüllt waren. Bürgerliche Depeschenbüros schätzen die Zahl der Teilnehmer auf 30 000 Personen, höchstwahrscheinlich gut über die Hälfte zu niedrig. Besonders eindrucksvoll waren die überfüllten Veranstaltungen im dritten, vierten und sechsten Wahlkreis. In den beiden erstgenannten Bezirken marschierten Frauen in geschlossenem Zuge von einem Versammlungslokal nach dem anderen, in der Waldemarstraße wurden Hochrufe auf das Wahlrecht ausgebracht, und die Polizei fühlte sich vom heiligen Geist der Staatserhaltung angetrieben, eine Frau zu verhaften.«[4]

Auf allen Kundgebungen wurde die Resolution zum Frauenwahlrecht einmütig angenommen, an vielen Orten gingen Sympathieerklärungen der bürgerlichen Frauenbewegung und Grußadressen der Sozialistinnen aus anderen Ländern ein. Im Anschluß an die Versammlungen formierten sich – vor allem in den Städten – große Demonstrationszüge, in denen die Frauen durch die Hauptstraßen zogen, mit Standarten ›Hoch das Frauenwahlrecht‹ und Arbeiterlieder singend.

Obwohl einzelne Kritiken an der Vorbereitung und der

Leitung nicht fehlten, fand der Frauentag allseitig – auch bei den Genossen – große Anerkennung. Es war nicht nur gelungen, die Frauen massenweise zu mobilisieren und zu den eigentlichen Trägern der Bewegung zu machen, es waren auch viele, an einigen Orten Hunderte von neuen Mitgliedern gewonnen worden.

Die Vorbereitung dieses und des nächsten Frauentages (1912) gehörte zu den letzten wichtigen Aufgaben des Frauenbureaus. Seine ehemals umfassenden koordinierenden und zentralisierenden Funktionen und seine Bedeutung als initiatives Zentrum der proletarischen Frauenbewegung hatte es in der Entwicklung nach 1908 fast vollständig verloren. Es nahm nun vor allem ausführende, namentlich administrative Aufgaben im Auftrag des Parteivorstandes wahr, wie die Versendung von Fragebögen zur Ermittlung des Organisationsstandes sowie die Verschickung von Flugblättern und anderem Agitationsmaterial, und es organisierte einzelne Versammlungen und ganze Organisationstouren, indem es Referentinnen vermittelte und diese mit Material versorgte. Selbst in diesem reduzierten Bereich durfte das Frauenbureau jedoch nicht selbständig vorgehen, sondern mußte einen Arbeitsplan aufstellen und vom Parteivorstand genehmigen lassen.

Diese praktische und politische Verstümmelung des Frauenbureaus, die u. a. darin zum Ausdruck kam, daß es auch nach dem Konflikt um die Frauenkonferenz (1910) nicht in den Besitz der Adressen der neuen Vertreterinnen der Genossinnen, der weiblichen Vorstandsmitglieder gelangte, fand seine organisatorische Konsequenz 1911 in der Angliederung des Frauenbureaus als Unterabteilung an das Parteibureau. Ein Jahr später wurde es schließlich ganz aufgelöst und die Agitation unter den Frauen einer verantwortlichen Sekretärin im Parteivorstand übertragen; dazu ernannte der Chemitzer Parteitag (1912) Luise Zietz. Damit hatte die Frauenbewegung eines ihrer historisch wichtigsten Organe endgültig verloren. Auch formal setzten sich in der SPD nun der Prozeß der Zurückdrängung und Isolation der ›radikalen‹ Frauen und die Abdrängung der Frauenbewegung ins politische Abseits durch; eine Entwicklung, die in der Gewerkschaftsbewegung bereits vorbereitet war.

Während der Repressionen gegen die proletarische Frauenbewegung in den 90er Jahren hatten sich viele Genossinnen in den Gewerkschaften engagiert. Die Gewerkschafter waren jedoch traditionell noch stärker als die männlichen Parteimitglieder mit Ablehnung und Vorurteilen gegenüber der Frauenarbeit und der Frauenorganisation behaftet. Sie konnten sich nur langsam und aus ›dem Gebot der Selbsterhaltung‹ heraus zu einer defensiven Anerkennung dieser beiden Realitäten durchringen. Selbst dieser bescheidene Fortschritt wurde nur erzielt, weil es in der Gewerkschaftsführung einige wort- und einflußreiche Befürworter der Arbeiterinnenorganisation gab, wie beispielsweise Carl Legien. Das Bewußtsein der Mehrheit der männlichen Gewerkschaftsmitglieder blieb jedoch, kaum verändert, von Vorstellungen über die ›Schmutzkonkurrenz‹ und die ›Widernatürlichkeit‹ der weiblichen Berufstätigkeit geprägt.

Die Abhängigkeit der Gewerkschafterinnen von den einzelnen Verbänden und Arbeitersekretariaten sowie ihre ungenügende Förderung durch dieselben führten auf dem 4. Gewerkschaftskongreß (1902) zu einem Verbesserungsvorschlag der Buchdruckereihilfsarbeiter, die allgemein die fortschrittlichste Haltung zur Frauenoganisation in der Gewerkschaftsbewegung vertraten und während langer Jahre unter der Leitung einer Frau, Paula Thiede, standen. Sie verlangten, daß die Gewerkschaftsleitung eine Agitationskommission aus Frauen und für Frauen ernannte, fanden jedoch mit diesem Voschlag nicht die nötige Mehrheit.

Als die Unterstützung durch die Gewerkschaften auch in den nächsten Jahren ausblieb, griffen die Frauen zur Selbsthilfe. 1904 richteten sie in Berlin eine gewerkschaftliche Frauenagitationskommission ein, an der so rührige und in der Partei wie der Gewerkschaftsbewegung anerkannte Frauen wie Emma Ihrer (als Vorsitzende), Ida Altmann und Paula Thiede mitarbeiteten. Diese Initiative löste bei vielen Gewerkschaftern heftige Kritik und großen Widerstand aus. Sie wetterten gegen die ›Nebenregierung‹, und selbst die Überlassung eines kleinen unbenutzten Raumes im Bureau der Generalkommission wurde als Frevel hingestellt.

Nach Gisela Losseff-Tillmanns mehrten sich zu dieser Zeit

tatsächlich die Stimmen unter den Gewerkschafterinnen, die für eine Separation von der allgemeinen Bewegung eintraten.[1] Vorerst wurden diese Tendenzen jedoch noch durch die Einrichtung eines eigenen Sekretariats für die Gewerkschafterinnen aufgefangen. Das Arbeiterinnen-Sekretariat wurde 1905 auf Empfehlung und Betreiben von Carl Legien eingerichtet und Ida Altmann als besoldete Halbtagskraft zu seiner Leiterin ernannt.

Das Arbeiterinnen-Sekretariat war nicht weisungsgebunden und entfaltete bald eine rege Tätigkeit bei der Agitation, Organisation und Schulung der Arbeiterinnen, was dazu führte, daß der Widerstand auf Verbandsebene etwas nachließ. Auch im theoretischen Bereich wirkte das Arbeiterinnen-Sekretariat initiativ und anleitend: Ida Altmann kritisierte Edmund Fischers revisionistische Auffassung von Frauenarbeit und Frauenfrage und formulierte die politischen und praktischen Konsequenzen der offiziellen Frauenemanzipationstheorie für die Gewerkschaftsbewegung.[2]

Der Erfolg des Arbeiterinnen-Sekretariats wurde jedoch oftmals herabgesetzt und seine Leiterin diskreditiert. Als zudem zwischen Carl Legien und Ida Altmann politische Differenzen auftraten, wie etwa in der Frage der *Gleichheit* als Agitationsmittel, und sich die Kluft zwischen der reformistischen Gewerkschaftspolitik und -führung einerseits und der radikalen Emanzipationskonzeption des Arbeiterinnen-Sekretariates andererseits verbreiterte, wurde die Zusammenarbeit für beide Teile untragbar. Die bürokratische Entwicklung der Gewerkschaften engte Initiative und Spielraum der aktiven Gewerkschafterinnen immer weiter ein, und 1908 brachte Ida Altmann zum letzten Mal einen Beitrag auf einem Gewerkschaftskongreß ein. Sie formulierte dort eine umfassende Kritik an der Vorstellung einer (organisationshindernden) ›weiblichen Eigenart‹ und dem ›Herr-im-Haus‹ Standpunkt, die unter den männlichen Gewerkschaftsmitgliedern kursierten. Ein Jahr später kündigte sie ihre Stelle im Arbeiterinnen-Sekretariat.

Mit Gisela Losseff-Tillmanns kann man den Wechsel in der Leitung des Arbeiterinnen-Sekretariats von Ida Altmann zu Gertrud Hanna als äußerlichen Wendepunkt einer ›offensiven‹ zur ›defensiven‹ Arbeiterinnenorganisation in der Gewerkschaft bezeichnen. Er markiert den Rückzug der aktiven Gewerkschafterinnen, die sich jetzt z. T., wie Emma Ihrer, wieder vermehrt der politischen Bewegung zuwandten, und führte in letzter Konsequenz zur Reduzierung der Funktionen und Aufgaben des Arbeiterinnen-Sekretariats auf eine Materialstelle ohne eigene Initiative.

Im Laufe dieses Prozesses ersetzte Gertrud Hanna die offizielle Emanzipationstheorie durch nebulöse Gleichheitsforderungen, in denen sich die traditionellen Frauenklischees wieder breitmachten. Mit der Aufgabe der zusammenhängenden Frauenemanzipationstheorie zersplitterte auch die praktische gewerkschaftliche Arbeit in Einzelprobleme und -problemchen. Da in dem Zeitraum, wo das Arbeiterinnen-Sekretariat von einer agierenden zu einer reagierenden Institution degeneriert war, auch die Organisationsbilanz eine negative Wende nahm, erhielten die Frauen nun zwangsläufig auch immer weniger Unterstützung durch die Gewerkschaftsorganisationen.

Im Verlauf dieses Prozesses wurden die Frauen zunehmend in Sonderbereiche abgedrängt, wo ihnen bestimmte abgegrenzte Aufgaben zugewiesen wurden. Dadurch erhielt die Vorstellung von der ›Frauenspezifität‹ bestimmter Probleme neue Nahrung, und es entstand ein ideologisch-praktischer Zirkel, der nur von einer radikalen Sprengung des reformistischen Korsetts der Gewerkschaftsbewegung hätte aufgebrochen werden können. Dieser Schritt konnte jedoch innerhalb der bestehenden Arbeiterorganisationen nicht mehr getan werden, und unter dem Einfluß und dem ›guten Vorbild‹ der Gewerkschaften richtete sich die Abdrängung der Frauen ins Segment nun auch vermehrt gegen die politischen Frauenorganisationen.

Die letzte Frauenkonferenz vor dem Krieg

Im gleichen Jahr wie die Vereinigung von Frauen- und Parteibureau fand die 6. Frauenkonferenz in Jena (1911) statt. Im Gegensatz zu der früheren freizügigen Teilnahmeregelung konnten nun nur noch Parteitagsdelegierte an ihr teilnehmen. Die Schwerpunkte der Verhandlungen lagen auf der Ausgestaltung der Lese- und Diskussionsabende, den Reichstagswahlen und der Kommunalpolitik.

Schon die Befürworterinnen der Frauenkonferenz 1910 hatten wiederholt auf die Dringlichkeit einer methodischen und inhaltlichen Strukturierung der Lese- und Diskussionsabende hingewiesen. Es galt nun, die bisherigen Erfahrungen systematisch auszuwerten: Die grundsätzliche Bedeutung der Lese- und Diskussionsabende wurde nicht mehr bestritten, in bezug auf Schulungsinhalte und -methoden war man jedoch noch zu keiner Einigung gelangt.

Eine detaillierte Untersuchung[1] an acht Berliner Leseabenden während 4½ Jahren (1907–1911) gibt einen beispielhaften Überblick über die Zusammensetzung der Leseabende und die Anforderungen, die sie an Lehrende und Lernende gleichermaßen stellten.

Im untersuchten Zeitraum besuchten 1100 Frauen die Leseabende, 700 von ihnen kamen jedoch nur ein- bis zweimal. Detaillierte Angaben auf Grund einer Fragebogenumfrage liegen lediglich von 119 Teilnehmerinnen vor. Als erstes fallen Altersstruktur und Familienstand der Teilnehmerinnen ins Auge: Nur 17 von ihnen waren jünger als 25 Jahre, und eine gleiche Anzahl war ledig. Bei den verheirateten Frauen handelte es sich zumeist um die Gattinnen von Arbeitern mit einem gelernten Beruf, also solchen, die einer besseren Lohngruppe angehörten. Die Ehemänner selber waren fast in allen Fällen seit einigen Jahren organisiert und lasen allesamt das Parteiorgan. Auch die Frauen waren meist schon länger in der Partei, *Die Gleichheit* wurde jedoch nur von 32 gelesen (darunter 26 Verheiratete). Die übrigen verzichteten auf ein Abonnement: Aus Geldrücksichten oder weil ihnen *Die Gleichheit* ›zu hoch‹ war; viele lasen jedoch den *Vorwärts*.

Die hohe Fluktuation der Teilnehmerinnen, die schlechten Lernvoraussetzungen, der Zeitmangel und die arbeitsmäßige Überlastung dieser Frauen, die ja doch in vieler Hinsicht zur Elite der Proletarierinnen zählten, all diese Faktoren ließen eine Übertragung der Methoden der Männerschulung (des Vortrages) nicht ohne weiteres zu. Die Lösungsvorschläge, die in der Frauenbewegung zu diesem Problem entwickelt wurden, kann man grobrastig in zwei Positionen unterteilen, in die Schulungskonzeption der ›radikalen‹ Genossinnen, die auf dem Boden der offiziellen Frauenemanzipationstheorie standen, und in die reformistische Bildungskonzeption.

Die radikalen Genossinnen traten dafür ein, die grundsätzlichen, also auch die theoretischen Teile des Programms zu vermitteln, um ›zielklare Sozialistinnen‹ und nicht ›einsichtige Reformerinnen‹ zu erziehen. Anknüpfen an den Erfahrungen der Teilnehmerinnen und selbständiges Lernen, keine ›Trichtermethode‹ waren ihre didaktischen Leitideen:

»Über das Wie des Unterrichts bemerke ich, daß wir mit dem System der Vorträge brechen und nach der Methode von Frage und Antwort unterrichten müssen. Wenn man durch einen Vortrag die Weisheit kübelweise den Genossinnen über den Kopf schüttet, fühlen sie sich entmutigt und fragen nicht. Wenn aber durch richtiges Fragen, Anknüpfen an das tägliche Leben der proletarischen Frauen, die Grundsätze an konkreten Erscheinungen entwickelt werden, wird jeder grundsätzliche Satz für sie ein Erleben, ein Finden und Entdekken. In dieser Weise erwecken wir nicht nur das höchste Maß an Aufnahmefähigkeit, sondern auch der dauernden und freudigen geistigen Mitarbeit mit dem Unterrichtenden ...«[2]

Die Elemente der traditionellen sozialdemokratischen Schulung, d. h. der geschlossene Vortrag und das Vorlesen, wurden speziellen Aufgaben, wie etwa der ergänzenden Vermittlung historischer Zusammenhänge in einer fortgeschrittenen Lernphase bzw. der Einübung der Teilnehmerinnen in lautes Äußern, Sprechen etc. vorbehalten.

Die Reformistinnen vertraten dagegen die Auffassung, daß man sich dem ›Begriffsvermögen der Frauen anpassen‹ und die Gegenwartsforderung einfach und systematisch vermitteln sollte. Über die Unterrichtsmethoden besaßen sie keine einheitliche Vorstellung. Sie befürworteten kürzere Vorträge und Diskussionen als Einstieg; in den weiteren Schulungsphasen maßen sie dem Vortrag eine hohe Bedeutung bei. Dabei legten sie das inhaltliche Schwergewicht auf die historische Entstehung und Entwicklung der Frauenfrage.[3]

Keine der beiden Schulungskonzeptionen konnte sich im untersuchten Zeitraum durchsetzen, und über ihre Praxisrelevanz werden erst lokale Studien verbindlich Auskunft geben können. Man kann jedoch festhalten, daß die Schulungseinrichtungen der proletarischen Frauenbewegung auch nach 1908 in sehr unterschiedliche politische Richtungen wirksam waren: Das knappe verfügbare Material, die Kurzberichte in der *Gleichheit* und die Berichte auf den Frauenkonferenzen deuten allerdings auf ein gewisses Vorherrschen der an Gegenwartspolitik und -forderungen orientierten reformistischen Einrichtungen.

In den letzten Jahren vor dem 1. Weltkrieg bemühten sich die Genossinnen in verschiedenen Städten darum, für ›Fortgeschrittene‹ zusätzliche und z. T. spezialisierte Kurse (z. B. zur Einführung in die Gewerbeordnung oder die Schulung für die ehrenamtliche Tätigkeit in den Gemeinden) einzurichten. Diese Versuche gingen jedoch über rudimentäre Ansätze nicht hinaus. Die Teilnahme der Genossinnen an den allgemeinen Bildungseinrichtungen der Partei verbesserte sich hingegen, und 1913 besuchten zum ersten Male auch zwei Frauen die Parteischule.

Das Referat zum zweiten Schwerpunkt der Jenaer Frauenkonferenz, die nahen Reichstagswahlen, wurde von Clara Zetkin gehalten. Sie forderte zum entschiedenen Kampf gegen Weltmachts- und Kriegspolitik der Regierung auf und betonte noch einmal ausdrücklich die Bedeutung der Agitation unter den proletarischen Hausfrauen bei der Mobilisierung der Bevölkerung gegen den Krieg.[4]

Klara Weyl hielt das Referat über die Gemeindepolitik, und die anschließende kurze Diskussion differenziert und illustriert die Aufgaben, die den Genossinnen im kommunalen Bereich erwachsen waren. Ihr wichtigstes Tätigkeitsfeld war die Wohlfahrtspflege im weitesten Sinn: Krankenfürsorge, insbesondere für Gebärende; Heimstättenbehandlung für Genesende und die Einrichtung einer Hauspflege; Waisenfürsorge und die Armenverwaltung. Dazu kamen Wohnungsinspektion und alle Aufgaben, die im Umkreis der Kinder- und Schulpflege lagen: nämlich die Einrichtung und Betreuung von Kinderhorten, Berufsberatung, Waldschulen für schwächliche Kinder, Schulspeisungen und -bäder, Volksküchen usw.[5]

Klara Weyls Vorschläge und Anregungen können als richtungsweisend für die Entwicklung der sozialdemokratischen Frauenbewegung in den Jahren kurz vor dem Ersten Weltkrieg bezeichnet werden. Mit dieser Schwerpunktsetzung für die Arbeit im kommunalen Bereich hört die Geschichte der Reichs-Frauenkonferenzen vor dem 1. Weltkrieg auf. Weder aus der Frauenbewegung und schon gar nicht vom Parteivorstand ging in den nächsten Jahren eine Initiative für eine weitere Frauenkonferenz aus. Dies mag z. T. daran gelegen haben, daß die politischen Differenzen in der Partei den Großteil der politischen Energie in Anspruch nahmen und sich die praktische Arbeit zusehends in Reformtätigkeit auf den unteren Ebenen ausfächerte: eine Entwicklung, zu der sich noch die dräuende Kriegsgefahr gesellte, die andere und neue Prioritäten setzte.

Auf dem Parteitag in Jena selber wurden keine neuen Beschlüsse zur Frauenbewegung gefaßt. In den Diskussionen um den Marokkokrieg, der Deutschland an den Rand des Krieges gebracht hatte, kritisierte Clara Zetkin allerdings nochmals die Versuche der Parteileitung, Kritik an seiner Haltung abzuwürgen. Den Anlaß dazu hatte ihr die lasche und verspätete Reaktion der Parteileitung auf die drohende Kriegsgefahr gegeben: Unter dem Vorwand, der bevorstehenden Wahlrechtskampagne nicht schaden zu wollen, hatte Hermann Molkenbuhr in einem Brief an das Internationale Sozialistische Büro mitgeteilt, daß der Vorstand Demonstrationen der deutschen Sozialdemokratie gegen die Kriegsgefahr kategorisch abgelehnt hätte.[6]

Im Gegensatz zu der abwartenden und taktierenden Haltung des Parteivorstands kämpfte die Parteilinke – und allen voran Rosa Luxemburg und Clara Zetkin – in Wort und Schrift konsequent gegen Militarismus und Krieg, und die Zusammenstöße zwischen ihnen und den Reformisten und Revisionisten gewannen in dem Maß an Umfang und Intensität, wie sich das allgemeine politische Klima in Deutschland verschärfte.

Die Zuspitzung der Verhältnisse zeigte sich auch in den Auseinandersetzungen mit der Polizei. Über die üblichen Schikanen wie Auflösung von Versammlungen, Strafmandate etc. hinaus war es auf den Internationalen Frauentagen zu massierten Polizeiaufgeboten und an einigen Orten zu brutalen Zusammenstößen mit der Obrigkeit gekommen, die in der *Gleichheit* ausführlich beschrieben worden sind.[7]

Von dieser Entwicklung blieben auch die wirtschaftlichen Kämpfe nicht verschont. Ein Beispiel dafür ist der große Kampf der Ruhrarbeiter von 1912.[8] Hier kam es zu blutigen Zusammenstößen mit der Polizei, welche Männer, Frauen und Kinder unterschiedslos niederritt und blind in die Fenster der Häuser hineinschoß und wo sich unter den Opfern der Streikjustiz nach Beendigung des Ausstandes ebenfalls viele Frauen befanden. Überhaupt wurden Zusammenstöße mit der Polizei und Polizeispitzeln, die Bewaffnung von Streikbrechern mit Schlagriemen, Gummiknüppeln, Revolvern und anderen ›Erziehungsmitteln‹ zu einem festen Bestandteil der Klassenauseinandersetzungen.

Der Ausbau der Kommunalarbeit und der Kampf um den Frauentag

Einzelne Genossinnen arbeiteten schon seit Jahren in der Verwaltung und den verschiedenen Kommissionen der Gemeinden. Planmäßig und in breitem Maßstab setzte die Tätigkeit der proletarischen Frauen in diesen Bereichen allerdings erst nach der offiziellen Aufforderung zur Mitarbeit in den Kommunen durch Klara Weyl auf der Jenaer Frauenkonferenz ein.

Die meisten Erfahrungen hatten die Genossinnen bisher in den Kinderschutzkommissionen gesammelt. Sie waren dadurch automatisch in Kontakt mit Lehrern, Waisen- und Armenpflegern und den weiblichen Polizeiassistentinnen gekommen, die sich beruflich um die verwahrlosten und ›auffälligen‹ Kinder und Jugendlichen zu kümmern hatten. Über die Arbeit an der Basis hinaus galt es nun, in die Planungs- und Verwaltungsstellen selber einzurücken und dort eine systematische sozialreformerische Tätigkeit einzuleiten und aufzubauen.

Wie eine Übersicht von Wally Zepler zeigt, nahm die Mitarbeit von Frauen in den Gemeinden von 1909 bis 1913 stark zu. Während 1909 11 900 Frauen in 304 Gemeinden eine ehrenamtliche oder besoldete Tätigkeit im Bereich der Wohlfahrtspflege ausübten, waren es 1913 bereits 17 960 in 593 Gemeinden. Die Schwerpunkte ihrer Tätigkeit waren die Armenpflege (2850), die Armen- und Waisenpflege (1775) und die Waisen- und Ziehkinderüberwachung (10 739).[1] In einigen Ländern berief die Verwaltung Frauen nach und nach auch in die Kommissionen und Ämter in den Bereichen Wohnungsinspektion, Schule und diversen anderen städtischen Ressorts ein.

Obwohl keine detaillierten Angaben vorliegen, ist anzunehmen, daß diese Frauen zum größten Teil bürgerlicher Herkunft waren, gehörte doch die Kommunalarbeit zum traditionellen Arbeitsgebiet der bürgerlichen Frauenbewegung, und ihre Angehörigen waren daher auch erfahrener, geübter und bei den Behörden anerkannter als die ›Roten‹. Dies sollte nun geändert werden, und bis 1914 gelang es, immerhin 329 Genossinnen in die Ämter einzuschleusen.

Mit der Hinwendung zur kommunalen Arbeit wuchs auch die Bedeutung der Bezirks- und Kreiskonferenzen.

»Da die kommunalen Einrichtungen in überaus verschiedener Weise entwickelt sind, besonders aber, weil die gesetzlichen Bestimmungen über die Mitarbeit der Frau in den kommunalen Körperschaften in den einzelnen Bundesstaaten sehr verschieden sind, wird es Aufgabe der Genossinnen sein, auf den Bezirkskonferenzen die Behandlung dieser Frage anzuregen.«[2]

Im Gegensatz zur Reichs-Frauenkonferenz fanden die Bezirks-Frauenkonferenzen, die nun häufiger einberufen wurden (1913: 16mal), überall einen positiven Widerhall, und der geringe Spielraum, den die Genossinnen auf ihnen noch hatten, bewahrte sie vor der ›Hexenjagd‹ auf ›Sonder‹-Bestrebungen:

»Sie haben Wesentliches zur Förderung der Frauenbewegung beigetragen. Einberufen und geleitet von den Bezirksvorständen, fügen sie sich fest ein in den Rahmen der Organisation und befestigen bei Männern und Frauen der Partei das Bewußtsein von der Notwendigkeit der gemeinsamen Arbeit in der Organisation und für sie. Überall, wo die Konferenzen stattgefunden, sind Leitung und Teilnehmer restlos darin einig, daß sie ein sehr wirksames Mittel sind, leichter und gründlicher alle die Hemmnisse zu überwinden, die der Gewinnung und Schulung der Proletarierinnen zur politischen Betätigung entgegenstehen. Werden hier die Agitations- und Schulungsmethoden unter weitestgehender Berücksichtigung der örtlichen Verhältnisse besprochen, so erhalten die weiblichen Funktionäre Richtlinien für ihre Tätigkeit ...«[3]

Der Schwerpunkt der sozialdemokratischen Frauenagitation lag dabei weiterhin auf dem weiblichen Proletariat. Es mehrten sich jedoch die Stimmen, die – ähnlich wie in der Gesamtpartei – eine Ausdehnung der Werbearbeit auf andere soziale Frauengruppen (Kleinbürgerinnen etc.) forderten. Dabei erzeugte das rasche zahlenmäßige Wachstum der Frauenbewegung schon in dieser Zeit immer neue und breitere Schichten von ungeschulten Genossinnen in den Organisationen.

Diese Entwicklung gab nicht nur den Popularisierungsbestrebungen um *Die Gleichheit* weiteren Rückhalt, sondern sie produzierte auch ein echtes Basisbedürfnis, dem Clara Zetkin in der Konzeption der *Gleichheit* entgegenkam, indem sie den werbenden und schulenden Teil der *Gleichheit* erweiterte und eine leichtverständliche und übersichtliche Serie über die Geschichte der Sozialdemokratie einplante. Dafür mußten jedoch der Umfang der lokalen Berichterstattungen über die Kinderschutzkommissionen in den Gemeinden und die Artikel allgemeiner sozialpolitischer Natur etwas reduziert werden.

Für die fortgeschrittenen Genossinnen wurde 1912 die ›Sozialdemokratische Frauenbibliothek‹ gegründet, eine Publikationsreihe, die vom Parteivorstand der SPD herausgegeben wurde und wichtige Broschüren zu prinzipiellen und aktuellen Problemen enthielt, wie beispielsweise ›Kinderarbeit, Kinderschutz und die Kinderschutzkommissionen‹ von Luise Zietz (Heft 3, Berlin 1912) und ›Die Frauen und der preußische Landtag‹ von Mathilde Wurm (Heft 5, Berlin 1913) etc.

Auch im Jahre 1912 wurden Kundgebungen gegen die Lebensmittelteuerung durchgeführt, denen der Reichstags-

Arbeiterfrauen bei der Maidemonstration 1912

wahlkampf weitere Brisanz gab. Immer mehr Frauen, darunter viele Hausfrauen und Mütter, nahmen an den Aktionen teil und protestierten in den allgemeinen Versammlungen und in Hunderten von Frauen-Versammlungen gegen die Zoll- und Steuerpolitik sowie die Kriegsrüstung der Regierung und für das Frauenwahlrecht. Den Höhepunkt der Agitation bildete auch in diesem Jahr der internationale sozialistische Frauentag, der am 12. Mai, zur gleichen Zeit wie in Holland und Österreich, durchgeführt wurde.

Der Frauentag 1912 fand an einer weitaus größeren Zahl von Orten als im Vorjahr statt, und obwohl einzelne Versammlungen, z.T. wegen der Witterung, weniger gut besucht waren, konnten auch diesmal viele neue Mitglieder für die Partei gewonnen werden.

Der Frauentag 1913 fand wieder im März statt. Der Parteivorstand hatte die Versammlungsbilanz des Vorjahres zum Anlaß genommen, ihn nur noch in den Städten und größeren Industrieorten abzuhalten und setzte nicht einen einzelnen Tag, sondern eine ganze Woche für die Kundgebungen und Versammlungen an. Der Termin für diese ›Frauenwoche‹ wurde jedoch so spät bekanntgegeben, daß die organisatorische Vorbereitung nicht überall klappte, und auch die Unterstützung der Genossen ließ bedenklich zu wünschen übrig, wie Helene Grünbergs Bericht vom Nürnberger Frauentag zeigt:

»Im dritten Jahr haben wir beantragt, es sollten zehn Versammlungen stattfinden, und zwar am Montagabend. Die Parteigenossen waren zum Teil dagegen. Der Vorsitzende meinte: Na laßt doch, laßt sie sich doch blamieren, so gut sie können. Genossen, wir haben uns nicht blamiert, sondern die zehn Versammlungen am Montag waren alle überfüllt. Die Arbeiterinnen waren demonstrativ erschienen.«[4]

Trotz der erschwerten Bedingungen und obwohl im ganzen weniger Versammlungen als in den Vorjahren abgehalten werden konnten, hatte der Frauentag mehr Personen als früher auf die Beine gebracht, und auch das formale Erfolgskriterium, neue Mitglieder für die Partei, wurde deutlich erfüllt. Dennoch beschloß der Parteitag, den Frauentag für das nächste Jahr 1914 zu streichen, mit der Begründung, er könne »an Zugkraft und Elan einbüßen ... und das Interesse an dieser Demonstration verschwinden«[5], sowie mit dem Hinweis auf die ›unruhigen Zeiten‹, die einem Frauentag z. T. entgegenstünden.

Die Genossinnen waren durchaus zu Konzessionen in Umfang und Termin bereit, auf den Frauentag 1914 wollten sie jedoch nicht ganz verzichten. Zudem war die Begründung des Parteivorstandes in ihren Augen kaum haltbar: ›ihr‹ Frauentag wurde ja niemals schematisch durchgeführt, sondern immer mit aktuellen politischen Fragen verbunden, und sein massenmobilisierender Effekt machte ihn zu einem Kampfmittel, auf das sie gerade angesichts der unsicheren politischen Lage und der dräuenden Kriegsgefahr nicht verzichten wollten.

Wie Karin Bauer andeutet,[6] war es jedoch gerade dieser mobilisierende, von Kampfstimmung und -bereitschaft getragene Effekt des Frauentages, der dem Parteivorstand ein Dorn im Auge war. Wenn er die organisatorischen Erfolge des Frauentages auch sehr zu schätzen wußte – stellten Frauen doch den Hauptteil des Mitgliederzuwachses in den Jahren vor dem 1. Weltkrieg –, so wog dies das Problem entgleitender Kontrolle doch keineswegs auf. Prompt wurde auch wieder mit dem Vorwurf der ›Sonderbestrebungen‹ gegen die Genossinnen argumentiert und auf dem Jenaer Parteitag 1913 schließlich gefordert, die ganze Angelegenheit dem Parteiausschuß zur Entscheidung zu überweisen. Mit diesem Verfahren waren die Genossinnen nun allerdings nicht mehr einverstanden:

»Ich bitte Sie, daß Sie dem Antrag, diese Frage dem Parteiausschuß zu überweisen, nicht stattgeben. Mit solchen Überweisungen haben wir nicht allzu gute Erfahrungen gemacht... Man sagt, die Frauen brauchen keine Extrawurst. Ich aber sage, solange die Frauen noch unter einem Ausnahmerecht in der bürgerlichen Gesellschaft leben, brauchen sie allerdings Extrawürste. Es ist unbedingt notwendig, daß den Frauen immer und immer wieder vorgehalten wird, wie notwendig es ist, daß sie ihre Menschenrechte fordern. Wir brauchen einen Tag im Jahr, um diese Forderung zu erheben.«[7]

Der Parteitag beschloß daraufhin prinzipiell die Abhaltung des Frauentages 1914 und überwies seine organisatorische Durchführung an den Parteivorstand.

Krieg dem Kriege!

Im Jahr 1914 setzten bereits im Januar Demonstrationen gegen das bestehende Wahlrecht ein und gaben dem Antrag der sozialdemokratischen Fraktion für das Frauenwahlrecht im Reichstag den nötigen Nachdruck. Die Verurteilung von Rosa

Luxemburg zu einem Jahr Gefängnis wegen Aufreizung zu antimilitaristischem Kampf führte zu neuen Unruhen in der sozialdemokratischen Mitgliedschaft, und es fanden große Solidaritätsversammlungen und -demonstrationen statt. Der Internationale Frauentag war nicht nur eine mächtige Kundgebung für das Frauenwahlrecht, sondern auch ein demonstratives Bekenntnis für den Frieden, das der Partei in der anschließenden ›Roten (Werbe-) Woche‹ 148 000 neue Mitglieder brachte.

Die Genossinnen kämpften schon seit Jahren gegen Aufrütung und Krieg. Als eine ihrer einflußreichsten Vertreterinnen nahm Clara Zetkin am außerordentlichen Kongreß der Sozialistischen Internationale in Basel vom 24. bis 26. November 1912 teil. Ihre Rede auf diesem Kongreß ging als ein Dokument des Widerstandes gegen den Krieg in die Geschichte der deutschen Arbeiterbewegung ein und erhielt in Louis Aragons *Glocken von Basel* ein beredtes literarisches Zeugnis:

»Sie spricht. Sie spricht nicht wie eine einzelne Frau, wie eine Frau, die für sich selbst eine große Wahrheit gewonnen hat..., wie eine geniale Frau, die aus dem Laboratorium der Menschheit hervorgegangen ist.

Sie spricht vielmehr wie eine Frau für alle anderen Frauen, um auszudrücken, was alle Frauen einer Klasse denken. Sie spricht wie eine Frau, deren Denken sich in der Unterdrückung, mitten in der unterdrückten Klasse gebildet hat. Sie ist keine Ausnahmeerscheinung. Was sie sagt, gilt, weil Tausende und Millionen von Frauen mit ihr dasselbe sagen. Sie hat ihre Bildung empfangen wie jene, nicht in der gesicherten Ruhe des Studiums und des Reichtums, sondern im Kampf gegen Elend und Ausbeutung. Sie ist einfach die in hohem Grad vollendete Erscheinung der neuen Frau, die nichts mehr zu tun hat mit jener Puppe, die Versklavung, Prostitution und Nichtstun bis zum heutigen Tag zum Gegenstand der Lieder und Gesänge der Dichter aller menschlichen Gesellschaftsformen gemacht haben. Sie ist die Frau von morgen, oder besser, wagen wir es auszusprechen: Sie ist die Frau von heute.«[1]

Auf dem Basler Kongreß hatte Clara Zetkin versprochen:

»Wir werden nicht fehlen, wenn es gilt, bis zum letzten Atemzug alles, was wir können, alles was wir sind, für die Sache des Friedens, der Freiheit, des Glücks der Menschheit einzusetzen.«[2]

Am 15. April fand in Berlin eine Riesenversammlung der Genossinnen zusammen mit Vertreterinnen aus England, Holland und Österreich gegen Militarismus und für den

Weltfrieden statt. Im Juli nahm die Landesversammlung der Sozialdemokraten Württembergs, deren Leitung Clara Zetkin angehörte, auf deren Antrag eine Resolution gegen den Krieg und für den Massenstreik als einen ›Hort des Friedens‹ an.[3] In den letzten Julitagen demonstrierten Hunderttausende gegen die drohende Kriegsgefahr. Clara Zetkin selber hastete zum Parteivorstand nach Berlin sowie nach Brüssel zum Büro der Sozialistischen Internationale, um die sozialdemokratische Führung auf nationaler und internationaler Ebene zu einer geschlossenen Stellungnahme und Aktion (vielleicht zum Massenstreik?) gegen den Krieg anzuspornen. Diese Missionen hatten jedoch keinen Erfolg: Clara Zetkin stieß auf Desinteresse und Ablehnung bei den reformistischen Führern, die die Parteileitung fest in ihren Händen hielten und bereits auf die Kriegspolitik eingespurt waren.

Am 1. August proklamierte die deutsche Regierung die allgemeine Mobilmachung und erklärte Rußland den Krieg; am 3. August folgte die Kriegserklärung an Frankreich. Der sozialdemokratische Parteivorstand rief die Genossinnen zur Zusammenarbeit mit den bürgerlichen Frauenvereien im Nationalen Frauendienst auf, und am 4. August stimmte die sozialdemokratische Reichtagsfraktion den Kriegskrediten zu. In Geheimabsprachen mit der Regierung gingen Partei- und Gewerkschaftsführung auf die Burgfriedenspolitik ein, und wie ihre Führung, so fielen auch breite Teile der organisierten Arbeiterschaft mit der übrigen Bevölkerung in chauvinistischen Kriegstaumel.

Der Kampf der Linken, die bis zuletzt in Versammlungen, Leseabenden und den wenigen Parteiorganen, wo sie noch publizieren konnten, gegen den Krieg gekämpft hatten, hatte sein Ziel nicht erreicht.

5 Exkurs: Weltkrieg und Spaltung

Wenige Tage vor Kriegsausbruch hatte Clara Zetkin noch die Proletarier ›aus Fabriken und Werkstätten, aus Hütten und Dachwohnungen‹ zum Protest gegen den ›germanischen Kreuzzug‹ und die ›deutsche Nibelungentreue‹ aufgerufen. ›Wie Kanonen über schwache Grashalme dahinrollen‹, so sind die Friedensbemühungen der Arbeiterklasse zerdrückt und überrollt worden, klingt es resignativ Anfang September in einem Leitartikel der *Gleichheit*.[1] Doch Verzweiflung und Niedergeschlagenheit hielten nicht lange an: Die Linke schloß sich enger zusammen und vereinigte ihre Kräfte, um auf allen Ebenen und mit allen verfügbaren Mitteln gegen den Krieg und gegen die Politik der ›Vaterlandsverteidigung‹ der SPD-Führung zu wirken.

An dieser Arbeit hatten die Frauen einen wesentlichen Anteil. Illegales Aufklärungsmaterial über die Kriegsursachen wurde gedruckt und verschickt, und in Leseabenden und wo sie sonst mit Parteimitgliedern zusammenkamen, klärten führende Genossinnen über die Antikriegsarbeit der Linken auf.

Die Gleichheit war eine der wenigen und die wichtigste sozialdemokratische Zeitung, die ihre oppositionelle Haltung zum Krieg beibehalten hatte. Da sie zugleich Organ der Sozialistischen Fraueninternationale war, konnte der Parteivorstand nicht ohne weiteres über sie verfügen. Die konsequente Berichterstattung Clara Zetkins und ihr internationalistisches Selbstverständnis gaben der Zensur jedoch genügend Anlässe, um immer breitere weiße Lücken in die Artikel zu reißen, die von der Redaktion demonstrativ stehengelassen wurden. Die Anfeindungen gegen *Die Gleichheit* und der Ruf nach ihrer Kontrolle durch den Parteivorstand nahmen in diesen Jahren an Umfang und Schärfe ganz erheblich zu: Clara Zetkin ließ sich dadurch jedoch nicht beirren.

Es waren auch Frauen, die versuchten, die zerrissenen Fäden der Sozialistischen Internationale wieder aufzugreifen und zusammenzuknüpfen. Clara Zetkin rief auch im März 1915 zum internationalen Frauentag auf und stellte ihn in den Dienst von Frieden und Freiheit. Obwohl dieser Plan von der deutschen Parteileitung verurteilt wurde, organisierte sie eine Konferenz sozialistischer Frauen in Bern (26. bis 28. März 1915), an welcher 25 Delegierte aus England, Frankreich, Holland, Italien, Rußland, Polen, der Schweiz und aus Deutschland teilnahmen.

Dieses erste internationale sozialistische Forum seit dem Ausbruch des 1. Weltkrieges unter der Beteiligung der kriegführenden Staaten beschloß einstimmig das ›Berner Flugblatt‹, das die Frauen aller Länder dazu aufforderte, sich zum Kampf für Frieden und Sozialismus zusammenzuschließen. Es wurde allein in Deutschland in 200 000 Exemplaren illegal verteilt und weitergereicht.[2]

Die Reformistinnen, die auf die ›Verantwortung gegenüber dem Ganzen‹ eingespurt waren, distanzierten sich allerdings von allen Bekundungen internationalen Verständnisses und Zusammenarbeit und diffamierten sie als ›politische Phantasterei‹ und ›sachliche Urteilslosigkeit‹[3]. In den Reihen der bürgerlichen Frauen fand sich jedoch ein kleiner, aber aktiver Kreis von Frauen – vor allem aus dem Umkreis des ›Frauenstimmrechtsbundes‹ –, die sich dem Protest gegen den Krieg anschlossen und im Bereich ihrer Möglichkeiten für den Frieden wirkten. Darunter befanden sich fast alle Führerinnen der ›radikalen‹ bürgerlichen Frauenbewegung, wie Anita Augspurg, Lida Gustava Heymann, Minna Cauer, Else Lüders, Helene Stöcker u. a. m.[4]

Die Lage der Arbeiterklasse in Deutschland verschlechterte sich indessen rapide: Die ›Unerschöpflichkeit der deutschen Ernährungsquellen‹ hatte sich als Phantasie erwiesen, und der Traum vom siegreichen ›Blitzkrieg‹ war ausgeträumt. Bereits Ende 1914 wurde das Brot in einigen Städten knapp, und bald mußte die allgemeine Rationierung der wichtigsten Lebensmittel eingeführt werden. Warenknappheit, Teuerung und Spekulation verschlechterten die Lebenshaltung und vor allem die Lebensmittelversorgung, bis man in vielen Arbeiterhaushalten bald nicht mehr wußte, wo man die nächste Mahlzeit hernehmen sollte.

Durch den Kriegsdienst der Männer, die steigenden Anforderungen der Rüstungsindustrie und die Aufhebung der wenigen Arbeiterinnenschutzbestimmungen drangen die Frauen scharenweise in alle Produktionszweige ein. In dem Maße jedoch, wie sich die Lebensverhältnisse verschlechterten und die Zahlen der Gefallenen und Verwundeten täglich vermehrten, begann die nationalistische Begeisterung, von der auch viele Frauen bei Kriegsausbruch ergriffen worden waren, abzuflauen. Hunger, Not und Tod trieben die Frauen schon nach wenigen Monaten zu Protesten gegen den Krieg und seine Auswirkungen.

Diese Haltungsänderung wirkte sich auch auf die Teilnahme der proletarischen Frauen am Nationalen Frauendienst aus. Hunderte und Tausende von Arbeiterinnen und Arbeiterfrauen, darunter viele Genossinnen, waren den Aufrufen von

Parteivorstand und Generalkommission in den ersten Wochen nach der Kriegserklärung gefolgt, und an einigen Orten, wie Berlin, hatten die Sozialdemokratinnen auch eigene Hilfseinrichtungen geschaffen. Unter der Einbindung der Genossinnen in die Kriegsfürsorge litten jedoch nicht nur die sozialdemokratischen Organisationen, die die Frauen dringend für die vakanten Parteiposten benötigten, sondern auch jede andere Aktivität war gelähmt, weil in den Parteiversammlungen nur noch über die Hilfsaktionen gesprochen wurde. Dies hatte um so größere Bedeutung, als der Großteil der Parteiarbeit nun in den Händen der Frauen lag: Die Männer waren entweder bereits im Feld oder durften sich nicht exponieren, um nicht ebenfalls eingezogen zu werden.

Während die Einbeziehung der proletarischen Frauen als ›Hilfstruppe der städtischen Verwaltungen‹ in die Kriegsfürsorge von den Reformistinnen allgemein begrüßt wurde – weil sie ihnen die ersehnte Gelegenheit gab, ihre Fähigkeiten und ihr Pflichtbewußtsein unter Beweis zu stellen und sich so den Zugang zur Gemeindeverwaltung auf breiter Ebene zu verdienen –, wurde diese Praxis von der Linken kritisiert. Sie wandten sich gegen den Abzug der Kräfte von der eigentlichen Aufgabe, dem Kampf um Frieden und Sozialismus, und sprachen sich gegen die Beteiligung der Genossinnen an der Kriegsfürsorge aus.[5] Diese politische Einschätzung kam der Stimmung unter den Arbeiterinnen und Arbeiterfrauen entgegen. Ihre wachsende Opposition zum Krieg, ihre Abneigung gegen eine Zusammenarbeit mit den bürgerlichen Frauen und der tägliche Existenzkampf führten sehr bald zu einem Nachlassen ihres Interesses und des praktischen Engagements in den bürgerlichen Hilfsorganisationen. Es gelang nicht, die proletarischen Frauen auf Dauer in die Kriegsfürsorgeorganisationen einzuspannen.

Im Frühjahr 1915 setzten spontane oder nur von einigen illegalen Flugblättern gezündete Proteste und Kundgebungen gegen den Krieg ein, an denen Frauen und Jugendliche maßgeblich beteiligt waren. Die Kriegsgegnerinnen fingen die sozialdemokratischen Kriegsbefürworter vor dem Reichstag ab und forderten sie zu einer entschlossenen Friedenspolitik auf. Eine Sitzung des sozialdemokratischen Parteiausschusses wurde von ca. 200 Frauen gesprengt, die von der Parteiführung verlangten, daß sie sich an die Spitze der Massenbewegung stelle und mit allen, auch illegalen Mitteln, gegen Krieg und Teuerung kämpfe.

Obwohl der Parteivorstand die Demonstrationen möglichst herunterspielte und durch die Art seiner Berichterstattung eine Panik erzeugen und die Bevölkerung von der Teilnahme abhalten wollte,[6] griffen die Proteste auf immer mehr Städte über und erfaßten auch immer größere Teile der Bevölkerung. Im November und Dezember 1915 kam es in Berlin zu Kundgebungen, an denen sich bis zu 15 000 Personen beteiligten. Polizei und Militär wurden rücksichtslos eingesetzt, eine Flut von Verhaftungen und Prozessen war die Folge, von denen auch die linken Führer nicht verschont blieben. In den Jahren 1916/17 kam es dann zu den Massenbewegungen im Lebensmittelbereich, die wir mit der Arbeitsgruppe ›Frauenfrage und deutsche Sozialdemokratie vom Ende des 19. Jahrhunderts bis zum Beginn der zwanziger Jahre‹ als wichtige Voraussetzung und Vorbereitung für die Streikbewegungen gegen Ende des Krieges bezeichnen können.[7]

Um einheitlicher vorgehen zu können, hatten die Genossinnen inzwischen vom Parteivorstand immer hartnäckiger die Einberufung einer Frauenkonferenz gefordert: Als dieser sich beharrlich weigerte, machten die Frauen ein Ausweichmanöver und beriefen eine Konferenz der Parteifunktionärinnen von Groß-Berlin ein (Sept. 1916), an der Genossinnen aus Stettin, Braunschweig, Leipzig, Düsseldorf und Stuttgart teilnahmen. Auf dieser Konferenz stellte Käte Duncker die politische Konzeption der ›Internationale‹, des vorläufigen losen Zusammenschlusses der Linken vor, und die Mehrheit der Teilnehmerinnen, darunter Luise Zietz, stellte sich auf diese Position. Sie verurteilten die Politik der Parteiführung und seine Entscheidung in der Frage der Frauenkonferenz und verabschiedeten eine Resolution für den Frieden und zur Teuerung und Ernährungsfrage. Der *Gleichheit* sprachen sie Lob und Anerkennung für ihre ›vorbildliche Haltung‹ seit Kriegsbeginn aus.

Die konsequente Anti-Kriegs-Politik der *Gleichheit* wurde von breiten Kreisen der Frauenbewegung geteilt. Es gab jedoch auch Gegenstimmen, wie die Resolutionen der Konferenz der württembergischen und eines Treffens der hessischen Genossinnen zeigen, die verlangten, daß *Die Gleichheit* ›der Parteimehrheit den ihr zukommenden Raum‹ gewähre.[8] Inwieweit es sich bei solchen Äußerungen um ›bestellte Arbeit‹ handelte, wie von Clara Zetkin und anderen angenommen wurde, ist schwer auszumachen. Jedenfalls nahm der Parteivorstand diese Vorwürfe und den Abonnentenrückgang, unter dem *Die Gleichheit* wie die gesamte Parteipresse kriegsbedingt zu leiden hatte, zum willkommenen Anlaß, um zum entscheidenden Schlag gegen das Organ der proletarischen Frauenbewegung auszuholen.

Clara Zetkin wurde 1917 vom Parteivorstand der Redaktion der *Gleichheit* enthoben und durch Marie Juchacz (später durch Clara Bohm-Schuch) ersetzt, die sich vorgenommen hatte, ihre ›ungenießbaren Artikel‹ in eine populäre Frauenzeitschrift zu verwandeln. Der Abonnentenrückgang der *Gleichheit* wurde, wie zu erwarten, durch diesen Redaktionswechsel keineswegs aufgehalten. *Die Gleichheit* verlor vielmehr an Leserschaft, und 1923 wurde ihr Erscheinen ganz eingestellt. Die *Gewerkschaftliche Frauenzeitung*, die während des Krieges als politisches Kampfmittel und Konkurrenzunternehmen gegen *Die Gleichheit* gegründet und mit Finanzspritzen der Gewerkschaften eine ständige Auflagenerhöhung erreicht hatte, wurde später ›wegen Kostenbelastung‹ eingeschränkt und 1924, ein Jahr nach der Einstellung der *Gleichheit*, ebenfalls aufgelöst nach dem Motto: ›Der Mohr hat seine Schuldigkeit getan, der Mohr kann gehen.‹

Im gleichen Jahr des Handstreichs gegen *Die Gleichheit* konstituierte sich die USPD als Sammelbecken der Opposition, und auch andere Oppositionelle wurden aus ihren Parteifunktionen vertrieben. Luise Zietz wurde ihrer Position im Parteivorstand enthoben, und Karl Kautsky und seinem Mitarbeiter Emanuel Wurm wurde die Redaktion der *Neuen Zeit* überfallartig entzogen und an Heinrich Cunow übergeben. Die Spaltung, vor der die Linken am Anfang des Krieges noch zurückgeschreckt hatten, war vollzogen. Wie sehr gerade die Frauenbewegung von dieser Entwicklung betroffen war, zeigt ein Bericht aus der Nachkriegszeit (Frauenkonferenz in Weimar 1919):

»Die neue Zeit hat uns mit einem gewaltigen Ruck vorwärts gebracht, und es wäre noch viel mehr erreicht worden, wenn nicht die Spaltungsbestrebungen in unserer Partei so unglückselig schwächend gewirkt hätten. Sie haben gerade auch in der Frauenagitation zu höchst unerwünschten Zuständen geführt. Die Frauen haben immer mehr auf dem linken Flügel der Partei gestanden, deshalb erscheint auch heute noch vielen von ihnen die Haltung der USPD annehmbarer als das, was wir ihnen sagen...«[9]

Die Genossinnen, die nach der Spaltung in der SPD geblieben waren, konnten jetzt unter der Leitung ihrer neuen reformistischen Führerinnen ungehindert ihren Interessen nachgehen und bekamen auch ihre Konferenzen anstandslos bewilligt: die sozialdemokratische Frauenbewegung war endlich ›integriert‹; sie hatte ihren eigenen, klar abgegrenzten Bereich, die Wohlfahrtspflege und die Kommunalpolitik, wo sie ›schalten und walten‹ konnten, wie es sich für Frauen gehört. Ihren revolutionären Anspruch und ihr radikales Selbstverständnis hatte sie darüber allerdings verloren, und mit diesem Verlust ging eine Verdrängung der eigenen Geschichte einher. Verdrängt wurde nicht nur der tapfere Widerstand vieler und gerade der proletarischen Frauen gegen den Krieg, verdrängt wurden auch die ganze radikale Frauenemanzipationstheorie und die Entwicklung der Frauenbewegung der Vorkriegszeit.[10] Die sozialdemokratischen Frauen standen nach 1914 theorie- und geschichtslos vor dem Trümmerhaufen der Frauenemanzipation, den sie mit den begrenzten traditionellen Mitteln der bürgerlichen Frauenbewegung abzutragen suchten. Und an ihm schaufeln sie auch heute noch.

Anhang

Anmerkungen

I Der Lebenszusammenhang der proletarischen Frau

1 *Proletarische Lebensläufe,* Autobiographische Dokumente zur Entstehung einer Zweiten Kultur in Deutschland, Band 1, Anfänge bis 1914, Hrsg. Wolfgang Emmerich, Hamburg 1975, S. 44f.
2 Agnes Heller, *Das Alltagsleben,* Versuch einer Erklärung der individuellen Reproduktion, Hrsg. Hans Joas, Frankfurt 1978, S. 24f.
3 Ebd., S. 86f.
4 Ute Volmerg entwickelt diesen von Negt/Kluge eingeführten Begriff sensibel weiter. Vgl. dslb., Zum Verhältnis von Produktion und Sozialisation am Beispiel industrieller Lohnarbeit. in: *Produktion, Arbeit, Sozialisation;* Hrsg. Thomas Leithäuser und Walter R. Heinz, Frankfurt 1976, S. 105ff.
5 Vgl. dazu Georg Bollenbeck, *Zur Theorie und Geschichte der frühen Arbeiterlebenserinnerungen,* Kronberg 1976, S. 11f.

1 *Das Wilhelminische Kaiserreich*

Die wirtschaftliche Entwicklung

1 1890: Gewerbegerichtsgesetz, Novelle zum preußischen Berggesetz; 1891: Arbeiterschutzgesetz (11-Stundentag für Frauen mit 1 Std. Mittagspause, Erhöhung des Wöchnerinnenschutzes von 4 auf 6 Wochen; 1899: Novelle zur Gewerbeordnung (Kinderschutzgesetze), Enquete über die Beschäftigung verheirateter Frauen; 1908: Novelle zur Gewerbeordnung: 10-Stundentag für Frauen, 8 Std. vor Sonn- und Feiertagen, Erhöhung des Wöchnerinnenschutzes auf 8 Wochen, Regelung des Arbeiterschutzes in der Großindustrie; 1911: Reichsversicherungsordnung, Hausarbeitsgesetz (Institutionalisierung von Tarifverträgen).

Die politische Lage

1 Die ›negative Integration‹ ist »gekennzeichnet durch zunehmend ökonomische Besserstellung und Tendenzen zur rechtlichen und faktischen

Gleichberechtigung einerseits bei gleichzeitiger grundsätzlicher Verweigerung der Gleichberechtigung in Staat und Gesellschaft und Fortdauer der Ausbeutung und der Unterdrückungsmaßnahmen andererseits«. Dieter Groh, *Negative Integration und revolutionärer Attentismus. Die deutsche Sozialdemokratie am Vorabend des Ersten Weltkrieges*, Frankfurt, Berlin, Wien 1973, S. 36.

2 *Die allgemeinen Kennzeichen der weiblichen Erwerbstätigkeit*

1 Nähere Angaben für diese Entwicklung finden wir in dem *Statistischen Jahrbuch für das Deutsche Reich*, Hrsg. Kaiserliches Statistisches Amt, Berlin 1914, S. 16. Nach seinen Angaben stieg die Zahl der weiblichen Angestellten von 54042 (1895) um 256% auf 192619 (1907). Bei den Männern erhöhte sich die Zahl der Angestellten im gleichen Zeitraum von 763848 um 83% auf 1395549. In der Industrie erhöhte sich die Zahl der Arbeiterinnen von 1521118 um 38% auf 2103924, während die männlichen Arbeiter von 6760102 um 35% auf 9152330 anstiegen.

2 Vgl. *Handbuch der deutschen Wirtschafts- und Sozialgeschichte*, Band 2. Hrsg. Hermann Aubin und Wolfgang Zorn, Stuttgart 1976, S. 634f.

Ungelernte Tätigkeit

1 Auf 100 gelernte Arbeiterinnen kamen 1907 123,18 ungelernte (1895: 89,49), während auf 100 ungelernte Männer nur 63,45 ungelernte kamen (1895: 47,77). Vgl. Jürgen Kuczynski, Studien zur Geschichte der Lage der Arbeiterin in Deutschland von 1700 bis zur Gegenwart, in: *Geschichte der Lage der Arbeiter*, Band 18, Berlin 1963, S. 110.

Niedriger Lohn

1 *Handbuch der deutschen Wirtschafts- und Sozialgeschichte*, a.a.O., S. 621.

2 Vgl. Dr. Lothar Schneider, *Der Arbeiterhaushalt im 18. und 19. Jahrhundert*, Berlin 1967, S. 101.

3 Errechnet nach August Bebel, *Die Frau und der Sozialismus* (erschienen 1879), Berlin 1964, S. 259ff. Vgl. auch Kuczynski, S. 128ff.

Langer Arbeitstag

1 Vgl. Helene Simon, »Der Zehnstundentag«, *Sozialistische Monatshefte* (im folgenden mit *S.M.* gekennzeichnet), Bd. 2, 9. (11.) Jg., 1905, S. 957.

2 Robert Wilbrandt, *Die Weber in der Gegenwart*, Jena 1906, S. 143.

3 *Die Wuppertaler Textilindustrie: eine typische Frauenindustrie*

1 Vgl. Elisabeth Gottheiner, *Studien über die Wuppertaler Textilindustrie und ihre Arbeiter in den letzten 20 Jahren,* Leipzig 1903.

Die Situation der Frauenarbeit

1 Während ihre Zahl 1876 mit 6638 bezeichnet wird, gab es 1892 bereits 30251 und 1899 42477 Textilarbeiterinnen. Vgl. ebd., S. 40. Max Hirsch bezeichnet den durchschnittlichen Anteil der Textilarbeiterinnen für 1907 mit 56%. Vgl. dslb., *Die Gefahren der Frauenerwerbsarbeit für Schwangerschaft, Geburt, Wochenbett und Kinderaufzucht unter besonderer Berücksichtigung der Textilindustrie,* Leipzig 1925, S. 3.

2 Während durchschnittlich 26% der Fabrikarbeiterinnen verheiratet waren, stieg ihr Anteil in Textilbereichen oft erheblich an (Sachsen-Altenburg: 56%, Reuss: 58%). Vgl. Wilbrandt, S. 143.

3 Vgl. Hirsch, S. 22.

4 Vgl. Gottheiner, S. 18f und S. 40f.

5 Ebd., S. 42.

4 *Exemplarischer Lebenslauf und biographische Erfahrung*

1 Vgl. *Sozialisation und Lebenslauf,* Hrsg. Klaus Hurrelmann, Reinbek 1976.

2 Vgl. Ute Gerhard, *Verhältnisse und Verhinderungen: Familie und Rechte der Frauen im 19. Jahrhundert,* Frankfurt 1978, S. 96ff; Hans Medick, »The protoindustrial family economy: the structural function of household and family during the transition from peasant society to industrial capitalism«, *Social History,* 3. Okt. 1976, S. 301; Peter Laslett, »Familie und Industrie: eine ›starke Theorie‹«, *Sozialgeschichte der Familie in der Neuzeit Europas,* Hrsg. Werner Conze, Stuttgart 1976, S. 25ff; Michael Mitterauer, »Auswirkungen von Urbanisierung und Frühindustrialisierung«, ebd., S. 53ff.

3 Rudolf Braun. Sozialer und kultureller Wandel in einem ländlichen Industriegebiet im 19. und 20. Jahrhundert. Erlenbach-Zürich, Stuttgart 1965, S. 210.

4 Vgl. Wolfgang Abendroth, *Ein Leben in der Arbeiterbewegung,* Frankfurt 1976, S. 12.

5 Adelheid Popp, *Jugend einer Arbeiterin* (erschienen 1909 bzw. 1915), Bonn-Bad Godesberg 1977, S. 21.

6 Bollenbeck, S. 53.

7 Vgl. Li Fischer-Eckert, *Die wirtschaftliche und soziale Lage der Frauen in dem modernen Industrieort Hamborn im Rheinland* (Diss. Tübingen), Hagen 1913 sowie Lisbeth Franzen-Hellersberg, *Die jugendliche Arbeiterin, ihre Arbeitsweise und Lebensform,* Tübingen 1932.

8 *Mein Arbeitstag – mein Wochenende;* 150 Berichte von Textilarbeite-

rinnen, gesammelt und herausgegeben vom Deutschen Textilarbeiterverband, Hauptvorstand, Berlin 1930. Diese Berichte stammen aus der Zeit nach dem Ersten Weltkrieg. Weder der Krieg noch die deutsche Revolution hatten die Lebenssituation der Frauen wesentlich verändert oder gar verbessert. Was die Novemberrevolution für die Frauen an Verbesserungen erkämpft hatte, wurde nach wenigen Jahren wieder zurückgenommen. Die Frauenarbeit behielt im wesentlichen ihre Merkmale als unqualifizierte und schlecht entlohnte Tätigkeit. Lediglich die Einführung des Achtstundentages brachte eine Erleichterung. Dieser hatte allerdings keine große Auswirkung und ging im Kontext der vieldimensionalen beruflichen und familialen Verpflichtungen der Frauen fast gänzlich unter, da die übrigen Bedingungen wie Wohnung, Ernährung, Kleidung usw. sich nicht besserten, z. T. sogar verschlechterten. So zeigt sich auch hier wieder, daß politische Veränderungen keine unmittelbare Auswirkung auf die konkrete Lebenssituation haben, wenn sie nicht an ökonomische Umwälzungen gebunden sind. Die Tradierung wesentlicher Erfahrungsmomente im Alltag der proletarischen Frauen nach dem Ersten Weltkrieg macht diese Erfahrungsberichte auch für unsere Fragestellung interessant und relevant. Sie können mit dem Material von 1890 bis 1917 zudem verglichen, korrigiert und kontrolliert werden.

9 Frank Deppe. *Das Bewußtsein der Arbeiter,* Köln 1971, S. 155 f.

Die ersten Lebensjahre

1 »... mein ganzes Herz hing an der Mutter; vor dem Vater hatte ich eine unbezwingbare Scheu...«, Popp, S. 25; vgl. auch Otto Rühle, »Aus der Kindheit eines Proletariermädchens«, Anhang, Zur Psychologie des proletarischen Kindes, Frankfurt 1975 (erschienen 1929) und die Lebensbeschreibung der Katrin (1860–1882), in: *Proletarische Lebensläufe,* S. 168 ff.

2 Popp, S. 25.

3 Vgl. Popp, S. 178.

4 Rühle, *Aus der Kindheit...,* S. 193. Adelheid Popp, die ihr Leben lang eine problematische Beziehung zu ihrer Mutter behielt, schreibt: »Meine Mutter war seit meinem Kranksein ungemein zärtlich gegen mich geworden und nannte mich oft ihr armes unglückliches Kind. Meine Liebkosungen, die sie früher immer abgelehnt hatte, nahm sie jetzt gerührt hin. Früher wies sie sie nicht aus Lieblosigkeit, sondern von der Auffassung diktiert, daß Schmeicheleien Falschheit bedeuten, zurück. Jetzt wurde sie aber wieder unwillig, weil ich nichts verdiente.« Dslb., S. 43.

5 Vgl. Rosa Kempf, Das Leben der jungen Fabrikarbeiterinnen in München, Leipzig 1911, S. 201 ff.

6 Fischer-Eckert, S. 26 f.

7 Max Hoelz, »Kindheit und erste Arbeitsjahre auf dem Lande (1889–1905)«, in: *Proletarische Lebensläufe,* S. 305 f.

8 Katrin, Ebd., S. 168.

9 Popp, S. 119.

10 Es folgen zwei Beobachtungsberichte. Die Befremdung der Schreiberin über die rauhen Spielformen und die nicht näher ausgewiesene Übertragung bürgerlicher Bedürfnisse (– ein Plätzchen für sich haben –) veranschaulichen noch einmal die Vermitteltheit des so gewonnenen Materials. »Auf einem schmutzigen Hof zwischen fünf Stock hohen abgebröckelten Mauern spielten neben Müllkästen drei Kinder ›Familie‹. Das Heim wurde mit nichts anderem angedeutet als einigen Kreidestrichen auf dem Fußboden. Die drei Mütter besuchten sich gegenseitig. Der Hauptspaß bestand darin, sich auszukneifen, zu schlagen und zu stoßen, weil die eine oder die andere die Kreidestriche auf dem Fußboden nicht beachtete und durch die Wand statt durch die Türe ging. Der Redeschwall ergoß sich auch über die Puppenkinder, die in die allgemeine Prügelei mit hineingezogen wurden. Ein Beispiel verzweifelter Heimlosigkeit bot auch das Hantieren eines kleinen Jungen. Er hatte zu Haus kein Fach, keinen Winkel, um seine kleinen Habseligkeiten zu verstecken. Er holte sich eine Konservenbüchse, füllte sie mit seinen Lieblingsdingen und vergrub sie heimlich. In unbeobachteten Momenten holte er sie vorsichtig heraus, wie ein Hund einen vergrabenen Knochen.« Franzen-Hellersberg, S. 58.

11 Ebd., S. 46ff.

Kinderarbeit und Schule

1 Vgl. die Einführung der obligatorischen Fabrikinspektion (1878); die Gewerbenovelle von 1891, die das Minimalalter für Fabrikarbeit auf 13 Jahre heraufsetzte und die Beschäftigung noch schulpflichtiger Kinder verbot; das Kinderschutzgesetz vom 1. Jan. 1904, das diesen Schutz auf die Beschäftigung eigener (unter 10 Jahren) und fremder (unter 12 Jahren) Kinder und auf die Beschäftigung in nicht der Gewerbeinspektion unterstehende Betriebe ausdehnte sowie Kinderarbeit in gesundheitsschädigenden Betrieben (worunter allerdings noch nicht einmal die Tabakindustrie fiel) verbot. Vgl. Lotte Adolphs, *Industrielle Kinderarbeit im 19. Jahrhundert*, Duisburg 1972, S. 36f.

2 Käte Duncker, *Die Kinderarbeit und ihre Bekämpfung*, Stuttgart 1906, S. 17.

3 Vgl. Ernst Hofmann, »Volkskundliche Betrachtungen zur proletarischen Familie in Chemnitz um 1900«, in: *Wissenschaftliche Zeitschrift der Humboldt-Universität zu Berlin*, Heft 1, 1971, S. 78.

4 Gottheiner, S. 57.

5 Ebd., S. 56.

6 In Chemnitz waren in den Klassen V bis I 35% der Knaben und 28% der Mädchen erwerbstätig, im letzten Schuljahr 72% der Knaben und 49% der Mädchen. Vgl. Hofmann, S. 78.

7 August Forel (Hrsg.), »Eine billige Arbeitskraft«, in: *Proletarische Lebensläufe*, S. 194.

8 Rühle, *Aus der Kindheit ...*, S. 215ff. Vgl. auch Anna Maier, »Mein Wunsch: lernen, lernen und nochmals lernen«, Arbeiterinnen kämpfen um ihr Recht, Hrsg. Richard Klucsarits und Friedrich G. Kürbisch, Wuppertal, o. Jg., S. 92:

»Als ich in die Schule kam, war mein einziger Wunsch, zu lernen. Auch das war eine Illusion, denn schon um 5 Uhr früh mußte ich aufstehen, zuerst spulen und dann notdürftig gekleidet zur Schule laufen. Nach der Schule so geschwind wie möglich nach Hause, um noch vor dem Mittagessen zu spulen. Nachmittags nach Schulschluß ebenfalls wieder spulen. All das hätte ich sehr leicht ertragen, aber wenn mich meine Mutter von der Schule fernhielt, damit ich zu Hause bei der Arbeit helfen konnte, so war das für mich ein verlorener Tag. Alles Bitten und Weinen half nichts, ich mußte mich dem Gebot fügen.«

9 Reichskanzler von Bülow (1907), zit. nach Karl-Heinz Günther, Franz Hofmann, Gerd Hohendorf u.a., *Geschichte der Erziehung*, Berlin 1976, S. 408.

10 Vgl. Leonard Frank, »Sieben Jahre Volksschule« (1888–95), in: *Proletarische Lebensläufe*, S. 311.

11 Rühle, *Aus der Kindheit* ..., S. 207f. Marchawitza berichtet: »Wir gingen das vierte Jahr in die Schule und lernten schon Geschichte ... Wir ... kannten bereits alle Ruhmestage der deutschen siegreichen Armeen wie an der Schnur auswendig ...«, in: *Proletarische Lebensläufe*, S. 318f.

12 Vgl. Günther, S. 409f.

13 Vgl. Erhard Lucas. *Zwei Formen von Radikalismus in der deutschen Arbeiterbewegung*, Frankfurt/M. 1976, S. 80.

Ausbildung und Berufswahl

1 Popp, S. 45f; ähnliches wird auch von Lehrmädchen aus anderen Gewerben berichtet. Vgl. den Bericht der Stickereiarbeiterin (»Meine Lehrfrau hat mich als Kindermädchen und Laufmädchen abgerichtet, nicht als Lehrmädchen«) und der Kunstperlenproduzentin, Käte Leichter, *So leben wir ...: 1320 Industriearbeiterinnen berichten über ihr Leben*, Wien 1932, S. 18.

2 Rönne I, 870, zit, nach Eduard Spranger, *Zur Geschichte der Volksschule*, Heidelberg 1949, S. 82.

3 Else Lüders, *Die Fortbildung und Ausbildung der im Gewerbe tätigen Personen*, München/Leipzig 1912, S. 32.

4 Leichter, S. 50.

5 »Als ich das 13. Lebensjahr erreicht hatte, nahm mich meine Mutter an der Hand, ging mit mir zum Direktor der Tabakfabrik und ersuchte für mich um Aufnahme. Der Direktor weigerte sich, mich zu nehmen, meine Mutter wußte ihn aber durch Bitten umzustimmen, mit dem Hinweis, daß mein Vater gestorben sei ...« Anna Maier in: *Arbeiterinnen kämpfen* ..., S. 93; »Es brauchte kein großer Familienrat abgehalten zu werden, um den richtigen Beruf zu wählen, denn groß war die Auswahl für Mädchen damals nicht. In der Schule war ich immer gelobt worden, weil ich gut nähen und vor allem gute Knopflöcher machen konnte. Ich sollte also Wäsche nähen.« Ottilie Baader, *Ein steiniger Weg*, Berlin 1921, S. 10, »Meine Mutter ging nun auch in eine Fabrik, sie wollte, daß ich in dieselbe gehen sollte, damit wir gemeinsam zu Mittag essen und auf diese Weise billiger auskommen könnten ...«

Marie Sponer, »Anschauungsunterricht von Kindheit an« (1872–1890), in: *Arbeiterinnen kämpfen . . .*, S. 138; »In der Schule hab ich mir schon überlegt, was ich werden wollte. Da hörte ich von meiner Tante, die auch Einlegerin ist, daß dieser Beruf für mich schön wäre. Da habe ich mir es im Kopf gesetzt, den Beruf zu ergreifen.« zit. nach Franzen-Hellersberg, S. 103.

6 Vgl. Fischer-Eckert, S. 74 und Kempf, S. 62.

7 Nachdem sie ihre erste Lehre abgebrochen hat, geht Adelheid Popp in eine Bronzefabrik und »verdiente aber bald mehr, als ich in der Lehre bekommen hätte . . . Zehn Monate arbeitete ich ununterbrochen . . . Nach einigen Monaten wurde mir eine andere Arbeit zugewiesen, die besser bezahlt wurde. Sie war aber anstrengender . . . In der Bronzefabrik hatte ich nicht bleiben dürfen, weil die Arbeit meine Gesundheit untergrub, jetzt aber arbeitete ich in einer Metalldruckerei . . . Ich blieb nur einige Tage dort und fand dann Arbeit in einer Patronenfabrik . . . Ich fand ja verschiedene Arbeiten. In einer Kartonagenfabrik, bei einem Schuhfabrikanten, bei einer Fransenknüpferin, in einer Werkstätte, wo auf türkische Schals grüne Farbe aufgetragen wurde . . .«, vgl. dslb., S. 39ff; ähnliches berichtet auch Ottilie Baader, die nach diversen Fabriken schließlich zur Heimarbeit kommt. Dslb., S. 10ff.

8 Zit. nach Franzen-Hellersberg, S. 103f.

9 *Mein Arbeitstag . . .*, S. 26 und S. 57.

Die Stellung der Mädchen in der Familie

1 *Mein Arbeitstag . . .*, S. 34f.

2 Baader, S. 19.

Freizeit

1 Vgl. Lucas, S. 103.

2 Popp, S. 123f.

3 »Eine nicht geringe Rolle spielte auch die Kleidung, auf die um so mehr Wert gelegt wird, je primitiver die Lebensansprüche dieser Frauen sonst sind. Eine Fabrikarbeiterin, die keine seidenen Strümpfe trägt, bildet eine Ausnahme. Ein solches Mädchen kann in jeder Beziehung als ein Fremdkörper innerhalb ihrer Schicht betrachtet werden. Seidene Strümpfe für diese Schicht werden sogar von Fürsorgerinnen, die sich von Amts wegen der Betreuung der jungen Mädchen widmen, nicht als Luxus angesehen. Man weiß, die Arbeiterin isoliert sich, wenn sie sich einfach oder überhaupt bescheiden kleidet.« Franzen-Hellersberg, S. 24; vgl. auch Ute Volmerg, S. 123, über die Identifikationschancen via Kleidung oder persönliche Gegenstände im Betrieb.

4 Popp, S. 124f.

5 »Die, ich will mal sagen, passionierten Fabrikarbeiterinnen, halten sich für sich und lassen nicht gern Neulinge in ihre Karten sehen. Sie fühlen instinktiv, daß ein Unterschied besteht zwischen ihnen und denen, die, der Not gehorchend, jetzt auch in der Fabrik arbeiten müssen. Diese Neuen . . . möchten sich manchmal unsichtbar machen, weil die Zoten

und Witze sehr offen sind, und doch wird ihnen dieses mimosenhafte Wesen vorgeworfen, vielleicht mit den Worten: Tun Sie bloß nich so, oder: Geb'n se man nich so reichlich an, se sind ja och bloß Fabrikklater. Es ist tatsächlich das Beste, wenn man als Neuling in der Fabrik sich dem Durchschnittsmilieu anpaßt... Ist man manchmal in der Lage, über Kitschfilm oder -bücher mitzureden, so ist es doch schwer, seine Kolleginnen zu überzeugen, daß auch wirkliche Kulturwerke nicht langweilig und trocken-belehrend sind. Seichte schlüpfrige Lektüre und Filme sind schön, knorke usw.... Gerade diejenigen, die sich so recht wohl fühlen in dem Fabrikleben, sind die größten Schreier, wenn mal das Gespräch eine politische Note bekommt, ... reden vom Klassenkampf, Bonzen, Korruption und gebrauchen Schlagwörter, nach deren Bedeutung gefragt, sie selten genaue Auskunft geben können...« zit. nach Franzen-Hellersberg, S. 105.

Sexualität

1 Vgl. Franzen-Hellersberg, S. 62.
2 Gottheiner, S. 43 f.
3 Traditionelle Objekte solcher Sanktionen waren Männer, die ihre Frauen schlugen, und ›unmoralische‹ Frauen. Es gibt keine Angaben darüber, ob das auch bei Arbeitern noch vorkam. Edward Shorter hat ein schönes Beispiel für solch ein ›Katzenlied‹ aus einem Dorf in Surrey (England) von 1840 notiert.
There is a man in this place
Has beat his wife!! (forte; a Pause)
Has beat his wife!! (fortissimo)
It is a very great shame and disgrace
To all to who live in this place
It is indeed upon my life!!!
Dslb., *The making of the modern family*, New York 1976, S. 225.
4 Zit. nach Alice Rühle-Gerstel, *Die Frau und der Kapitalismus*, 1932, S. 282 f (autorisierter Nachdruck, Genf, o. Jg.):
5 Käte Leichter untersuchte diesen Komplex differenziert nach Art des Berufes und Alter und ermittelte bei jungen Arbeiterinnen eine vom Wunsch nach Selbständigkeit und eigener Lebensführung geprägte eher positive Arbeitsorientierung. Mit Ehe, Mutterschaft und Alter nimmt diese jedoch rapide ab. Vgl. dslb., S. 50 ff; zur Tradierung dieser Familienorientierung vgl. Ulrike Prokop, *Weiblicher Lebenszusammenhang: von der Beschränktheit der Mittel und der Unangemessenheit der Wünsche*, Frankfurt 1976, S. 44 f.
6 Kempf, S. 204 und 205.
7 *Mein Arbeitstag...*, S. 62.

Eheschließung und Familiengründung

1 »Notgedrungen nahm sie zwei Kostgänger ins Haus. Weil sie aber weder Wirtschaften noch Kochen und Flicken gelernt hatte, geriet sie trotz aller Anstrengung in Borgschulden und wußte eines Tages keinen Rat

mehr. Sie entdeckte ihren Kummer dem einen ihrer Kostgänger, der aus Trier stammte. Er lieh ihr Geld und bot ihr die Ehe an. ›Ich alte Frau soll noch mal heiraten?‹ jammerte sie in sich hinein und dachte an ihre schlechten Zähne, ihre dünnen Haare und ihren verschlissenen Staat. Aber dann dachte sie auch an ihre müden Arme, ihre bleichen Kinder, ihre einsamen Tage und namentlich an den entsetzlichen Klatsch der Kolonie... Und Mutter Krüger sagte dem Trierer zu und heiratete ihn nach acht Wochen.« Heinrich Kautz, *Im Schatten der Schlote*, Einsiedeln 1926, S. 155 f.

2 Thun, zit. nach Otto Rühle, *Illustrierte Kultur- und Sittengeschichte des Proletariats* (erschienen 1930), Frankfurt 1971, S. 377 f.

3 Mehner, in *Klassenbuch* 2, S. 125.

Die Bedeutung der Kinderzahl für die Reproduktionsbedingungen der Familie

1 Anhand dieser Kategorien, bei denen wohlgemerkt die allerelendsten Familien gar nicht erfaßt waren, ergab sich folgende Zuordnungstabelle:

Klasse	I	II	III	IV	Summe
Bergarbeiter	63	117	29	72	281
Fabrikarbeiter	23	59	24	59	165

Fischer-Eckert, S. 79.

2 Ebd., S. 82 f.

3 Ebd., S. 88 f.

4 Lucas, S. 68.

5 Vgl. Hirsch, S. 9 ff, Hofmann, S. 77 und Rühle, *Illustrierte ...*, S. 493 ff.

6 Zit. nach Siegfried Reck, *Bedingungen und Strukturen des Privatlebens deutscher Arbeiter seit der Jahrhundertwende*, Diss., Marburg/Lahn 1969, S 134 f.

7 Ulrich Linse zitiert dazu die Angaben einer Studie an 500 verheirateten Frauen in Unterfranken: 48% der Bauern-, 69% der Handwerker-, 72% der Arbeiter- und 81% der Beamtenfrauen benutzten Präventivmittel. Dslb., »Arbeiterschaft und Geburtenentwicklung im Deutschen Kaiserreich von 1871«, Archiv für Sozialgeschichte, XII. Band, 1972, S. 223 f.

8 Ebd. S. 226.

9 Lucas, S. 75.

10 Ebd.

Zeiterfahrung und Arbeitsorganisation in der proletarischen Familie

1 *Mein Arbeitstag ...*, S. 201.

2 Ebd., S. 164.

3 Ebd., S. 170.

4 Von den verheirateten erwerbstätigen Frauen hatten das Hauswesen selbst besorgt: 61,1% (Köln), 75,4% (Darmstadt), 79% (Schleswig), 75,2% (Düsseldorf). Vgl. Rose Otto, *Über die Fabrikarbeit verheirateter Frauen*, Berlin 1910, S. 107 und Schneider, S. 104.

5 *Mein Arbeitstag*, S. 153.
6 Emma Ihrer, »Die proletarische Frau und die Berufstätigkeit« *S.M.*, 1. Bd., 9. (11.) Jg., 1905, S. 445 f.
7 Vgl. Heinrich Kautz, *Um die Seele des Industriekindes*. Donauwörth 1918, S. 228 und dslb., *Im Schatten* ..., S. 176.
8 *Mein Arbeitstag* ..., S. 148.
9 Ebd., S. 149. In einem Bericht zieht die Schreiberin – für ihre Zeit ungewöhnlich – den Schluß, auf Kinder zu verzichten: »Wohl habe ich selbst manchmal Sehnsucht nach einem Kinde, aber bei allen diesen Gedanken schreit etwas in meiner Seele – das heißt – nein, ich will kein Kind, daß ich es morgens um 6 Uhr aus seinem gesunden Schlaf reiße, daß ich es tagsüber Fremden überlasse, daß ich mich abends nicht um das Kind kümmern kann, daß ich es so bald wie möglich ins Bett lege, daß es mich nicht bei der so nötigen Arbeit im Hause stört und hindert«, ebd., S. 113.
10 Franzen-Hellersberg, S. 49.

Freizeit und eheliche Gemeinsamkeiten

1 Mehner, S. 131.
2 *Mein Arbeitstag* ..., S. 133.

Die Stellung der Ehefrau in der Familie

1 Vgl. Prokop, S. 55.
2 Vgl. Medick, S. 312.
3 Dieser Begriff wurde eingeführt und definiert von Jessie Bernard. Vgl. dslb., »The adjustment of married mates«, *Handbook of Marriage and the Family*, Hrsg. Harold T. Christensen, Chicago 1967, S. 687 ff.
4 Prokop, S. 60.

5 *Die Konsequenzen des Lebenszusammenhanges für die Organisation*

1 Richard Dehmel, *Zwanzig Dehmelsche Gedichte mit einem Geleitbrief von Wilhelm Schäfer*, Berlin 1897, S. 85, zit. nach: *Die deutsche Arbeiterbewegung 1848–1919 in Augenzeugenberichten*, S. 310.

Zur Bedeutung der Erwerbstätigkeit und ihrer Interpretation durch die Frauen

1 Vgl. dazu W. Troeltsch und Paul Hirschfeld, *Die deutschen sozialdemokratischen Gewerkschaften: Untersuchungen und Materialien über ihre geographische Verbreitung 1896–1903*, Berlin 1905, S. 233 ff.
2 Lucas, S. 250 f.
3 Clara Zetkin, *Vollem Menschentum entgegen* (Maifeier 1904), zit. nach: *Arbeiterinnen kämpfen* ..., S. 276.
4 Vgl. Popp, S. 139 ff; Anna Moosgaard, »Streik« (um 1907), in: *Arbeiterinnen kämpfen* ..., S. 199 ff; Berta Selinger, »Jetzt zeigt, was ihr

könnt!« (1906), ebd., S. 206ff; Amalie Seidl, »Der erste Arbeiterinnenstreik in Wien« (1893), *Proletarische Lebensläufe* ..., S. 343ff.

5 Diese Probleme spiegeln sich noch in der umstrittenen aktuellen Diskussion um die Einführung eines Hausfrauenlohnes und seinen Wert. Vgl. *Frauen in der Offensive: Lohn für die Hausarbeit oder: Auch Berufstätigkeit macht nicht frei*, München 1974. In zeitgenössischen Artikeln wird dieses Problem ebenfalls thematisiert. Vgl. ›*Die Frauenbewegung*‹, Nr. 17, 16. Jg., 1910, S. 134; Ida Häny-Lux, »Beruf und Ehe«, *S.M.*, 2. Bd., 10. (12.) Jg., 1906, S. 870ff; Curt Hartwig, »Einige Randbemerkungen zur Frauenfrage«, *S.M.*, 2. Bd., 9. (11.) Jg., 1905, S. 880ff.

Familiale Verpflichtungen und Familienorientierung

1 Fischer-Eckert, S. 114.

Frauenorganisation: ein ›privates‹ Konfliktfeld

1 *Mein Arbeitstag* ..., S. 94.

2 Gertrud Hanna, »Die Arbeiterin in der Gewerkschaftsbewegung«, *S.M.*, 3. Bd., 17. (19.) Jg., 1913, S. 1336.

3 *Gewerkschaftliche Frauenzeitung*, Nr. 5, 4. Jg., 1919, S. 34; es handelt sich um einen Auszug aus dem Nachruf auf Paula Thiede.

4 Brief von Käte an Hermann Duncker vom 10. September 1916 in Alfred Förster, »›Briefwechsel zwischen Käte und Hermann Duncker während des Ersten Weltkrieges (1916)«, *Zeitschrift für Geschichtswissenschaft*, 13. Jg., Berlin 1965, S. 661.

5 Ebd., S. 655.

6 *Mein Arbeitstag* ..., S. 116.

7 Popp, S. 92.

8 Vgl. Zetkin, »Die Schuldfrage, Rede auf der 3. Frauenkonferenz in Bremen, 18. September 1904«, dslb., *Ausgewählte Reden und Schriften: Band 1*, S. 251ff.

9 *Die Gleichheit*, Nr. 15, 22. Jg., 1911/12, S. 231.

10 Vgl. Richard Evans, *Sozialdemokratie und Frauenemanzipation im deutschen Kaiserreich*, Berlin/Bonn 1979.

II Die politisch-ideologischen Bezugspunkte der proletarischen Frauenbewegung

1 Der §8 des preußischen Vereinsgesetzes lautete: »Für Vereine, welche bezwecken, politische Gegenstände in Versammlungen zu erörtern, gelten außer vorstehenden Bestimmungen nachstehende Beschränkungen. Sie dürfen keine Frauenspersonen, Schüler und Lehrlinge als Mitglieder aufnehmen ... Frauenspersonen, Schüler und Lehrlinge dürfen den Verhandlungen und Sitzungen solcher politischen Vereine nicht beiwohnen ...« zit. nach Else Lüders, *Stand der deutschen Frauenbewegung*, Zürich 1902, S. 57.

[2] Vgl. Clara Zetkin, »Für die Befreiung der Frau!« Rede auf dem Internationalen Arbeiterkongreß zu Paris 19. Juli 1889, Clara Zetkin; *Ausgewählte Reden und Schriften*, Berlin 1957, S. 4 und S. 10.

1 *Exkurs: Die Entwicklung der politischen Grundrichtungen in der SPD*

Der ›offizielle Radikalismus‹

[1] Vgl. Karl Marx, »Der achtzehnte Brumaire des Louis Bonaparte«, *MEW*, Bd. 8, Berlin 1966, S. 173.

[2] Vgl. Franz Mehring, »Der neue Reichstag«, *Die Neue Zeit*, Bd. 2, 11. Jg., 1892/3, S. 452.

[3] Vgl. *Internationaler Sozialistenkongreß Amsterdam, 14.–20. August 1904*, Berlin 1904, S. 38 f.

[4] Groh, S. 36.

[5] Vgl. Karl Kautsky, »Was nun?«, *Die neue Zeit*, Bd. 2, 28. Jg., 1910/11, S. 37 f und Engels »Einleitung zu Karl Marx' ›Klassenkämpfe in Frankreich 1848–1850‹«, Marx-Engels III, Studienausgabe: *Geschichte und Politik 1*, Hrsg. Iring Fetscher, Frankfurt 1966, S. 223 ff, Steinberg, S. 69–72 und Wilhelm Liebknecht. *Briefwechsel mit Karl Marx und Friedrich Engels*, Hrsg. Georg Eckert, Den Haag 1963, S. 367.

[6] Ein gutes Beispiel bieten die Vorgänge im Umkreis der Moabiter Unruhen (1910). Anläßlich des Streiks der Kohlenarbeiter und Kutscher einer Moabiter Firma hatte sich eine spontane Massenbewegung mit breiter Unterstützung in der Bevölkerung gebildet. Nach Schätzungen der Polizei nahmen 20000–30000 Menschen an den Unruhen teil. Die Parteiführung, Mitglieder der Reichstagsfraktion und das Organ des Parteivorstandes, der »Vorwärts«, distanzierten sich nicht nur von diesen Vorgängen (»gröbliche Exzesse«, »handvoll Radaulustige«) in verschiedenen Legitimationserklärungen gegenüber der bürgerlichen Presse und der Regierung. Sie boten sich auch als Wiederhersteller von Ruhe und Ordnung an (»mit ganz anderem Erfolg als die Polizei«). In Berlin und im übrigen Reich fanden indessen Versammlungen und Kundgebungen gegen das brutale Vorgehen der Polizei und die allgemeinen Repressionen gegenüber der Arbeiterklasse statt. Diese wurden jedoch nur von wenigen radikalen Führern, darunter vor allem Rosa Luxemburg und Clara Zetkin, im Sinne einer Organisierung der revolutionären Bereitschaft der Massen eingesetzt. Die Partei selber vermied es, diese Bereitschaft in den allgemeinen Kampf der SPD, also insbesondere den bevorstehenden Wahlrechtskampf, zu integrieren. In einem ihrer Flugblätter wird vor neuerlichen Massenunruhen gewarnt: »Die Arbeiterschaft hält ihr Pulver trocken für die Schlacht mit geistigen Waffen, für die Abrechnung bei den Reichstagswahlen.« Vgl. Helmut Bleiber, »Die Moabiter Unruhen«, *Zeitschrift für Geschichtswissenschaft*, Heft 3, III. Jg., 1955, S. 173 ff.

[7] Vgl. Karl Kautsky, »Ein sozialdemokratischer Katechismus«, *Die Neue Zeit*, Bd. 1, 12. Jg., 1893/4, S. 404.

Der Reformismus

1 Vgl. Dr. R. Blank, »Die soziale Zusammensetzung der sozialdemokratischen Wählerschaft«, *Archiv für Sozialwissenschaft und Sozialpolitik*, Bd. 20, Tübingen 1905, S. 520–527.
2 Vgl. Helga Grebing, *Geschichte der deutschen Arbeiterbewegung: Ein Überblick*. München 1970, S. 102.
3 Georg Fülberth, »Zur Genese des Revisionismus in der deutschen Sozialdemokratie vor 1914«, *Das Argument*, Heft 1/2, März, 13. Jg., Berlin 1971, S. 20.

Der Revisionismus

1 Vgl. Eduard Bernstein, »Probleme des Sozialismus«, *Die Neue Zeit*, Bd. 1, 15. Jg., 1896/7, S. 164ff, S. 240ff, S. 303ff, S. 772ff; ebd., Bd. 2, S. 100ff, S. 138ff.
2 Vgl. Bernstein, *Die Voraussetzungen des Sozialismus und die Aufgaben der Sozialdemokratie*, Neue, verb. und erg. Ausgabe, Stuttgart 1921, Neudruck, Hrsg. Prof. Dr. Georg Eckert, Hannover 1964, S. 58–64.
3 Vgl. Karl Kautsky, *Bernstein und das sozialdemokratische Programm, Eine Antikritik*, Stuttgart 1899.

Der Linksradikalismus

1 Vgl. Hansgeorg Conert, *Die politischen Grundrichtungen innerhalb der deutschen Sozialdemokratie vor dem Ersten Weltkrieg: Richtungskämpfe in der SPD*. Heft 1, Offenbach 1973, S. 23.
2 Vgl. Rosa Luxemburg, *Sozialreform und Revolution*, Leipzig 1899, S. 27, 55, 63 etc.
3 Karl Marx, »Der achtzehnte Brumaire ...«, *Marx-Engels IV*, Studienausgabe: *Geschichte und Politik* 2, Hrsg. Iring Fetscher, Frankfurt 1966, S. 34.

2 *Das Leseverhalten der Arbeiterinnen und die Marxismusrezeption in der proletarischen Frauenbewegung*

1 Vgl. *Proletarische Lebensläufe*, Bd. 1, S. 303.
2 Vgl. Hans-Josef Steinberg, *Sozialismus und deutsche Sozialdemokratie*, Bonn-Bad Godesberg 1976, S. 133.

Kolportageroman versus bürgerliches Bildungsgut

1 *Die Gleichheit*, Nr. 8, 14. Jg., 1904, S. 58.
2 Vgl. ebd. und Nr. 25, S. 197f.
3 *In freien Stunden: Romane und Erzählungen für das arbeitende Volk*, 1. Jg., 1897, Berlin 1897ff.
4 Max Horkheimer, in: *Proletarische Lebensläufe ...*, Bd. 1, S. 303.

[5] Vgl. *Die Gleichheit*, Nr. 3, 14. Jg., 1904, S. 24. »Beispiel für eine kleine Bibliothek zum Preise von zehn Mark: Bebel, Die Frau und der Sozialismus, Adolf Braun, Kleines Fremdwörterbuch, Engels, Die Entwicklung des Sozialismus, Kautsky/Schönlank, Grundsätze und Forderungen der Sozialdemokratie, die ›wichtigsten und packendsten‹ Lassalleschen Reden, Liebknecht, Wissen ist Macht, das Kommunistische Manifest, Marx, Lohnarbeit und Kapital.« zit. nach Steinberg, S. 138, Fußnote 27.

Die Ziele der Agitation

[1] »Was ich von der Rednerin hörte, war ja das dumpfe Gefühl, das mir die ganzen Jahre... so wahnsinnig weh tat, und das ich nicht in Worte fassen konnte. Und die es so überzeugend sagte, kam mir doppelt heilig vor, sie war eine werdende Mutter und verfocht die Rechte der Unterdrückten. Ich kaufte mir eine ›Arbeiterinnen-Zeitung‹... Was ich früher unbewußt fühlte und als Arbeiterin tat, bekam jetzt System und Notwendigkeit...« Marie Koch, in: *Arbeiterinnen kämpfen...*, S. 152f.

[2] Vgl. *Bericht über die sozialdemokratische Frauenkonferenz in München am 13. und 14. September 1902*, Protokoll über die Verhandlungen des Parteitages der Sozialdemokratischen Partei Deutschlands, abgehalten zu München vom 14.–20. Sept. 1902, Berlin 1902, S. 292f (Auf die detaillierte Quellenangabe bei den Protokollen von Parteitagen und Frauenkonferenzen wird im folgenden verzichtet und auf die Bibliographie verwiesen).

[3] Ebd.

[4] Dslb., Elberfeld 1913.

[5] *Die Gleichheit*, Nr. 23, 21. Jg., 1910/11, S. 360.

Die Bedeutung der Zeitschrift ›Die Gleichheit‹

[1] Die Auflage der *Gleichheit* entwickelte sich folgendermaßen: 1900: circa 4000; 1903: 9500; 1904: 12000; 1905: 23000; 1906: 46000; 1907: 70000; 1908: keine Angabe; 1909: 77000; 1910: 82000; 1911: 94000; 1912: 107000; 1913: 112000. Vgl. Werner Thönnessen, *Frauenemanzipation: Politik und Literatur der deutschen Sozialdemokratie zur Frauenbewegung 1863–1933*, Frankfurt 1969, S. 62. Es wurde angenommen, daß jedes Exemplar von circa drei Personen gelesen wurde.

[2] Lion, S. 88.

[3] *Die Gleichheit*, Nr. 18, 20. Jg., 1909/10, S. 279f.

[4] Luise Dornemann, *Clara Zetkin: Leben und Wirken*, Berlin 1973, S. 87.

[5] Vgl. *Die Gleichheit*, Nr. 7, 13. Jg., 1903, S. 49.

[6] Ebd., Nr. 0, 1912/3, S. 14.

Autobiographische Berichte von Sozialdemokratinnen über ihre Theorierezeption

[1] Lily Braun; *Memoiren einer Sozialistin: Lehrjahre*, München 1924, S. 607.

[2] Dslb., Leipzig 1901.

3 Vgl. Franz Bergg, »Antike Götterwelt und Karl Marx«, in: *Proletarische Lebensläufe ...*, Bd. 1, S. 273.
4 Ottilie Baader, S. 21.
5 Sophie Jobst, »Erlebnisse auf der Agitation (1891–1900)«, *Arbeiterinnen kämpfen ...*, S. 145 f.

3 Die politische Struktur der proletarischen Frauenbewegung

1 Vgl. Josef Joos, *Die sozialdemokratische Frauenbewegung*, M.-Gladbach, 1912, S. 64; Lion, S. 47 und Carl E. Schorske, *German Social Democracy 1905–1917: The developement of the great shism*, Cambridge 1955, S. 111.
2 Die Kontrollkommission hatte die Aufgabe, den Vorstand zu kontrollieren und dem Parteitag darüber zu berichten. Zugleich war sie Berufungs- und Beschwerdeinstanz. Ihr informeller Einfluß war relativ hoch, da sie vom Parteivorstand in wichtigen politischen Fragen konsultiert wurde.
3 Vgl. Engels an Bebel, Brief vom 1. Mai 1891, »Über innere Demokratie«, *Marx/Engels Studienausgabe*, Bd. III, S. 21 f.
4 Vgl. Emma Ihrer, »Zur sozialdemokratischen Frauenkonferenz in Bremen«, *S.M.*, Bd. 2, 10. (12.) Jg., 1904, S. 763 ff, und den Protest der Beauftragten des 5. sächsischen Reichstagswahlkreises, *Bericht Frauenkonferenz Bremen 1904*, S. 340.

Die politische Haltung der sozialdemokratischen Führerinnen

1 Weibliche Parteitagskandidaten hatten fast keine Chance, sich gegen Männer durchzusetzen. Dies zeigt sich in der Zusammensetzung der Parteitage, wo auch nach dem enormen Aufschwung der Frauenbewegung nicht mehr Frauen vertreten waren. Im Gegenteil scheint die Tendenz eher negativ verlaufen zu sein, wenn man die in reinen Frauenversammlungen gewählten weiblichen Abgeordneten in Rechnung stellt. Vgl. auch die Anwesenheits- und Sprecherlisten der Parteitage.
2 Vgl. die Diskussion auf dem Gothaer Parteitag, wo sich Frau Greiffenberg, Frau Eichhorn (Dresden), Frau Kähler (Hamburg), Frau Meder (Leipzig) u. a. im Sinne von Clara Zetkins Referat festlegten. *Protokoll*, Gotha 1896, S. 160 ff, und Frau Zietz', Frau Wengels und Frau Ihrers Ablehnung von Lily Brauns Vorschlägen zur Neubestimmung des Verhältnisses zur bürgerlichen Frauenbewegung. *Bericht Frauenkonferenz Mainz 1900*, S. 256 f.
3 Vgl. Dornemann, S. 192 ff.
4 Vgl. Lily Braun-Gizycki, *Frauenfrage und Sozialdemokratie: Reden anläßlich des Internationalen Frauenkongresses zu Berlin*, Berlin 1896, S. 16–19; dslb., »Eine Konferenz zur Förderung der Arbeiterinneninteressen«, *Die Neue Gesellschaft*, Bd. 3, 2. Jg., 1906, S. 258 f.

Die politische Einstellung der Basis

[1] Aufschluß geben z. B. Helmut Bleibers Aufsatz *Die Moabiter Unruhen 1910* und Erhard Lucas.
[2] Vgl. Alexander Kosiol, »Organisationen für die theoretische Bildung der Arbeiterklasse«, *Die Neue Zeit*, Bd. 2, 24. Jg., 1905/6, S. 65.
[3] Vgl. Bleiber, S. 191.
[4] Vgl. dslb., »Bergmannsfrauen«, *Sozialistische Politik und Wirtschaft*, Nr. 9, 5. Jg., 4. März 1927, zit. nach Lucas, S. 66.

4 *Die Entwicklung der Frauenemanzipationstheorie*

[1] Vgl. Clara Zetkin, »Die deutschen Arbeiter in der Frühperiode ihres Klassenaufmarsches und die Frage der beruflichen Frauenarbeit«, *Zur Geschichte der proletarischen Frauenbewegung Deutschlands* (Moskau 1928), neuverlegt Frankfurt 1971. Vgl. auch Thönnessen, S. 13 ff und Gisela Losseff-Tillmanns, *Frauenemanzipation und Gewerkschaften 1800 bis 1975*, Diss. Bochum 1975, sowie Lion, S. 25 ff.
[2] Clara Zetkin, »Anhang: Die sozialdemokratische Frauenbewegung«, *Zur Geschichte ...*, S. 212.

Das Erbe der ›sozialistischen Väter‹

[1] Vgl. den *Bericht über die Verhandlungen des 4. Vereinstages deutscher Arbeitervereine zu Stuttgart, 3. bis 5. September 1865*, Nürnberg 1865, S. 47 f, und Eduard Bernstein, *Die Geschichte der Berliner Arbeiterbewegung: 1. Teil*, Berlin 1907, S. 144, sowie Margrit Twellmann, *Die Deutsche Frauenbewegung: Ihre Anfänge und erste Entwicklung 1843 bis 1889*. Meisenheim am Glan 1972, S. 34 ff, 141 ff, 172 ff; ebd.: Quellen, S. 1–45.
[2] Friedrich Engels, *Der Ursprung der Familie, des Privateigentums und des Staates* (erschienen 1884), Berlin 1970, S. 85.
[3] Ebd., S. 82.
[4] Vgl. Mechthild Merfeld, *Die Emanzipation der Frau in der sozialistischen Theorie und Praxis*, Reinbek 1972; Jutta Menschik, *Feminismus: Geschichte, Theorie, Praxis*, Köln 1977, S. 123 ff und Wally Zeplers ›Neuen Frauentypus‹.
[5] Bebel, S. 556.
[6] Bebels Auffassungen von Sexualität, Ehe und z. T. auch sein Frauenbild blieben in vielen Bereichen in der Vorstellungswelt des deutschen Philisters verhaftet. Vgl. Bebel, S. 104 ff, 128 f, 135 ff, 180, 207–243 (zur Prostitution), 264 usw. Vgl. dazu auch Merfeld und Karl Lang, *Kritiker, Ketzer, Kämpfer: das Leben des Arbeiterarztes Fritz Brupbacher*, Zürich, o. Jg., S. 64 f.

Das offizielle Emanzipationsverständnis

[1] *Protokoll Gotha 1896*, S. 160.
[2] Vgl. Zetkin, *Die Arbeiterinnen- und Frauenfrage der Gegenwart*, Berlin 1889, S. 12.

[3] Vgl. Zetkin, *Für die Befreiung ...*, S. 6ff.

[4] »Die Einheitlichkeit der Organisation und der politischen Betätigung ist für eine Partei, die in so extremer Oppositionsstellung zum herrschenden System steht, eine unbedingte Notwendigkeit. Mit Recht sind gerade in der Partei von jeher, und oft mit außerordentlicher Härte, alle Bestrebungen bekämpft worden, die Sondergruppierungen in der Organisation herbeiführen wollten. Mit jeder Sondergruppierung gehen ganz selbstverständlich auch Sonderbestrebungen Hand in Hand, es kommt das feste Gefüge in Gefahr, das eine Oppositionspartei, die unter so scharfer Verfolgung und Ächtung ihrem Ziel zustrebt, nötig hat.« Zetkin, *Die Arbeiterinnen ...*, S. 14.

[5] Vgl. ebd., S. 14 u. 40; Robert Seidel, »Die Betätigung der Frauen in den politischen Organisationen«, *S.M.*, Bd. 3, 12. (14.) Jg., 1908, S. 1173, und Popp, *Die Arbeiterin im Kampf ...*, S. 29.

Die Kritik am traditionellen Frauenbild

[1] Zetkin, *Die Arbeiterinnen ...*, S. 3.

[2] Ebd., S. 9 und S. 21.

[3] Ebd., S. 33.

[4] Ebd., S. 30f. Vgl. dazu neuere Untersuchungen wie Helgard Ulshoefer, *Mütter im Beruf*, Weinheim/Berlin/Basel 1969, S. 397ff; Emmanuel Koliadis, *Erwerbstätigkeit und kindliche Sozialisation*, Weinheim/Basel 1965.

Das Verhältnis zur bürgerlichen Frauenbewegung

[1] *Die Gleichheit*, Nr. 13, 4. Jg., 1894, S. 103 und Nr. 23, 6. Jg., 1896, S. 177.

[2] Ebd., Nr. 13, 4. Jg., 1894, S. 103.

[3] Clara Zetkin, »Die bürgerliche Frauenbewegung«, *Zur Geschichte ...*, S. 206. Den bürgerlichen Frauen, die die Arbeiterinnen unterstützen wollten, empfiehlt sie: »Wenn die bürgerliche Frauenbewegung etwas tun will, was auch den sogenannten ärmeren Schwestern zu Gute kommt, dann soll sie in erster Linie für die volle politische Gleichberechtigung der Geschlechter eintreten«, *Der Internationale Kongreß für Frauenwerke und Frauenbestrebungen in Berlin*, Hrsg. Redaktionskommission, Berlin 1897, S. 396.

[4] *Protokoll Gotha 1896*, S. 173. Vgl. auch *Die Gleichheit*, Nr. 25, 6. Jg., 1896, S. 198f und ebd., Nr. 24, 10. Jg., 1900, S. 185f.

[5] Ebd., Nr. 15, 4. Jg., 1894, S. 16 und *Protokoll Gotha 1896*, S. 173.

Die Ausblendung des geschlechtlichen Unterdrückungszusammenhanges, seine Ursachen und praktischen Folgen

[1] Vgl. Edmund Fischer, »Die Frauenfrage«, *S.M.*, Bd. 1, 9. (11.) Jg., 1905, S. 258ff und »Die Familie«, ebd., S. 533ff. Seine Thesen wurden 1905 zurückgewiesen, fanden jedoch in einem späteren Entwicklungsstadium der Frauenbewegung, als die Reformistinnen an Boden gewonnen hatten und die Spaltung sich abzeichnete, immer mehr Beachtung.

[2] Vgl. *Die Gleichheit*, Nr. 6, 15. Jg., 1905, S. 37 f.

[3] Vgl. *Correspondenzblatt der Generalkommission der Gewerkschaften Deutschlands*, 16. Jg., 1906, S. 346 ff, 377 ff, 408 ff, 424 ff.

[4] Vgl. Losseff-Tillmanns, S. 277 und 160; sowie Joos, S. 78 und Zetkin, »Das Weib und der Intellektualismus«, *Neue Zeit*, 2. Bd., 21. Jg., 1902/1903, S. 52 ff.

5 *Die reformistische Alternative*

Die reformistische Gesellschaftskonzeption

[1] Wally Zepler, »Bürgerliche und proletarische Frauenbewegung«, *S.M.*, 1. Bd., 16. (18.) Jg., 1912, S. 400.

[2] Vgl. *S.M.*, Nr. 6, 3. (5.) Jg., 1897, S. 359; Zepler, ebd., S. 401 und Dr. Zofia Daszynska, »Die Stellung der modernen Frauenbewegung zur Arbeiterinnenfrage«, *S.M.*, Nr. 3, 3. (5.) Jg., 1897, S. 144; *Die Gleichheit*, Nr. 26, 6. Jg., 1896, S. 203; Gertrud David, »Frauenkongreß und Frauenbewegung«, *Der Sozialistische Akademiker*, 2. Jg., 1896, S. 679; Lily Braun, »Eine Konferenz zur Förderung der Arbeiterinneninteressen«, *Die Neue Gesellschaft*, Nr. 22, 3. Bd., 2. Jg., 1906, S. 258.

[3] Vgl. Zepler, »Der Weg zum Frauenstimmrecht«, *S.M.*, 1. Bd., 15. (17.) Jg., 1911, S. 354 f und dslb., *Bürgerliche ...*, S. 402.

Der ›neue Frauentypus‹

[1] Wally Zepler, »Der internationale Frauenkongreß«, *Der Sozialistische Akademiker*, 2. Jg., 1896, S. 608.

[2] Vgl. Zepler, »Bürgerliche ...«, S. 403 und dslb., *Der internationale Frauenkongreß*, S. 606.

[3] Dslb., *Bürgerliche ...*, S. 405.

[4] Dslb., *Der internationale Frauenkongreß*, S. 607.

[5] Ebd., S. 607 f.

[6] Vgl. Lucas, S. 70 ff.

[7] Ernst Bloch, *Das Prinzip Hoffnung*, zweiter Band, Frankfurt 1973, S. 555 und 727.

Politische Konsequenzen

[1] Vgl. dazu Twellmann, S. 18.

[2] Ludwig Radlof, »Kritisches zur Taktik der sozialdemokratischen Frauenbewegung«, *S.M.*, 1. Bd., 18. (20.) Jg., 1914, S. 429; vgl. auch die *Gewerkschaftliche Frauenzeitung*, 4. Jg., 1919, S. 18.

6 *Die Bedeutung der bürgerlichen Frauenbewegung für theoretische Klärungsprozesse und praktische Politik der sozialdemokratischen Frauenorganisationen*

[1] Zu den beiden Flügeln der bürgerlichen Frauenbewegung, den ›Radikalen‹ (bzw. ›Linken‹ oder ›Jungen‹, liberal, z. T. demokratisch oder soziali-

stisch orientierten) und den ›Gemäßigten‹ (bzw. ›Alten‹, liberal oder national-liberal, später konservativ und nationalistisch orientierten) vgl. Twellmann und Else Lüders, *Der linke Flügel*, o. O. 1904.

2 1909 waren bereits 11900 Frauen in 304 Gemeinden tätig. 1913 waren es bereits 17960 in 593 Gemeinden. 1908 stellte das Großherzogtum Hessen eine Kreiswohnungsinspektorin ein: ein Beispiel, das bald Furore machte. 1910 wurde von der badischen Regierung die obligatorische Zuziehung von Frauen zu einer Reihe städtischer Kommissionen angeordnet: weitere Länder folgten rasch, darunter sogar das konservative Preußen (1912). Vgl. *S.M.*, 4. Bd., 18. (20.) Jg., 1914, S. 382f.

3 Der radikale Flügel stellte keine geschlossene politische Richtung dar. Es handelt sich um eine Reihe von Vereinen mit stark propagandistisch ausgerichteter Zielsetzung, die eine Reihe von wichtigen Forderungen (soziale Reformen, Stimmrecht, Mutterschutz, Bildung) konsequent vertraten. Ihre radikal-demokratische Argumentation brachte sie gleichermaßen in Konflikt mit dem BDF und den Behörden. Innere und äußere Widersprüche, wie sie bereits in der Struktur des Deutschen Reiches angelegt waren, verhinderten jedoch die Herausbildung einer wirksamen bürgerlichen Opposition.

4 Alice Dullo, »Die Aufgaben der bürgerlichen Frauenbewegung in der Arbeiterinnenbewegung«, *Sozialer Fortschritt*, Nr. 95, 1907, S. 16f.

5 Else Sauer, *Die Entwicklung der bürgerlichen Frauenbewegung von der Gründung des Bundes Deutscher Frauenvereine 1894 bis zum Ersten Weltkrieg*, Diss., Leipzig 1969, S. 85.

III Die Entwicklung der proletarischen Frauenbewegung

1 Vgl. Thönnessen, S. 170ff.

1 Exkurs: Die frühe deutsche Arbeiterinnenbewegung (1869–1889)

1 Vgl. Dieter Fricke, *Die deutsche Arbeiterbewegung 1869–1914: Ein Handbuch über ihre Organisation und Tätigkeit im Klassenkampf*, Berlin 1976, S. 299.

2 Zetkin, *Die Anfänge ...*, S. 139f; vgl. auch E. Schaarschmidt, *Geschichte der Crimmitschauer Arbeiterbewegung*, Diss. Dresden 1934, S. 75.

3 Zetkin, *Die Anfänge ...*, S. 142.

4 Vgl. Bernstein, *Geschichte ...*, 3. Teil, Berlin 1910, S. 369ff, und Emma Ihrer, *Die Arbeiterinnen im Klassenkampf. Anfänge der Arbeiterinnenbewegung, ihr Gegensatz zur bürgerlichen Frauenbewegung und ihre nächsten Aufgaben*, Hamburg 1898, S. 7ff. Erst in jüngster Zeit ist von Richard Evans die Geschichte der Hamburger Frauenbewegung zusammenhängend dargestellt worden. Vgl. dslb., S. 61ff.

5 Seine Ziele waren »Hebung der geistigen und materiellen Interessen der Mitglieder, insbesondere Regelung der Lohnverhältnisse, gegenseitige

Unterstützung bei Lohnstreitigkeiten, Aufklärung durch fachgewerbliche und wissenschaftliche Vorträge, Beschaffung einer Bibliothek, Pflege der Kollegialität durch gesellige Zusammenkünfte und die Errichtung eines Arbeitsnachweises.« Zit. nach Ihrer, *Die Arbeiterinnen ...*, S. 12.

6 Lion. S. 32.

7 Anna Blos, *Die Frauenfrage im Lichte des Sozialismus*, Dresden 1930, S. 21.

2 *Organisatorische Anfänge und theoretische Klärungsprozesse (1889–1899)*

Die Frauen-Agitationskommissionen

1 »Als ein Verein im Sinne des Vereinsgesetzes ist anzusehen: jede dauernde Vereinigung mehrerer Personen zur Verfolgung gemeinsamer Zwecke unter einer Leitung«, zit. nach *Die Gleichheit*, Nr. 18, 5. Jg., 1895, S. 119.

Organisatorische und publizistische Ansätze und Eintritt in die allgemeinen Kämpfe der Arbeiterbewegung

1 Baader, S. 29.

2 Vgl. *Die Gleichheit*, Nr. 7, 5. Jg., 1895, S. 50.

3 Vgl. Fricke, S. 306 f.

4 *Protokoll Halle 1890*, S. 233.

5 Zit. nach Joos, S. 14 f.

6 Vgl. *Protokoll Erfurt 1891*, S. 5.

7 *Die Gleichheit*, Nr. 23, 2. Jg., 1892, S. 187.

8 Ebd., Nr. 7, 2. Jg., 1892, S. 61.

9 Ebd., Nr. 23, S. 188.

10 Ebd., Nr. 23, 2. Jg., 1892, S. 188.

11 Ebd., Nr. 23, 3. Jg., 1893, S. 178 f.

Der Kampf der Behörden gegen die proletarische Frauenbewegung

1 *Die Gleichheit*, Nr. 13, 4. Jg., 1894, S. 118.

2 Vgl. Rolf Buchta, »Aus der Geschichte der proletarischen Bewegung in Reichenbach«, *Vogtland Echo*, Nr. (auf Microfilm nicht lesbar), Reichenbach i. V. 1965, S. 2; Baader, S. 32; Marianne Bruns, *Uns hebt die Flut*, Halle 1952, S. 186 ff.

3 *Die Gleichheit*, Nr. 17, 5. Jg., 1895, S. 130.

Das System weiblicher Vertrauenspersonen

1 Der Münchner Polizeipräsident, wegen des Verbots von Arbeiterinnenversammlungen befragt, gab die Ungesetzlichkeit seines Vorgehens unverfroren zu und schloß seine Erklärung mit den Worten: »Ich will diese Versammlungen nicht.« Zit. nach Ihrer, *Die Arbeiterinnen ...*, S. 55; vgl. auch Georg Gärtner, *Mit uns zieht die Zeit*, Nürnberg 1928,

S. 77 ff. Erst am 15. Juni 1898 trat hier eine Novelle zum Vereinsrecht in Kraft, die den Frauen die Teilnahme an politischen Versammlungen erlaubte (vgl. ebd., S. 80).

2 Baader, S. 46.

Die Grundlagen der agitatorischen und organisatorischen Arbeit

1 *Die Gleichheit*, Nr. 21, 6. Jg., 1896, S. 163.
2 Zit. nach Ihrer, *Die Arbeiterinnen* ..., S. 44.
3 *Die Gleichheit*, Nr. 22, 6. Jg., 1896, S. 172.
4 Ebd., Nr. 8, S. 57.
5 Ebd., Nr. 23, S. 178.
6 Vgl. ebd., Nr. 6, 7. Jg., 1897, S. 41 f.
7 Ebd., S. 43.

Agitations- und Kampfformen

Die lokale Organisationsarbeit

1 Dornemann, S. 99.
2 Zetkin nach Dornemann, ebd., S. 142. Vgl. auch das *Protokoll des vierten Kongresses der Gewerkschaften Deutschlands*, S. 107.
3 Dies wird durch einen geschlechtsspezifischen Vergleich des Organisationsgrades verdeutlicht. Während der Grad der männlichen Parteimitglieder durchschnittlich ca. 20% der männlichen Gewerkschafter betrug (1914), machte der Grad der politisch organisierten Frauen mehr als $^4/_5$ der Gewerkschafterinnen aus. Vgl. Richard J. Evans, *The political mobilization of working-class women in Wilhelmine Germany*, unveröffentl. Manuskript, o. O., o. J., S. 5. Eine Umfrage bei den 123 Mitgliedern des SPD-Frauenvereins in Hamburg ergab, daß 16 Frauen Fabrikarbeiterinnen waren, 33 irgendeine Form privater Hausarbeit verrichteten und 74 nicht arbeiteten. Vgl. ebd., S. 6. Vgl. auch *Die Gleichheit*, Nr. 23, 21. Jg., 1910/11, S. 358 ff und mündliche Angabe von Hans Jürgen Arendt (Leipzig), sowie Richard J. Evans, *The Feminists: Women's Emanzipation Movements in Europe, America & Australia 1840–1920*, London 1977, S. 165.
4 Vgl. *Die Gleichheit*, Nr. 6, 21. Jg., 1910/11, S. 90 und ebd., Nr. 18, 18. Jg., 1908, S. 165 sowie Evans; *The political mobilization* ..., S. 9 ff.

Die mündliche und schriftliche Agitation

1 Popp, S. 153.
2 Zit. nach Lion, S. 85.
3 *Protokoll Gotha 1896*, S. 166 f.

Streik, Boykott, Protestversammlungen

1 Vgl. *Die Gleichheit*, Nr. 2, 2. Jg., 1892, S. 18 f; Nr. 11, 4. Jg., 1894, S. 83 f, Nr. 8, 3. Jg., 1893, S. 60 f.

2 Vgl. Henriette Fürth »Der Strike der Wäscherinnen in Neu-Isenburg«, *Neue Zeit*, Nr. 40, 2. Bd., 15. Jg., 1896/97, S. 432 ff.

3 *Die Gleichheit*, Nr. 2, 3. Jg., 1893, S. 10.

4 Vgl. Nr. 23, 6. Jg., 1896, S. 193 f und Nr. 26, S. 202, sowie Carl Legien, *Streik der Hafenarbeiter und Seeleute*, Hamburg 1897, S. 87 f.

5 Vgl. *Die Gleichheit*, Nr. 16, 8. Jg., 1898, S. 124 und *Der Bäckerstreik von Hamburg-Altona-Wandsbek*, Hamburg 1898.

3 *Die Konstituierung der Frauenbewegung als proletarische Massenbewegung (ab 1900)*

1 *Die Gleichheit*, Nr. 8, 10. Jg., 1900, S. 58.

2 Bericht *Frauenkonferenz Mainz 1900*, S. 249.

3 *Die Gleichheit*, Nr. 21, 10. Jg., 1900, S. 163.

4 Vgl. August Bebel über seine Frau Julie, *August Bebel*, Hrsg. Helmut Hirsch, Köln/Berlin 1968, S. 74; Franz Mehring schreibt über Julie Bebel: »Der schönste Schmuck seines Hauses war seine Frau. Sie war ein ganz einfaches Naturkind, aber in schweren Kämpfen und Opfern mit ihrem Mann gewachsen, und sie beriet ihn auch wohl in politischen Fragen nachhaltiger, als ihr überaus anspruchsloses Wesen vermuten ließ. Sah man sie in ihrer behaglichen Häuslichkeit um ihn walten, so dachte man an das Lied des schottischen Volksdichters: Woman, lovely woman, heaven destined you to temper man.«, ebd., S. 78; vgl. auch Karl Liebknechts Briefe an seine Frau, dslb., *Briefe*, Berlin-Wilmersdorf 1922, insbesondere S. 52 f, 100 f, 116 und S. 120 f.

5 *Protokoll Breslau 1895*, S. 200.

6 Zit. nach *Die Gleichheit*, Nr. 25, 15. Jg., 1905, S. 146.

7 Julie Bebel an Friedrich Engels, Brief vom 13. Februar 1892, *August Bebel*, Hrsg. H. Hirsch, S. 83.

8 Bericht *Frauenkonferenz Bremen 1904*, S. 242.

9 1902: 50; 1903: 78; 1904: 100; 1905: 190; 1906: 325; 1907: 407; zit. nach Fricke, S. 80 und *Die Gleichheit*, Nr. 18, 13. Jg., 1903, S. 141.

10 Ebd., Nr. 23, 11. Jg., 1901, S. 180 f.

11 Vgl. M. Nolan, »Proletarischer Anti-Feminismus: Dargestellt am Beispiel der SPD-Ortsgruppe Düsseldorf, 1890–1914«, *Frauen und Wissenschaft: Beiträge zur Berliner Sommeruniversität für Frauen*, Juli 1976, Berlin 1977, S. 368 ff.

12 *Die Gleichheit*, Nr. 23, 11. Jg., 1901, S. 181.

13 Vgl. ebd., Nr. 3, 15. Jg., 1905, S. 16 und »Aufsätze über den Streik der Bergarbeiter im Ruhrgebiet«, *Schriften der Gesellschaft für soziale Reform*, Heft 5, Bd. 2, S. 41 ff.

Die Schulungsinstanzen der Genossinnen

1 Vgl. Bernstein, *Geschichte* . . ., 3. Teil, S. 380 und Nolan, S. 369.

2 *Die Gleichheit*, Nr. 19. 10. Jg., 1900, S. 149.

3 1905 gab es 3000 Frauen in den Bildungsvereinen, 1906 bereits 8000 und bis 1907 war ihre Zahl auf 10302 Frauen (in 94 Bildungsvereinen)

angestiegen. Vgl. die Berichte der Zentralvertrauenspersonen in den angegebenen Jahren.
4 Bericht *Frauenkonferenz München 1902,* S. 292.

Neue Schwerpunkte der praktischen Arbeit

1 Blos, S. 58.
2 Vgl. die regelmäßigen Berichte in der *Gleichheit* ab Nr. 12, 13. Jg., 1903 bis Nr. 10 im folgenden Jahr. Vgl. auch *Crimmitschau 1903–1928,* Hrsg. Hauptvorstand des deutschen Textilarbeiterverbandes, Berlin o. J.

Exkurs: Der Abbau der innerparteilichen Demokratie und seine Bedeutung für die Entwicklung der proletarischen Frauenbewegung

1 Vgl. Schorske, S. 97 ff und die Resolution der Frauenbewegung zur Jugendorganisation, *Die Gleichheit,* Nr. 19, 18. Jg., 1908, S. 172 f.
2 Vgl. Emma Ihrer, *Zur sozialdemokratischen Frauenkonferenz in Bremen,* S. 763 ff; Lily Braun, »Die Mannheimer Frauenkonferenz«, *Die Neue Gesellschaft,* Nr. 1, 3. Bd., 2. Jg., 1906, S. 3 f.

Die Auseinandersetzungen um den Charakter der ›Gleichheit‹

1 *Protokoll Stuttgart 1898,* S. 131.
2 *Protokoll Hamburg 1897,* S. 111.
3 Vgl. *Protokoll Gotha 1896,* S. 167; *Bericht Frauenkonferenz Mainz 1900,* S. 251 f und *Bericht Frauenkonferenz München 1902,* S. 307.
4 *Die Gleichheit,* Nr. 14, 18. Jg., 1908, S. 124.
5 Ebd., Nr. 16, 20. Jg., 1910, S. 249 f.

Die Radikalisierung der Stimmrechtsforderung und die Bedeutung des Massenstreiks

1 Vgl. *Frauenkonferenz München 1902,* S. 302.
2 Vgl. Lily Braun, »Die Frauenfrage auf dem Münchener Parteitag«, *S.M.,* 2. Bd., 6. (8.) Jg., 1902, S. 787 f.
3 *Protokoll Dresden 1903,* S. 294.
4 Bericht *Frauenkonferenz Mannheim 1906,* S. 454.
5 Zepler, *Der Weg zum Frauenstimmrecht,* S. 356.
6 Vgl. *Protokoll Jena 1905,* S. 323 f; *Protokoll Mannheim 1906,* S. 274; *Protokoll Magdeburg 1910,* S. 443, und Rosa Luxemburgs Artikel in der *Gleichheit,* Nr. 3, 15. Jg., 1905, S. 13.
7 *Die Gleichheit,* Nr. 18, 15. Jg., 1905, S. 105.
8 Vgl. *Protokoll Hamburg 1897,* S. 190; *Protokoll Lübeck 1901,* S. 279; Bericht *Frauenkonferenz München 1902,* S. 303 und *Die Gleichheit,* Nr. 18, 20. Jg., 1910, S. 273 f.
9 Zepler, *Der Weg...,* S. 354. Vgl. auch Annemarie Neumann, *Die Entwicklung der sozialistischen Frauenbewegung,* Diss. Berlin 1921, S. 40 ff.

4 *Die Integration der Frauenbewegung in die Parteiorganisation (ab 1908)*

1 Bericht *Frauenkonferenz Nürnberg 1908*, S. 479f.
2 Ebd., S. 501.
3 *Protokoll Nürnberg 1908*, S. 208.
4 Vgl. Rosa Luxemburg an Clara Zetkin, zit. nach Dornemann, S. 225f.

Die Differenzierung der Arbeitsgebiete und die Einbeziehung der Massen

1 Die weibliche Parteimitgliedschaft entwickelte sich wie folgt: 1905: 4000; 1906: 6460; 1911: 107693; 1912: 130371; 1913: 141115; 1914: 174754. Die Angabe für 1905 stammt von Evans, *The political mobilization . . .* Table 1; die übrigen sind zit. nach Thönnessen, S. 62. Eine nach Agitationsbezirken differenzierte Analyse gibt Fricke, S. 326f.
2 Es wurden Flugblätter verteilt: 1907/8: 5000 Merkblätter für Fabrikarbeiterinnen, 100000 Wahlflugblätter der *Gleichheit*; 1909/10: 160000 Exemplare zur Krankenkasse und 230330 über die allgemeine Ausbeutung der Frauen und die Zollpolitik. 1910/11: 612000 gegen Fleisch- und sonstigen Lebensmittelwucher, 408000 für Mütter- und Säuglingsschutz, 432000 für die Witwen- und Waisenversicherung. Weitere Angaben sind im Text enthalten. Vgl. die Geschäftsberichte der Genossinnen aus den jeweiligen Jahren.
3 Vgl. *Die Gleichheit*, Nr. 13, 17. Jg., 1907, S. 111 und ebd., Nr. 8, 18. Jg., 1908, S. 165; Rundschau: Frauenbewegung, *S.M.* 1. Bd., 12. (14.) Jg., 1908, S. 449; Bericht *Frauenkonferenz Nürnberg 1908*, S. 480.
4 *Die Gleichheit*. Nr. 13, 18. Jg., 1908, S. 114.
5 Bericht *Frauenkonferenz Nürnberg 1908*, S. 469.

Die ›Terrorismus‹-Diskussion

1 Zit. nach Dr. Maschke, *Boykott, Sperre, Aussperrung*, Jena 1911, S. 153.
2 Bericht *Frauenkonferenz Nürnberg 1908*, S. 472.
3 Ebd., S. 457.

Exkurs: Die proletarischen Frauen und die Genossenschaftsbewegung

1 Vgl. *Die Frauenbewegung*, Nr. 13, 9. Jg., 1913, S. 144.

Der Kampf um die Magdeburger Frauenkonferenz (1910)

1 Weibliche Vorstandsmitglieder: 1909 an 257 Orten; 1910: 557; 1911: 600; 1912: 646; 1913 in 228 Kreisen. Leseabende bestanden 1909 in 150 Kreisen; 1910: 92; 1911: 105; 1912: 140; 1913: 162 Kreise (mit insgesamt 339 Einrichtungen dieser Art). Zusammengestellt nach den Vorstandsberichten der Parteitage.
2 *Die Gleichheit*, Nr. 8, 20. Jg., 1910, S. 115.

[3] Vgl. *Protokoll Magdeburg 1910*, S. 200. Die Behauptung von Dieter Fricke, daß Luise Zietz die Teilnahme von Clara Zetkin an einer wichtigen Besprechung in dieser Angelegenheit verhindert hätte, läßt sich leider nicht überprüfen, da die entsprechenden Quellen nicht veröffentlicht sind. Vgl. dslb., S. 329.
[4] *Die Gleichheit*, Nr. 14, 20. Jg., 1910, S. 213.
[5] Ebd., Nr. 18, S. 280 ff; Nr. 16, S. 251 und Nr. 17, S. 264 f.
[6] Ebd., Nr. 16, S. 251.

Die Verselbständigung des Frauenbureaus von der Basis

[1] *Die Gleichheit*, Nr. 14, 20. Jg., 1910, S. 211.
[2] Ebd., S. 212.
[3] Ebd., S. 215.
[4] Ebd., S. 214.
[5] Ebd., Nr. 16, S. 250.

Die Verlagerung des Kampfes auf den Internationalen Frauentag und die Auflösung des Frauenbureaus

[1] Vgl. *Protokoll Jena 1913*, S. 317.
[2] *Protokoll Magdeburg 1910*, S. 322.
[3] *Die Gleichheit*, Nr. 13, 21. Jg., 1911, S. 199.
[4] Ebd., S. 200.

Exkurs: Die Frauen und die Gewerkschaftsbewegung

[1] Vgl. Losseff-Tillmanns, S. 244 ff.
[2] Vgl. ebd., S. 251 ff.

Die letzte Frauenkonferenz vor dem Kriege

[1] Vgl. *Die Gleichheit*, Nr. 23, 21. Jg., 1911, S. 358 ff.
[2] Bericht *Frauenkonferenz Jena 1911*, S. 433.
[3] Vgl. dazu ebd., S. 434 ff und *Die Gleichheit*, Nr. 11, 21. Jg., 1911, S. 162 ff.
[4] Vgl. Bericht *Frauenkonferenz Jena 1911*, S. 438 ff.
[5] Vgl. ebd., S. 462 f.
[6] Vgl. ebd., S. 219 ff, und Dornemann, S. 240.
[7] Vgl. *Die Gleichheit*, Nr. 18, 22. Jg., 1912, S. 281.
[8] Vgl. *Christlicher Arbeiterverrat: Materialien und Dokumente zum Ruhrarbeiterstreik 1912*, Düsseldorf 1912, S. 66 f.

Der Ausbau der Kommunalarbeit und der Kampf um den Frauentag

[1] Vgl. Rundschau: Frauenbewegung, *S.M.*, 1. Bd., 18. (20.) Jg., 1914, S. 382 ff.
[2] *Die Gleichheit*, Nr. 4, 23. Jg., 1912/13, S. 56.

[3] *Protokoll Jena 1913*, S. 15.
[4] Ebd., S. 384.
[5] Ebd., S. 380.
[6] Karin Bauer, *Clara Zetkin und die proletarische Frauenbewegung*, Berlin, S. 76 ff.
[7] *Protokoll Jena 1913*, S. 379.

Krieg dem Kriege!

[1] Louis Aragon, *Die Glocken von Basel*, Paris 1936, S. 385 f.
[2] *Außerordentlicher Internationaler Sozialisten-Kongreß zu Basel am 24. und 25. November 1912*, Berlin 1912, S. 36.
[3] Vgl. Zetkin, *Ausgewählte Reden ...*, a.a.O., S. 619 f.

5 *Exkurs: Weltkrieg und Spaltung*

[1] Vgl. *Die Gleichheit*, Nr. 25, 24. Jg., 1914, S. 373.
[2] Vgl. Dornemann, S. 278; vgl. auch *Die Gleichheit*, Nr. 15, 25. Jg., 1915, S. 85 f.
[3] Vgl. Rundschau: Krieg und Frauenbewegung, *S.M.*, 1. Bd., 19. (20.) Jg., 1915, S. 41.
[4] Vgl. Richard J. Evans, *The Feminist Movement in Germany 1894–1933*, London and Beverly Hills 1976, S. 216, und Lida Gustava Heymann in Zusammenarbeit mit Dr. jur. Anita Augspurg. *Erlebtes–Erschautes: Deutsche Frauen kämpfen für Freiheit, Recht und Frieden 1850–1940*, Hrsg. Margrit Twellmann, Meisenheim am Glan 1972, S. 115 ff.
[5] Vgl. Käte Duncker, »Unsere Frauen und der Nationale Frauendienst«, *Die Internationale*, Hrsg. Rosa Luxemburg, München 1915, S. 33 ff.
[6] Vgl. *Spartakusbriefe*, Hrsg., Institut für Marxismus-Leninismus, Berlin 1958, S. 342.
[7] Vgl. Willy Albrecht, Friedhelm Boll, Beatrix W. Bouvier u.a.m., *Frauenfrage und deutsche Sozialdemokratie vom Ende des 19. Jahrhunderts bis zum Beginn der zwanziger Jahre*, Arbeitspapier der ITH, Linz 1978, S. 43 ff.
[8] Vgl. *Die Gleichheit*, Nr. 6, 27. Jg., 1916/17, S. 40 und ebd., Nr. 8, S. 55.
[9] Bericht *Frauenkonferenz Weimar 1919*, S. 471.
[10] Vgl. Meta Corssen, »Die politische Tätigkeit der Frauen nach dem Kriege, Hoffnungen und Wirklichkeiten«, *S.M.*, 1. Bd., 30. Jg., 1924, S. 424 ff und dslb., »Die Problematik der Frauenbewegung«, *S.M.*, 2. Bd., 33. Jg., 1927, S. 816.

Bibliographie

1 Biographien

ABENDROTH, WOLFGANG, *Ein Leben in der Arbeiterbewegung,* Frankfurt 1976

Arbeiterinnen kämpfen um ihr Recht, Hrsg. Richard Klucsarits und Friedrich G. Kürbisch, Wuppertal o.J.

Mein Arbeitstag – mein Wochenende: 150 Berichte von Textilarbeiterinnen, gesammelt und herausgegeben vom Deutschen Textilarbeiterverband, Hauptvorstand, Berlin 1930

BAADER, OTTILIE, *Ein steiniger Weg. Lebenserinnerungen,* Berlin 1921

Bebel, August, Hrsg. Helmut Hirsch, Köln/Berlin 1968

BRAUN, LILY, *Memoiren einer Sozialistin,* Bd. I: Lehrjahre, München 1909

–, Bd. II: Kampfjahre, München 1911

DORNEMANN, LUISE, *Clara Zetkin: Leben und Wirken,* Berlin 1973

EIFERT-RITTMEIER, PIA, *Memoiren der Emanzipation: Malvida von Meysenbug und Lily Braun,* unveröffentl. wissenschaftl. Hausarbeit, Gießen 1977

Der rote Großvater erzählt: Berichte und Erzählungen von Veteranen der Arbeiterbewegung aus der Zeit von 1914 bis 1945, Hrsg. Werkstatt Düsseldorf des Werkkreises Literatur der Arbeitswelt, Frankfurt 1974

JUCHACZ, MARIE, *Sie lebten für eine bessere Welt,* Berlin/Hannover 1955

POPP, ADELHEID, *Jugend einer Arbeiterin* (erschienen 1909 bis 1915), Bonn Bad-Godesberg 1977

Proletarische Lebensläufe, Autobiographische Dokumente zur Entstehung einer Zweiten Kultur in Deutschland: Band 1, Anfänge bis 1914, Hrsg. Wolfgang Emmerich, Hamburg 1975

VOGELSTEIN, JULIE, *Lily Braun: ein Lebensbild,* Berlin-Grunewald o.J.

2 Zur Lage der Arbeiterschaft

ADOLPHS, LOTTE, *Industrielle Kinderarbeit im 19. Jahrhundert*, Duisburg 1972

BERNARD, JESSIE, »The adjustment of married mates«, *Handbook of Marriage and the Family*, Hrsg. Harold T. Christensen, Chicago 1967

BLUMENBERG, HORST, *Die Textilindustrie in der industriellen Revolution*, Berlin 1965

BRAUN, RUDOLF, *Sozialer und kultureller Wandel in einem ländlichen Industriegebiet im 19. und 20. Jahrhundert*, Erlenbach-Zürich, Stuttgart 1965

DUNCKER, KÄTE, *Die Kinderarbeit und ihre Bekämpfung*, Stuttgart 1906

ESSER, JOST, *Die Geschichte der Düsseldorfer Textilindustrie von ihren Anfängen bis zum Jahre 1902*, Düsseldorf 1969

Statistisches Jahrbuch für das Deutsche Reich, Hrsg. Kaiserliches Statistisches Amt, Berlin 1914

KAUTZ, HEINRICH, *Im Schatten der Schlote*, Einsiedeln 1926

–, *Um die Seele des Industriekindes*, Donauwörth 1918

Klassenbuch 2: Ein Lesebuch zu den Klassenkämpfen in Deutschland 1850–1919, Hrsg. Hans Magnus Enzensberger, Rainer Nitsche, Klaus Roehler u. a., Darmstadt/Neuwied 1972

KUCZYNSKI, JÜRGEN, *Die Geschichte der Lage der Arbeiter unter dem Kapitalismus*, Bd. 3. Berlin 1962, Bd. 4. Berlin 1967, Bd. 18. Berlin 1963

LEVENSTEIN, ADOLF, *Die Arbeiterfrage*, München 1912

LINSE, ULRICH, »Arbeiterschaft und Geburtenentwicklung im Deutschen Kaiserreich von 1871«, *Archiv für Sozialgeschichte*, Hrsg. Friedrich-Ebert-Stiftung in Verbindung mit dem Institut für Sozialgeschichte Braunschweig/Bonn, XII. Bd., Bonn-Bad Godesberg 1972

LUCAS, ERHARD, *Zwei Formen von Radikalismus in der deutschen Arbeiterbewegung*, Frankfurt 1976

MAIER, DR. A. C, »Der Verband der Glacéhandschuhmacher und verwandten Arbeiter Deutschlands 1869–1900«, *Wirtschafts- und Verwaltungsstudien*, Leipzig 1901

NIETHAMMER, LUTZ, »Wie wohnten die Arbeiter im Kaiserreich«, *Archiv für Sozialgeschichte*, Hrsg. a.a.O., XVI Bd., Bonn-Bad Godesberg 1976, S. 61 ff

RECK, SIEGFRIED, *Bedingungen und Strukturen des Privatlebens deutscher Arbeiter: Wandlungen seit der Jahrhundertwende*, Diss. Marburg/Lahn 1969

RÜHLE, OTTO, *Das proletarische Kind*, München 1911

–, *Zur Psychologie des proletarischen Kindes* (erschienen 1929), Frankfurt 1975

–, *Illustrierte Kultur- und Sittengeschichte des Proletariats*, (erschienen 1930), Frankfurt 1971

SCHNEIDER, DR., LOTHAR, *Der Arbeiterhaushalt im 18. und 19. Jahrhundert*, Berlin 1967

TENFELDE, KLAUS, »Arbeiterschaft und Kommunikationsstrukturen im Ruhrgebiet in den 50er Jahren des 19. Jahrhunderts«, *Archiv für*

Sozialgeschichte, Hrsg. a.a.O., XVI Bd., Bonn-Bad Godesberg 1976, S. 1ff
TROELTSCH, W. und HIRSCHFELD, PAUL, *Die deutschen Sozialdemokratischen Gewerkschaften: Untersuchungen und Materialien über ihre geographische Verbreitung 1896–1903*, Berlin 1905
WILBRANDT, ROBERT, *Die Weber in der Gegenwart*, Jena 1906

3 Zur Situation der proletarischen Frau

BAUER, DR. STEPHAN, *Die gewerbliche Nachtarbeit der Frauen*. Jena 1903
FISCHER-ECKERT, LI, *Die wirtschaftliche und soziale Lage der Frauen in dem modernen Industrieort Hamborn im Rheinland* (Diss. Tübingen), Hagen 1913
FÖRSTER, ALFRED, »Briefwechsel zwischen Käte und Hermann Duncker während des Ersten Weltkrieges (1916)«, *Zeitschrift für Geschichtswissenschaft*, Heft 4, 13. Jg., Berlin 1965, S. 648ff
FRANZEN-HELLERSBERG, LISBETH, *Die jugendliche Arbeiterin, ihre Arbeitsweise und Lebensform*, Tübingen 1932
GOTTHEINER, ELISABETH, *Studien über die Wuppertaler Textilindustrie und ihre Arbeiter in den letzten 20 Jahren*, Leipzig 1903
GOLDSTEIN, JOSEF, *Theodor Vogelstein, Lorenz Pieper, Elisabeth Gottheiner*, Tübingen/Leipzig 1903
HIRSCH, DR. MAX, *Die Gefahren der Frauenerwerbsarbeit für Schwangerschaft, Geburt, Wochenbett und Kinderaufzucht unter besonderer Berücksichtigung der Textilindustrie*, Leipzig 1925
KEMPF, ROSA, *Das Leben der jungen Arbeiterinnen in München*, Leipzig 1911
LEICHTER, KÄTE, *So leben wir...: 1320 Industriearbeiterinnen berichten über ihr Leben*, Wien 1932
LÜDERS, ELSE, *Die Fortbildung und Ausbildung der im Gewerbe tätigen Personen*, München/Leipzig 1912
OTTO, ROSE, *Über die Fabrikarbeit verheirateter Frauen*, Berlin 1910
POPP, ADELHEID, *Die Arbeiterin im Kampf ums Dasein*, Wien 1895
RÜHLE-GERSTEL, ALICE, *Die Frau und der Kapitalismus* (erschienen 1932), autorisierter Nachdruck Genf o.J.
STEARNS, PETER N., »Working-class women in Britain: 1890–1914«. M. Vicinius, *Suffer and be still*, Bloomington/London 1973

4 Theorie und Geschichte der deutschen Arbeiterbewegung

Primärlitaratur

ADLER, VICTOR, *Briefwechsel mit August Bebel und Karl Liebknecht*, Ges. und erläutert von Friedrich Adler, Hrsg. Parteivorstand der SPÖ, Wien 1954

Die deutsche Arbeiterbewegung 1848–1919 in Augenzeugenberichten, Hrsg. Ursula Schulz, München 1976
Der Bäckerstreik von Hamburg–Altona–Wandsbeck: Welche Lehren ziehen wir aus diesem Kampf, o. Hrg., Hamburg 1898
August Bebels Briefwechsel mit Friedrich Engels, Hrsg. Werner Blumenberg, London, The hague Paris 1965
BERNSTEIN, EDUARD, *Ignaz Auer: Eine Gedenkschrift* Berlin 1907
–, *Geschichte der Berliner Arbeiterbewegung*, 1. Teil, Berlin 1907
–, Ebd.: 3. Teil, Berlin 1910
–, *Die Voraussetzungen des Sozialismus und die Aufgaben der Sozialdemokratie*, Neue, verb. und erg. Ausgabe, Stuttgart 1921, Neudruck, Hrsg. Prof. Dr. Georg Eckert, Hannover 1964
Crimmitschau 1903–1928, Hrsg. Hauptvorstand des deutschen Textilarbeiterverbandes, Berlin o.J.
Christlicher Arbeiterverrat: Materialien und Dokumente zum Ruhrarbeiterstreik 1912, Düsseldorf 1912
GÄRTNER, GEORG, *Mit uns zieht die Zeit*, Nürnberg 1928
GEMKOW, HEINRICH, »Zwei Briefe Eleanor Marx-Avelings an Friedrich Engels über den Parteitag der deutschen Sozialdemokratie zu Halle 1890«, *Zeitschrift für Geschichtswissenschaft*, Heft 7, 13. Jg., Berlin 1965, S. 1194ff
HIRSCH, PAUL, *Die Sozialdemokratie*, Charlottenburg 1904
KAUTSKY, KARL, *Bernstein und das sozialdemokratische Programm: Eine Antikritik*, Stuttgart 1899
Das Erfurter Programm, Stuttgart 1905
Der Weg zur Macht, Berlin 1910
LASSALLE, FERDINAND, *Gesammelte Reden und Schriften*, Bd. 4, Hrsg. Eduard Bernstein, Berlin 1919
–, *Aus seinen Reden und Schriften*, Hrsg. Prof. Fritz Klenner und Erich Pogats, Wien 1964
LEGIEN, CARL, *Der Streik der Hafenarbeiter und Seeleute*, Hamburg 1897
LIEBKNECHT, KARL, *Briefe*, Berlin-Wilmersdorf 1922
LIEBKNECHT, WILHELM, *Briefwechsel mit Karl Marx und Friedrich Engels*, Hrsg. Georg Eckert, Den Haag 1963
LUXEMBURG, ROSA, *Sozialreform und Revolution*, Leipzig 1899
Briefe an Freunde, Hrsg. Benedikt Kautsky, Frankfurt 1976
MASCHKE, DR., *Boykott, Sperre, Aussperrung*, Jena 1911
MAYER, GUSTAV, *Bismarck und Lassalle: Ihr Briefwechsel und ihre Gespräche*, Berlin 1928
Spartakusbriefe, Hrsg. Institut für Marxismus-Leninismus, Berlin 1958

Sekundärliteratur

ABENDROTH, WOLFGANG, *Sozialgeschichte der deutschen Arbeiterbewegung*, Frankfurt 1969
BLANK, DR. R., »Die soziale Zusammensetzung der sozialdemokratischen Wählerschaft«, *Archiv für Sozialwissenschaft und Sozialpolitik*, Bd. 20, Tübingen 1905, S. 507ff

BLEIBER, HELMUT, »Die Moabiter Unruhen«, *Zeitschrift für Geschichtswissenschaft,* Heft 2, 3. Jg., Berlin 1955, S. 173 ff
CONERT, HANSGEORG, *Die politischen Grundrichtungen innerhalb der deutschen Sozialdemokratie vor dem Ersten Weltkrieg: Richtungskämpfe in der SPD,* Heft 1, Offenbach 1973
FARNER, KONRAD und PINKUS, THEO, *Der Weg zum Sozialismus,* Reinbek 1964
FRICKE, DIETER, *Die deutsche Arbeiterbewegung 1869–1914: Ein Handbuch über ihre Organisation und Tätigkeit im Klassenkampf,* Berlin 1976
FÜLBERTH, GEORG, »Zur Genese des Revisionismus in der deutschen Sozialdemokratie vor 1914«, *Das Argument,* Heft 1/2, März, 13. Jg., Berlin 1971, S. 1 ff
GREBING, HELGA, *Geschichte der deutschen Arbeiterbewegung: Ein Überblick,* München 1970
GROH, DIETER; *Negative Integration und revolutionärer Attentismus: Die deutsche Sozialdemokratie am Vorabend des Ersten Weltkrieges,* Frankfurt Berlin/Wien 1973
JOST, ANETTE, *Gewerkschaften und politische Partei,* Diplomarbeit Frankfurt, Juli 1975
LORECK, JOCHEN, *Wie man früher Sozialdemokrat wurde: Das Kommunikationsverhalten in der deutschen Arbeiterbewegung und die Konzeption der sozialistischen Parteipublizistik durch August Bebel,* Bonn-Bad Godesberg 1977
MÜLLER, HANS, *Der Klassenkampf in der deutschen Sozialdemokratie,* Zürich 1892, Nachdruck Frankfurt 1969
NETTL, PETER, »The German Social Democratic Party 1890–1914 as a political Model«, *Past and Present: A journal of scientific history,* Nr. 30, London 1965, S. 65 ff
RITTER, GERHARD A., *Die Arbeiterbewegung im Wilhelminischen Reich,* Berlin 1959
SCHAARSCHMIDT, E., *Geschichte der Crimmitschauer Arbeiterbewegung,* Diss. Dresden 1934
SCHORSKE, CARL E., *German Social Democracy 1905–1917: The develpement of the great shism,* Cambridge 1955
STEINBERG, HANS-JOSEF; *Sozialismus und deutsche Sozialdemokratie,* Bonn-Bad Godesberg 1976

5 Proletarische Frauenbewegung

Primärliteratur

BRAUN, ADOLF, *Die Arbeiterinnen und die Gewerkschaften,* Berlin 1913
BRAUN, LILY, *Die Stellung der Frau in der Gegenwart,* Berlin 1895
–, *Frauenfrage und Sozialdemokratie: Reden anläßlich des Internationalen Frauenkongresses zu Berlin,* Berlin 1896
–, *Frauenarbeit und Hauswirtschaft,* Berlin 1901
BRAUN, LILY, *Die Frauenfrage, ihre geschichtliche Entwicklung und wirtschaftliche Seite,* Leipzig 1901

–, *Die Frauen und die Politik*, Berlin 1906
–, *Die Mutterschaftsversicherung*, Berlin 1906
GERHARD, ADELE, *Konsumgenossenschaften und Sozialdemokratie*, Nürnberg 1895
Handbuch der Frauenbewegung: II. Teil, Hrsg. Helene Lange, Gertrud Bäumer, Berlin 1901
IHRER, EMMA, *Die Arbeiterinnen im Klassenkampf*, Hamburg 1898
LÜDERS, ELSE, *Stand der Frauenbewegung*, Zürich 1902
ZETKIN, CLARA, *Die Arbeiterinnen- und die Frauenfrage der Gegenwart*, Berlin 1889
–, *Der Student und das Weib, Berlin 1899*
–, *Karl Marx und sein Lebenswerk!* Vortrag, gehalten anläßlich seines 30. Todestages in 5 Orten des Niederrheins, Elberfeld 1913
–, *Erinnerungen an Lenin*, (erschienen 1924 und 1926), Berlin 1957
–, *Zur Geschichte der proletarischen Frauenbewegung Deutschlands* (erschienen Moskau 1928), Frankfurt 1971
–, *Ausgewählte Reden und Schriften*, Bd. 1, Auswahl aus den Jahren 1889 bis 1917, mit einem Vorwort von Wilhelm Pieck, Berlin 1957
ZIETZ, LUISE, *Willst Du arm und unfrei bleiben?* Ein Aufruf an die Frauen des werktätigen Volkes, o.O., o.J.
–, *Die Frauen und der politische Kampf*, Berlin 1912
–, *Zur Frage des Mutter- und Säuglingsschutzes*, Leipzig 1911
–, *Zur Frage der Frauenerwerbsarbeit*, Berlin 1916
–, *Komm' zu uns!* Berlin 1914

Sekundärliteratur

ALBRECHT, WILLY; BOLL, FRIEDHELM; Bouvier, Beatrix von; *Frauenfrage und deutsche Sozialdemokratie vom Ende des 19. Jahrhunderts bis zum Beginn der zwanziger Jahre*, Arbeitspapier der ITH, Linz 1978
BAUER, KARIN, *Clara Zetkin und die proletarische Frauenbewegung*, Berlin 1978
BLOS, ANNA, *Die Frauenfrage im Lichte des Sozialismus*, Dresden 1930
BÖLKE, GUNDULA, *Die Wandlungen der Frauenemanzipationstheorie von Marx bis zur Rätebewegung*, Hamburg 1975
BUCHTA, ROLF, »Aus der Geschichte der proletarischen Frauenbewegung in Reichenbach«, *Vogtland Echo*, Nr. 12–17, Reichenbach i.V. 1965
EVANS, RICHARD J., *The Feminist Movement in Germany 1894–1933*, London/Beverly Hills 1976
–, *The Feminists: Women's Emanzipation Movements in Europe, America and Australia 1840–1920*, London 1977
–, *The political mobilization of working-class women in Wilhelmine Germany*, Unveröffentl. Manuskript, o.O., o.J.
EVANS, RICHARD J., *Sozialdemokratie und Frauenemanzipation im deutschen Kaiserreich*, Berlin–Bonn 1979.
–, *Die Frau und die Gesellschaft*, Hrsg. Forschungsgemeinschaft ›Geschichte des Kampfes der Arbeiterklasse um die Befreiung der Frau‹, Päd. Hochschule Leipzig, Leipzig 1974

HAUFF, LILLY, *Die deutschen Arbeiterinnen-Organisationen,* Diss. Halle 1912
JAECKEL, REINHOLD, *Die Stellung des Sozialismus zur Frauenfrage im 19. Jahrhundert* (Diss. Tübingen 1904), Potsdam 1904
JOOS, JOSEF, *Die sozialdemokratische Frauenbewegung,* M. Gladbach 1912
LICHEY, MARGARETE, *Sozialismus und Frauenarbeit,* Diss. Breslau 1927
LION, HILDE, *Zur Soziologie der Frauenbewegung,* Berlin 1926
MENSCHIK, JUTTA, *Feminismus: Geschichte, Theorie, Praxis,* Köln 1977
MERFELD, MECHTHILD, *Die Emanzipation der Frau in der sozialistischen Theorie und Praxis,* Reinbek 1972
NEUMANN, ANNEMARIE, *Die Entwicklung der sozialistischen Frauenbewegung,* Diss. Berlin 1921
Sozialismus und Frauenfrage, Hrsg. Wally Zepler, Berlin 1919
THÖNNESSEN, WERNER, *Frauenemanzipation: Politik und Literatur der deutschen Sozialdemokratie 1863–1933,* Frankfurt 1976

6 Bürgerliche Frauenbewegung

BERNAYS, DR. MARIE, *Die deutsche Frauenbewegung,* Leipzig/Berlin 1920
HEYMANN, LIDA GUSTAVA in Zusammenarbeit mit Dr. jur. Anita Augspurg, *Erlebtes – Erschautes: Deutsche Frauen kämpfen für Freiheit, Recht und Frieden 1850–1940,* Hrsg. Margrit Twellmann, Meisenheim am Glan 1972
LANGE, HELENE, *Kampfzeiten,* 2. Bd. Berlin 1928
LÜDERS, ELSE, *Der Stand der deutschen Frauenbewegung im Beginn des Jahres 1902,* Zürich 1902
–, *Der linke Flügel,* o. O. 1904
SAUER, ELSE, *Die Entwicklung der bürgerlichen Frauenbewegung von der Gründung des ›Bundes deutscher Frauenvereine‹ 1894 bis zum 1. Weltkrieg,* Diss. Leipzig 1969
TWELLMANN, MARGRIT, *Die deutsche Frauenbewegung: Ihre Anfänge und erste Entwicklung 1843–1889,* Hrsg. Wolfgang Abendroth, Meisenheim am Glan 1972
ZAHN-HARNACK, AGNES VON, *Die Frauenbewegung,* Berlin 1928

7 Protokolle

Protokoll über die Verhandlungen des Allgemeinen Deutschen sozialdemokratischen Arbeiterkongresses zu Eisenach, 7., 8., 9. August 1868, Leipzig 1869
Die ersten deutschen Sozialistenkongresse: Urkunden aus der Jugendzeit der deutschen Sozialdemokratie (1865–1875), Hrsg. Frankfurter Volksstimme Frankfurt/M. 1906
Protokoll des SPD-Parteitages zu Halle vom 12. bis 18. Oktober 1890, Berlin 1890

Protokoll des SPD-Parteitages zu Erfurt vom 14. bis 20. Oktober 1891, Berlin 1891
Protokoll des SPD-Parteitages zu Berlin vom 14. bis 21. November 1892, Berlin 1892
Protokoll des SPD-Parteitages zu Köln vom 22. bis 28. Oktober 1893, Berlin 1893
Protokoll des SPD-Parteitages zu Frankfurt vom 21. bis 27. Oktober 1894, Berlin 1894
Protokoll des SPD-Parteitages zu Breslau vom 6. bis 12. Oktober 1895, Berlin 1895
Protokoll des SPD-Parteitages zu Gotha vom 11. bis 16. Oktober 1896, Berlin 1896
Protokoll des SPD-Parteitages zu Hamburg vom 3. bis 9. Oktober 1897, Berlin 1897
Protokoll des SPD-Parteitages zu Stuttgart vom 3. bis 8. Oktober 1898, Berlin 1898
Protokoll des SPD-Parteitages zu Hannover vom 9. bis 14. Oktober 1899, Berlin 1899
Protokoll des SPD-Parteitages zu Mainz vom 17. bis 21. Oktober 1900, Berlin 1900, mit einem Anhang, *Bericht über die Frauenkonferenz am 15. und 16. Oktober*
Protokoll des SPD-Parteitages zu Lübeck vom 22. bis 28. September 1901, Berlin 1901
Protokoll des SPD-Parteitages zu München vom 14. bis 20. September 1902, Berlin 1902, mit einem Anhang, *Bericht über die Frauenkonferenz am 13. und 14. September*
Protokoll des SPD-Parteitages zu Dresden vom 13. bis 20. September 1903, Berlin 1903
Protokoll des SPD-Parteitages zu Bremen vom 18. bis 24. September 1904, Berlin 1904, mit einem Anhang, *Bericht über die Frauenkonferenz am 17. und 18. September*
Protokoll des SPD-Parteitages zu Jena vom 17. bis 23. September 1905, Berlin 1905
Protokoll des SPD-Parteitages zu Mannheim vom 23. bis 29. September 1906, Berlin 1906, mit einem Anhang, *Bericht über die Frauenkonferenz am 22. und 23. September*
Protokoll des SPD-Parteitages zu Essen vom 15. bis 21. September 1907, Berlin 1907
Protokoll des SPD-Parteitages zu Nürnberg vom 13. bis 19. September 1908, Berlin 1908, mit einem Anhang, *Bericht über die Frauenkonferenz am 11. und 12. September*
Protokoll des SPD-Parteitages zu Leipzig vom 12. bis 18. September 1909, Berlin 1909
Protokoll des SPD-Parteitages zu Magdeburg vom 18. bis 24. September 1910, Berlin 1910
Protokoll des SPD-Parteitages zu Jena vom 10. bis 16. September 1911, Berlin 1911, mit einem Anhang, *Bericht über die Frauenkonferenz am 8. und 9. September*
Protokoll des SPD-Parteitages zu Jena vom 14. bis 20. September 1913, Berlin 1913

Protokoll des SPD-Parteitages zu Weimar vom 10. bis 15. Juni 1919, Berlin 1919, mit einem Anhang, *Bericht über die Frauenkonferenz am 15. und 16. Juni*
Protokoll des Internationalen Arbeiterkongresses zu Paris vom 14. bis 20. Juli 1889, Nürnberg 1889
Internationaler Sozialistenkongreß Amsterdam, 14. bis 20. August 1904, Berlin 1904
Internationaler Sozialistenkongreß Stuttgart, 18. bis 24. August 1907, Berlin 1907
Bericht über die erste Internationale Konferenz Sozialistischer Frauen am 17. August 1907, o.O., o.J.
Außerordentlicher Internationaler Sozialistenkongreß, 24. und 25. November 1912, Berlin 1912
Protokoll des ersten Kongresses der Gewerkschaften Deutschlands zu Halberstadt vom 14. bis 18. März 1892, Hamburg 1892
Protokoll des vierten Kongresses der Gewerkschaften Deutschlands zu Stuttgart vom 16. bis 21. Juni 1902, Hamburg o.J.
Protokoll des sechsten Kongresses der Gewerkschaften Deutschlands zu Hamburg vom 22. bis 27. Juni 1908, Berlin 1908
Der Internationale Kongreß für Frauenwerke und Frauenbestrebungen in Berlin, Hrsg. Redaktions-Kommission, Berlin 1897

8 Zeitschriften

Correspondenzblatt der Generalkommission der Gewerkschaften Deutschlands, Berlin 1891–1923
Die Frau: Monatszeitschrift für das gesamte Frauenleben unserer Zeit, Hrsg. Helene Lange, Berlin 1893/94–1913/14
Die Frauenbewegung, Hrsg. Minna Cauer, mit der Monatsbeilage *Zeitschrift für Frauenstimmrecht,* Hrsg. Dr. jur. Anita Augspurg, Berlin 1895–1914
Gewerkschaftliche Frauenzeitung, Hrsg. Generalkommission der Gewerkschaften, Redaktion Gertrud Hanna, Berlin 1916–1924
Die Gleichheit, Zeitschrift für die Interessen der Arbeiterinnen, Redaktion Clara Zetkin, Berlin/Stuttgart 1891–1923
Die Internationale, Hrsg. Rosa Luxemburg, München 1915
Die Neue Gesellschaft, Sozialistische Wochenschrift. Hrsg. Dr. Heinrich Braun und Lily Braun, Berlin, zwei Nummern von 1903 und 1905–1907
Die Neue Zeit, Wochenzeitschrift der deutschen Sozialdemokratie, Stuttgart 1890–1914
Sozialistische Monatshefte, Internationale Revue des Sozialismus, Berlin 1897–1924 (Fortsetzung von *Der sozialistische Akademiker,* Organ der sozialistischen Studierenden und Studierten deutscher Zunge, Berlin 1895–1896)
Der Vorbote, Politische und sozialpolitische Zeitschrift, Zentralorgan der Sektionsgruppe deutscher Sprache der Internationalen Arbeiterassoziation, Genf 1866

9 Allgemeine und theoretische Voraussetzungen

BEBEL, AUGUST, *Die Frau und der Sozialismus* (erschienen 1879). Berlin 1964

Bibliographie zur Geschichte des Kampfes der deutschen Arbeiterbewegung für die Befreiung der Frau und zur Rolle der Frau in der deutschen Arbeiterbewegung: Von den Anfängen bis 1970, bearbeitet von Ingrid und Hans-Jürgen Arendt, Hrsg. Päd. Hochschule Leipzig, Leipzig 1974

BOLLENBECK, GEORG, *Zur Theorie und Geschichte der frühen Arbeiterlebenserinnerungen,* Kronberg 1976

BLOCH, ERNST, *Das Prinzip Hoffnung,* 2. Bd., Frankfurt 1973

DEPPE, FRANK, *Das Bewußtsein der Arbeiter,* Köln 1971

Fischer Weltgeschichte, Bd. 28: Das Zeitalter des Imperialismus, Hrsg. Wolfgang Mommsen, Frankfurt 1969

Frauen in der Offensive: Lohn für die Hausarbeit oder: Auch Berufstätigkeit macht nicht frei, München 1974

Frauen und Wissenschaft: Beiträge zur Berliner Sommeruniversität für Frauen, Juli 1976, Hrsg. Gruppe der Berliner Dozentinnen, Berlin 1977

FRIEDAN, BETTY, *Der Weiblichkeitswahn,* Reinbek 1966

GERHARD, UTE, *Verhältnisse und Verhinderungen: Familie und Recht der Frauen im 19. Jahrhundert,* Frankfurt 1978

Geschichte der Erziehung, Redaktion Karl-Heinz Günther, Franz Hofmann, Gerd Hohendorf u. a., Berlin 1976

HEINSOHN, GUNNAR und KNIEPER, ROLF, *Theorie des Familienrechts: Geschlechtsrollenaufhebung, Kindesvernachlässigung, Geburtenrückgang,* Frankfurt 1974

HELLER, AGNES, *Das Alltagsleben: Versuch einer Erklärung der individuellen Reproduktion,* Hrsg. Hans Joas, Frankfurt 1978

HOERNLE, EDWIN, *Grundfragen proletarischer Erziehung,* Frankfurt 1971

Handbuch der deutschen Wirtschafts- und Sozialgeschichte, Bd. 2, Hrsg. Hermann Aubin und Wolfgang Zorn, Stuttgart 1976

HOFFMANN, WALTER G., *Das Wachstum der deutschen Wirtschaft seit der Mitte des 19. Jahrhunderts,* Berlin, Heidelberg, New York 1965

Jahrbuch Arbeiterbewegung, Bd. 2: Marxistische Revolutionstheorien, Hrsg. Claudio Pozzoli, Frankfurt 1974

JANSSEN-JURREIT, MARIELOUISE, *Sexismus. Über die Abtreibung der Frauenfrage;* Frankfurt 1979

Kursbuch 41: Alltag, Hrsg. Karl Markus Michel und Harald Wieser, Berlin 1975

Kursbuch 47: Frauen, Hrsg. a.a.O., Berlin 1977

LANG, KARL, *Kritiker, Ketzer, Kämpfer: das Leben des Arbeiterarztes Fritz Brupbacher,* Zürich o.J.

LOSSEFF-TILLMANNS, GISELA, *Frauenemanzipation und Gewerkschaften 1800–1975,* Diss. Bochum 1975

LIDZ, THEODORE, *Das menschliche Leben: die Entwicklung der Persönlichkeit im Lebenszyklus,* Frankfurt 1970

MARX, KARL, *Texte zu Methode und Praxis II: Pariser Manuskripte 1844,* Reinbek 1968

–, *Das Kapital,* Bd. I. (erschienen 1867), Frankfurt 1969

ENGELS, FRIEDRICH, *Der Ursprung der Familie, des Privateigentums und des Staates* (erschienen 1884), Berlin 1970
KARL MARX/FRIEDRICH ENGELS, *Das Kommunistische Manifest* (erschienen 1848), Berlin 1945
–, *MEW Bd. 1*, Hrsg. Institut für Marxismus-Leninismus beim ZK der SED, Berlin 1974
–, *MEW Bd. 3*, Die deutsche Ideologie (erschienen 1845/46), Hrsg. a.a.O., Berlin 1969
–, *MEW Bd. 8*, Hrsg. a.a.O., Berlin 1966
–, *MEW Bd. 22*, Hrsg. a.a.O., Berlin 1963
–, *MEW Bd. 23*, Hrsg. a.a.O., Berlin 1967
–, *MEW Bd. 34*, Hrsg. a.a.O., Berlin 1966
MARX-ENGELS III, Studienausgabe: *Geschichte und Politik 1*, Hrsg. Iring Fetscher, Frankfurt 1966
–, *Geschichte und Politik 2*, Hrsg. a.a.O., Frankfurt 1966
Karl Marx und Friedrich Engels über die Gewerkschaften, Hrsg. Marx-Engels. Lenin-Stalin Institut beim ZK der SED, Berlin 1953
MEDICK, HANS, »The proto-industrial familiy economy: the structural function of household and family during the transition from peasant society to industrial capitalism«, *Social History*, 3. Oct. 1976
NEGT, OSKAR und KLUGE, ALEXANDER, *Öffentlichkeit und Erfahrung*, Frankfurt 1973
Produktion, Arbeit, Sozialisation, Hrsg. Thomas Leithäuser und Walter R. Heinz, Frankfurt 1976
PROKOP, ULRIKE, *Weiblicher Lebenszusammenhang: von der Beschränktheit der Mittel und der Unangemessenheit der Wünsche*, Frankfurt 1976
RIESMANN, DAVID; DENNEY, REUEL; GLAZER, NATHAN, *Die einsame Masse: Eine Untersuchung der Wandlungen des amerikanischen Charakters* (erschienen 1950). Hamburg 1958
SCHMIDT, RUDOLF, *Volksschule und Volksschulausbau*, Wiesbaden-Dotzheim 1967
SCHUMANN, MICHAEL; GERLACH, FRANZ; Gschlössl, Albert, *Am Beispiel der Septemberstreiks: Anfang der Rekonstruktionsperiode der Arbeiterklasse?* Frankfurt 1971
SHORTER; EDWARD, *The making of the modern family*, New York 1976
Sozialgeschichte der Familie in der Neuzeit Europas, Hrsg. Werner Conze, Stuttgart 1976
Sozialisation und Lebenslauf, Hrsg. Klaus Hurrelmann, Reinbek 1976
SPRANGER, EDUARD, *Zur Geschichte der Volksschule*, Heidelberg 1949
TOEPLITZ, JERZY, *Geschichte des Films 1895–1928*, München 1973
VESTER, MICHAEL, *Die Entscheidung des Proletariats als Lernprozeß: Die Entstehung antikapitalistischer Theorie und Praxis in England 1789–1848*, Frankfürt 1970

10 Romane

ARAGON, LOUIS, *Die Glocken von Basel*, Paris 1936
BRUNS, MARIANNE, *Uns hebt die Flut*, Halle 1952

Psychologie

Claus Henning Bachmann
Kritik der Gruppendynamik
Band 6718

Jörg von Bannsberc-Freiheit
Wahrhaftige Anatomie eines normalen Wahnsinnigen
Band 6716

Dirk Blasius
Der verwaltete Wahnsinn
Band 6726

Ernest Borneman
Die Ur-Szene
Band 6711

Hilde Bruch
Der goldene Käfig
Band 6744

Klaus Dörner
Bürger und Irre
Band 6282

Hans Jürgen Eysenck
Neurose ist heilbar
Band 6713

Anna Freud/Thesi Bergmann
Kranke Kinder
Band 6363

Haim G. Ginott
Gruppenpsychotherapie mit Kindern
Band 6707

Georg Groddeck
Das Buch vom Es
Band 6367

Peter Groskurth/Walter Volpert
Lohnarbeitspsychologie
Band 6288

Aglaja Heintschel-Heinegg
Kontakte mit Unsichtbaren
Band 6717

Erna M. Johansen
Betrogene Kinder
Band 6622

Theodore Lidz
Der gefährdete Mensch
Band 6318

Margaret S. Mahler/Fred Pine/Anni Bergmann
Die psychische Geburt des Menschen
Band 6731

Erich Neumann
Kulturentwicklung und Religion
Band 6388

Nosrat Peseschkian
Psychotherapie des Alltagslebens
Band 1855
Der Kaufmann und der Papagei
Band 3300

Psychologie

Jean Piaget/Bärbel Inhelder
Die Psychologie des Kindes
Band 6339

Hans-Werner Prahl
Prüfungsangst
Band 6706

Mary Ann Pulaski
Piaget
Band 6370

Thomas J. Scheff
Das Etikett »Geisteskrankheit«
Band 6719

Gitta Sereny
Ein Kind mordet –
Der Fall Mary Bell
Band 6721

A. C. Robin Skynner
Die Familie.
Schicksal und Chance
Band 6729

Stuart Sutherland
Die seelische Krise
Band 6720

Thomas S. Szasz
Die Fabrikation des Wahnsinns
Band 6321
Psychiatrie
Band 6389
Recht, Freiheit und Psychiatrie
Band 6722
Schizophrenie
Band 6743

Frank Wesley/Claire Wesley
Die Psychologie
der Geschlechter
Band 6728

Rainer Winkel
Pädagogische Psychiatrie für
Eltern, Lehrer und Erzieher
Band 6709

Lew S. Wygotski
Denken und Sprechen
Band 6350

Reader zum Funk-Kolleg
Pädagogische Psychologie
Band 6113: Entwicklung und Sozialisation
Band 6114: Lernen und Instruktion

Funk-Kolleg
Pädagogische Psychologie
Band 6115/Band 6116

Theodore Lidz
Hamlets Feind
Mythos und Manie
in Shakespeares Drama
(S. Fischer Verlag)

Harry Stack Sullivan
Die interpersonale Theorie der Psychiatrie (S. Fischer Verlag)

Rosa Luxemburg

Ein Leben für die Freiheit

Reden · Schriften · Briefe

Ein Lesebuch

Herausgegeben von Frederik Hetmann

Fischer

Band 3711

Fischer Taschenbücher

Ingrid Zwerenz

Frauen

Die Geschichte des § 218

Die sechzehnjährige Catharina soll einen Aufsatz über die Geschichte des § 218 schreiben. Gemeinsam mit ihrer Mutter sammelt sie Fakten aus der Geschichte und der Literaturgeschichte. Sie lesen und diskutieren, streiten und einigen sich. Das Thema sprengt bald die Grenzen eines Schulaufsatzes. Mutter und Tochter verstehen, es ist »ihr« Thema, das Thema der Frauen. Doch fast immer wurde es von Männern formuliert, von Priestern, Politikern, Soziologen, Polemikern, Statistikern, Medizinern, Demagogen, Sexualwissenschaftlern, Publizisten, Dichtern, Ideologen. Der § 218 erscheint als reiner Männer-Paragraph, der den Frauen auferlegt wurde.
Doch der Kampf der Frauen gegen diesen »Schandparagraphen« ist so alt wie der Paragraph selbst. Neben ihren programmatischen Forderungen wie »Recht der Mündigkeit und Selbständigkeit im Staat«, »Recht auf Arbeit«, »gebührende Gleichberechtigung neben dem Manne« stand von Anfang an auch die Forderung nach Streichung des § 218. Die aufgefundenen und zitierten Dokumente aber machen deutlich, daß Reformen des § 218 stets Versuche waren, das in ihm gefaßte »Männerrecht« zu erhalten.

Erzählendes Sachbuch

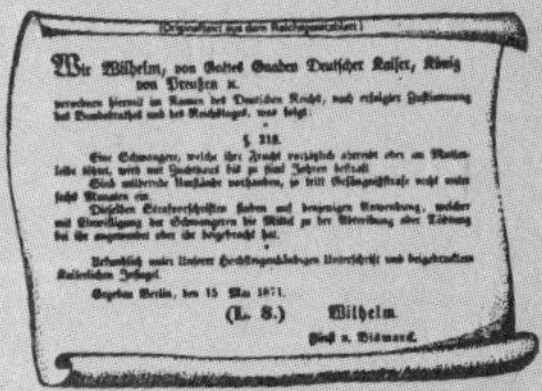

FISCHER BOOT

Fischer Taschenbuch Band 7505